民國歷史與文化研究

二 編

第 **10** 冊

學衡派文化與文學思想研究

周 淑 媚 著

花木蘭文化出版社

國家圖書館出版品預行編目資料

學衡派文化與文學思想研究／周淑媚 著 -- 初版 -- 新北市：花
木蘭文化出版社，2015〔民 104〕
目 2+320 面；19×26 公分
（民國歷史與文化研究 二編；第 10 冊）
ISBN 978-986-404-278-4（精裝）
1. 文學流派 2. 文學思想史
628.08   104012462

ISBN- 978-986-404-278-4

9 789864 042784

民國歷史與文化研究
二 編 第 十 冊

ISBN：978-986-404-278-4

學衡派文化與文學思想研究

作　　者　周淑媚
總 編 輯　杜潔祥
副總編輯　楊嘉樂
編　　輯　許郁翎
出　　版　花木蘭文化出版社
社　　長　高小娟
聯絡地址　235 新北市中和區中安街七二號十三樓
　　　　　電話：02-2923-1455／傳眞：02-2923-1452
網　　址　http://www.huamulan.tw 信箱 hml 810518@gmail.com
印　　刷　普羅文化出版廣告事業
初　　版　2015 年 9 月
全書字數　308857 字
定　　價　二編 24 冊（精裝）台幣 45,000 元

學衡派文化與文學思想研究

周淑媚　著

作者簡介

周淑媚，1965 年出生於台灣省台中縣。1987 年畢業於東吳大學中文系，1990 年畢業於台灣師範大學國文研究所碩士班，2009 年獲得東海大學中國文學系博士學位。現為中國醫藥大學通識教育中心副教授。

提　要

　　本論文探討的主題，是 1920 年代以文化保守立場出現在中國智識界的學衡派，當其建構心目中的新文化和新文學圖景的同時，與新文化陣營所展開的各種對峙與對話。學衡派的核心宗旨為「論究學術，闡明真理，昌明國粹，融化新知」；在文化發展中，他們主張「存舊立新」，既強調保存傳統國粹，又主張吸收西方文化；既要理清中國的病根，也要釐清西方文化的源流。他們所指引的融貫東西文化精華的路徑，雖然未必可行，但終究在國粹與歐化的兩極之外，提供建設新中國的另一足資參考的座標。

　　本論文首先考察五四前後中國社會文化思潮的變動，藉以掌握《學衡》創刊前的社會文化背景。其次，對於學衡派的研究，一方面透過歷史敘述，在前人的研究基礎與新出版材料的相互參證下，重新建構學衡派的軌跡。另一方面，通過對學衡派與新文化陣營不同立場的兩個智識群體的「參差對話」的展示，深化有關學衡派文化與文學思想的研究。

　　通過對學衡派的歷史敘述，及其與新文化陣營間參差對話的考察，可發現作為一個群體的學衡派的活動，同是構成五四新文化運動中的重要人文景觀之一，他們是五四前後文化史中不容忽視的力量。以學衡派為代表的人文主義和古典主義思潮，及其批判和反思的立場，始終貫穿整個《學衡》的辦刊過程。由於他們的加入，使得古典主義傳統在 20 世紀 20 年代新文化運動中不致斷絕；同時也意味著五四的精神正是由於這種文化、教育、心理上的多方需求，在不同趨向的各派力量共同運作下，相互影響而締造完成的。

目

次

緒　論

　　近代中國由於鴉片戰爭與甲午戰爭的失敗，使得中國傳統文化，陷入深重的危機。因此，智識分子在思考問題時，不能不將文化命運與民族生存聯繫起來。這種聯繫，在文化層面上形成以反省民族性弱點為思維核心的憂國思潮。〔註1〕為使傾斜的民族文化心理獲致平衡，為重新尋找本位文化在世界文化格局中的主導地位，中國的智識分子開始對自己的文化心理結構進行歷史性的反省。〔註2〕

　　這種陳寅恪（1890～1969）所謂「赤縣神州數千年未有之巨變奇劫」〔註3〕的國亡種滅的焦慮心理狀態，主要是通過智識分子的憂患意識呈顯出來。面對西方世界的強大和中國的內憂外患、積貧積弱，「救亡圖存」的思想，成為近代智識者的共通核心焦慮。當「西化」成為現代化另一種表述的同時，中國智識分子無論是選擇「面向未來」或「回向傳統」〔註4〕、全盤西化或昌明國粹，基本上都是以西方觀念為思想資源；他們通過「別求新聲於異邦」

<hr>

〔註1〕夏志清在〈現代中國文學感時憂國的精神〉中也指出，中國的「新文學」表現出與前代文學不同之處，即在作品所表現出的那種「感時憂國的精神」。見氏著，《中國現代小説史‧附錄二》（台北：傳記文學社，1991），頁533。

〔註2〕費正清認為，西力東漸以前，中國的發展基本上遵循一種「在傳統中變」（change within the tradition）的模式。由於西潮的衝擊，這種變化模式在近代中國實已難以維持，最後只能是在傳統之外變革（change beyond the tradition）。見費正清（John King Fairbank）、賴肖爾（Edwin Reischauer）著，陳仲丹譯，《中國：傳統與變革》（南京：江蘇人民出版社，1992）。

〔註3〕陳寅恪，〈王觀堂先生輓詞並序〉，《學衡》，第64期，1928年8月。

〔註4〕羅志田，〈民族主義與近代中國：研究取向與反思〉，《民族主義與近代中國‧序論》（台北：東大圖書股份有限公司，1998），頁14。

的方式，吸收和借鑑西方近現代文化的經驗來重建中國的新文化。這種向西方尋求眞理構成中國近代史上最重要的思想潮流，儘管他們在態度上有激進與保守不同的傾向，然也正反映出近代中國智識分子在與傳統絕裂及接受西方影響的程度上不同的趨向。

西方物質文明的世界歷史意義和中西文化的落差氛圍，啓示著這群先進的智識分子對中國現代化社會的想像，但同時，他們也不間斷地質疑這些想像。一群關注古典雅文化的智識分子，同樣地借助西方思想來論證自己的立場，他們試圖通過尋找中國與西方相同的思想以挽救民族自尊心。其中，學衡派直接引進美國白璧德人文主義的觀念來認同中國傳統儒學的人文精神，他們的主張雖與當時主流的啓蒙話語格格不入而難免處境尷尬，然其軌跡卻是不容遮蔽的。

一、澄清之日不在現今，而在四五十年後

1963 年，在《學衡》停刊的 33 年後，有人請吳宓（1894～1978）將《學衡》創辦的經過編寫成書，吳宓的回應是：「《學衡》社的是非功過，澄清之日不在現今，而在四五十年後。現在寫，時間還太早。」〔註5〕1935 年，胡適（1891～1962）也說過相類似的話，他認爲中國新文學運動的歷史，至今還不能有一種完整的敘述，原因在於「時間太逼近了，我們的記載與論斷都免不了帶著一點主觀情感的成分，不容易得著客觀的，嚴格的歷史記錄」，故而「寫不成」新文學運動的歷史。〔註6〕當胡適說這些話的時候，新文學的歷史只有 18 年。儘管他說只有 18 年歷史的新文學「因爲時間太逼近了」而寫不成，但他終究參與了規模宏大的《中國新文學大系》（1917～1927）的編寫過程，表明新文學雖尚未完整呈現其發展的歷史軌跡，但研究者對於較完整的某一階段性的歷史過程並非無所作爲。史料豐富的《中國新文學大系》已成爲任何一部新文學史或新文學研究者不可或缺的參考文獻。

長期以來，對學衡派的評說在主流立場與意識形態歧異的時空背景下，歷史的全貌——社團、刊物、作家、作品遭到隱失和埋沒；理所當然地，學

〔註 5〕 華麓農，〈吳雨僧先生遺事〉，收入黃世坦編，《回憶吳宓先生》（西安：陝西人民出版社，1990），頁 58。
〔註 6〕 胡適，《中國新文學大系·建設理論集·導言》（上海：上海文藝出版社，2003），頁 1。

衡派以五四新文化運動對立面的身分被迫「參與」中國新文化的建構。實則，論爭事件的當事人大都犯了胡適當年所說的寫不成新文學運動史的原因——帶著主觀情感的成分。由此，益發顯示吳宓所謂「《學衡》社的是非功過，澄清之日不在現今」的堅苦卓絕與掩蔽在話語權勢背後的無奈辛酸。

隨著 80～90 年代大陸學界興起「重寫文學史」的學術思潮〔註7〕，學衡派研究的視野才稍稍突破原有的框限。所謂「重寫」（rewriting），依翻譯研究文化學派的代表安德列‧勒菲弗爾（André Lefevere，1946～1996）關於翻譯理論三要素：「贊助人」（patronage）、「詩學」（poetics）、「意識形態」（ideology）的說法，他認為這三種因素實際操縱影響了譯者的翻譯策略。因此，翻譯是對原文的一種「重寫」。〔註8〕正如勒菲弗爾所闡述，翻譯文學作品欲樹立何種形象，譯者的觀點取向、翻譯策略與意識形態和當時的譯語環境中占主流地位的詩學觀緊密相關。80 年代後期，大陸學界「重寫文學史」的思潮，正是在對既有文學史敘述的反思和批判下，打破傳統文學史一元化的觀點，實現建構中國現代文學史多元共生新體系的可能性。

有學者直指「重寫文學史」的舉措已成為 90 年代解構權力話語的方式：「重寫重讀就是將過去誤讀的歷史再顛倒過來，將過去那種意識形態史、政治權力史、一元中心文化史，變成多元文化史、審美風俗史和局部心態史。」〔註9〕王岳川精確表達「重寫」者的意圖，只除了「顛倒」一詞有待商榷外。所謂「誤讀」並非「誤解」，它是一種在充分了解和融會貫通之後的「新生」。如勒菲弗爾所言，翻譯是一種「重寫」，「誤讀」也是另一種「重寫」，而這一「重寫」卻非簡單的「顛倒」歷史而已。被視為文學史基本材料的「文學事實」，實際上是在文學史的書寫過程中成形。不同於歷史事實，文學史的最初文本並不是對曾經發生之事件的記錄，而是對文學思潮的描述和還原，更是對作家與作品進行合理合法的闡釋。當這些文本在解釋某些文學現象的同時，它們也被反復

〔註7〕 1988 年，陳思和和王曉明在《上海文論》開闢「重寫文學史」專欄。目的在「探討文學史研究多元化的可能性，也在於通過激情的反思給行進中的當代文學發展一種強有力的刺激」，「衝擊那些已成定論的文學史結論」，提出並進行文學史的「重寫」工作。見陳思和、王曉明：〈關於「重寫文學史」專欄的對話〉，《上海文論》，1989 年 6 期。

〔註8〕 Lefevere, Andre. *Translation, Rewriting and the Manipulation of Literary Fame.* (London: Rout-ledge, 1992)，p.26。

〔註9〕 王岳川，《中國鏡像：90 年代文化研究》，（北京：中央編譯出版社，2001），頁 266。

不斷地解釋著。倘若拋開「重寫」、「重讀」在當代文學理論所宣導的特定時間起始點及其特定意義追求，則「重寫」、「重讀」的話語行為堪稱始終與文學自身上演的歷史同在。不同時代的文化語境和意識形態參照系，必然產生目的、價值、意義相異的「重寫」與「重讀」，惟其不變的一致性是對以往文學觀念、批評標準以及被認定的經典作品價值的解構與顛覆；而在這解構與顛覆的背後，隱含著反思與批判力量及對意識形態重建的渴望。

　　一個世界本來就存在著多種的聲音、多樣的文化。文化多樣性包含兩個層面：一是世界層面的文化多樣性；一是國家內部層面的文化多樣性。由於邊緣文化對主流文化的疏離，使得邊緣文化總是向主流文化提出質疑，發掘主流文化的弊端，為主流文化注入新的元素，以加速其新陳代謝。因此，在共生語境中，邊緣文化對於主流文化並非反動顛覆的力量，而是共生的「夥伴關係」。正如巴赫金（M. M. Bakhtin，1895～1975）所認為的，社會中的人總是處於與他人的相互關係之中，不存在絕對的真理擁有者，或任何壟斷話語的特權者，自我與他人的對話關係，構成了我們真正的生命存在：「一切都是手段，對話才是目的，單一的聲音，什麼也結束不了，什麼也解決不了。兩個聲音才是生命的最低條件，生存的最低條件。」〔註 10〕只有當自己的思想與他人的思想發生對話關係之後，才能更新發展，創造出一種網絡式的多元、民主、對話的局面。

　　主流文化與邊緣文化的畫分並非絕對的，因為雙方是在變動不居的時代風潮中不斷改變各自的地位和作用。「民主」、「平等」和「自由」是五四時期宣導的人文理想，「多元」、「對話」則是今日的新概念。然則，它們彼此間實存在著互為前提的互動關係，共同對抗「專制」、「獨尊」、「一元」，從而反映出真實而豐富多樣的人文文化訴求。只是，從晚清到五四時期，本該是「眾聲喧嘩」（heteroglossia）〔註 11〕的中國文壇，到後來卻成了一元化的文學史編纂模式，意識形態話語重重遮蔽了歷史本相。

〔註 10〕 巴赫金著，白春仁、顧亞鈴譯，《陀思妥耶夫斯基詩學問題：複調小說理論》（北京：三聯書店，1992），頁 344。

〔註 11〕 「眾聲喧嘩」是俄國的思想家巴赫金（M. M. Bakhtin, 1895～1975，又譯作巴赫汀）對文化的一種概括。其重要特點之一在於它的「歷史性」。他認為「在文化轉型時期，傳統的話語與現代的話語以及各個不同社會階層、利益團體、思想流派都在一片眾聲喧嘩中，爭奪中心話語霸權瓦解後的語言真空和各自的話語權。」見劉康，《對話的喧聲：巴赫汀文化理論述評》（台北：麥田出版股份有限公司，1998），頁 208。

　　儘管人們並不認為主流意識形態話語是放之四海而皆準的眞理，但多數
文學史家仍較注意文學和政治文化的關係。主導話語權勢的主流文化為維護
其中心地位，經常「妖魔化」邊緣文化，這在一定程度上破壞、模糊邊緣文
化特有的本來面目，使原本多元共生的文化資源變得單一化。隨著歷史時空
的轉換，作為中國現代思想文化乃至中國現代文學的起點，「五四」的重要性
與複雜性及其各種話語模式，在新的歷史語境中不斷得到重新辨析與闡釋。
闡釋者或運用「價值重估」的概念，在文化反思的語境下重新審視五四的複
雜性；〔註12〕或強調「回到現場」，再確認「五四」，突破已凝定的言說框架；
〔註13〕或指認五四新文化運動全盤否定中國文化傳統的判斷與歷史事實不
符；〔註14〕或覺察五四反傳統的態度與繼承傳統的實踐之間的矛盾性等等。〔註
15〕其「眾聲喧嘩」的盛況不亞於五四時代的先驅者。

　　「五四」所代表的社會和文化取向，正是如此龐雜且又缺乏內在邏輯的
思想洪流；當其時各種思想流派，各式學術知識，在中國社會交相構成此起
彼落的多聲部敘事。儘管新與舊之間充滿矛盾衝突，然而，新舊營壘間並未
有如後來的文學史著述中所描述的那種劍拔弩張的姿態。近代中國的時代特
性就如羅志田所描述的，是一個「斷裂」與「延續」交織而成的「多歧互滲」
的社會。〔註16〕對激進主義者來說，儘管他們認為文化傳統再也無能為力保
存民族，堅信唯有向西方學習才能完成中國的現代化轉型，但無論是否從西

〔註12〕王瑤，〈「五四」時期對中國傳統文學的價值重估〉，《中國現代文學史論集》（北
　　　京：北京大學出版社，1998），頁340～342；樂黛雲，〈重估《學衡》：兼論現
　　　代保守主義〉，《論傳統與反傳統：五四七十周年紀念文選》（台北：聯經出版
　　　社，1989），頁415～428。

〔註13〕陳平原，《觸摸歷史與進入五四》（台北：二魚文化事業有限公司，2003）；張
　　　灝，〈重訪五四：論五四思想的兩歧性〉，《五四新論：既非文藝復興，亦非啟
　　　蒙運動》（台北：聯經出版事業有限公司，1999），頁33～65。

〔註14〕孫玉石，〈反傳統與先驅者的文化選擇意識〉，收入中國現代文學研究會編，《在
　　　東西古今的碰撞中：對「五四」新文學的文化反思》（北京：中國城市經濟社
　　　會出版社，1989），頁144；李怡，〈論「學衡派」與五四新文學運動〉，《中國
　　　社會科學》，1998年，第6期，頁150～164。

〔註15〕周昌龍，〈魯迅的傳統與反傳統思想〉，《新思潮與傳統：五四思想論集》（台
　　　北：時報文化出版企業有限公司，1995），頁101～159；楊義，〈「五四」文學
　　　革命者群體的文化氣質〉，《在東西古今的碰撞中：對「五四」新文學的文化
　　　反思》，頁49。

〔註16〕羅志田，《裂變中的傳統：20世紀前期的中國文化與學術·自序》（北京：中
　　　華書局，2003），頁1。

方留學歸來，他們對民族文化傳統普遍存在一種難以割捨的精神聯繫。〔註17〕當這種在理智上反對傳統文化，而在情感上卻歸依傳統文化的悖論現象體現在中西文化的論爭之中，往往使得論爭的內容變得更加複雜，也讓論爭陣營的敵我區分顯得混沌未明。

　　作爲中國文化轉型期相對峙和相抗衡的兩個智識群體，學衡派與新文化陣營間最大分歧，實際表現在如何設計和建設中國現代文化和文學的問題上。新文化運動時期，胡適引進杜威（John Dewey，1859～1952）實用主義學說，並在中國積極宣傳；由於該學說滿足和適應五四思想解放的時代需要，理所當然成爲廣泛流行於思想文化界和教育界的一股熱潮，杜威也成爲受智識界歡迎的外國思想家。學衡派則以白璧德（Irving Babbitt，1865～1933）人文主義爲思想資源，對白璧德人文主義進行中國式的闡說，依此建立自己的理論體系。

　　同是留學國外的智識分子，同樣引進西潮，學衡派與新文化運動倡導者在文化理念與文化立場上竟各執一端，作出迥異的選擇。有別於受胡適譏評的「不能道其所以然」的復古派，〔註18〕身處文化保守主義陣營中的學衡派在自由穿梭於中西文化中獲得了能表述其守成傳統之「所以然」的理論支撐——白璧德人文主義，從而與新文化運動倡導者形成參差的對話與對峙的局面。雖則《學衡》創刊時，新文化運動已從高潮走向尾聲，對峙的雙方未能實現「全方位對話」，然處於文化多元共生系統邊緣的學衡派仍積極拓展爭取對話空間與對話意識。當《學衡》正式登場，其邊緣效應（edge effect）產生之時，亦即表明了「對話意識」的存在；〔註19〕他們並非不知新文化運動與文學革命的進程，也不是有意挑一個不恰當的時間舊話重提，他們努力參與

〔註17〕 林毓生曾分析胡適、魯迅、陳獨秀等智識精英對傳統的曖昧態度，認爲他們一方面不斷地發表激進的全盤性反傳統的言論，同時卻耐人尋味地從知識的和道德的立場獻身於一些中國的傳統價值，這二者形成一種奇妙的張力。見氏著，慕善培譯，《中國意識的危機：五四時期激烈的反傳統主義》（貴陽：貴州人民出版社，1988）。

〔註18〕 林紓，〈論古文之不宜廢〉，見胡適，《胡適留學日記》（台北：台灣商務印書館，1980），第4冊，頁1117。

〔註19〕 所謂「對話意識」，是一種平等、開放、自由、協調，同時又能激發出新意的交談的方式。它反對種種二元對立，因二元對立的結果，其中一元（極）吞併和消滅另一元（極），所得到的真理只能是勝利者的視野所見到的東西。對話意識恰恰相反，它極力消解各種兩極對立，在二元或兩極之間產生邊緣地帶，讓二者平等地對話和作用，產生出某種既與二者有關，又與二者不同的全新的東西。見滕守堯，《對話理論》（台北：揚智文化事業股份有限公司，1995），頁23～24。

對話的目的，不是爲了弄清一種意義，也非主體自身的一種表達或呈現，而是爲了一種自我價值的更新和眞理的生成。

本論文寫作的緣起，來自《吳宓日記》的閱讀經驗。上個世紀最後 10 年，因國際局勢的劇烈變化，相應地文化思想界掀起一股所謂「國學」熱潮；在這股學術風潮中，10 冊百萬餘言的《吳宓日記》出版。性情中人吳宓，將私人話語與時代風雲交織在一起，呈現出 20 世紀學人的生活鏡像，這套浩繁的日記「既可看作是吳氏之自傳，同時也更是一部由現代學人私家書寫的現代文人生活實錄」。〔註20〕隨著《吳宓日記》一頁頁的開展，學衡派獨特的文化品格躍然紙上；就其當年反對新文化運動的言論所映襯出的文化思想來看，尤其是文學方面，較之新文化陣營絲毫不遜色，甚至反過來更呈顯出新文化新文學運動倡導者自身變革主張的蒼白，且在一定程度上弱化新文化運動本有的變革力量。

回顧歷史是爲了反思現在。本文之作，正是在前述「重寫」與「重讀」的言說理路下，一方面，藉由大量塵封史料文獻的重見天日，對構成學衡派既定的文化與文學事實的諸多因素進行多角度的考察與探討，並通過歷史敘述，展現出他們與新文化陣營間各自不同的文化形象。另一方面，希冀在多元共生的「參差對話」的視野下，爲文化轉型時期因意識形態與話語霸權的壟斷而遭致遮蔽的學衡派，爭取公正的對待與重新評說的機會，並藉以深化有關學衡派的文化與文學思想的研究。通過歷史敘述與參差對話的方式，本論文祈望能夠釐清在當年新文化運動蓬勃發展的情勢中，學衡派爲何選擇維護傳統文化的承繼？它的選擇有怎樣的歷史依據、造成怎樣的學術意義？以及在當前的學術視野下，如何重新審視這個學派的現代價值？

二、研究材料與研究概況

依學者歸納，在近代學術研究的範疇內，史料的運用大致可分爲以下四種：（一）學者論著；（二）傳記資料；（三）公家私人檔案；（四）報刊雜誌。〔註21〕只是，單恃其中之一種「皆不足以明史事之眞相，更無法了解、把握

〔註20〕劉士林，《20 世紀中國學人之詩研究》（合肥：安徽教育出版社，2005），頁273。

〔註21〕陳以愛，《學術與時代：整理國故運動的興起、發展與流行》（台北：政治大學歷史學系博士論文，2001），頁 9。

學術發展之整體大勢。」〔註 22〕因此，博採綜覽各種不同性質的史料，參照比對各式公開發表的記錄文獻，並細究史料文獻所產生的特定時空環境，實乃突破現今學術研究侷限的不二法門。

有關學衡派的史料非常豐富。由於學衡派是圍繞著《學衡》所形成的智識群體，因此 79 期的《學衡》是學衡派研究的最主要史料。此外，與《學衡》同樣秉持著「論究學術，闡求眞理，昌明國粹，融化新知」的批評精神訴求的《史地學報》、《文哲學報》、《國風》等，也是勾勒探究學衡派面貌的重要史料。另外，1928 年初吳宓應張季鸞（1888～1941）之邀主編《大公報·文學副刊》，迄 1934 年初，共出了 313 期的《文學副刊》，其內容含括文學、史學和哲學，吳宓在編輯過程刻意體現其編輯思想與文化理念，使其與《學衡》互相參證發明，是研究學衡派文學觀念發展的重要刊物。其他如學衡派成員的文集論著，〔註 23〕傳記資料方面的日記、往來書信、自傳、年譜和回憶錄等，〔註 24〕均極具參考價值，如《梅光迪文錄》中所收錄的梅光迪與胡適往來的書信等，均可提供研究者在以往胡適等新文化主流派說了算的話語權勢下，尋繹有關新文化運動歷史建構的不同言說立場與相互參照。

如前所述，自 1922 年 1 月《學衡》創刊以降，在往後的半個世紀中，學衡派始終被視爲新文化運動的敵人和反對派；20 世紀 30 年代《中國新文學大系（1917～1927）》的編纂出版，「守舊」、「復古」的學衡派等帶有知識權力意味的價值判斷更不斷得到強化。近年來隨著大陸學界對 80 年代激進反傳統的「文化熱」進行反思，再加上國際形勢的劇烈變化，如蘇聯解體、東歐巨變，使得馬克思主義遭受到前所未有的挫折和危機，因而在思想文化領域和意識形態領域出現眞空地帶，文化激進主義漸次退潮，取而代之的是「國學熱」。這股在「六四」之後高壓政治環境中所蘊釀勃興的「國學熱」，正是智識分子退出廣場、廟堂，回歸書齋，藉以沉潛積聚和喘息退避之所。其中《陳寅恪最後的二十年》的出版，爲自文革以來思想混亂的大陸文化智識界注入

〔註 22〕陳以愛，《學術與時代：整理國故運動的興起、發展與流行》，頁 9。

〔註 23〕其犖犖大者有：吳宓的《吳宓詩集》、《文學與人生》，徐葆耕編《會通派如是說——吳宓集》；柳詒徵的《國史要義》、《中國文化史》，柳曾符、柳定生編《柳詒徵史學論文集》、《柳詒徵史學論文續集》，羅崗、陳春艷編《梅光迪文錄》，胡先驌的《胡先驌文存》，賀遠明等編選《吳芳吉集》，湯用彤（1893～1964）的《湯用彤全集》，浦漢明編《浦江清文史雜集》等。

〔註 24〕如吳宓的《吳宓自編年譜：1894～1925》、《吳宓日記》、胡宗剛的《胡先驌先生年譜長編》、浦江清（1904～1957）的《清華園日記·西行日記》等。

一道清流，使得「陳寅恪熱」更加蔚為風潮。〔註 25〕隨著陳寅恪被發掘，與之交游密切的吳宓，及學術思想主張相近的學衡派也受到普遍性的關注，甚至在現代文化思想史領域形成一股「吳宓熱」、「學衡熱」。

在《學衡》創刊後 50 多年，隨著與學衡派相關的各式文獻史料的出版，學界對學衡派的闡釋出現視野上的變化；正如李怡所指稱，學衡派等保守主義的「昭雪平反」與中國後現代主義的聲名鵲起一同被視為 20 世紀 90 年代中國思想文化發展中的引人注目的事件。〔註 26〕大陸在「文化大革命」後，有關《學衡》及學衡派研究的論文和論著無論在質與量上均有顯著的增加；近十餘年來，學者們更以「同情和理解」的態度，以參與歷史和重建歷史的方法，在研究上取得一些重要成果。以下擇其要者，就近年來學界對《學衡》及學衡派較具代表性之研究，作一介紹與評析。〔註 27〕

20 世紀 90 年代，最早繳出有關學衡派研究專著成績單的學者是河南大學教授沈衛威。研究胡適起家的沈衛威，其學衡派研究起始於 1996 年底，據他自己的說法，最初是抱著「從胡適及新文化運動的反對派入手」〔註 28〕，藉以深化自己關於五四思想史和學術史研究的心態來研究學衡派。在《回眸學衡派——文化保守主義的現代命運》中，他以歷史敘事的方式，透過學衡派的代表人物梅光迪、胡先驌、吳宓三人與梁濟（1858～1918）、王國維（1877～1927）等進行個案研究和相互連結比較，對這群堅持信守舊傳統、不滿胡適等新潮學人話語霸權的學術群體，作出文化保守主義的確評。〔註 29〕只是，在這本帶有散論性質的學衡派研究工作小結中，他採用了較為粗糙的二分法，以「新」與「舊」立場的比較來分析胡適與吳宓，並認為吳宓的思想與行為是不一致的。

〔註 25〕1949 年以後，陳寅恪繼續闡發其「獨立之精神」和「自由之思想」，成為中國大陸上未滅的文化燈塔；然在文字獄猖獗的時代，他不得不用曲折幽深的方式來論史，甚其詩文也以「古典」包裹「今情」，形成一環套一環的暗碼系統。1980 年代，余英時作《陳寅恪晚年詩文釋證》（台北：時報文化出版公司，1984）破譯他的暗碼系統，使其晚年生活與思想真相重顯於世。十餘年來，余英時的論著所激發的爭議不斷擴大，最後演成大陸的「陳寅恪熱」，進而引出大批有關陳寅恪晚年的檔案史料。

〔註 26〕李怡，〈反現代性：從學衡派到「後現代」？〉，《中州學刊》，第 5 期（總第 131 期），2002 年 9 月，頁 79。

〔註 27〕有關學衡派研究之概況，詳本論文附錄〈學衡派研究概況探察〉，頁 289～320。

〔註 28〕沈衛威，《「學衡派」譜系——歷史與敘事·後記》（南昌：江西教育出版社，2007），頁 558。

〔註 29〕沈衛威，《回眸學衡派》（北京：人民文學出版社，1999）。

事實上，所謂「新」「舊」、「現代」「傳統」，其實並沒有絕對的分界與標準，胡適提倡一輩子的新文化新文學，但同時也從事 20 年的整理國故運動，吳宓雖強調傳統的重要性，卻在大學中教授中西比較文學，這種新與舊的模糊與混合，說明世事沒有絕對的新，也沒有完全的舊，不止胡適、吳宓，也不止五四那個時期，其實我們都在新與舊之間、都在激進與保守間游移著。

從文化保守主義到人文主義，沈衛威的研究視野逐漸擴大，在其最新一本專著《「學衡派」譜系——歷史與敘事》中，他把學衡派的群體活動置放在文化載體（報刊）和大學場域中來解說，直接從報刊的材料與大學場域所散發獨特的學術精神中感受原有的歷史文化語境，〔註 30〕無論在觀點抑或材料上，皆較前人有所突破。正如巴赫金所言，思想不是獨白，而是多種聲音的對話交流。學衡派在中國掀起一場人文主義運動，它是作為與以陳獨秀、胡適等為代表的新文化新文學運動的激進主義思潮的反對勢力出現的；學衡派存在的意義正是在與新文化陣營激進思潮相對峙的過程中，所顯映出多重且彼此對話的知識譜系與精神意蘊。

然則沈衛威將「學衡派」內涵擴增至最大，他把 1917～1921 年間，在美國哈佛大學作為反對勢力形成之前的基本力量的集結與醞釀稱為「前學衡時期」；1922 至 1933 年，稱為「學衡時期」。至於創刊於 1932 年 9 月 1 日，止於 1936 年 12 月，由原《學衡》成員重新集結在中央大學所創辦的《國風》，則被他視為「後學衡時期」。〔註 31〕同時，他還據梅光迪的提議，凡為《學衡》撰文者都視為學衡派成員的說法，在《吳宓與《學衡》》中將為《學衡》撰文者全視為學衡派成員。〔註 32〕這種無限擴大延伸的作法，不僅使得學衡派存在的時代意義稀釋淡薄了許多，而且也抹殺了「學衡派」這個名稱的思想過程的獨特性。惟其對學衡派的研究持續不懈，10 餘年下來，繳出包括單篇論文 17 篇及四本學術和傳記專著，〔註 33〕成績斐然。其研究成果，提供有意對此議題作進一步探析者一個新的起點。

〔註 30〕沈衛威，《「學衡派」譜系——歷史與敘事・後記》，頁 559。

〔註 31〕沈衛威，〈我所界定的「學衡派」〉，《文藝爭鳴》，2007 年第 5 期，頁 84～87。

〔註 32〕沈衛威，《吳宓與《學衡》》（開封：河南大學出版社，2000），頁 17。

〔註 33〕《回眸學衡派》（北京：人民文學出版社，1999）；《苦行情僧——吳宓傳》（北京：東方出版社，2000），台灣版作《吳宓傳：泣淚青史與絕望情慾的癲狂》（新店：立緒文化事業有限公司，2000）；《吳宓與《學衡》》（開封：河南大學出版社，2000）；《「學衡派」譜系——歷史與敘事》（南昌：江西教育出版社，2007）。

　　北京師範大學教授鄭師渠的學衡派研究則是承其晚清國粹派研究的理路
而下。實則，鄭師渠的學衡研究起步早於沈衛威；1991 年鄭氏即著手於《學
衡派文化思想研究》的課程，耗費 10 年之功，其最終成果爲 2001 年出版的
《在歐化與國粹之間——學衡派文化思想研究》。〔註 34〕這是重新研究評價學
衡派文化思想的「翻案」之作。在這本書中，鄭師渠分別探索學衡派的文化
觀、文學觀、史學思想及道德思想等各層面，將學衡派置放在當時世界文化
演進的宏闊背景中進行考察，突破以往僅止局限於國內文化論爭背景的研究
框架；同時，他還對以往少有人觸及的美國白璧德人文主義進行分析與考證，
探討學衡派與人文主義的關係，使讀者對學衡派的學術淵源有初步的認識。

　　鄭師渠論著的特點之一是資料豐富詳贍；該書引用多達 150 餘種資料，
幾乎涵括這段歷史的所有重要資料。特點之二是其觀點新穎深刻；如在文化
觀方面，他肯定學衡派與新文化陣營都是在現代思想層面上運作的思想文化
派別，其分歧的本質在於學理之爭，故互有得失；在文學思想方面，他認爲
學衡派的文學觀雖存在著道德化傾向，卻也包含合理的內核，亦即強調文學
家的社會責任；在史學思想方面，他指出學衡派實現從實證主義傳統到新史
學的轉換，提出普及與提高並重、通史與專史並舉的中國史學雙軌發展之構
想；在道德思想方面，他認爲學衡派並不拘泥於道德的新舊問題，而是從人
文主義的「人事之律」和「物質之律」的二元論出發，提出「道德爲體，科
學爲用」的主張，強調人類在物質文明日進的情況下，應當守護精神價值的
終極關懷。鄭師渠的研究提供較全面性地對學衡派思想脈絡的理解，只是他
過分拔高白璧德及其所提倡的人文主義在 20 世紀初美國學術界、文學界的地
位和影響；〔註 35〕同時，他雖然試圖通過辨析「人文主義」的概念內涵，藉
以明晰學衡派的思想資源——白璧德的人文主義，其結果卻是混淆了「人文
主義」與「人道主義」這組概念。

〔註 34〕鄭師渠，《在歐化與國粹之間——學衡派文化思想研究》（北京：北京師範大
　　　　學出版社，2001）。

〔註 35〕如他說：「儘管如此，新人文主義卻能在 20 世紀初年風行一時」；又「白璧德
　　　　在哈佛大學任教數十年，學識淵博，德高望重，對於學生有很強的吸引力。」
　　　　詳氏著，《在歐化與國粹之間——學衡派文化思想研究》，頁 51、55。然通過
　　　　王晴佳的爬梳，我們可以發現，白璧德從 1894～1902 年始終是哈佛的講師，
　　　　且還曾有拿不到下一年聘書的威脅；1910 年代中期，在他與中國留學生接觸
　　　　時，其在哈佛的處境已改善許多，只是選他課的人數，相對還是少數，「總在
　　　　十人以內」。見王晴佳，〈白璧德與「學衡派」——一個學術文化史的比較研
　　　　究〉，《中央研究院近代史研究所集刊》，第 37 期，2002 年 6 月，頁 49～51。

天津師範大學教授高恒文的《東南大學與「學衡派」》，是大陸學界結合學術機構與學風互動關係來研究學衡派的專著。他將學衡派的研究與學術史、文學史、大學校史及時代背景的互動關係相結合，藉以尋繹那些既受中國傳統文化薰習，同時又接納西方思想的學者，處身在從傳統到現代轉型時期所遭遇的的困境，尤其在現代學術體制下，學派成員所遭遇的不僅止是學術研究上的問題，更多的是學派各成員間思想上的分歧與差異。

不同於多數學者將學衡派活動下限定在《學衡》停辦的 1933 年，高恒文認為《學衡》為學衡社的產物，故學衡派創立的日期應為學衡社成立的 1921 年 10 月；至於，學衡派的解體，他以為 1925 年東南大學因學潮衝擊，使得《學衡》主要領導的學者相繼離開東人，因此，他將學衡派活動的下限斷為《學衡》出版至 60 期後停刊的 1926 年 12 月。這種將學術機構與學風互動的關係結合在一起的研究觀點，亦有可觀之處。然則，學衡派應包括兩支研究隊伍，一是文學研究隊伍，以梅光迪、吳宓、胡先驌、吳芳吉（1896～1932）等為代表；一是史地學研究隊伍，以柳詒徵、湯用彤及柳的學生繆鳳林（1899～1959）、景昌極（1903～1982）、鄭鶴聲（1901～1989）等為代表。高恒文只就吳宓、胡先驌二人的詩學理論和創作觀點來論述學衡派的文學觀，顯然未能多關注從事歷史及地理學研究的這支隊伍，同時他也沒能詳加分析學衡派的文化及文學思想，凡此均尚有可補足之處。

至於，劉淑玲的《《大公報》與中國現代文學》的第一章〈吳宓與《文學副刊》：與新文學的對話（1928～1934）〉和〈吳宓與《大公報·文學副刊》〉一文，是目前可見較全面系統地研究吳宓與《大公報·文學副刊》關係的文章。劉淑玲選擇《大公報》最鼎盛時期，即 1926 年至 1949 年「新記」《大公報》時期的幾個重要文學副刊作為對象，〔註36〕力圖通過對此文學輿論空間

〔註36〕《大公報》百年歷史可分為四個時期：（一）1902～1916 年為英斂之時期，（二）1916～1925 年為王郅隆時期，（三）1926～1949 年為「新記」時期，（四）1949年迄今為新生時期。1926 年 9 月 1 日，吳鼎昌、胡政之、張季鸞以新記公司名義續辦《大公報》，人稱新記《大公報》。自吳宓主編「新記」《大公報·文學副刊》，每星期出版一期（1928 年 1 月 2 日至 1934 年 1 月 1 日，歷時 6 年，共出刊 313 期）起，經 20 世紀 30 年代沈從文、楊振聲、蕭乾先後主編的《文藝副刊》（1933 年 9 月 23 日至 1935 年 8 月 25 日）、《小公園》（1935 年 7 月 4日至 8 月 31 日）、由前二者合併而成的《文藝》（1935 年 9 月 1 日至 1949 年6 月），抗戰後增辦的《戰線》（1937 年 9 月 18 日至 1943 年 10 月 31 日），抗戰勝利後《文藝》在天津、上海復刊，一直堅持到 1949 年 1 月和 6 月，另外

的考察與論析，動態而歷史地展現《大公報‧文學副刊》對中國現代文學發展的貢獻及兩者間依存互動的關係。在論述吳宓編輯《文學副刊》時，她認為今日欲研究吳宓及其文學觀念，應充分體認《文學副刊》在吳宓文學生涯中的獨立地位；亦即從吳宓借助《文學副刊》這一獨特的文學場域以自己的方式與新文學對話中，更能充分了解文學思想的發展。劉淑玲的開拓性研究在於她提供了一個研究吳宓與新文學關係的獨特視角，這是利用報刊雜誌為研究材料取得實績的成果之一。只是在其論述過程中，《文學副刊》只看到吳宓個人，學衡派的精神卻不見了。

三、關於本論文的說明

　　「學衡派」的稱號，始見於錢穆（1895～1990）〔註37〕，指的是圍繞著《學衡》所形成的學術群體。前後支撐近 12 年之久的《學衡》，集中了一批以學問為中心價值、以思想文化評論為時代使命的智識分子，形成有著大致相同的學術志向與文化精神的學衡派智識群體。其成員包羅廣泛，各人思想取向與學術癖好亦不盡相同，因此，本論文所採取的論述方式，係將學衡派視為一個整體，通過條分縷析其與新文化陣營交鋒的參差對話關係，以期發掘出學衡派與新文化倡導者間同株異果的根源，從而建構一幅較貼近原貌的歷史圖像。

　　《學衡》雜誌雖因文學評論而起，卻非純粹文學刊物；雖與陳獨秀、胡適等所倡導的新文化運動相對峙，亦非論戰刊物，而是一份綜合的人文學術刊物。《學衡》的特別之處更在於它以各種方式告示國人，建立新中國唯一堅實的基礎是民族傳統中的精華部分。而這其中最有力的言說方式正是錢穆所謂「以西洋思想矯正西洋思想」〔註38〕的策略，亦即強調藉助西方思想資源，獲得能表述其守成傳統之「所以然」的理論支撐，進而與新文化運動倡導者

又增加新的文學副刊《星期文藝》等。詳王芝琛、劉自立編，《1949 年以前的大公報》（濟南：山東畫報出版社，2002）；劉淑鈴，《《大公報》與中國現代文學》〈石家莊：河北教育出版社，2004〉。

〔註37〕錢穆在編寫於 1926 年夏天，1928 年春脫稿的《國學概論》中引述《學衡》所介紹的白璧德的「人文主義」後，評論道：「蓋與前引二梁之書（引者注：梁啟超之《歐遊心影錄》和梁漱溟之《東西文化及其哲學》）相桴鼓，皆對於近世思想加以箴砭者也。惟《學衡》派欲直接以西洋思想矯正西洋思想，與二梁之以中西分說者又微不同耳。」見氏著，《國學概論》下篇（台北：台灣商務印書館，1956），頁 171。

〔註38〕錢穆，《國學概論》，下篇，頁 171。

形成參差對話與對峙的形勢。因此，儘管學衡派內部存在著新舊、中西、文學研究與史地學研究等不同研究趨向的學術旨趣，然則作爲一份反對新文化運動的綜合性學術刊物，《學衡》在現代文化批評史上最爲突出者，首先表現在它對新文化和新文學運動的批判，其次是它不同於五四宣導西化者對西方文化正統的解讀與闡釋。本論文的議題爲「學衡派文化與文學思想研究」，重點在考察學衡派內部屬於「融化新知」的一派，如何於五四後期運用西方（美國）的學術話語，重新構想有關「國粹」的論戰，並構建其心目中理想的新文化和新文學的圖景。

　　屬於「融化新知」，亦即文學研究一系的學衡派成員多屬留學西方的學人，雖然他們對於中國傳統文化均表現出高度的崇敬與孺慕之情，但也因其未嘗深入研究「國學」，〔註39〕因此「昌明國粹」口號的提出，對他們來說，根本目的不在學術上的研究意義，而是對新文化運動反傳統思潮的一種「文化態度」和「思想立場」；若不是學衡派內部有國學功底深厚的柳詒徵一系與其他舊學之士，在具體實踐上，可能比同一個校園內的另一社團「國學研究會」還略遜一籌。〔註40〕

　　基於這樣的議題主張，在文本的界定範圍除學衡派成員創辦的《學衡》、《大公報・文學副刊》、《國風》等期刊外，還旁及新文化新文學陣營所主編，而爲多數研究者所廣爲利用的期刊和報紙副刊，如《小說月報》、《文學旬刊》、《晨報副刊》、《創造季刊》、《新潮》和《新青年／青年雜誌》等。將兩方陣營所主持的這些期刊和報紙副刊與其他史料相互參證，有助於辨析學衡派與新文化新文學陣營間的異中之「同」，而這「同」又是一種在五四的眾聲喧嘩中所展示出在人文主義與人道主義及科學主義等不同層面上的「參差對話」。至於，隸屬柳門一系的史地學研究的《史地學報》〔註41〕，以其對中國傳統

〔註39〕如吳宓在〈文學研究法〉中，開頭即自承「吾自愧於國學未嘗研究」，《學衡》，第2期，1922年2月。

〔註40〕1922年10月13日，東南大學國文系師生發起組織「國學研究會」，1923年起發行《國學叢刊》，每年固定出版4期。「國學研究會」成立後，邀請國內學者專家作學術演講，自1922年10月至1923年1月，每周一次，共進行10場「講習會」，隨後出版《國學研究會講演錄》第1集。

〔註41〕《史地學報》由南京高等師範學校（後改爲東南大學）史地研究會創辦，是1920年代一份持續時間較長、影響較大的史學爲主的學術刊物。史地學派所關注的多爲史學與地學理論之研究，其學刊所設欄目皆與此相關，且以柳詒徵與竺可楨（1890～1974）等所宣導的經世致用爲指導思想。

學術尤其是國學方面所進行的思想闡述用力較多，與本論文所設定討論議題關涉較少，茲從略或不述。

在時間範圍的規劃上，基本上以《學衡》實際存在的 1922～1933 年間爲主，並上溯至 1915～1917 年間，胡適與梅光迪在海外的論爭及吳宓和湯用彤等人在清華學校所創立的「天人學會」。空間則以《學衡》的創刊地東南大學與吳宓北上後的清華大學之場域爲空間取材。〔註 42〕

在寫作架構方面，本論文共五章，另有緒論、結論及附錄部分。前兩章是有關學衡派的歷史敘述，後三章是學衡派與新文化運動倡導者有關新文化與新文學建設方案的各項議題的參差對話。總體而言，本論文乃依循以下的思路進行論述：

緒論：主要說明研究動機、研究材料及概況，並界定文本的時空界限。

第一章〈20 世紀初中國社會文化思潮變動與《學衡》的醞釀〉：主要從五四前後中國社會文化思潮的變動、《學衡》創立前的醞釀和準備等方面作全面性的考察。

第二章〈學衡派：歷史與敘述〉：延續前一章學衡派歷史敘述的脈絡，首先，表述作爲本文研究對象的《學衡》的創刊過程及其內容；其次，界定學衡派的內涵並說明其分化的歷史因由；最後，考察白璧德人文主義與阿諾德文化論在中國的傳播過程中對學衡派「知識倉庫」建立的作用，並探究其所提供的「思想資源」如何成爲學衡派「概念變遷」的可能動力。

第三章〈參差對話之一：文化守成與文化革新〉：從文化與文明的不同選擇、道德理想主義與道德革命、昌明國粹與整理國故等方面，來探討目光一致趨向西方尋求眞理的兩方陣營，究竟「保守」些什麼？又「革新」些什麼？同時說明由於雙方文化立場的不同，從而生發出迥異的文化建設方案。

第四章〈參差對話之二：人文主義與人道主義〉：在白璧德對「人文主義」與「人道主義」的界說範疇下，探討在五四新文化運動中，分屬於兩個不同思考模式和文學陣營卻又能共時地參與兩種不同文化的「雙重文化人」，當其「拉近」西方文論作爲審視中國傳統文學的參照系統，與「推遠」中國傳統

〔註 42〕1928 年以後，留在南京的學衡派成員因不滿吳宓一人在清華大學把持刊物，已不再與吳宓合作，他們開始醞釀新辦刊物。對此，吳宓也以「略謂聚居不如分立，尚易推行志業」（《吳宓日記》第 3 冊，頁 381。）回應；於是柳詒徵及其弟子繆鳳林、張其昀等組國風社，發行《國風》半月刊。

文論置放於世界文化的格局中，雙方因體悟的差異而致產生不同的結論。新文化陣營從人道主義的觀點出發，分別將眼光集中在 19 世紀的寫實（現實）主義與 18 世紀的浪漫主義文學理論與思潮；而深受白璧德人文主義影響的學衡派，其注目焦點則是西方的古典主義傳統。

第五章〈參差對話之三：人文主義與科學主義〉：首先，梳理以科學的文學進化論觀點為依據的新文學陣營，與強調層層遞嬗而為新的學衡派，在文言與白話、摹仿與創新等問題的重新解釋與價值估定。其次，探討在科學主義影響下，新文學所呈顯出自然寫實的風格，而審美價值趨向古典主義的學衡派又如何對此提出針砭。最後，在翻譯與話語權勢的對話中論析雙方有關翻譯的選材和策略的選擇。

結論：從時人觀點、學衡派自我評價到對學衡派的再評價，總結學衡派研究的學術意義與現代價值，並說明後續的研究展望。

附錄：探察自學衡派出現迄今，有關學衡派的批評及研究成果。

總而言之，本論文在論析時主要依以下兩條主線進行：一是歷史敘述，在文化保守主義思潮的視野下闡述學衡派的興起及其特質，以見其文化托命的悲劇意識；一是辨析學衡派與新文化倡導者在建構各自理想的新文化與新文學的圖景時所呈顯出的參差對話，以見其多元共存的眾聲喧嘩。雖然本論文對學衡派的研究主要集中在《學衡》實際存在的 1922～1933 年間，惟在探索學衡派與新文化運動倡導者的對抗中，殘存的話語與主導的、新興的話語同時共存，彼此間相互參差滲透，難免逸出此一時間斷限，從而在更廣闊的時空背景中進行歷史的分析。

第一章 20世紀初中國社會文化思潮變動與《學衡》的醞釀

　　任何一種社會文化思潮，都是特定歷史環境中的產物，近代中國的社會文化思潮更是一種有組織有計畫有領導的「運動」——有代表性的人物、口號及作爲宣傳媒介的刊物。作爲思潮流派的研究，考察學衡派的歷史軌跡，必然地，也須將其置放於當時的歷史情境中進行分析與把握，方可避免簡單化的思考。因此，爲釐清《學衡》的創刊意涵及學衡派的本眞面目，在前人的研究基礎與新出版材料的相互參證下，本章擬從五四前後中國社會文化思潮的變動、《學衡》創立前的醞釀和準備等方面對學衡派的歷史作全面性的考察。

第一節 20世紀初中國社會文化思潮的變動

　　近代中國社會所面臨的深刻危機促使有識之士萌發出強烈的憂患和變革意識，西方文化的傳入適時地爲他們提供變革社會的思想武器；正是在這種變革的社會文化氛圍中，智識分子也經歷了自身的變革過程，走出傳統的藩籬。然處在這個從傳統到現代的轉型時期，先進智識分子對中西文化的認識與批判往往不夠深刻。由於長期師法西方勞而無功，強烈的挫折感使得他們心中積累滋長了一種憎恨西方的心理，同時伴隨著被西方列強打敗的屈辱感，這種憎恨的心理是「從羨慕轉化而來的，卻仍然保留了羨慕的成分」，這一被余英時稱爲「羨憎交織」（resentment）的情結，〔註1〕整整困擾了一個多

〔註1〕 余英時，〈中國現代的文化危機與民族認同〉，《歷史人物與文化危機》（台北：東大圖書公司，1995），頁10。

世紀的中國智識分子。因為羨慕西方的富強而主張西化，離異傳統文化；又因為民族情感的受挫，終至轉「羨」為「恨」，而回歸傳統文化。近代中國文化的發展過程，實質上就是在西方文化的參照系統下，對中國傳統文化的一種疏離與復歸的矛盾表現。

　　在中國現代化進程中，智識分子咸皆認為必須引進西學，只是有些人主張以激烈轉化的方式，用西學置換、取代中國的舊學；有些人則強調逐漸調適，用西學淬礪中學之本有而新之。不同於清季的「中西之辯」〔註2〕，五四前後，「中西學戰」首先出現的是國粹派的「國粹無阻於歐化」論；其後則以「東方文化派」〔註3〕與「西方文化派」的形式展開論戰。本節從五四社會文化思潮的變動來探究學衡派所處的是怎樣的歷史環境。

一、20世紀初的國粹思潮

　　在經歷戊戌政變和庚子事變後，清廷的顢頇無能，社會上因循守舊之風的充斥，促使中國的智識分子在失望之餘開始反思，他們深刻體認到，近代中國社會所面臨的危機除經濟、軍事和政治外，尚包括民族文化的危機。晚清「國粹主義」思潮，正是在西方文化廣泛傳播於中國，以及辱國喪權的「辛丑條約」空前的民族危機意識下，一批既有深厚傳統文化背景，又具備一定西學基礎，並在政治上傾向革命的智識分子，嘗試仿效歐洲的文藝復興，在中國進行一次

〔註2〕洋務運動期間，中西文化在碰撞中產生衝突，其外在表現形式是「中學」與「西學」之爭，而主要在「教」與「學」的兩個層面上展開。在「學」的層面，以1867年圍繞著同文館增設天文算學館問題，朝廷最高決策層展開近代中國中西學的第一次大交鋒，衝突焦點是如何對待西學的問題。此後，在1874年圍繞著設廠製造船機器和籌備海防問題，1880年圍繞著建築鐵路問題的論爭，是規模更大、辯論更激烈的「中西之爭」。在「教」的層面，主要體現為以反洋教為特徵，以紳民為主體的「華夷衝突」。中西之爭，最後形成「中體西用」的文化觀。戊戌時期，在康、梁努力開掘下中西之爭發展為更深層次上的新舊之爭。

〔註3〕作為具有獨特內涵的歷史稱謂，「東方文化派」一詞最早出現在五四時期的中西文化論戰中。1923年6月，瞿秋白在〈東方文化與世界革命〉中首次使用這一稱號，認為東方文化派是指竭力擁護「宗法社會的文化」的人。見氏著，《瞿秋白選集》（北京：人民出版社，1985），頁13～22。1923年11月，鄧中夏在〈中國現在的思想界〉中對東方文化派及其思想特徵作進一步的解釋，他將東方文化派分為三系：梁啟超、張君勱（1887～1968）和張東蓀（1886～1973）等為一系，梁漱溟為一系，章行嚴為一系。收入蔡尚思主編，《中國現代思想史資料簡編》（杭州：浙江人民出版社，1982），第2卷，頁173。

「古學復興」的運動，企圖通過「古學」的復興來「保種」、「保國」。

　　這群熟諳舊學之士深感於當時歐化日趨日烈的形勢：「海波沸騰，宇內士夫痛時事之日亟，以爲中國之變，古未有其變，中國之學誠不足以救中國。於是醉心歐化，舉一事，革一弊，至於風俗習慣之各不相侔者，靡不惟東西之學說是依。」〔註4〕他們認爲倘若再不奮起捍衛並發揚自己的國學，將有被「新學」吞噬之勢。這種擔憂最典型表述如黃節（1873～1935）所說：「立乎地圜而名一國，則必有其立國之精神焉，雖震撼撓雜，而不可以滅之也。滅之則必滅其種族而後可；滅其種族，則必滅其國學而後可。……學亡則亡國，國亡則亡族。」〔註5〕他們認爲「國於天地，必有與立。學也者，政教禮俗之所出也。」一旦國學眞的滅亡，「則一國之政教禮俗均亡；政教禮俗均亡，則邦國不能獨峙。」〔註6〕故而不能不致力樹立國學，保存國粹。

　　「國學」、「國粹」是辛亥革命前後才開始流行於中國的名詞。〔註7〕1904

〔註4〕黃節，〈國粹學報敘〉，《國粹學報》，第一年乙巳（1905）；收入鄧實、黃節主編，《國粹學報》（揚州：廣陵書社，2006），第3冊，頁9。

〔註5〕黃節，〈國粹學報敘〉，《國粹學報》，第3冊，頁9～10。

〔註6〕〈擬設國粹學堂啓〉，《國粹學報》，第三年丁未（1907），第26期，第7冊，頁3010。

〔註7〕關於「國粹」一詞在中國的由來，鄭師渠認爲是由梁啓超於1901年在借鑒日本國粹主義的基礎上，首先提出，見氏著，《晚清國粹派──文化思想研究》（北京：師範大學出版社，1997），頁4；美國學者傅樂詩認爲，來自日本的「國粹」一詞是在1903年左右傳進中國，其背景當在梁啓超提倡「新民說」後不久，以張之洞爲代表的清朝官員需要將之作爲重振中國傳統文化遺產的固有精華的口號，詳傅樂詩著、廖仁義譯，〈現代中國保守主義的文化與政治〉，收入周陽山、楊肅獻編，《近代中國思想人物論──保守主義》（台北：時報文化出版事業有限公司，1982），頁50。「國學」一詞的由來，王淄塵認爲，「國學之稱，始於清末。……庚子義和團一役以後，西洋勢力益膨脹於中國。士人之研究西學者日益眾，翻譯西書者亦日益多，而哲學、倫理、政治諸說，皆異於舊有之學術。於是概稱此種書籍曰『新學』，而稱固有之學術曰『舊學』矣。另一方面不屑以舊學之名稱我固有之學術，於是有發行雜誌，名之曰《國粹學報》，以與西來之學術相抗。『國粹』之名隨之而起。繼則有識之，以爲中國固有之學術，未必盡爲精粹也，於是將『保存國粹』之稱，改爲『整理國故』。研究此項學術者稱爲『國故學』，簡稱『國學』。」詳氏著，《國學講話》（台北：啓明書局，1958），頁1～3；桑兵則認爲，「國學」一詞有古代意義與近代意義之別，其古代意義是指國家一級的學校，而作爲近代意義的「國學」一詞的較普遍使用，是20世紀初的事。其語義的轉變，直接受明治維新後日本學術變化的影響。桑兵，《晚清民國的國學研究》（上海：上海古籍出版社，2001），頁1～27。

年，鄧實（1877～1951）在《政藝通報》發表〈國學保存論〉，對「國學」做出近代意義的闡釋，並與黃節等人於 1905 年初在上海成立「國學保存會」，刊發《國粹學報》，公開以「研求國學，保存國粹」為宗旨。〔註8〕1906 年 9月，章太炎（1869～1936）在東京發起「國學講習會」，在〈東京留學生歡迎會演說辭〉中亦提出「用國粹激動種性，增進愛國的熱腸」〔註9〕的口號。

在鄧實提出「國學」論以前，深受西方文化影響的國粹派普遍熱衷從生物進化觀點來評說中西文化，強調中國文化整體性、根本性地落後西方文化。此後，出自對「歐化」無成與現實社會文化失範的反思，及「文化有機」論的內在張力，鄧實提出「國學」的新概念，主張文化的創新須尊重和憑藉民族自身的「特性」、「特別精神」，或稱為「國粹」、「國性」。〔註10〕國粹派所謂的「國學」，指的是中國學術文化之總稱；所謂的「國粹」，則是國學中所含蘊之精華。如鄧實說：「國學者何？一國所自有之學也。有地而人生其上，因以成國焉。有其國者有其學。學也者，學其一國之學，以為國用而自治其一國者也。」〔註11〕由是可知，20 世紀初，「國學」和「國粹」基本上已實現語義的轉換，被國人所普遍接受和使用。

「古學復興」是國學保存會同人對他們所參與的國粹保存運動的定位。1905 年 10 月，鄧實發表〈古學復興論〉，指出：「吾人今日對於祖國之責任，唯當研求古學，刷垢磨光，鈎玄提要，以發見種種之新事理，而大增吾神州古代文學之聲價。……則安見歐洲古學復興於 15 世紀，而亞洲古學不復興於 20 世紀也。」〔註12〕將吸收外在文明視為「復興古學」的重要基礎。實則早在兩個月前許守微即提出：「一言以蔽之，國粹者也，助歐化而愈彰，非敵歐化以自防」〔註13〕，申明國粹不僅無阻於歐化，且「助歐

〔註 8〕鄧實，〈國學保存會簡章〉，《國粹學報》，第二年丙午（1906），第 13 期，第 5冊，頁 1442。

〔註 9〕章太炎，〈東京留學生歡迎會演說辭〉，收入湯志均編，《章太炎政論選集》（北京：中華書局，1977），上冊，頁 276。

〔註10〕鄧實，〈國學保存論〉，《政藝通報》，1904 年，第 3 號。

〔註11〕鄧實，〈國學講習記〉，《國粹學報》，第二年丙午（1906），第 20 期，第 5 冊，頁 1525。

〔註12〕鄧實，〈古學復興論〉，《國粹學報》，第一年乙巳（1905），第 9 期，第 3 冊，頁 125。

〔註13〕許守微，〈論國粹無阻於歐化〉，《國粹學報》，第一年乙巳（1905），第 7 期，第 3 冊，頁 100。

化而愈彰」也。他們都強調吸收西方文化來復興中國原有之「粹」，同時又要對抗過度西化，認爲吸收外來文化必須要有所選擇，而取捨的標準當立足於國體民情。

　　只是在向西方學習的大潮中，中國傳統文化的價值與信仰愈來愈難以維持，20 世紀初國粹派的出現，反映出當時智識界對民族文化深層危機日趨嚴重的某種自覺。如何在中西古今文化衝突融匯的過程中，清理傳統文化的精華與糟粕，把保存和發揚傳統文化與吸取和改造西方文化結合起來，建立具有中國特色的民族文化，成爲「回向傳統」的智識精英亟需解決的歷史課題。面對席天捲地而來的「歐化」浪潮，國粹派諸子唯恐國人將失去民族精神的憑藉，他們高揚「國學」旗幟：

> 不自主其國，而奴隸於人之國，謂之國奴；不自主其學，而奴隸於
> 人之學，謂之學奴。奴於外族之專制同奴，奴於東西之學說，亦何
> 得而非奴也。同人痛國之不立而學之日亡也，於是瞻天與火，類族
> 辨物，創爲《國粹學報》一編，以告海內。〔註14〕

認爲屈服於外族專制固是奴隸之屬，屈服於東西學說又何嘗不是奴隸？因此希望通過《國粹學報》的創辦，繼承和發揚民族的傳統文化，以激發種性，抵禦外來侵略，進而達到「保國」、「保種」的目的。

　　針對 20 世紀初所流行「中學無用」的論調，鄧實重新辨析、詮釋中國傳統文化，從而離析出所謂衰蔽的傳統文化，是以君之是非爲是非的「君學」，而非本其愛國之忱而主經世致用的「國學」；「君學」與「國學」是相對立的，「無用者君學也，而非國學也」〔註15〕。如此一來，神州積弱不振的事實，「君學」難辭其咎，而中國未來的希望就寄託在古學的復興了。

　　儘管國粹論者在保存國粹問題上費盡心思，他們的努力卻因方法的不合潮流而難有進展。一如《國粹學報》的讀者許之衡（1877～1935）所揭示：「就吾所見，讀《國粹學報》者之感情，則有謂其程度太高者，有謂其崇古之念太過者，有謂其文字太深者。」〔註16〕然則，保存國粹難獲進展的最根本原因，實際更在於國粹論者不得不承認的──研究國學乃「不急之務」。雖然「國

〔註14〕黃節，〈國粹學報敘〉，《國粹學報》，第 3 冊，頁 9～10。
〔註15〕鄧實，〈國學無用論辨〉，《國粹學報》，第三丁未年（1907），第 30 期，頁 3045。
〔註16〕許之衡，〈讀《國粹學報》感言〉，《國粹學報》，第一年乙巳（1905），第 6 期，第 3 冊，頁 91。

粹無阻於歐化」，但國學也無助於清末急迫的救亡形勢。1907 年，梁啓超在給蔣觀雲（1866～1929，名智由）的信中，一方面感歎今日之「國學萎微」，另一方面又對自己作《國文語原解》自責地說道：「以今日時局之艱，而乃耽治此不急之務，良可愧赧。」〔註 17〕由是可知，保存國粹運動之式微，除國粹論者自身存在的局限性和搖擺性之外，外部現實形勢的逼迫也是促使其成爲明日黃花的重要因素。

　　雖則如此，國粹派在五四新文化運動前的這場國學自救運動仍給後人留下許多值得思索的要點，其中表現在兩方面：（一）國學的自我更新方面。對內重新梳理、發掘、研究和整合國學內部各部類的關係；對外援引西方新知、新理、新法整理中國傳統舊籍，發明中國舊學的新義。（二）國學自我更新的限度方面。強調中西文化不能相互取代，國學必須保持其應有的特色。國粹主義思潮的出現，反映出半個多世紀以來在中西文化碰撞的過程中，如何通過吸取西方文化新知以保存發揚傳統文化的精華，建構具有中國特色的近代民族文化，已成爲迫切需要解決的歷史課題。從這個意義上看，國粹主義不僅止是一種以保存文化的方式而達救亡圖存的文化學術思潮，還是一個尋求意義，試圖重建文化價值的文化學術運動。雖然國粹派的保存國粹運動因外部現實形勢的限制而宣告失敗，然其率先對國學在近代西方文化衝擊下如何應變的這一課題所作的極具價值的探索，爲中國傳統文化的創新與發展留下足資後人借鑑的寶貴遺產。

二、五四前後的東西文化論戰

　　五四前後，有關中西文化問題上的論戰益發形成高潮。從 1915 年《新青年》與《東方雜誌》的論辯開始，至 1927 年論戰焦點轉移到社會性質問題爲止，論爭時間延續 10 餘年，總體而言，這場論爭可劃分爲東方文化派和西方文化派兩大陣營；論爭內容和重點的變化，則大致可分爲三個階段：（一）從《新青年》創刊到「五四」運動以陳獨秀（1879～1942）爲代表的西方文化派與圍繞著《東方雜誌》以杜亞泉（1873～1933）爲代表的東方文化派，展開有關東西文化異同優劣的論爭；（二）五四運動之後，章士釗加入與西方文化派展開關於新舊文化能否調和的論爭；（三）隨著梁啓超《歐游心影錄》、

〔註17〕梁啓超，〈致蔣觀雲先生書〉，丁文江、趙豐田編《梁啓超年譜長編》（上海：上海人民出版社，1983），頁 378。

梁漱溟（1893～1988）《東西文化及其哲學》出版，引發於第一次世界大戰後，中國人採用何種文化、走什麼道路的論爭。〔註18〕

這場論戰是近代以來中西文化論爭的繼續，陳獨秀與杜亞泉有關東西文化的論爭無疑是新文化運動發生後所出現的第一個高潮。論戰之初，雙方都對東西方兩種文明進行比較。1915年12月，陳獨秀發表〈東西民族根本思想之差異〉，文中辨析東西兩種文化，認為東西民族根本思想存在三方面的差異：西洋民族以戰爭、個人、法治及實力為本位，東洋民族以安息、家族、感情和虛文為本位。在比較和論證過程中，陳獨秀高度評價了西方人的競爭精神和創造活力，對以個人為本位的西方社會的法治精神予以讚揚；相對地，他對東方人的苟安和懶惰、中國的家族本位主義及在種種溫情下對個人權利的踐踏和漠視進行抨擊。〔註19〕

在〈法蘭西人與近世文明〉中，他更明確將以印度和中國為代表的東洋文明認定為「未能脫古代文明之窠臼」的「古之遺也」，以為只有「歐羅巴文明」即西洋文明，才是真正的「近世文明」。〔註20〕換言之，他認為古代各國的文明程度大致相同，只是到了近代，由於西洋文明走出中世紀進入現代，而東洋文明仍停駐在古代，尚未實現從古代到現代的轉化，因而東西方文明方「絕別為二」，顯現出完全不同的性質。很明顯地，他把東西方文化置於文明發展的歷史座標上，於是比較的結果所呈現的文化差異是舊與新、落後與先進、古代與近世的不同。

對陳獨秀將東西民族的根本思想視為水火般不能相容的觀點，杜亞泉有不同的看法。1916年10月，他署名傖父在《東方雜誌》發表〈靜的文明與動的文明〉，同樣對兩種文明進行比較，惟其結果與陳獨秀大不相同。杜亞泉認為，發源於地中海的西方商業文明是一種「動的文明」，產生於東亞內陸的中國文明則是一種「靜的文明」；兩種文明的性質完全不同，西洋重人為、競爭，生活是外向的，故西洋社會多團體；中國則重自然、和平，生活是內向的，因此中國社會無團體。他的結論是東西文明「乃性質之異，而非程度之差」；

〔註18〕陳崧，《五四前後東西文化問題論戰文選》（北京：中國社會科學出版社，1989）。

〔註19〕陳獨秀，〈東西民族根本思想之差異〉，《青年雜誌》，第1卷，第4號，1915年12月15日。

〔註20〕陳獨秀，〈法蘭西人與近代文明〉，《青年雜誌》，第1卷，第1號，1915年9月15日。

　　儘管這兩種文明性質迥異，卻能夠彼此融合調和，並強調「抱合調和，爲勢所必至」。〔註21〕

　　這種透過對比，將傳統兩分來評價中西文化的模式，十分盛行於晚清至五四前後的智識界。〔註22〕正如梁漱溟所稱，這種方式「是一種平列的開示，不是一種因果相屬的講明。有顯豁的指點，沒有深刻的探討。」〔註23〕所不同的是，陳獨秀比較差異的目的是爲了優劣選擇，因此他的東西民族思想「差異論」，事實上就是選擇的「優劣論」；杜亞泉雖主張調和，但在對東西文明總體價值觀作判斷時，卻從中國重自然西洋重人爲，推演出中國文明是順應自然的，西洋文明是違反自然的，更多肯定東方文明的價值。從思想史的角度來看，陳獨秀與杜亞泉等人有關東西文化問題論戰所凸顯出的並非完全是傳統／現代、進步／保守的二元對立，而是現代性的內在緊張；雙方在社會文化變革和現代化路徑選擇的截然不同的思考邏輯和取向，恰恰反映出五四前夕啓蒙陣營中思想分歧和話語衝突的實境。

　　就在《新青年》與《東方雜誌》激烈論爭之際，章士釗提出「新舊調和論」，加入論戰行列。他認爲：「調和者，社會進化至精之義也。」社會總是在新舊雜糅中進化，「不有舊，決不有新，不善於保舊，決不能迎新；不迎新之弊，止於不進化，不善於保舊之弊，則幾於自殺。」正因爲新社會、新時代與舊社會、舊時代是承續的關係，所以新社會、新時代應對舊社會、舊時代有所繼承，其創新要以保舊爲基礎。他批評新文化運動「動輒言新，如新生活，如新文學，如新社會，如新青年，如新思想，如新教育，如新道德，其若一切惟新是尙，與舊者釐然兩物，非盡棄舊以謀之不可者」，認爲這種作爲「與頑固派欲盡棄新以篤舊者，適同比例。」〔註24〕由此，他強調在文化

〔註21〕杜亞泉，〈靜的文明與動的文明〉，原載《東方雜誌》，13 卷 10 號，1916 年 10月；收入許紀霖、田建業編，《杜亞泉文存》（上海：上海教育出版社，2003），頁 338～344。

〔註22〕嚴復在〈論世變之亟〉一文中曾對中西國民性作粗略的比較；國粹派的鄧實也有中國文化「主靜」，西方文化「主動」之說；陳獨秀在〈東西民族根本思想之差異〉中認爲西方是個人本位主義，中國是家族本位主義；李大釗在〈東西文明根本之異點〉中同樣把東西方文明概括爲「主靜」和「主動」，並由此推演排比出幾十項兩種文明的差別。

〔註23〕梁漱溟，《東西文化及其哲學》（台北：里仁書局，1883），頁 27。

〔註24〕章士釗，〈新思潮與調和〉（在廣州師範學校之演講），《東方雜誌》，17 卷 2號，1920 年 2 月。

融合和引進外來文化的過程中，應以是否符合當時中國社會的需要爲準則，他所關注的是外來文化能否與中國固有文化相結合、協調，而非只憑新舊來判斷一切，將中國固有文化一概斥爲舊者而掃除之。

對於章士釗的論點，張東蓀（1886～1973）首先公開與之商榷。他以「潛變和突變」說來反對章士釗的新舊調和說。他指出：「我們鼓吹新思想，決不能與舊的調和，一調和了，便產不出變化，等到我們新思想成熟，那突變就可以發生了，所以潛變是不能調和的，調和潛變便是消滅潛變。但突變以後可以調和，因爲調和是 harmony（諧合），不是 compromise（調停），調停是敷衍，諧合是配置。凡是一個社會必要各部分配置得宜，方能協力互助。」〔註25〕他並不否認新舊有共存的必然性，也非一概否定「調和」的觀點，只是更強調「調和」的時機，以及人爲的調停與自然的化合的差別。〔註26〕

陳獨秀亦將調和論視爲一種體現社會弱點的很流行而不祥的論調，他說：「新舊調和只可說是由人類惰性上自然發生的一種不幸現象，不可說是社會進化上一種應該如此的道理。」他認爲倘若將調和論當作指導社會改良的一種主義，那將會助紂爲虐，誤盡天下蒼生。因此他反對那種主張「物質上應當開新，道德上應當復舊」的論調。〔註27〕對於中國文化的出路，他以爲與其枝枝節節的修補或調和漸進的解決，倒不如痛痛快快的「利刃斷鐵，快刀理麻，決不做遷就依違之想」。〔註28〕在〈本誌罪案之答辯書〉中，陳獨秀的這一態度更加堅決明確，他說：

> 要擁護那德先生，便不得不反對孔教、禮法、貞節、倫理、舊政治；
> 要擁護賽先生，便不得不反對舊藝術、舊宗教；要擁護德先生又要
> 擁護賽先生，便不得不反對國粹和舊文學。〔註29〕

強調中西文化的衝突完全是新舊文化的衝突，二者根本相違，絕無折衷調和的餘地可言。

〔註25〕東蓀，〈突變與潛變〉，原載《時事新報》，1919 年 10 月 1 日；《五四前後東西文化問題論戰文選》，頁 194。

〔註26〕東蓀，〈答章行嚴君〉，原載《時事新報》，1919 年 10 月 12 日；《五四前後東西文化問題論戰文選》，頁 196～200。

〔註27〕陳獨秀，〈調和論與舊道德〉，《新青年》，第 7 卷，第 1 號，1919 年 12 月 1 日。

〔註28〕陳獨秀，〈敬告青年〉，《青年雜誌》，第 1 卷，第 1 號，1915 年 9 月 15 日。

〔註29〕陳獨秀，〈本誌罪案之答辯書〉，《新青年》，第 6 卷，第 1 號，1919 年 1 月 15 日。

　　中西文化的第三波論戰是發生在 1920 年代初期。晚清時期召喚西方科學精神最有力的梁啓超，因目睹大戰後歐洲殘酷的現實和悲觀的氣氛，其思想發生根本變化，1920 年出版《歐游心影錄》，大力宣揚西方科學文明的破產和東方文明的優越性；他大聲疾呼：「歐洲人做了一場科學萬能的大夢，到如今卻叫起科學破產來，這便是最近思潮變遷一個大關鍵了。」〔註 30〕不過，他特別聲明並「不因此菲薄科學」，還強調「我絕不承認科學破產，不過也不承認科學萬能罷了。」〔註 31〕

　　梁啓超沒有因爲戰爭因素而菲薄科學，他對「科學萬能」的批判，著眼點不在「科學」本身，而是人們運用「科學」的方式悖離了道德目的，以致造成現代文明的道德危機。他從西方濫用科學所導致精神世界的困境中，進一步洞察以中國文化爲代表的東方文化在救濟精神饑荒方面有著獨特的優勢。他說：「救濟精神饑荒的方法，我認爲東方的──中國與印度──比較最好。東方的學問，以精神爲出發點；西方的學問，以物質爲出發點。救知識饑荒，在西方找材料；救精神饑荒，在東方找材料。」〔註 32〕梁啓超敏銳覺察到日益分離的科學文化與人文文化所造成的負面影響，儘管對科學的價值仍舊抱持著深信不疑的態度，不過他反對把科學文化推廣到一切領域，強調「人生而關涉理智方面的事項，絕對要用科學方法來解決；關涉情感方面的事項，絕對的超科學。」〔註 33〕這樣的區分造就了他思想中科學與自由意志並行的二元論觀點，並爲以後的文化論戰奠下基本思路。

　　對於中國新文化系統的建構，梁啓超指明了銘寫現代性的基本方式爲：

> 第一步，要人人存一個尊重愛護本國文化的誠意；第二步，要用那西洋人研究學問的方法去研究他，得他的眞相；第三步，把自己的文化綜合起來，還拿別人的補助他，叫他起一種化合作用，成了一個新文化系統；第四步，把這新系統往外擴充，叫人類全體都得著他好處。〔註 34〕

〔註 30〕梁啓超，《歐游心影錄節錄·科學萬能之夢》，《飲冰室合集·專集之二十三》（北京：中華書局，1989），頁 14。

〔註 31〕同註 30，頁 36。

〔註 32〕梁啓超，〈東南大學課畢告別辭〉，《飲冰室合集·文集之四十》，頁 12。

〔註 33〕梁啓超，〈人生觀與科學〉，《飲冰室合集·文集之四十》，頁 26。

〔註 34〕梁啓超，〈中國人對於世界文明之責任〉，《飲冰室合集·專集之二十三》，頁 37。

這種對西方文化的迻譯和對自身傳統重構的思路，讓人們體察到中國傳統文化在建設新文化過程中的有效性。無怪乎，胡適在《科學與人生觀‧序》中說道：「自從《歐游心影錄》發表之後，科學在中國的尊嚴遠不如前了。一般不曾出國門的老先生很高興地喊著：『歐洲科學破產了！梁任公這樣說的』。」〔註35〕

受到《歐游心影錄》的影響，1921年，梁漱溟發表著名的《東西文化及其哲學》，從文化淵源、人生哲學及文化發展趨向等層面，提出化解文化認同和現代化追求間緊張關係的系列命題；這是第一次全面地對新文化主流派的「西化」傾向和「反傳統」策略的清算與反思。他以「意欲」的不同旨歸為標準，將人類文化劃分為三種不同類型：西方人的意欲是向前要求，關注的物件是「外界物質」，因而走上征服自然、天人相抗的道路，出現以崇尚理智、發展科學為特徵的西方文化，以追求現世物質享受為人生哲學目的；東方中國的意欲，是調和持中的，關注的物件是「內界生命」，故而走上人與自然渾融、天人合一的道路，出現崇尚直覺、講究倫理道德的中國文化，以求得內心精神滿足為其人生哲學宗旨；印度人的意欲是向後要求，關注「無生本體」，形成崇尚現量、走宗教道路的印度文化，厭棄人世求得解脫為其人生哲學歸宿。他認為這三條文化發展路向無好壞優劣之分，只有態度合宜不合宜的問題：「西洋文化的勝利，只在其適應人類目前的問題，而中國文化印度文化在今日的失敗，也非其本身有什麼好壞可言，不過就在不合時宜罷了。」〔註36〕

面對文化價值體系行將崩潰，傳統道德準則又被斥為阻礙社會發展的精神枷鎖，梁漱溟以生命哲學的文化發展模式論證了中國傳統文化的普遍意義，尤其展示出儒家文化的樂觀前景，他在力主引進西方科學與民主的同時，為中國文化的生存價值和合理性找到文化哲學的理由，為傳統文化的復興開闢生存空間。只是，由於工具理性和價值理性的分殊，促使他在文化建構的進程上走了一條轉接的折衷之路：「第一，要排斥印度的態度，絲毫不能容留；第二，對於西方文化是全盤承受，而根本改過，就是對其態度要改一改；第三，批評的把中國原來態度重新拿出來。」〔註37〕梁漱

〔註35〕 胡適，《科學與人生觀‧序》（瀋陽：遼寧教育出版社，1998），頁10～11。
〔註36〕 梁漱溟，《東西文化及其哲學》，頁236。
〔註37〕 同註36，頁239。

溟以流行的進化論來演述西方、中國和印度文化的發展秩序，指出它們彼此間不可相互代替與融合，並認爲當前中國文化應走學習西方長處並堅守中國儒家路向的價值方向。

20 世紀初，國人民族文化自覺性隨著時勢移轉日益升高，「愛國存學」、「陶鑄國魂」、「古學復興」成爲國粹派智識分子的普遍共同趨向，他們執著體認文化的民族性，並在其內在生命機制的存在基礎上，提出中西文化是相互平行、各具獨立價值的兩大文化體系。在東西文化問題論戰中，杜亞泉將東西文化差異歸結爲動的文明和靜的文明，有鑒於西洋的物質文明已經破產，他鼓吹「精神救國論」，提倡中西調和，以中國文化「統整」西方文化的主張；二梁也在對歐戰的反思中，強調東方文化的價值所在。儘管東方文化派與 20 世紀初的「國粹派」無明顯的師友關係，然其抗拒醉心歐風的思路和主張顯然一脈相通。

這種國粹主義思潮纏綿不斷，到新文化運動後期又格新局。五四新文化浪潮，使多元的外來文化與傳統文化相互碰撞、滲透，其結果是形成一股以歐美留學歸國的智識分子爲主的文化勢力——「學衡派」承其遺緒。學衡派雖受西方現代保守主義思潮影響，以美國白璧德人文主義思想爲理論資源，然其與國粹派人士有著深厚的師友之誼，同時，他們的話語又不出「國學」、「國粹」，議論亦圍於中西學術的會通、調和，在高揭「昌明國粹，融化新知」的宗旨之餘，力拒不加擇別的全盤西化，他們的種種主張直可視爲國粹派文化思想理念在五四後期的新言說。

第二節　《學衡》的醞釀

批評五四新文化新文學是《學衡》的主要內容之一，也是學衡派的重要思想特徵。因其不同於新文化陣營的文化價值觀念，學衡派在五四時期形成一種獨特的歷史撐拒力量，它既給當時方興未艾的新文化新文學運動造成阻力，同時也使新文化運動存在的一些過激言論和主張得到某種程度的糾偏和消解。然則，歷史上學衡派的面目並不十分明晰。自 1922 年創刊起，在往後的半個多世紀裡，他們始終被視爲反對新文化的保守主義的派別而受到貶斥與否定。本節旨在探索《學衡》創刊前的醞釀和準備過程，以期揭去遮蔽在學衡派面前的重重黑紗。關於創辦《學衡》的理想，大致上有兩個脈絡可尋：

一是梅光迪與胡適兩人在留美期間有關文言和白話的論爭，〔註38〕二是吳宓和湯用彤等人在清華學校所創立的「天人學會」。〔註39〕分述如下。

一、梅、胡論爭

在胡適的《留學日記》中第一次出現與梅光迪有關的內容是在1911年8月18日，日記中記載「見北京清華學堂榜，知覲莊與鍾英皆來美矣，爲之狂喜不已。」〔註40〕據梅光迪在〈序與胡適交誼的由來〉中所言，他和胡適宗兄胡紹庭爲震旦公學同舍同學，胡紹庭常誇獎其宗弟「負異才，能文章」；1909年秋，胡適前來探望胡紹庭，因而結識梅光迪。隔年仲夏，二人同船赴京應庚款留美之試，放榜時，胡適入選而梅光迪卻落榜，然再次的會面，使雙方「議論漸暢洽，而交益以密」。〔註41〕1911年，梅光迪再試，考取清華官費生赴美。此即胡適日記中所載之事。

修習農業卻對文史有著濃厚興趣和豐富學術素養的胡適，之於專事文史之學的梅光迪來說，大有知音難覓的喜悅。因此，自梅光迪赴美後，兩人信函往來密切。留美初期，梅光迪對於胡適的才華與見識十分傾倒，他盛讚胡適「兼收並蓄如長鯨之吸百川，眞非大才不辦。」〔註42〕在致胡適的信函中他寫道：「中人在此者不下三十餘，求其狂妄如足下萬一者竟不可得。蓋如足下之狂妄，正所謂夢夢我思之者也。」〔註43〕在另一封信中他又道：「足下論陰陽極透徹，論大同小康亦詳盡，論孔子不論來生，謂其誠實，尤令吾歎賞。」

〔註38〕沈松僑認爲，學衡派的搏成，以《學衡》的發刊爲契機，推動其事者，厥爲梅光迪。詳氏著，《學衡派與五四時期的反新文化運動》（台北：台灣大學出版社，1984），頁72。沈衛威則將1922年以前稱爲「前《學衡》時期」，認爲1922年《學衡》創刊後的反新文化、新文學運動，是梅光迪在美反對胡適的繼續和擴大化。見氏著，〈「學衡派」的人文景觀〉，《新文學史料》，1998年，第2期，頁161。鄭師渠認爲，《學衡》的創意始於梅光迪，但它得以成立，卻是得力於梅在美國西北大學的同學、在東南大學主持工作的劉伯明諸人的支持。見氏著，《在歐化與國粹之間：學衡派文化思想研究》，頁62。

〔註39〕孫尚揚，〈在啓蒙與學術之間：重估《學衡》〉，《二十一世紀》，1994年4月號，總第22期，頁36；樂黛雲，〈世界文化語境中的《學衡》派〉，《解放軍藝術學院學報》，2004年，第4期，頁11。

〔註40〕胡適，《胡適留學日記》，第1冊，頁66。

〔註41〕梅光迪，〈序與胡適交誼的由來〉，收入羅崗、陳春艷編《梅光迪文錄》（瀋陽：遼寧教育出版社，2001），頁90。

〔註42〕梅光迪，〈致胡適信四十六通·第十函〉，《梅光迪文錄》，頁130。

〔註43〕梅光迪，〈致胡適信四十六通·第十六函〉，《梅光迪文錄》，頁141。

〔註44〕這時期，在胡適的留學日記中亦顯示出兩人相互啓發呼應的學術討論過程，儘管其中存在著某些認識上的分歧，但都能在求同存異的學術原則下對彼此觀點抱持同情的理解之心。〔註45〕

　　1915 年夏，梅光迪自西北大學畢業，轉往哈佛大學師從文學批評家白璧德，行前來到康乃爾大學所在地綺色佳（Ithaca）與胡適、任鴻雋（1886～1961）、楊杏佛（1893～1933）等朋友共度暑假，他們在一起討論有關中國文字及文學的問題。梅、胡間的分歧始現於文言、白話之爭。據胡適日後的回憶道：

> 這一班人中，最守舊的是梅覲莊，他絕對不承認中國古文是半死或全死的文字。因爲他的反駁，我不能不細細想過我自己的立場。他越駁越守舊，我倒漸漸變得更激烈了。我那時常提到中國文學必須經過一場革命。〔註46〕

9 月 17 日，梅光迪離開綺色佳前往哈佛大學，胡適作〈送梅覲莊往哈佛大學詩〉，詩中有：「梅生梅生勿自鄙。神州文學久枯餒。百年未有健者起。新潮之來不可止，文學革命其時矣。吾輩勢不容坐視」之句。〔註47〕這是胡適首次提出「文學革命」的主張，可以說，此時的胡適仍期待梅光迪能夠在文學革命主張上與自己同道。

　　梅光迪並未立即對此詩作出反應，倒是任鴻雋將胡適詩中的外國人名連綴起來，作了一首游戲詩〈任生用胡生送梅生往哈佛大學句送胡生往科倫比亞大學〉，任鴻雋故意用如此「白話」的標題來挖苦胡適的文學革命。其詩云：「牛敦愛迭孫，培根客爾文。索虜與霍桑，煙士披里純。鞭笞一車鬼，爲君生瓊英。文學今革命，作歌送胡生。」9 月 20 日，胡適離開綺色佳，轉往哥倫比亞大學，途中以任詩韻腳寫了一首莊重的答詞〈依韻和叔永戲贈詩〉，回

〔註44〕梅光迪，〈致胡適信四十六通・第八函〉，《梅光迪文錄》，頁 123。

〔註45〕對於梅光迪的「欲得眞孔教，非推倒秦漢以來諸儒之腐說不可」，胡適素表同情。見梅光迪，〈致胡適信四十六通・第十二函〉，《梅光迪文錄》，頁 132。《胡適留學日記》，1914 年 6 月 8 日亦載：「梅覲莊月前致書，亦言女子陶冶之勢力。余答覲莊書，尚戲之，規以莫墮情障。覲莊以爲莊語，頗以爲忤。今覲莊將東來，當以此記示之，不知覲莊其謂之何？」又同年 7 月 18 日：「發起一會曰讀書會，會員每周最少須讀英文文學書一部，每周之末日相聚討論一次。會員不多，其名如下：任鴻雋、梅光迪、張耘、郭蔭棠、胡適。」

〔註46〕胡適，〈逼上梁山〉，收入姜義華主編，《胡適學術文集・新文化運動》（北京：中華書局，1998），頁 197；原載《東方雜誌》，第 31 卷，第 1 期，1934 年 1 月 1 日。

〔註47〕胡適，〈送梅覲莊往哈佛大學詩〉，《胡適學術文集・新文化運動》，頁 326。

應朋友們對文學革命的質疑：「詩國革命何自始？要須作詩如作文。琢鑢粉飾喪元氣，貌似未必詩之純。小人行文頗大膽，諸公一一皆人英。願共僇力莫相笑，我輩不作腐儒生。」胡適進一步確立「作詩如作文」的「詩國革命」的主張。〔註48〕

初來乍到哈佛的梅光迪本無暇打筆墨官司，卻因這「詩國革命」、「作詩如作文」的口號，忍不住率先發難指出：「詩文截然兩途。詩之文字（Poetic diction）與文之文字（Prose diction），自有詩文以來（無論中西）已分道而馳。」主張要嚴分「文之文字」與「詩之文字」，強調吾國欲「求詩界革命，當於詩中求之，與文無涉也。」〔註49〕對此，胡適在日記中寫道：「一九一六年，我們的爭辯最激烈，也最有效果。爭辯的起點，仍舊是我的『要須作詩如作文』的一句詩。……任叔永也來信，說他贊成覲莊的主張。」〔註50〕未能獲得好友支持的胡適，實則最初尚未設想到用白話作詩，他所設計的「詩國革命」，僅止在不避「文之文字」的層次上，強調表現出眞實的思想感情與社會生活而已。

覺得孤立的胡適，爲反駁和說服朋友，繼續深化其有關「文學革命」的思維。他努力從文學和文學史上尋找證明「文學革命」的合理性依據，終於有了新的發現，那就是中國文學史上已經發生過多次革命。他以爲就文學的體式言，從《詩經》到《離騷》、辭賦、古詩、駢文、律詩、詞曲、戲劇等，已經歷六次革命，他的結論是：

> 文學革命，至元代而登峰造極。其時，詞也，曲也，劇本也，小說也，皆第一流之文學，而皆以俚語爲之。其時吾國眞可謂有一種「活文學」出世。……惜乎五百餘年來，半死之古文，半死之詩詞，復奪此「活文學」之席，而「半死文學」遂苟延殘喘，以至今日。
>
> 〔註51〕

胡適將自己的考察心得向梅光迪陳說，以期得到朋友們的理解和支持，一起共同探討和實踐文學革命。

梅光迪明確表示反對胡適的文學革命。1916年3月14日，他致信胡適說：

〔註48〕以上引文見胡適，〈逼上梁山〉，《胡適學術文集・新文化運動》，頁197～198。
〔註49〕梅光迪，〈致胡適信四十六通・第三十一函〉，《梅光迪文錄》，頁159～160。
〔註50〕胡適，《留學日記》，1916年2月3日；胡適，〈逼上梁山〉，《胡適學術文集・新文化運動》，頁198～199。
〔註51〕胡適，〈吾國歷史上的文學革命〉，《胡適學術文集・新文化運動》，頁2～4。

「文學革命，竊以爲吾輩及身決不能見。欲得新文學或須俟諸百年或二百年以後耳。」〔註 52〕五天後，他再度致信胡適，言及「初有大夢，以創造新文學自期。近則有自知之明，已不作癡想，將來能稍輸入西洋文學知識，而以新眼光評判固有文學，示後來者以津梁，於願足矣。」〔註 53〕雖然如此，這位胡適口中最守舊的梅光迪實則頗認同胡適關於宋元文學的意見，他甚至還說道：「文學革命自當從『民間文學』（folklore, Popular poetry, spoken language, etc）入手，此無待言；惟非經一番大戰爭不可，驟言俚俗文學，必爲舊派文學家所訕笑攻擊。但我輩正歡迎其訕笑攻擊耳。」〔註 54〕從「民間文學」、「俚俗文學」入手，確實是文學革命的最佳取徑；只是梅光迪並沒有胡適那樣樂觀的態度，對他來說，「文學革命」是「大夢」、「癡想」，須採循序漸進的方式，等上一二百年，方可有所成就；由於胡適的言論過激，將中國文學之本體與其流弊混雜言之，因此，他決定與胡適分道揚鑣。

1916 年 6 月，胡適再經綺色佳，復與朋友討論改良中國文學的方法，他具體提出「用白話作文、作詩、作戲曲」的主張。未久，他們又圍繞任鴻雋的一首詩展開爭論。〔註 55〕當時，胡適尚沉浸在自己〈詩三百篇中「言」字解〉的學術興感中，對任詩中「言棹輕楫，以滌煩疴」、「猜謎賭勝，載笑載言」等句子，頗不以爲然。認爲：「詩中所用『言』字『載』字，皆係死字；又如『猜謎賭勝，載笑載言』二句，上句爲二十世紀之活字，下句爲三千年前之死句，殊不相稱也。」〔註 56〕未料，此說招來梅光迪的反駁：

> 夫文學革命，須洗去舊日腔套，務去陳言固矣；然非盡屏古人所用之字，而另以俗語白話代之之謂也。……大抵新奇之物多生美（Beauty）之暫時效用，足下以俗語白話爲向來文學上不用之字，驟以入文似覺新奇而美，實則無永久之價值，因其向未經美術家之

<hr/>

〔註 52〕梅光迪，〈致胡適信四十六通‧第三十二函〉，《梅光迪文錄》，頁 161。
〔註 53〕梅光迪，〈致胡適信四十六通‧第三十三函〉，《梅光迪文錄》，頁 162。
〔註 54〕同註 53，頁 162。
〔註 55〕1916 年 7 月 8 日，任鴻雋同陳衡哲、梅光迪、楊杏佛、唐擘黃泛舟凱約嘉湖，近岸時舟翻，又遇大雨，所幸沒有發生意外。任鴻雋爲記此趣事，作〈泛湖即事詩〉寄胡適。詩爲四言古體，中有「猜謎賭勝，載笑載言」的句子，同時又用了不少文言典故，陳詞老調，以致遭到胡適的批評，於是引起了新的論爭。詳胡適，〈答覲莊白話詩之起因〉，《胡適學術文集‧新文化運動》，頁 335～338。
〔註 56〕胡適，《胡適留學日記》，1916 年 7 月 16 日，第 4 冊，頁 976。

鍛煉，徒諉諸愚夫愚婦無美術觀念之口，歷世相傳，愈趨愈下，鄙
俚乃不可言。〔註57〕

他認為文字是「世界上最守舊之物」，「一字意義之變遷，必經數十或數百年
而後成，又須經文學大家承認之，而恒人始沿用之焉。」若依胡適的「活文
學」之言，則「村農傖父皆足為美術家矣！」〔註58〕在此，梅光迪著重強調
文字本身有其深厚的歷史文化淵源，文學革命非經長期鍛鍊與仔細研究不
可，他說：

吾輩言文學革命須謹慎以出之，尤須先精究吾國文字始敢言改革。
欲加用新字，須先用美術以鍛鍊之，非僅以俗語白話代之即可了事
者也。（俗語白話固亦有可用者，惟須必經美術家之鍛鍊耳。）如足
下言，乃以暴易暴耳，豈得謂之改良乎！〔註59〕

因任、梅等人的批評，在半揶揄半逼迫的光景下，胡適作了一首一千多字的
白話游戲詩回敬梅光迪，〔註60〕結果爭論益熾。任鴻雋去信道：「足下此次試
驗之結果，乃完全失敗是也。蓋足下所作，白話則誠白話矣，韻則有韻矣，
然卻不可謂之詩。蓋詩詞之為物，除有韻之外，須有和諧之音調，審美之辭
句。」〔註61〕任鴻雋此番言說是就詩詞的審美觀來評說，梅光迪則不然，他
激烈地嘲諷道：

讀大作如兒時聽〈蓮花落〉，真所謂革盡古今中外詩人之命者，足下
誠豪健哉！蓋今之西洋詩界，若足下之張革命旗者亦數見不鮮，最
著者有所謂 Futurism、Imagism、Free Verse 及各種 Decadent
movements in literature and in arts；……大約皆足下「俗話詩」之流
亞，皆喜以前無古人後無來者自豪，皆喜詭立名字，號召徒眾，以
眩駭世人之耳目，而己則從中得到名士頭銜以去焉，其流弊則魚目
混珠，真偽無辨。〔註62〕

面對好友們無情地宣佈白話詩試驗的破產，更加激起胡適用試驗的結果來證

〔註57〕梅光迪，〈致胡適信四十六通‧第三十四函〉，《梅光迪文錄》，頁164。

〔註58〕同註57，頁164。

〔註59〕同註57，頁165。

〔註60〕胡適，〈新大陸之筆墨官司〉，又題〈答梅覲莊──白話詩〉，《胡適學術文集‧
新文化運動》，頁10～14。

〔註61〕胡適，《胡適留學日記》，1916年7月24日，第4冊，頁983。

〔註62〕梅光迪，〈致胡適信四十六通‧第三十六函〉，《梅光迪文錄》，頁167。

明其主張的決心。歷經一年多的討論，胡適未能成功說服諸友，在實驗主義哲學的影響下，他中止了與任、梅等人的書信爭論，全心投入白話詩的實際試驗。《胡適留學日記》中最後一則與梅光迪有關的記載是在 1917 年 4 月 11 日，胡適不無埋怨地訴說：「吾與觀莊日日辯論文學改良問題。觀莊別後似仍不曾有何進益，其固執守舊之態仍不稍改。夫友朋討論，本期收觀摩之益也，若固執而不肯細察他人之觀點，則又何必辯也？」〔註63〕

就在胡適致信《新青年》主編陳獨秀提出有關新文學的八項思想主張之前，梅光迪也提出了自己關於文學革命四個方法作為對胡適白話文學主張的回應：

> 一曰擯去通用陳言腐語，如今之南社人作詩，開口燕子、流鶯、曲檻、東風等以毫無意義，徒成一種文字上的俗套（Literature Convention）而已，故不可不擯去之（以上為破壞的）。
>
> 二曰復用古字以增加字數。
>
> 三曰添入新名詞，如科學、法政諸新名字，為舊文學中所無者。
>
> 四曰選擇白話中之有來源、有意義、有美術之價值者之一部分，以加入文學，然須慎之又慎。（以上二、三、四三者為建設的，而以第二者為最要最有效用，以第四者為最輕，最少效用。）〔註64〕

梅光迪的這些說法，在胡適眼中與晚清以降的文學改良者的思想主張無異，認為完全是拾其餘緒，虛無足言。

1916 年 8 月 21 日，胡適致信陳獨秀，提出文學革命的八項條件；而後受到陳獨秀的鼓勵，他又將前述八項主張寫成〈文學改良芻議〉，把他近年來的白話文學思想總其大成，成為一篇完整詳實的「宣言」，並發表於 1917 年 1 月 1 日出版的《新青年》。雖然他在結論中猶略帶謙虛地強調：「此八事皆文學上根本問題，一一有研究之價值。故草成此論，以為海內外留心此問題者作一草案。謂之芻議，猶云未定草也，伏惟國人同志有以框糾是正之。」〔註65〕然則，文學革命之星火至此已成燎原之勢，一發不可收拾了。

文學革命運動後，占據話語權勢的胡適以「被動式」的「逼上梁山」為

〔註63〕胡適，《胡適留學日記》，1917 年 4 月 11 日，第 4 冊，頁 1125。

〔註64〕據《藏暉室札記》卷 14，胡適的「文學革命八條件」首見於〈寄陳獨秀〉，此文作於 1916 年 8 月 21 日；而梅光迪關於文學革命的四個方法，則作於 1916 年 8 月 8 日，見〈致胡適信四十六通·第三十七函〉，《梅光迪文錄》，頁 171。

〔註65〕胡適，〈文學改良芻議〉，《胡適學術文集·新文化運動》，頁 29；原載《新青年》，第 2 卷，第 5 號，1917 年 1 月 1 日。

題，主導著這段歷史原貌的言說；另一位當事人任鴻雋則在〈五十自述〉中亦提供若干歷史拼圖的原片，他說：

> 所謂文學改革之白話運動是也，此事之起源，蓋由 1916 年夏間與梅迪生、楊杏佛兩君在伊薩卡歇夏，胡君時已在紐約，時以白話詩相示，余等則故作反對之辭以難之，於是所謂文言白話之爭以起。平心而論，當時吾等三人同立於反對白話之戰線上，而立場殊不盡同。梅生之反對白話蓋爲全般的，凡以白話爲文者皆在其反對之列，……吾則承認白話有其用處，但不承認除白話外無文學，且對於白話詩之能否成立，爲尤斷斷耳。〔註66〕

任鴻雋的表述，提供後人在論戰雙方的說詞外，另一客觀參考的憑證；他說明「文言白話之爭」的源起眞相，原是朋友間在討論中國文學時，「故作反對之辭」的相難，只是彼此的說法不能令對方心服，而其中最激烈的兩人是各持己見的胡適與梅光迪。

實則，梅、胡分歧的關鍵在於兩人迥然不同的文化與文學史觀。受杜威實驗主義哲學影響的胡適信奉的是進化的文學觀念，亦即「一時代有一時代之文學」，認爲文學的目的在表現時代的情感與思想，故須隨時代變遷；而秉持白璧德的人文主義思想的梅光迪則強調傳統與現代的承續性，如他嘗質問胡適：「足下習哲學，僅讀廿世紀哲人若 John Dewey，B Russell 而置柏拉圖、康德於高閣，可乎不可乎？」〔註 67〕由此可知，他特別強調以歷史傳統爲基礎的創造革新，這也是日後學衡派與新文化運動在文學史觀上最主要的分歧。

不同的文化史觀除導致雙方對文學形式的不同見解外，彼此對於文學的功用和目的，亦同樣存在著涇渭分明的體認。前述 1916 年夏天，胡適再過綺色佳，與梅光迪談及「造新文學」之事，他「以爲文學在今日不當爲少數文人之私產，而當以能普及最大多數之國人爲一大能事」；又「以爲文學不當與人事全無關係。凡世界有永久價值之文學，皆嘗有大影響於世道人心者也。」胡適這種極富平民主義與人道主義色彩的文學觀念，卻被梅光迪批評爲是「Utilitarian（功利主義），又以爲偷得 Tolstoi（托爾斯泰）之緒餘；以爲此等

〔註66〕 任鴻雋，〈五十自述〉，收入潘光哲，《任以都先生訪問紀錄・附錄》（台北：中央研究院近代史研究所，1993），頁 180～181。

〔註67〕 梅光迪，〈致胡適信四十六通・第三十四函〉，《梅光迪文錄》，頁 165。

十九世紀之舊說，久爲今人所棄置。」〔註68〕這一時期是梅、胡爭論最激烈，也是相互批評最嚴厲的時候。胡適在日記中追記此事道：「覲莊大攻我『活文學』之說。細析其議論，乃全無眞知灼見，似仍是前此少年使氣之梅覲莊耳。」他直指梅光迪「少年使氣」的性格，又點出他的治學罩門：「覲莊治文學有一大病：則喜讀文學批評家之言，而未能多讀所批評之文學家原著是也。此如道聽途說，拾人牙慧，終無大成矣。」〔註69〕梅光迪則將胡適白話文學的主張與歐美所謂「新潮流」的狂瀾並列，並敦勸胡適「須立定腳跟」，「不爲所搖」，尤其「勿剽竊此種不值錢之新潮流以哄國人」。〔註70〕

正如格里德（Jerome B. Grieder）所指稱，胡適的這場文學革命不僅是唯一的和激烈的否定行動，同時還是「一種實現過去之希望的手段」。胡適認爲早期的改良者之所以失敗的原因，在於他們未曾體認到文字與普及新思想間的關聯；從一開始，胡適的文學改革就與提倡一種可與一般民眾交流的書面語言聯繫在一起，他致力提倡一種能把粗通文字的人與眞正受過教育者彌合的新文字，當那個分開「我們」和「他們」的裂痕得到彌合，「這種新文字也就具有了其自身的活力和美，以及一種足以證明其存在之合理性的文學特質。」〔註71〕這種務求文學之普及與不分「我們」和「他們」的向下看齊的主張，最終目的正是落實在社會文化思想的全盤改造。

梅光迪雖亦贊同文學改革，卻反對降低文化水準以普及文學之舉。他強調：

> 吾國之文化乃「人學主義的」（humanistic），故重養成個人，吾國文
> 化之目的，在養成君子。養成君子之法，在克去人性中固有之私欲，
> 而以教育學力發達其德慧智術。君子者，難爲者也。故無論何時，
> 社會中只有少數君子，其多數乃流俗（The profane vulgar）而已。
>
> 〔註72〕

在白璧德對西方近現代主流思想的批判中，梅光迪找到了回擊胡適關於文學革命的思想武器與理論資源。他強調言學術者，「須不計一時之成敗，尤須不

〔註68〕胡適，〈覲莊對余新文學主張之非難〉，《胡適學術文集‧新文化運動》，頁9。
〔註69〕胡適，《胡適留學日記》，1916年7月13日，第4冊，頁955。
〔註70〕梅光迪，〈致胡適信四十六通‧第三十六函〉，《梅光迪文錄》，頁168。
〔註71〕格里德著，王友琴譯，《胡適與中國的文藝復興——中國革命中的自由主義
　　　　（1917～1937）》（南京：江蘇人民出版社，1996），頁92～93。
〔註72〕梅光迪，〈致胡適信四十六通‧第三十九函〉，《梅光迪文錄》，頁175。

期速成，不從多數」；〔註73〕因此，胡適的文學能「普及最大多數之國人」的主張，在他看來是一種不可企及的妄想。

梅、胡這場「新大陸的筆墨官司」，在五四新文學運動的歷史言說中並未被特別凸顯出來。然則，正如胡適在《中國新文學大系・理論建設集》的〈導言〉中總結五四新文學運動初步成果時所指稱：「第一組是一篇序幕（按：指〈逼上梁山〉一文），記文學革命在國外怎樣發生的歷史；這雖是一種史實的記載，其實後來許多革命理論的綱領都可以在這裡看見。」〔註74〕同樣地，後來學衡派一貫的文化態度及其反對新文化及新文學的言論趨向均可在這場論爭中窺其堂奧。正如論者所言它既是「文學革命的濫觴，同時也預示了日後學衡派與新文化之間的分野」〔註75〕，其重要性不言而喻。

二、天人學會

在清華學校中，湯用彤是吳宓最欽佩也是最值得信託的知友之一，他們經常在一起暢談人性、人生和未來志向。創辦《學衡》雜誌的理想，或者可以追溯到兩人在1914年3月13日的一席深談。吳宓在日記中記下談話內容：

> 及錫予談將來志向，謂擬聯絡同志諸人，開一學社，造成一種學說，專以提倡道德、扶持社會為旨呼號。……進行之法，則發刊雜誌多種，並設印刷廠，取中國古書全體校印一過，並取外國佳書盡數翻譯，期成學術文章之大觀，而於國家精神之前途，亦不無小補；而尤要之事則社友均當實行完全之道德，期為世之修學者、營業者樹一模範，使知躬行道德未盡無用，且終致最後之成功，或者道可光明、俗可變易，則區區百年之志也。〔註76〕

志趣相合的吳宓與湯用彤，對於如何以道德救社會，如何保存固有文化之精神，以及如何創造新文化等問題頗具共識，在這次談話中，他們甚至規摹了二人平生志業和學問的方向，隱然為日後共創《學衡》奠下基礎。

如果說這只是一時興起之言，則同年4月6日的談話，正可顯示出20世

〔註73〕梅光迪，〈致胡適信四十六通・第四十一函〉，《梅光迪文錄》，頁178。

〔註74〕胡適，《中國新文學大系・理論建設集・導言》，頁2。

〔註75〕沈松僑，《學衡派與五四時期的反新文化運動》，頁94。

〔註76〕吳宓著，吳學昭整理，《吳宓日記》（北京：三聯書店，1998），第1冊，1914年3月13日，頁312。

紀上半葉這一批既深得國學之精髓又寢饋西學的文化精英將「文化神州繫一身」的精神寫照：

> 與錫予談，言國亡則吾輩將何作？余曰：上則殺身成仁，轟轟烈烈爲節義死，下則削髮空門遁跡山林，以詩味禪理了此餘生。如是而已。錫予則謂，國亡之後不必死，而有二事可爲：其小者，則以武力圖恢復；其大者，則肆力學問，以絕大之魄力，用我國五千年之精神文明，創出一種極有勢力之新宗教或新學說，使中國之形式雖亡，而中國之精神、之靈魂永久長存宇宙，則中國不幸後之大幸也。
>
> 〔註77〕

這種在文化上表現出追慕傳統，發揮光大神州古學的道義與精神氣質的取向，在吳宓和湯用彤等人的生命軌跡中是一種逐步醞釀深化的結果。1915 年初，吳宓上歷史課再次得到啓發，他以爲：

> 文藝復興之大變，極似我國近數十年歐化輸入情形。然我之收效，尚難明睹。至於神州古學，發揮而光大之，蔚成千古不磨、赫奕彪炳之國性，爲此者尚無其人。近數年來，學術文章，尤晦昧無聲響。俯仰先後，繼起者敢辭此責哉？〔註78〕

月餘，他又進一步有所體認：

> 近讀西史，謂世界所有之巨變，均多年醞釀而成，非一朝一夕之故，故無一定之時日，示其起結。若歐洲中世之末，文藝復興 Renaissance 其顯例也。余以文藝復興，例之中國維新改革，則在中國，又豈僅二三十年以前，新機始發動哉？蓋自清中葉以還，或可謂明末以後。士夫文章言論之間，已漸多新思潮之表見。導源溯極，其由來漸矣。
>
> 〔註79〕

1915 年 2 月 24 日，吳宓在日記中寫道，在與湯用彤深談後，再度確立志業的方向：「擬以印刷雜誌業，爲入手之舉。而後造成一是學說，發揮國有文明，溝通東西事理，以熔鑄風俗、改進道德、引導社會。」〔註80〕半月餘，吳宓又記道：「與錫予談將來行事，素有經營印書，及編譯雜誌之成約。」〔註81〕

〔註77〕《吳宓日記》，第 1 冊，1914 年 4 月 6 日，頁 331。
〔註78〕同註77，1915 年 1 月 5 日，頁 381。
〔註79〕同註77，1915 年 2 月 20 日，頁 407。
〔註80〕同註77，1915 年 2 月 24 日，頁 410。
〔註81〕同註77，1915 年 3 月 11 日，頁 415。

至於刊物的名稱，吳宓以爲「其英文名稱當定爲 Renaissance，國粹復光之意，而西史上時代之名詞也。」〔註82〕兩位清華同窗好友相約日後擬以辦雜誌或報刊的方式模仿歐洲的文藝復興運動，創造出一種有力的新學說，以發揚光復神州古學，改進社會道德。

　　創辦報刊雜誌似乎是吳宓從小的興趣和志願。據其日記所述，少年時代，吳宓因閱讀新式報刊及各種新出的小說，極度沉迷，遂起仿效之舉。自11歲（1904）起試辦雜誌，至19歲止，一共試辦13份，惜乎均無疾而終。〔註83〕少年志向，事雖無成，但吳宓並未因此氣餒，反自許道：「他日有暇仍當重整旗鼓，……勿使十年來一片熱心，一團志氣，遂由此一蹶不復振。」〔註84〕及至赴美前，吳宓不顧家人諸友的反對，「雜誌」一科仍是他的獨鍾。〔註85〕他以爲治雜誌業，有以下之利益：（一）旁徵博引，學問必有可成。（二）殫力著述，文字上必可立名。（三）針砭社會。（四）發揚國粹。（五）游美歸後，尚可日日練習觀察，治事之餘，兼有進境。〔註86〕從上所述，可見創辦雜誌顯然是吳宓長期醞釀的目標，儘管後來 Renaissance 這個名稱被羅家倫（1897～1969）等人的《新潮》捷足先登，《學衡》的英文名稱只好改作 The Critical Review，但終究實現其少年的志業。

　　「社員乏人，經費無著」〔註87〕，是少年吳宓屢辦雜誌無成的主要因素。創辦雜誌、經營印書對於在學學生或者力有未逮；然則，「開一學社，造成一種學說」，乃舉手之勞。爲實現「造成一是學說」之理想，1915年冬，吳宓、

〔註82〕《吳宓日記》，第1冊，1915年10月5日，頁504。

〔註83〕吳宓在1911年7月16日的日記上寫道：1904年自爲《童子月報》，未成；1905年與表弟楊天德合作《陝西維新報》，未成；1906年夏6月，與胡文麟、胡文豹等表兄弟合編《童子雜編》，旋改名《少年世界》，未成；復與楊天德、張秉楷、張秉栻兄弟組織《敬業學報》，未成；再與楊天德、南幼文、張鐸合作《童子學報》，一期而止；冬10月，獨爲《童子叢報》，兩冊而止；1907年5月，與楊天德合爲《童子日報》，未成；6月，獨爲《童子雜誌》，兩期而止；9月，與楊天德合爲《童子叢報》，三冊而止；又出《小說月報》，一冊而終；1909年春，與楊天德議創《星星雜誌》合作未成，獨自主辦，一冊而終；7月，與胡氏表兄弟、南崧雲、牟琛合作《陝西雜誌》一冊而止。見《吳宓日記》，第1冊，1911年7月16日，頁110。

〔註84〕同註82，第1冊，1911年7月16日，頁110～111。

〔註85〕吳宓決定選科後，家中父母親友及諸友朋均不贊成，皆以吳宓的決定爲誤，獨黃華力勖之。見《吳宓日記》，第1冊，1915年10月20日，頁511。

〔註86〕同註82，1915年10月14日，頁509。

〔註87〕同註82，1911年7月16日，頁110。

湯用彤、黃華等人發起組織「天人學會」。這個會名是湯用彤所錫，吳宓則熱心聯合知友參與其中。這個以清華學校丙辰級（1916）同學為核心的組織，會員前後共 30 餘人，創立伊始，理想甚高，志氣甚盛；後來因各人事業境遇的不同，歷久渙散，終致不相聞問。

　　有關該會的創辦源起、會章、會名及宗旨，吳宓在 1916 年 4 月 3 日給好友吳芳吉信中詳述其始末，摘錄如下：

> 會之大旨：除共事犧牲，益國益群而外，則欲融合新舊，擷精立極，造成一種學說，以影響社會，改良群治。又欲以我輩為起點，造成一種光明磊落、仁心俠骨之品格，必其道德與事功合一，公義與私情並重，為世俗表率，而蔚成一時之風尚。
>
> 會名之意：天者天理，人者人情。此四字，實為古今學術政教之本，亦吾人之方針所向。至以人力挽回天運，以天道啓悟人生，乃會眾之責任也。
>
> 終極之宗旨：（一）造成淳美之風俗，使社會人人之尚氣節廉恥。（二）造成平正通實之學說，折衷新舊，發揮固有之文明，以學術道理，運用凡百事項。（三）普及社會教育，使人人曉然於一己之天職及行事之正誼。〔註88〕

「天人學會」的成立有其天時、地利及人和的眾多因素集合而成。當時清華學校校長周貽春（1883〜1958）提倡學生自組社團，一時間學校內各種學生團體林立。在組織「天人學會」前，吳宓即熱心參加各種以道德為號召的社團，〔註89〕在清華期間，他先後加入「智育勵進會」和「達德學會」〔註90〕；

〔註88〕吳宓，《空軒詩話》，收入《雨僧詩文集》（台北：地平線出版社，1971），頁424〜425。

〔註89〕1912 年，因辛亥革命爆發，清華暫時解散，該年 2 月至 5 月吳宓在上海聖約翰大學就讀時，在《民立報》上看到「進德會」會約，認為該會主張與其一貫宗旨相合，頗欲往入其特別會員之乙部，然卒未果。「進德會」是由汪精衛與李石曾、張繼、吳稚暉等人於 1912 年 2 月共同發起成立，以端正社會積習為宗旨，其成立緣起謂：「亡清之腐敗，積社會之腐致而成。腐敗之原因雖種種，而亦自有其最普通之可約言者在焉，即『吃花酒』、『鬥麻雀』，加之以『討小老婆』是也。若民國新建，承其流而不加注意，將腐致之根株不去，而凋散之元氣難復。因發起為進德會，廣徵海內有道之士，相與為約，為社會樹立風聲，庶新社會可以成立，而國風亡乎其變焉。」詳見李石曾，〈發起進德會會約〉，《李石曾先生文集》（台北：中國國民黨中央黨史委員會，1980），上冊，頁 175。

也一度發起「進德文社」，後因種種事故而取消。〔註91〕此外，他還曾與湯用形合議共同撰著 30 回的長篇章回體小說《崆峒片羽錄》，共完成緣起及前三回，書之主旨在抒發二人之經歷，及對於人生道德的感想，惜未刊布。〔註92〕

在未獲得白璧德人文主義的新式學理之前，「天人學會」的「欲融合新舊，擷精立極，造成一種學說，以影響社會，改良群治」的宗旨，已初步顯露出後來學衡派文化運思的言說理路，亦即以砥礪個人道德為起點，從而服務於社會，益國益群，以達改良群治的目的；同時，還顯現出這群文化精英珍重傳統及會通中西的願望。

〔註90〕《吳宓日記》於 1912 年 7 月 6 日有「智育勵進會開常期會，余辭去會員，自請出會」的記載；又 1914 年 2 月 21 日有「赴達德學會常會」的記錄。見《吳宓日記》，第 1 冊，頁 249、293。

〔註91〕《吳宓日記》，第 1 冊，1912 年 8 月 4 日，頁 256。

〔註92〕湯一介編，《湯用形年譜簡編》，收入《湯用形全集》（石家莊：河北人民出版社，2000），第 7 卷末，頁 4021。

第二章　學衡派：歷史與敘述

　　前一章著眼於《學衡》創刊前之的社會文化思潮及其核心人物的文化性格與價值取向的描述。本章延續學衡派歷史敘事的脈絡，首先，表述作為本文研究對象的《學衡》的創刊過程及其內容；其次，界定學衡派的內涵並說明其分化的歷史因由；最後，考察白璧德人文主義與阿諾德文化論在中國的傳播過程中對學衡派「知識倉庫」建立的作用，並探究其所提供的「思想資源」如何成為學衡派「概念變遷」的可能動力。

第一節　《學衡》的創刊及其內容

　　1917 年，當胡適因宣導文學革命而在國內「暴得大名」，其不可一世的煊赫聲勢，令身在海外的梅光迪心中頗不是滋味，他下決心維護自己的文化理想，於是在留學生中「招兵買馬，到處搜求人才，聯合同志，擬回國對胡適作一全盤之大戰。」〔註1〕吳宓即是在此時為梅光迪搜求而得的同道之一。據《吳宓自編年譜》所示，1918 年夏，吳宓從勿吉尼亞大學轉到哈佛大學，經由清華同學施濟元引薦，結識梅光迪。此後屢與梅光迪暢談竟日，吳宓記述當時情狀說道：

> 梅君慷慨流涕，極言我中國文化之可寶貴，歷代聖賢、儒者思想之高深，中國舊禮俗、舊制度之優點，今彼胡適等所言所行之可痛恨。昔伍員自詡「我能覆楚」，申包胥曰：「我必復之」。我輩今者但當勉

〔註1〕吳宓著，吳學昭整理，《吳宓自編年譜：1894～1925》（北京：三聯書店，1995），頁 177。

> 為中國文化之申包胥而已，云云。宓十分感動，即表示：宓當勉力
> 追隨，願效馳驅，如諸葛武侯之對劉先主「鞠躬盡瘁，死而後已」。
> 〔註2〕

結識梅光迪成為吳宓一生命運的轉捩點。吳宓認同梅光迪反對胡適關於新詩、白話文學及新文化運動之主張；同時，梅光迪又引見他拜會後來成為他們精神導師的白璧德，吳宓對白璧德學說肯定東方的歷史與傳統，及其對中國文化在人類未來文明中的地位和作用的深切期望大為服膺。儘管後來梅、吳兩人反目交惡，但吳宓也不得不承認梅光迪對他一生事業的影響力。

吳宓回憶留美期間師友白璧德與梅光迪的經過，曾不無感慨地道：

> 按後來事實之因果論，則宓若在 1918～1919 學年，仍留在勿吉尼亞
> 大學，而不來到波士頓轉入哈佛大學，則與梅光迪君在美國末由相
> 識，無從接受其反對陳獨秀、胡適新詩、白話文學、新文化運動之
> 主張，並不獲由梅君導謁白璧德先生，受其教，讀其書，明其道，
> 傳其業，則後來必無《學衡》雜誌之編輯與出版。而宓一生之事業、
> 聲名，成敗、苦樂，必亦大異，而不知如何。總之，一切非人為，
> 皆天命也。〔註3〕

吳宓因梅光迪的引薦，信從白璧德的學說，而「受其教，讀其書，明其道，傳其業」，最終成為白璧德最為忠實的中國弟子。是以梅、吳的相識，實為《學衡》得以創立，學衡派終能形成的最大契機。

一、人事時地的因緣聚合——《學衡》的創刊

梅光迪深知五四新文化運動能在國內風行草偃迅速興起之因，乃在於：一有《新青年》作為公共輿論空間，二有蔡元培和北京大學的鼎力支持，三有新文化統一陣線的群體力量。當 1919 年他回國任教南開大學，因一時間尚未結交到「知友」，再加上對任教的南開大學十分生疏，故而延宕其理想壯志。不過，很快地時空因緣際會，東南大學的重組，〔註4〕為梅光迪提供創辦《學

〔註2〕吳宓，《吳宓自編年譜：1894～1925》，頁 177。

〔註3〕同註2，頁 176。

〔註4〕1914 年中央政府籌劃成立「六大高師」，南京高等師範學校（簡稱南高）是其中之一；1920 年在南高基礎上創建全國第二所「國立大學」——東南大學。1923 年，南高併入由自己派生出的東大。當時南高與東大是中國南方最著名的高等學府之一，有專家認為，其教學與科研水準有直逼北京大學的趨勢。

衡》，實現反新文化運動的最佳空間場域。1920 年秋天，梅光迪在美國西北大學的同學劉伯明（1885～1923）以改制後的東南大學副校長的身分邀請他到該校英文系任教。其時東南（南高）的學術研究蔚然，自成一格，再加上劉伯明「賢明溫雅，志同道合」，梅氏遂函吳宓曰：「今後決以此校為聚集同志知友，發展理想事業之地。」〔註5〕並說明已和劉伯明等與上海中華書局約定，編輯名為《學衡》的月刊，希望吳宓回國到東南大學任教並主編《學衡》。

其生也晚的吳宓，是在胡適回北京大學任教之時方才赴美留學。他與同在哈佛的陳寅恪、湯用彤、樓光來（1895～1960）、張歆海（1900～1972）等因「志同道合，情趣相投」而結為好友。據吳宓的描述，這些人多具有深厚的國學基礎，對西方文化也相當瞭解，在對待傳統文化的問題上，他們不贊成胡適、陳獨秀等的全面抨擊、徹底否定的態度，強調傳統與現代間的繼承性，主張在現有的基礎上完善改進。張歆海甚至表示，「羽翼未成，不可輕飛。他年學問成，同志集，定必與若輩鏖戰一番。」〔註6〕在梅光迪的勸說下，吳宓放棄北京高師教授月薪三百元及擔任系主任三年的優厚聘約，到東南大學聚首，以踐朋友之義約。吳宓辭高薪而就低薪，可說完全是為了《學衡》，因為《學衡》正好為他提供實現少年時期辦雜誌的理想抱負的最佳契機。

梅光迪等人決定自辦刊物來與已經如火如荼的新文化運動相抗衡，還有一個更直接的原因，那就是為了批評胡適的《嘗試集》。1920 年 3 月，胡適出版新詩集《嘗試集》，學衡派中反對白話詩最力的胡先驌率先寫了長篇書評，卻苦於無處發表。吳宓在年譜中記錄這則掌故：「《學衡》雜誌之發起，半因胡先驌此冊〈評《嘗試集》〉撰成後，歷投南北各日報及各文學雜誌，無一願為刊登，或無一敢為刊登者。此，事實也。」〔註7〕由此可見當年新文化運動的威勢，而這也間接催生了《學衡》的誕生。是以《學衡》創刊號，除「通論」和「述學」這兩個主要欄目的文章外，「書評」欄中的〈評《嘗試集》〉亦是重量級的文章。

身為「中國科學社」的發起人之一，胡先驌於 1914 年 7 月，經由同鄉同學楊杏佛介紹，與任鴻雋、梅光迪等一同加入「南社」；同年並在楊杏佛的介

　　　詳田正平，《留學生與中國教育近代化》（廣州：廣東教育出版社，1996），頁415。

〔註5〕　《吳宓自編年譜：1894～1925》，頁 214。

〔註6〕　吳學昭，《吳宓與陳寅恪》（北京：清華大學出版社，1992），頁 19。

〔註7〕　同註5，頁 229。

紹下，開始與胡適通函定交。〔註8〕起初，胡先驌對胡適的學識甚爲敬佩，頗
引爲知音；然而二人不僅所學專業不同，對於某些問題的認識與態度亦有所
分歧和距離。如胡先驌珍愛傳統文化，參加「南社」，浸淫於古典詩詞歌賦之
中；胡適則提倡文學革命，主張以白話代替文言，此與胡先驌的志願恰恰相
反。1916 年 12 月，胡適應陳獨秀之請，作〈文學改良芻議〉，提出文學改良
的「八事」，在第五條「務去濫調套語」中，他以胡先驌發表在《留美學生季
報》上的詞作〈齊天樂‧聽臨室彈曼陀鈴〉爲例，進行批評：

> 今試舉吾友胡先驌先生一詞以證之：「熒熒夜燈如豆，映幢幢孤影，
> 零亂無據。翡翠衾寒，鴛鴦瓦冷，禁得秋宵幾度？么弦漫語，早丁
> 字簾前，繁霜飛舞。嫋嫋餘音，片時猶繞柱。」此詞驟觀之，覺字
> 字句句皆詞也，其實僅一大堆陳詞套語耳。「翡翠衾」、「鴛鴦瓦」，
> 用之白香山《長恨歌》則可，以其所言乃帝王之衾之瓦也。「丁字簾」、
> 「么弦」，皆套語也。此詞在美國所作，其夜燈決不「熒熒如豆」，
> 其居室尤無「柱」可繞也。至於「繁霜飛舞」，則更不成話矣。

〔註9〕

胡適認爲胡先驌的詞是「一大堆陳詞套語」的堆砌，他以爲作者使用濫調套
語，「皆懶惰不肯自己鑄辭狀物者也」。〔註10〕

　　初試填詞的胡先驌，作品當然不無平庸膚淺之處，胡適的批評自有幾分
道理存在。不過，對於胡先驌所受到的譏評，當代學者錢仲聯（1908～2003）
在〈近百年詞壇點將錄〉中曾客觀地評述：「自爲詞有被胡適所譏者，時人學
夢窗者多有此失，不獨步曾爲然。」〔註11〕1918 年夏，胡先驌應聘爲南京高
等師範學校農林專修科教授，在南高期間，他與文科教授王伯沆（1871～
1944）、柳詒徵等過從甚密，這時期他致力於古體詩詞的寫作與研究。

　　1919 年 2 月，胡先驌發表〈中國文學改良論〉，站在傳統文化的立場上，
首先，他指出陳獨秀、胡適等人的文學革命之說不無精到可采之處，惟其過
於偏激，「不免因噎廢食之譏」，而當時一班盲從者又爲其「外國畢業及哲學
博士等頭銜所震」，以爲他們所說的在在合理，竟視中國文學皆陳腐不足取。

〔註 8〕 胡宗剛撰，《胡先驌先生年譜長編》（南昌：江西教育出版社 2007），頁 39。
〔註 9〕 胡適，〈文學改良芻議〉，《胡適學術文集‧新文化運動》，頁 23。
〔註10〕 同註 9。
〔註11〕 錢仲聯，《當代學者自選文庫：錢仲聯自選集》（合肥：安徽教育出版社，1999），
　　　　 頁 717。

其次，在批評胡適等人故作堆砌艱澀之文以文其淺陋之餘，他展示自己的身分：「某不佞，亦曾留學外國，寢饋於英國文學，略知世界文學之源流，素懷改良文學之志，且與胡適君之意見，多所符合，獨不敢爲鹵莽滅裂之舉，而以白話推倒文言耳」，表明自己絕非頑固守舊之人。最後，他提出「欲創造新文學，必浸淫於古籍」的主張，以爲如此才能「盡得其精華，而遺其糟粕」，應時勢之所趨。〔註12〕

　　胡先驌之所以筆戰胡適，除前述〈文學改良芻議〉的宿怨外，更有對五四新文化運動激烈反傳統思潮的匡正。多年後，他在〈梅庵憶語〉中談及這椿往事時說道：

> 五四運動乃北京大學一大事，《學衡》雜誌之刊行則東南大學一大事也。蔡孑民先生以革命元勳主持北京大學，遂以革命精神領導北大，先後聘陳獨秀、胡適諸人爲教授，發刊《新青年》，打倒孔家店，加以五四運動竟奠定外交上之勝利，於是革命精神瀰漫全校，偏激詭異之言論，風起雲湧，不通蟹行文字之老師宿儒如林琴南輩竟無以應敵，然非舉國風從草偃也。余曾單獨發表一文論文學改良於南高校刊，不久梅光迪、吳宓諸先生聯翩來校，與伯明先生皆感於五四以後全國之學風，有越常軌，謀有以匡救之，乃編纂發行《學衡》雜誌，求以大公至正不偏不激之態度以發揚國學介紹西學。……當三數友朋集議編刊《學衡》，殊無結社之意，不過志同道合之人共謀有一刊物發表其主張而已。〔註13〕

鑑於新文化倡導者否定傳統、廢棄文言的激烈主張，五四前夕，林紓發表〈論古文之不當廢〉，提出「知臘丁不可廢，則馬班韓柳亦有其不宜廢者。吾識其理，乃不能道其所以然，此則嗜古者之痼也。」〔註14〕這一說法遭致胡適譏諷身爲古文大家，「論『古文之不當廢』，乃不能道其所以然，則古文之當廢也。」〔註15〕此即胡先驌所謂「不通蟹行文字之老師宿儒如林琴南輩竟無以

〔註12〕胡先驌，〈中國文學改良論〉，收入張大爲、胡德熙、胡德焜編，《胡先驌文存》（南昌：江西高校出版社，1995），上卷，頁1～5；原刊於《南京高等師範日刊》，又載於《東方雜誌》。

〔註13〕胡先驌，〈梅庵憶語〉，《子曰》叢刊，第4期，1934年；轉引自《胡先驌先生年譜長編》，頁82。

〔註14〕林紓，〈論古文之不當廢〉，《民國日報》，1917年2月8日。

〔註15〕胡適，〈寄陳獨秀〉，《胡適學術文集：新文學運動》，頁30。

應敵」的由來。林紓是胡先驌在京師大學堂的老師，老師宿儒因不通蟹行文字而無以應敵，留學國外，自許「寢饋於英國文學，略知世界文學之源流」的胡先驌，責無旁貸地擔負起匡救「偏激詭異之言論」的任務。這是學衡派同仁中較早描述《學衡》創刊經過的重要文獻。〔註16〕《學衡》的創刊如前所述，固有其歷史文化背景，然則，一半的現實起因，正是吳宓所謂胡先驌〈評《嘗試集》〉寫好之後，無處可投的窘境。

1921 年秋，在劉伯明的協助下，由梅光迪、胡先驌發起籌辦《學衡》。梅光迪約定其他七位主要撰述員，分別為劉伯明、馬承堃（1897～1976）、胡先驌、蕭純錦、邵祖平（1898～1969）、徐則陵（1896～1972）、柳詒徵，於 11 月初，召開第一次《學衡》雜誌社會議，是日會議決定，公舉吳宓為「集稿員」；定雜誌欄目分為「通論」、「述學」、「文苑」、「雜俎」等門類，並派定各門之主任編輯為：「通論」梅光迪，「述學」馬承堃，「文苑」胡先驌，「雜俎」邵祖平；同時公推柳詒徵撰作〈發刊辭〉。後又由吳宓起草〈學衡雜誌簡章〉，經大家討論通過，自第三期起，刊登於冊首「目錄」之前。1921 年 11 月 30 日，吳宓將編輯好的《學衡》第一期稿件寄交上海中華書局編輯左舜生（1893～1969）。1922 年 1 月，《學衡》印出發行，自此「學衡派」正式出現於中國思想文化界。

二、翼學郵思崇文培俗——《學衡》的內容

〈學衡雜誌簡章〉明白闡述學衡派矻矻以求的理想價值所在：首先，他們自我定位為一份學術雜誌，「以中正之眼光，行批評之職事」；其目的在「昌明國粹，融化新知」。其次，他們表現出對傳統更多的重視，並試圖通過整理條析的工夫，使傳統文化發揚光大。再次，他們希望透過吸收西方文化精華，會通中西文化而釀成新文化。最後，他們希望通過「以吾國文字，表西來之思想」的方式，證明文言可以適時達意，藉以反對胡適的文學革命運動，而這也是《學衡》貫徹始終的基調。〔註17〕

同時，《學衡》每期首頁附有〈弁言〉，揭示其出版目的係基於如下四義：（一）誦述中西先哲之精言，以翼學；（二）解析世宙名著之共性，以郵思；

〔註16〕《吳宓自編年譜》於 20 世紀 60 年代才開始編寫，胡先驌的〈梅庵憶語〉則作於 1934 年，較吳宓的敘述約早了 30 年。

〔註17〕〈學衡雜誌簡章〉，《學衡》，各期卷首。

（三）籀繹之作，必趨雅音，以崇文；（四）平心而言，不事謾罵，以培俗。
〔註18〕由此四義可知，除昌明國粹與融化新知外，《學衡》亦標榜不趨眾好，
不隨流俗，追求眞理，以期移轉社會文化風氣。不過，事實上《學衡》對白
璧德人文主義情有獨鍾。

　　從 1922 年 1 月創刊至 1933 年 7 月終刊，除 1927 年因北伐戰亂及中華書
局不續約之故，停刊一年；1928 年 1 月復刊，改雙月刊，至 1929 年 11 月，
共計出版 12 期。1930 年因總編輯吳宓游學歐洲，又停刊一年；1931 年 1 月
再度復刊，此後不定期出刊，總計《學衡》共出版 79 期，堪稱是五四時期壽
命最長的刊物之一。如果說辦刊宗旨是刊物發展方向和整體面貌的集中體
現，那麼刊物的欄目則是其展示人文景觀不可缺少的有機組成部分。《學衡》
因其宗旨目標明確，編輯風格與欄目設計自創刊至終期，始終呈現穩定而成
熟的樣態。其內容可分爲七部分：「插圖」、「通論」、「述學」、「文苑」、「雜綴」、
「書評」、「附錄」，其中「通論」和「述學」是主要的欄目。考察《學衡》79
期的整體內容，除批判新文化、新文學運動的重要論文外，依「昌明國粹，
融化新知」的辦刊宗旨，其內容尚可區分爲下列五個層面：白璧德人文主義
的譯介，西方文化與文學的引介，中西文化與文學的比較研究，中國古代文
史哲學的專題研究，舊體詩詞文賦。其大要概述如下：

　　第一，有關白璧德人文主義的譯介。

　　吳宓、梅光迪等深深服膺白璧德人文主義，認爲其說不僅與中國傳統文
化中的儒家思想有共同之處，且有助於進一步探索中國傳統文化的價值和命
運。因此，他們在《學衡》上不遺餘力地譯介有關白璧德及其人文主義理論：
據統計，在共 79 期的《學衡》上刊載了 69 篇討論西方文化與文學的論文，
其中有關人文主義者有 21 篇。〔註19〕靠著《學衡》的公共輿論空間，梅、吳
等人在東南大學初步起建立起一個宣揚白璧德人文主義的學術園地。

　　第二，有關西方文化與文學的引介。

　　學衡派的「融化新知」，主要是指吸收西方的新思想、新方法和新知識，
其引介西學的熱情實不亞於新文化新文學陣營；在白璧德的影響下，他們極

〔註18〕〈弁言〉，《學衡》，第 1 期，1922 年 1 月。
〔註19〕許多論者談及《學衡》有關新文主義之譯著均援引沈松僑《學衡派與五四時
　　　　期的反新文化運動》一書中之統計，共 20 篇。沈書臚列各篇著譯者及刊載期
　　　　數甚詳，惟獨漏掉徐震堮譯〈柯克斯論進步之幻夢〉一篇（《學衡》第 27 期），
　　　　實則《學衡》有關新人文主義之譯著共 21 篇。

力推崇古希臘文化爲西洋文化文學正統的古典思想，《學衡》不僅大力鼓吹學習希臘文、拉丁文，且大篇幅翻譯介紹希臘羅馬文化以來的古典名著。

　　不同於五四新文化陣營偏重介紹 19 世紀以來的西方文化及文學，學衡派強調對西方文化理解的正統性與系統性，他們先後譯介有關古希臘羅馬文化方面的著作達 17 種，其中較重要的有景昌極（1903～1982）、郭斌龢（1890～1987）合譯的《柏拉圖五大語錄》，在《學衡》連載後由郭斌龢撰寫導言，後彙集成書出版，開我國譯介柏拉圖著作之先河；又向達（1900～1966）、夏崇璞合譯《亞里士多德倫理學》，亦開漢譯亞里士多德著作之先聲；〔註20〕其他如湯用彤譯〈亞里士多德哲學大綱〉、〈希臘之宗教〉，胡稷咸（1899～1968）譯〈希臘之哲學〉，朱復譯〈希臘美術之特色〉，郭斌龢譯〈希臘之歷史〉，繆鳳林（1899～1959）著〈希臘之精神〉，吳宓譯〈希臘對於世界將來之價值〉、〈羅馬之家族及社會生活〉以及著述《希臘文學史》等，構成一套完整的希臘文化史。

　　此外，《學衡》還通過專欄的形式，選錄《大公報・文學副刊》所刊載有關歐美文壇的重要信息，如第 65 期刊出一組〈一九二八年西洋文學名人紀念彙編〉的專題文章，向國內讀者介紹在這一年去世的知名作家或其生卒紀念活動，反映出學衡派譯介西方文學的範疇不拘一時一國的廣博視野。

　　第三，有關中西文化與文學的比較研究。

　　《學衡》宗旨既明言「昌明國粹，融化新知」，〈弁言〉又確定「誦述中西先哲之精言，以翼學」、「解析世宙名著之共性，以郵思」爲辦刊要旨，因此如何會通古今中西聖哲名著的「精言」與「共性」，即成爲學衡派匯入新文化思潮，構築新中國文化建設藍圖的一項重大工程。吳宓認爲「中國之文化以孔教爲中樞，以佛教爲輔翼；西洋之文化以希臘羅馬之文章哲理與耶教融合孕育而成」，〔註21〕因此今日欲造成新文化，則當以此四者爲準。是以他們全力闡揚包括柏拉圖、亞里士多德、耶教和孔子、墨子、老莊、佛教經典在內的東西文化精粹，並試圖加以融會貫通。在中西文學的比較研究中，吳宓發表〈詩學總論〉、〈希臘文學史〉、〈英詩淺釋〉等系列比較文學論文，將中西詩歌藝術特色互爲參照比較，提出不少見解。釋太虛（1890～1947）在〈東洋文化與西洋文化〉中比較東西文化之優長與弊端，強調西洋文化之長處在適其用，而今世偏

〔註20〕沈松僑，《學衡派與五四時期的反新文化運動》，頁 225。

〔註21〕吳宓，〈論新文化運動〉，《學衡》，第 4 期，1922 年 4 月。

用其弊，唯有用東洋之佛法進善人性之不足以相濟，才能達到世界莊嚴，生民安樂的境地。〔註22〕柳詒徵的〈中國文化西被之商榷〉探討中國文化超時代意義的精神，乃今日世界具有研究價值的精萃。〔註23〕學衡派對融匯中西文化的理想也許陳義過高，然其態度與精神是認眞嚴肅的，值得後人效法。

第四，有關中國古代文史哲的專題研究。

這部份是屬於《學衡》宗旨「昌明國粹」的範疇。學衡派不僅強調昌明國粹，且欲進一步闡求眞理、融化新知，此即〈學衡雜誌簡章〉所謂：「本雜誌於國學則主以切實之工夫，爲精確之研究，然後整理而條析之。明其源流，著其旨要，以見吾國文化，有可與日月爭光之價値。而後來學者，得有研究之津梁，探索之正軌，不致望洋興嘆，勞而無功，或盲肆攻擊，專圖毀棄，而自以爲得也。」〔註24〕爲重振國人對中國文化的信心，學衡派或著重研究佛教文化（湯用彤、景昌極），或著重研究中國文化史（柳詒徵、陸懋德1893～1968），或專研中國文學史（劉永濟1887～1966），或論史學（王國維1877～1927、繆鳳林），或考諸子（吳其昌、孫德謙 1869～1935），或辨文派（夏崇璞），或述文學（吳宓、胡先驌、曹慕管），或析唐詩（邵祖平），或釋詞曲（王易1889～1956），或說戲曲（華桂馨）等。

第五，有關舊體詩詞文賦的寫作。

從五四以來，舊體文學創作從來就未曾中斷過，雖然在中國現代文學本位的觀照下，它們被排斥在現代文學的範圍之外，然學衡派的舊體詩詞文賦的寫作，卻不能簡單地理解爲「發思古之幽情」或「追慕古人之志」；對他們來說，古典文學是文化承傳的主要形式，擔當中國文化認同的重要角色。五四文學革命雖取得決定性勝利，白話文學堂而皇之登上中國文學的舞台，然而從小熟稔的古老文體是他們敘寫社會和傾瀉感情的時代語碼。因此，儘管新文學如火如荼發展的同時，舊體詩詞亦脈息不絕，且不乏視野的拓展與藝術的創新的作品面世。

《學衡》「文苑」欄設有「文錄」、「詩錄」、「詞錄」和「譯詩」等，發表舊體詩詞3221首，〔註25〕作者人數多達132人，〔註26〕爲凸顯中國古典詩歌

〔註22〕太虛，〈東洋文化與西洋文化〉，《學衡》，第32期，1924年8月。
〔註23〕柳詒徵，〈中國文化西被之商榷〉，《學衡》，第27期，1924年3月。
〔註24〕〈學衡雜誌簡章〉，《學衡》，各期卷首。
〔註25〕據沈松僑統計，《學衡》所刊詩詞，詩有2883首，詞有338闋；見氏著，《學衡派與五四時期的反新文化運動》，頁77。

文化的傳統價值，他們甚至用舊體詩形式來翻譯西洋詩歌。學衡派吟詩填詞的人才濟濟，最能代表創新水準的是被吳宓稱爲「真能熔合新詩舊詩之意境材料方法於一爐」的吳芳吉〔註27〕，其代表作品〈婉容詞〉，敘寫女子因無法接受丈夫留學後另娶他人而投水自殺的悲劇，通過女子生動傳神的自語、轉述，將中西文化衝突與女子內心痛苦及性格悲劇與社會悲劇渲染得淋漓盡致。吳芳吉將變通觀念貫徹於詩歌創作實踐中，他以詩、詞、曲長短不一的句式，突破傳統詩歌的體式，語言上亦較之同時代舊體詩詞作者更善於運用新詞語和日常用語，使其作品兼具歷史價值與藝術價值，同時亦充分顯示出詩人的詩思、詩情與詩才。

第二節　學衡派的形成與分化

　　創辦刊物是清末民初智識群體介入公共事務最重要的舉措，他們同時參加各種文派，隸籍各個社團，爲各式刊物供稿，彼此間形成一個複雜的關係網絡。《學衡》的創刊，標誌著學衡派的形成。然則，學衡派的成員是一個隨時代發展而流動變化的群體，其中成員的文化理念與學術觀點並不完全一致；初時，這些分歧因文化保守和文化關懷的共同精神聯繫而淡化了彼此間的矛盾，不過隨著《學衡》在現實文化思想界難以取得主導地位，以及旋踵

〔註26〕曾在《學衡》「文苑」中發表作品（舊體詩詞，不含譯詩）之作者，依期數次序如下：邵祖平、華焯、汪國垣、王易、王浩、胡先驌、王瀣、柳詒徵、張銑、陳濤、吳芳吉、周岸登、張鵬一、吳宓、蔡可權、楊增犖、楊赫坤、劉永濟、林學衡、梁公約、毛乃庸、覃壽堃、徐天閔、李佳、周變煊、熊家璧、曹經沅、熊冰、吳著、胡元軾、龍植三、張拭、陶世傑、向迪琮、郭延、劉麟生、吳之英、周正權、陳濤伯、趙熙、李思純、陳延傑、桂赤、王聞濤、黃元直、姚錫鈞、陳衡恪、向楚、龐俊、方守彝、姚永概、方守敦、劉泗英、陳寂、陳三立、王煥鑣、林思進、黃懋謙、郜樹文、董鎮藩、葉玉森、李詳、方令孺、羅駿聲、孫德謙、張爾田、方孝徹、楊銓、徐楨立、劉樸、陳澹然、程時煇、廉泉、李廌、況周頤、馬浮、汪兆銘、譚毅、黎養正、何雯、黃節、莊羲、胡遠濬、夏敬觀、曾廣鈞、朱祖謀、曾樸、邵森、劉堪、趙炳麟、谷家儒、姚華、王國維、朱還、沈曾植、鄧翔、梁啓超、程頌萬、徐震堮、邱仲、諸宗元、胡士瑩、趙萬里、陸維釗、方世立、林損、姜忠奎、陳閎慧、劉善澤、郭斌龢、錢基博、郭文珍、陳曾壽、曾習經、胡步川、胡文豹、陳寅恪、劉盼遂、陳光燾、繆鉞、張友棟、顧隨、葉恭綽、瞿宣穎、閔爾昌、李景堃、朱自清、潘式、彭舉、王越、王蔭南、鄧之誠等，共132人。

〔註27〕吳宓，〈白屋詩人吳芳吉逝世〉，《大公報·文學副刊》，第229期，1932年5月23日。

而至的批判和奚落，學衡派成員間的文化歧異上升爲內部的人事糾紛，最終導致了學衡派的分化。

一、學衡派的形成

《學衡》創刊之初，吳芳吉、劉樸和劉永濟等當年清華學堂同學亦呼應吳宓等人之舉，在湖南成立「湘君社」，創辦《湘君》文學季刊；同時《學衡》還與同出自原南京高等師範學校的兩個刊物《史地學報》及《文哲學報》互結奧援。1922 年 9 月，東南大學新設西洋文學系，梅光迪擔任系主任，吳宓爲該系教授，在劉伯明的支持下，復引介湯用彤、李思純、樓光來等人到東南大學執教，促使東大西洋文學系與《學衡》的勢力更加強大。東南大學的《學衡》公開揚幟，一時間聲勢鵲起，大有與以北京大學爲中心的新文化運動分庭抗禮，形成所謂「南高學派」，儼然成爲南方學術的代表聲音。

目前學界對於「學衡派」仍未有統一明確的界定，今日被吾人稱之爲「學衡派」的這些學者，他們自稱是「《學衡》社員」，「學衡派」這一稱號實後人爲論述方便，便宜行事，予以冠上的稱謂。論者以爲要等到 1935 年，鄭振鐸主編《中國新文學大系‧文學論爭集》，其第三編標題爲「學衡派的反攻」，方才最早使用這個名稱。〔註28〕事實上，「學衡派」的稱號，應始見於錢穆。錢穆在編寫於 1926 年夏天，1928 年春脫稿的《國學概論》中引述了《學衡》所介紹的白璧德的「人文主義」之後，接著評論道：「蓋與前引二梁之書（引者註：梁啓超《歐游心影錄》和梁漱溟《東西文化及其哲學》）相枘鑿，皆對於近世思想加以箴砭者也。惟《學衡》派欲直接以西洋思想矯正西洋思想，與二梁之以中西分說者又微不同耳。」〔註29〕他認爲「《學衡》派」這些人「隱然與北大胡、陳諸氏所提倡之新文化運動爲對抗。」只不過他們的「議論蕪雜」，無法與新文化運動者旗鼓相稱。有關錢穆的指稱在當時顯然並未引起太大的反響。

《學衡》前後支撐 12 年，集中了一批以學問爲中心價值、以思想文化評論爲時代使命的智識分子，形成有著大致相同的學術志向與文化精神取向的學衡派智識群體。當《學衡》第一次社員會議時，梅光迪曾提議：「凡有文章

〔註28〕 張賀敏，〈學衡派研究述評〉，《中國現代文學研究叢刊》，第 4 期，2001 年，頁 271。
〔註29〕 錢穆，《國學概論》，下篇，頁 171。

登載於《學衡》雜誌中者，其人即是社員；原是社員而久不作文者，則亦不復爲社員矣。」〔註30〕依此內涵界定，《學衡》作者凡百餘人。然則百餘位作者能否都視爲學衡派？對此，學者們有不同的看法。

　　沈衛威把《學衡》的撰文者都視爲學衡派成員，〔註31〕且將學衡派內涵擴增至最大，認爲《學衡》實際存在的時間雖僅止於 1922 年 1 月至 1933 年 7 月，然「學衡派」成員的活動卻不拘於這個具體時限。他把 1917～1921 年間，在美國哈佛大學作爲反對勢力形成之前的基本力量的集結與醞釀，稱爲「前學衡時期」；1922 至 1933 年，稱爲「學衡時期」；至於創刊於 1932 年 9 月 1 日，止於 1936 年 12 月，由原《學衡》部分成員重新集結在中央大學所創辦的《國風》，則被他視爲「後學衡時期」。〔註32〕相形之下，高恒文則以較嚴格的標準來界定學衡派的內涵。他以爲「大學是中國現代知識分子的重要棲息之地，是中國現代學術制度形成之地，也與中國現代文學、思想的潮流息息相關。」〔註33〕學衡派的生命應與東大發展連上關係，因此，他結合了學術機構與學風的互動關係，將 1926 年 12 月《學衡》至第 60 期停刊，視爲學衡派的解體。

　　20 世紀 80 年代以前，所謂「學衡派」這一概念大約只包括梅光迪、胡先驌、吳宓等幾位批評新文化運動較激烈者。隨時間推移，學衡派的內涵漸次擴大，像王國維、陳寅恪、湯用彤等較純粹的書齋學者，也被沈松僑、孫尚揚、鄭師渠等納入，成爲學衡派的代表人物，藉以凸顯《學衡》的學術意義。〔註34〕部分研究者對此則頗有疑義：譚桂林以爲《學衡》重點在攻詆新文化運動而非學術研究；〔註35〕高恒文也認爲湯用彤並不像梅、吳等直斥新文化者，陳寅恪雖贊同《學衡》宗旨，卻不積極參與學衡派的活動，他甚至推測「東南大學期間的《學衡》所發表的陳寅恪的唯一的文字〈與妹書〉，恐怕是因爲陳寅恪一直未給《學衡》寫文章，不得已的情況下，吳宓只好節選陳寅恪的一封家書發表。」〔註36〕

〔註30〕《吳宓自編年譜：1894～1925》，頁 229。

〔註31〕沈衛威，《吳宓與《學衡》》，頁 17。

〔註32〕沈衛威，〈我所界定的「學衡派」〉，《文藝爭鳴》，2007 年第 5 期，頁 84～87。

〔註33〕高恒文《東南大學與「學衡派」》（桂林：廣西師範大學出版社，2002），頁 253。

〔註34〕沈松僑《學衡派與五四時期的反新文化運動》，孫尚揚〈在啓蒙與學術之間：重估《學衡》〉及鄭師渠《在歐化與國粹之間：學衡派文化思想研究》均將三人視爲學衡派成員。

〔註35〕譚桂林，〈評近年來對學衡派的重估傾向〉，《魯迅研究月刊》，1997 年第 2 期。

〔註36〕同註33，頁 98。

　　無論是當事人的自謂，抑或是時人的指稱、後人的界定，學衡派的概念始終是含混模糊的，其成員亦不明確。因而，有必要在此對作爲本文研究對象的學衡派作概念上的界定，以利研究之進行。如前所述，「學衡派」是一個隨時代發展而變化的流動群體，身處在 20 世紀初的中國社會轉型階段中，他們的處境是既矛盾又尷尬，然同時亦催生出此輩建構「學術社會」的自我期許與奮鬥目標。他們藉由創辦刊物，參與共繪中國新文化的藍圖，並在啓蒙與救亡雙重壓力下所創生的大學校園中，宣揚他們的思想理念。由於「學衡派」是因爲《學衡》得名，而《學衡》又是作爲新文化運動激進主義思潮的制衡力量才出現的。是以，如何界定「學衡派」，必然要將它與新文化陣營相互對話抗衡的話語背景與言說理路納入思考的範圍。

　　筆者以爲「學衡派」的內涵不應像沈衛威所界定的無限擴大延伸，但也不必似高恒文將《學衡》的發展僅止侷限在東南大學的範疇。毫無疑義地，在五四前後這樣多重變動的時代裡，經濟的不濟和雜誌內容的不合時宜等因素，使得《學衡》這一公共論述空間難以存續，在與從事新文學創作者優渥稿酬的對照下，《學衡》的撰稿者將自己耗費心力的嘔心之作交付不支稿酬的《學衡》刊登，所圖者非利，是認同此刊物宗旨的一種實際行動。是以《學衡》的存在實則起著一股維繫的力量，它促使一群具有相同文化保守精神與認同白璧德人文主義的智識群體將其建構新文化、新文學的理想、信念和主張，透過《學衡》這份刊物，以整體的力量展示在五四後期中國的思想文化界；因此，《學衡》的停刊，亦即標誌著作爲文化團體的學衡派在中國思想文化界的消失。

　　循此，筆者認定所謂學衡派的內涵，在《學衡》撰稿者的大前提下，同時應具備如下的共同趨向：文化保守和文化關懷的精神聯繫，以及對白璧德人文主義學說的認同。自 1922 年創刊，到 1933 年停刊，在斷續的 12 年中，《學衡》周圍所集結的這一批撰稿者，大體可分爲三類：一是東南大學的師生及其友朋，二是吳宓北上清華後加入《學衡》撰稿行列的清華學校師生，三是學術思想、文化觀念與《學衡》宗旨和主張相同的學人。以學衡派爲個案的探查，若將上述諸人的思想主張全納入本文研究的範疇，顯然不符合嚴格的歷史意識。依筆者所界定學衡派的內涵，則這三類人物又可區分爲「核心（基本）作者」與「一般作者」來分別考察。

　　所謂「核心（基本）作者」，指的是《學衡》發起人及維繫《學衡》的中

堅力量，如梅光迪、劉伯明、胡先驌、柳詒徵、吳宓、吳芳吉、湯用彤、胡稷咸，及繆鳳林、景昌極、郭斌龢、李思純和後期加入的張蔭麟等。「一般作者」則指認同《學衡》的主張或對其抱持同情的態度，並曾在《學衡》發表過文章的學人，及其他東大和清華的師生等；總體而言，這些人的思想主張較為龐雜，難以呈現整體性的特徵，故徵引史料時，僅以此輩在《學衡》上所發表的文章為限。

　　針對高恒文所指稱，以為湯用彤未直斥新文化、陳寅恪雖贊同《學衡》宗旨卻未積極參與學衡派的活動，故不隸屬學衡派的說法。筆者以為，學者型的湯用彤也許不及梅、胡等激烈批評新文化運動，也不似吳宓耗費許多心力在《學衡》上面，然在《學衡》創刊前，他就曾和吳宓等創設「天人學會」，並期許用中國五千年之精神文明，造成一種新學說或新宗教；當其學成歸國受聘東南大學以迄 1931 年轉任北京大學，除授課外，全心撰著《中國佛教史》，其傳世名著《漢魏兩晉南北朝佛教史》、《隋唐佛教史稿》，皆在南京時期完成初稿，著述期間他幫《學衡》寫了許多學術研究文章，最重要一篇批評新文化運動的文章即作於回國（1922 年夏）的當年底。他批評當時的學風說：「時學淺隘，其故在對於學問猶未深造，即中外文化之材料，實未廣搜精求。舊學毀棄，固無論矣，即現在時髦之東西文化，均取一偏，失其大體。……夫文化為全種全國人民精神上之所結合，研究者應統計全局，不宜偏置。」〔註37〕考其立論與口吻，皆與《學衡》之精神、文化理念若合符節。且當吳宓離開東南大學之際，《學衡》在南京的編務即交予柳詒徵和湯用彤負責，從第 32 期起除吳宓自己外，〈學衡簡章〉的職員表上，另署幹事柳詒徵、湯用彤之名。

　　另外，湯用彤的兒子湯一介在〈湯用彤與胡適〉一文中追述道：

　　　回國後（引者註：1922 年夏），父親即參加了《學衡》，後並被目為「學衡派」。……父親為《學衡》雜誌寫了許多文章，而大多是與印度哲學、中國佛教史有關的，……他批評當時的學風的只有一篇〈評近人之文化研究〉（刊於 1922 年《學衡》第十二期）。該文痛陳當時文化研究之弊病，鞭笞文化上的激進派與守舊派之淺隘，提出「文化之研究乃真理之討論」，力圖重建學術規範。但人們不難看出此文

〔註37〕湯用彤，〈評近人之文化研究〉，《學衡》，第 12 期，1922 年 12 月。

　　　　所批評之矛頭主要是針對拋棄自身傳統之「西化派」。這就是說，我
　　　　父親與胡適對文化問題所持爲兩種不同之立場。〔註38〕
由此觀之，如何能說湯用彤未曾批判新文化、積極參與學衡派活動？

　　至於陳寅恪，雖同樣置身書齋，但他和王國維一樣，主張學術研究的獨立
精神與自由思想，認爲學無新舊、中西、有用無用之分，學術本身不是手段而
是目的。對於時人喜將學術論爭與政治論爭混爲一談，陳寅恪頗爲不滿，因而
儘管他對近代以來中國文化和文學所發生的變化及其歷史進程自有見解，卻很
少公開發表自己的觀點，如其所言：「今日言之，徒遭流俗之譏笑。……亦只
得任彼等是其所是，而非其所非。吾輩固不必，且無從與之較量也。」〔註39〕

　　自認爲「思想囿於咸豐同治之世，議論近乎曾湘相張南皮之間」〔註40〕
的陳寅恪，雖不贊同陳獨秀、胡適等人的觀點，也不像吳宓公開撰文反對新
文化新文學，而是利用大談傳統文化和古典文學的方式來表明自己的態度。
在〈王觀堂先生輓詞並序〉中，他對中國文化作了一個經典性的詮釋：

　　　　吾中國文化之定義，具於白虎通三綱六紀之說。其意義爲抽象理想
　　　　最高之境，猶希臘柏拉圖所謂 Idea 者。若以君臣之綱言之，君爲李
　　　　煜，亦期之以劉秀；以朋友之紀言之，友爲酈寄，亦待之以鮑叔。
　　　　其所殉之道，與其所成之仁，均爲抽象理想之通性，而非具體之一
　　　　人一事。夫綱紀本理想抽象之物，然不能不有所依託，以爲具體表
　　　　現之用；其所依託以表現者，實爲有形之社會制度，而經濟制度尤
　　　　其最要者。故所依託者不變易，則依託者亦得因以保存。〔註41〕
一般認爲這是陳寅恪文化觀的集中表述，藉著評價王國維之死，表明對傳統
文化的無限依戀，然又對其自身缺陷所造成的衰落感到惋惜的複雜情感，同
時也經由對王國維文化觀念的評價，表達自己對五四以來激進文化觀的一種
異議。正如論者所言，這「是一次與新文化運動提倡者的『潛對話』或『間
接對話』」，其「表現爲一種態度，或不置一辭，或婉而多諷」，或「表現爲一
種巧妙的對話方式，即通過歷史上的類似人物及事件間接表述自己對現實的

〔註38〕湯一介，〈湯用彤與胡適〉，《中國哲學史》，2002 年，第 4 期，頁 95。
〔註39〕陳寅恪，〈與劉文典教授論國文試題書〉，原刊《大公報・文學副刊》，第 244
　　　　期，1932 年 9 月 5 日；《學衡》，第 79 期，1933 年 7 月。
〔註40〕陳寅恪，〈馮友蘭《中國哲學史》下冊審查報告〉，《金明館叢稿二編》（上海：
　　　　上海古籍出版社，1980），頁 252。
〔註41〕陳寅恪，〈王觀堂先生輓詞並序〉，《學衡》，第 64 期，1928 年 8 月。

觀點」。〔註42〕留學美國時，陳寅恪與吳宓即對當時國中如火如荼的新文化運動表示不滿，惟其一生堅持「不談政治，不論時事，不臧否人物」。〔註43〕因此，他一方面對新文化運動的領袖人物採取不表白的態度，另一方面又極力讚頌歷史上的文化大師，並對現實中的文化大師如王國維給予高度評價；這其中的對比褒貶意味已不在言中了。

　　陳寅恪與學衡派的淵源極深，柳詒徵是他的幼年啓蒙老師，吳宓是他的生死知交。《學衡》共刊載 7 篇他的作品，幾乎將其早年重要著作全含括在內，雖然其中 6 篇委於「文苑」欄，卻是陳寅恪文化觀的重要表述。第一篇〈與妹書〉（20 期）是 1923 年陳寅恪留德期間寫給其妹談買書治學之事，這是《陳寅恪集・書信集》中所收的第一封書箋，從這封信裡可看出他對學問的心得與抱負，汪榮祖把它稱爲是陳寅恪「一生治學的綱要」〔註44〕。王國維自沉後，《學衡》於 1928 年推出王靜安先生逝世周年紀念，陳寅恪發表兩篇詩文，〈輓王靜庵先生〉（60 期）、〈王觀堂先生輓詞並序〉（64 期），在評價王國維文化觀的同時亦自我表述。《學衡》第 71 期還刊了一首陳寅恪的詩〈題文學士韋端己集詩〉，這是陳寅恪以學入詩，以詩證史，以史解詩的具體表現。

　　第五、六篇〈馮著中國哲學史審查報告〉（上冊）與〈敦煌劫餘錄〉均刊於《學衡》第 74 期。關於前文，他提出「凡著中國古代哲學史者，其對於古人之學說，應具瞭解之同情，方可下筆。」認爲學者習慣於用今日之時代所接受的思想學說，去推測和解釋古人的意志想法，因此寫的雖是古代中國哲學史，實際談的卻是今天的哲學史，其越有條理性，則離古代學說眞相越遠，「此近日中國號稱整理國故之普遍狀況，誠可爲長歎息者也。」〔註45〕在此，除批評胡適的「整理國故」運動外，亦指點出在傳統文化急遽衰落、西方文化大舉入侵的嚴峻形勢下，學者應如何對待中國傳統文化的命脈。至於後文，他是第一個提出「敦煌學」概念的人，陳寅恪利用敦煌史料中的相關材料對中國古代小說的形成、演變提出許多發人深省的見解。

　　第七篇〈與劉文典教授論國文試題書〉先發表在《大公報・文學副刊》，繼而轉載於《學衡》最後一期「通論」欄中。此函是回應 1932 年陳寅恪受清

〔註42〕劉克敵，《陳寅恪與中國文化》（上海：上海人民出版社，1999），頁 27～28、6。
〔註43〕吳學昭，《吳宓與陳寅恪》，頁 46。
〔註44〕汪榮祖，《史家陳寅恪傳》（北京：北京大學出版社，2005），頁 47。
〔註45〕陳寅恪，〈馮著中國哲學始審查報告〉，《學衡》，第 74 期，1931 年 3 月。

華大學中文系主任劉文典（1889～1958）委託爲國文科命題的文章，他以積年經驗所得，以爲「今後國文試題應與前此異其旨趣，即求一方法，其形式簡單而涵義豐富，又與華夏民族語言文學之特性有密切關係者。」〔註 46〕陳寅恪從語言文字觀念的轉變來看待國文試題的流變，在白話文學業已取得主導權勢的年代，他以「對對子」的形式命題，此舉在南北學界引起一陣風波。〈與劉文典書〉除回應詰難外，更重要的是闡述了他對比較語言學及比較文學等比較研究方法的意見。〔註 47〕

綜觀《學衡》所刊陳寅恪稿件，大抵不出「述學」範圍，這是《學衡》欄目中有關中國文化史、文學史及中西學術的專題研究領域，此與陳寅恪不喜以學問阿諛世風，不願輕易臧否人物的態度有關。吳宓的日記中顯示，陳寅恪曾兩度勸吳宓不必過度耗費精力在《學衡》上，從「《學衡》無影響於社會，理當停辦」到「《學衡》及《大公報》事，亦力求經濟，以支持出版爲度，不必過耗精神時間」，〔註 48〕陳寅恪對吳宓主持《學衡》態度前後略有不同，而其勸勉吳宓專作學術的用心則始終如一。此外，對於吳宓一生所信仰的白璧德人文主義思想，陳寅恪雖並非信徒，但稱同道。因此，儘管陳寅恪稱不上是《學衡》的「核心作者」，卻有足夠資格作爲《學衡》的「一般作者」。

如上所述，爲《學衡》撰稿者，有人認爲他們不屬於學衡派，那麼一些沒有在《學衡》上發表文章，卻又深受白璧德人文主義影響者，如梁實秋、林語堂（1895～1976）、錢鍾書（1910～1998）等，算不算是學衡派呢？

侯健（1926～1990）在其研究中特別指出「新月派」的梁實秋對「白璧德的人文主義與古典主義在中國的表現」，貢獻不少力量。〔註 49〕然則，用梁實秋自己的話來說：「我當時的文藝思想是趨向於傳統的穩健的一派。我接受五四運動的革新的主張，但是我也頗受哈佛大學教授白璧德的影響，並不同

〔註 46〕陳寅恪，〈與劉文典教授論國文試題書〉，《學衡》，第 79 期，1933 年 7 月。

〔註 47〕桑兵，〈近代中外比較研究史管窺——陳寅恪〈與劉文典教授論國文試題書〉解析〉，《中國社會科學》，2003 年，第 1 期，頁 192。

〔註 48〕《吳宓日記》，1926 年 11 月 26 日：「寅恪並謂《學衡》無影響於社會，理當停辦云云。」又 1928 年 2 月 10 日：「昨寅恪勸宓謝絕人事，努力爲學讀書，以成一己之專著。不特友朋托辦及學校團體之事，不必費時費力。即《學衡》及《大公報》事，亦力求經濟，以支持出版爲度，不必過耗精神時間。」

〔註 49〕侯健，〈梁實秋與新月及其思想主張〉，《從文學革命到革命文學》（台北：中外文學月刊社，1974），頁 141。

情過度的浪漫傾向。」〔註 50〕因此，對於「南京一派比較守舊的思潮（引者註：指梅光迪、胡先驌和吳宓等人），我也有一點同情，並不想把他們一筆抹煞」〔註 51〕；只是他無法認同學衡派用文言來表達人文主義思想的作法，他以為：「人文主義的思想，固有其因指陳時弊而不合時宜處，但其精意所在絕非頑固迂闊，可惜這套思想被學衡的文言主張及其特殊色彩所拖累，以至於未能發揮其應有的影響。」〔註 52〕不同於梅光迪、吳宓諸人對白璧德人文主義心悅誠服，積極鼓吹宣傳；梁實秋是經由挑戰而認同、臣服的崇拜者，儘管從「極端的浪漫主義」轉到了近於「古典主義的立場」，〔註 53〕他否定了自己的過去，皈依白璧德門下，但始終與學衡派格格不入。

至於一心想打倒老師的林語堂，雖不隸籍學衡派，卻也與學衡派的理論資源——白璧德人文主義淵源深厚，有著剪不斷，理還亂的密切關係。曾經師從白璧德的林語堂，與白璧德其他中國弟子不同，他從未表現出對白璧德人文主義的熱衷。他回憶曾與吳宓「共坐一條板凳」聽白璧德講課，內容正是「將歐洲近代文明歸罪於盧梭之浪漫主義」，不過，林語堂卻表示：「我不肯接受白璧德教授的標準說，有一次，我毅然決然為 Spingarn 辯護，最後，對於一切批評都是「表現」的原由方面，我完全與意大利哲學家克羅奇的看法相吻合。」〔註 54〕

由於論文主「性靈」理論，尤其強調「近情」、「達情」，所以他始終和白璧德人文主義保持相當距離。正因對白璧德人文主義的疏離，他將學衡派視為道不同的朋友——「Babbitt 先生的影響於中國『文壇』，這是大家已經知道的——如梅光迪，吳宓，梁實秋諸先生，——有些是我個人的朋友，不過良心信仰，是個人的自由。」〔註 55〕對於梁實秋，林語堂的諷刺則不遺餘力，他批評梁實秋弘揚白璧德學說的兩本主要著作《文學的紀律》和《浪漫的和古典的》的內容是，「白璧德教授的遺毒，已由哈佛生徒而輸入中國」；〔註 56〕

〔註 50〕 梁實秋，〈憶「新月」〉，《秋室雜憶》（台北：傳記文學出版社，1969），頁 69。

〔註 51〕 梁實秋，〈清華八年〉，《秋室雜憶》，頁 41～42。

〔註 52〕 梁實秋，《文學因緣》（台北：時報文化出版公司，1986），頁 58。

〔註 53〕 同註 52，頁 60。

〔註 54〕 林語堂，《林語堂自傳·八十自述》，《林語堂名著全集》（長春：東北師範大學出版社，1994），第 10 卷，頁 281。

〔註 55〕 林語堂，〈《新的文評》序言〉，《翦拂集·大荒集》，《林語堂名著全集》，第 13 卷，頁 249。

〔註 56〕 林語堂，〈論文〉，《我的話》（台北：志文出版社，1966），頁 12。

他將白璧德的思想概稱爲「遺毒」，而把傳播這一「遺毒」的梁實秋蔑稱爲「哈佛生徒」。然則，林語堂對白璧德及其學說的拒絕態度，並不足以表明他完全擺脫白璧德人文主義的影響。事實上，在他後來的著作《中國人的生活智慧》中所標舉的「中國的人文主義」，〔註57〕亦時時可見其與白璧德人文主義之間的思想親緣關係。雖然如此，他與學衡派的關係較之於梁實秋則更加疏遠。

至於，錢鍾書是否隸籍學衡派，可由他一篇與白璧德有關的文章看出些許端倪。1934年11月，錢鍾書在《中國評論週報》（The China Critic Weekly）發表題爲 "Apropos of the Shanghai Man"（〈關於上海人〉）的英文短札，〔註58〕文中他對比了北京與上海的不同：北京人是遺老，屬於過去；上海人是新貴，屬於現在，甚至是未來；流連北京八大胡同的舊文人，鍾情的是古典美；出入上海十里洋場的新派文人，尋找的是新感覺。因此，他說北京人是昔之中國人，上海人乃今之中國人。他更進一步指稱當時中國文學中的「上海人」乃白璧德主義者的代名詞，精明，講效率，善於克制，自以爲是。

作爲20世紀初美國保守主義代表的白璧德人文主義，反對培根式的科學的人道主義和盧梭式的情感的人道主義，認爲二者強調感性欲求和人的自然權利，導致任情縱欲，社會道德淪喪；因此，力圖以希臘古典人文精神和道德理性來節制情感，通過自律，達到個體的完善。錢鍾書卻因上海人的精明，善於克制而將他們稱之爲「白璧德主義者」。然則，白璧德人文主義的最終核心，不重在拋棄無限的欲望，而在確立美德的追尋。這種以至善爲目標、以理制欲的道德實踐論，與上海人的克制是爲了更好地實現個人利益的目的，實大不相同。無論錢鍾書是否「誤讀」了白璧德人文主義？當他把白璧德人文主義這頂高帽子套到上海人的頭上時，就顯示出他與學衡派的差異了。

錢鍾書是吳宓的學生，在《吳宓日記》出版以前，人們對兩人關係的認

〔註57〕林語堂說：「欲明瞭中國人對於人命之理想，先應明瞭中國人之人文主義（Humanism）。人文主義這個名詞的意義，未免曖昧不明。但中國人之人文主義，自有其一定之界說，它包括：第一點，人生最後目的之正確的概念；第二點，對於此等目的之不變的信仰；第三點，依人類情理的精神以求達此等目的。情理即爲「中庸」之道，中庸之道的意義又可以釋作普通感性之圭臬。」見氏著，〈中國的人文主義〉，《中國人的生活智慧》（西安：陝西師範大學出版社，2007），頁73。

〔註58〕收入《錢鍾書英文文集》（北京：外語教學與研究出版社，2005）。

識，只能通過已公開出版的《吳宓詩集》，得知吳宓對錢鍾書的學識與才華極為欣賞。然自《吳宓日記》陸續出版後，以往對吳、錢關係的認識遭到極大挑戰。1937 年 3 月 30 日，吳宓在日記中載道：

> 下午，接錢鍾書君自牛津來三函，又其所撰文一篇，題曰 *Mr. Wu Mi & His Poetry*，係爲溫源寧所編輯之英文《天下》月刊而作。乃先寄宓一閱，以免宓責怒，故來函要脅宓以速將全文寄溫刊登，勿改一字。如不願該文公布，則當寄還錢君，留藏百年後質諸世人云云。至該文內容，對宓備致譏詆，極尖酸刻薄之致，而又引經據典，自詡淵博。其前半略同溫源寧昔年 *China Critic* 一文，謂宓生性浪漫，而中白璧德師人文道德學說之毒，致束縛拘牽，左右不知所可云云。按此言宓最恨，……至該文後部，則譏詆宓愛彥之往事，指彥爲 super-annuated Coquette，而宓爲中年無行之文士，以著其可鄙可笑之情形。……又按錢鍾書君，功成名就，得意歡樂，而如此對宓，猶復謬托恭敬，自稱贊揚宓之優點，使宓尤深痛憤。〔註59〕

吳宓在日記中對錢鍾書的憤懣，起源於《吳宓詩集》的出版，錢鍾書應溫源寧（1899～1984）之邀，在其主編的英文月刊《天下》（*The T'ien Hsia Monthly*）爲該詩集寫英文書評。錢鍾書一共寫了內容詳略不同的兩篇文章，一篇寄給溫源寧，另一篇題爲 Mr. Wu Mi & His Poetry（吳宓先生及其詩）寄給吳宓，並附函說寄上書評，以免老師責怒。溫源寧立即將錢鍾書寄來的書評編入《天下》第 4 卷 4 期，於 1937 年 4 月出版。而吳宓所看到的那篇未曾公開發表評論後來則收入《錢鍾書英文文集》（*A Collection of Tian Zhongshu's English Essays*）。〔註60〕

　　依錢鍾書幽默的行文格調來看，這篇引起吳宓極大不快的文章，並未如吳宓在日記中所言對他「備致譏詆，極尖酸刻薄之致」，一如溫源寧的〈吳宓〉小傳，〔註61〕錢鍾書在公平評價吳宓作品之餘，亦開了些無傷大雅的玩笑，只是個性肅穆嚴謹的吳宓無法容忍錢鍾書再揭傷疤，謂其生性浪漫，因中白璧德學說之毒，以致束縛拘牽云云；又看到自己心愛的女子被得意門生形容

〔註59〕《吳宓日記》，第 6 冊，頁 96～97。

〔註60〕錢鍾書，《錢鍾書英文文集》，頁 72～81。

〔註61〕溫寧源，〈吳宓〉，收入林語堂編著，《人物小品》（台北：金蘭文化出版社，1986），頁 2～3。

成「徐娘半老、風韻猶存的女子」，吳宓傷心之餘，不禁感歎道：「除上帝外，世人孰能知我？」〔註62〕

1937年6月28日，他復在日記中寫道：

> 文學院院長馮友蘭來。……言擬將來聘錢鍾書爲外國語文系主任云云。宓竊思王（引者註：王文顯，1886～1968）退陳（陳福田，1897～？）升，對宓個人尚無大害。惟錢之來，則不啻爲胡適派、即新月新文學派，在清華，占取外國語文系。結果，宓必遭排斥。此則可痛可憂之甚者。〔註63〕

吳宓直指錢鍾書不是胡適派就是新月派，則錢鍾書是否隸屬學衡派已判然分曉。

以梅光迪開其端，現代中國先後有一批學人或師從或饜服白璧德人文主義。1933年，吳宓在《大公報·文學副刊》發表紀念白璧德逝世的文章中，追述白璧德中國弟子的大致情形，他指出：

> 先生之中國弟子，以（一）梅光迪君從學最早且久，受知亦最深。其後有（二）吳宓（三）湯用彤（四）張歆海（五）樓光來（六）林語堂（七）梁實秋（八）郭斌龢君等等，不及遍舉。就中如（六）林語堂君，則雖嘗從先生受課，而極不贊成先生之學說。（七）梁實秋君，曾屢爲文稱述先生之人文主義，又編印《白璧德與人文主義》一書，爲欲知白璧德先生學說大綱者之最好讀物。而要以（二）吳宓（三）郭斌龢君，爲最篤信師說，且致力宣揚者。門弟子以外，如（九）胡先驌君，嘗譯述先生之著作，又曾面謁先生，親承教晦。如（十）吳芳吉君（十一）繆鉞君等，或沒或存，皆讀先生書，間接受先生之影響，其名更多不勝舉云。〔註64〕

在吳宓所列舉的這些人中，梅光迪、吳宓、胡先驌、湯用彤是學衡派的核心成員，吳芳吉、郭斌龢則是《學衡》雜誌的重要的撰稿人，至於其他受白璧德薰染的人雖未加入《學衡》作者群中，也多與學衡派過從甚密。

《學衡》百餘位作者中，沈松僑以「文苑」、「雜綴」、「附錄」之作者與其

〔註62〕《吳宓日記》，第6冊，頁97。
〔註63〕同註62，頁157。
〔註64〕吳宓，〈悼白璧德先生〉，《大公報·文學副刊》，第312期，1933年12月25日。

論旨較無關涉，剔除此三欄，則曾在《學衡》刊載作品超過三篇者共 23 人，他將這 23 人視爲《學衡》的主要作者。〔註65〕這種篩選方式簡明扼要，一直爲後來的研究者所沿用。只是他未將「文苑」一欄的作品加以辨析擇取，以致難免遺珠有憾。檢視「文苑」欄，可發現一些特殊的臉孔，如前述的陳寅恪及其父兄陳三立（1859～1940）、陳衡恪（1876～1923），其他還有吳宓曾拜爲師的國粹派大老黃節、言論界驕子梁啓超以及新文化人朱自清（1898～1948）等。

二、學衡派的分化與《學衡》的終刊

　　大學與刊物的結合，使得民國初年的思想文化界呈現出有別於晚清的歷史圖景。相較於清季，五四前後思想界最引人注目的變化，主要是刊物的創辦者往往兼具有大學教授的身分；同時「刊」與「校」的結合，不僅拓展大學的「公共空間」，大學殿堂的學術研究更提供深化刊物思想文化的必要資源。正如傅樂詩（Charlotte Furth）所說：「大學造成了各團體的結合；大學爲此結合提供了大部分的參與者，並且給他們同樣的社會地位和影響。」〔註66〕只是中國南北地域差異明顯，學術文化風格亦各自不同；文化與學術的地域性傳統，促使中國近代大學辦學風格與學風呈現出多樣化的風格。《學衡》所宣揚的白璧德人文主義文化觀與具有「樸學精神」的東南大學深相契合；〔註67〕同時，他們所持守的白璧德人文主義的文化、學術與教育實踐活動，亦深刻影響了東南學風。

　　只是，《學衡》的風光期卻是不久長。作爲一個文化學術團體，學衡派成員的文化理念和學術觀點並不完全一致；《學衡》內部存在著「新／舊」、「中／西」兩派：屬於「融化新知」的是留學西方的學人，如劉伯明是美國西北

〔註65〕 79 期的《學衡》，除去「文苑」、「雜綴」及「附錄」三欄，有作者108人，其中撰稿 3 篇以上者23人。按照作品刊登篇數之多寡，依序爲：吳宓（35／42）、柳詒徵（33／55）、景昌極（22／23）、王國維（20）、繆鳳林（19／24）、胡先驌（17／18）、張蔭麟（13／14）、劉永濟（10／12）、林損（10／12）、湯用彤（7／8）、劉伯明（7）、孫德謙（7）、郭斌龢（6／8）、徐震堮（6）、梅光迪（5）、吳芳吉（4）、胡稷咸（4）、王恩洋（4）、李思純（3）、陳柱（3）、劉樸（3）、葉玉森（3）、楊成能（3）；括弧內數字，前者爲發表篇數，後者乃實際刊載之篇次數。本統計資料參見沈松僑，《學衡派與五四時期的反新文化運動》，頁 77～80。
〔註66〕 傅樂詩，〈五四的歷史意義〉，收入周陽山編，《知識分子與中國現代化：五四與中國》（台北：時報文化出版事業有限公司，1979），頁293。
〔註67〕 胡先驌，〈樸學之精神〉，《國風》，第8卷，第1期，1936年1月1日。

大學哲學博士，梅光迪和吳宓是哈佛大學文學碩士，胡先驌是哈佛大學植物學博士；側重「昌明國粹」的是國學功底深厚的柳詒徵與馬承堃等人。只有短期（三個月）赴日學習經驗的柳詒徵堪稱東大最資深的老師。〔註 68〕1920年，他和南高文史地部同學成立「史地研究會」，翌年 11 月出版的《史地學報》，成為東南地區新史學觀點的重要學術論壇。彭明輝特別指出柳詒徵在現代中國學術史上的作用：

> 柳詒徵在現代中國學術史上所扮演的角色，向屬較保守之一方，如
> 反對古史辨運動，反對新文化運動，他一直都是反「北大」系統的
> 中堅；所以，柳詒徵的地位其實有類提倡新文化運動和啓發顧頡剛
> 進行古史討論的胡適，一位是「南高」的精神領袖，一位是「北大」
> 的青年導師，兩人南北對立，殊不相讓。〔註 69〕

在此，彭明輝將柳詒徵與北大青年導師胡適相提並論。這位被吳宓稱許「博雅宏通，為第一人」〔註 70〕的史學家，在《學衡》中扮演著平衡「中西」的重要角色。〔註 71〕不過，他這樣的背景在《學衡》中褒貶不一，如其所撰的〈發刊辭〉，吳宓以為甚好，卻被王湘綺（1832～1916）晚年的門生，同時也是章太炎弟子的馬承堃譏笑為「取巧，避重就輕」。〔註 72〕

　　就《學衡》創刊時期的情況來看，成員雖各長於中西、新舊之學，但也各守其分，一時相安無事。惟其內部矛盾可謂與生俱來：首先，主編「文苑」欄的胡先驌專擅舊體詩，據吳宓的說法，他與胡先驌雖「同道同志，而論詩恒不合。步曾主宋詩，身隸江西派。而予則尚唐詩，去取另有標準，異乎步曾。」〔註 73〕同樣鍾情於舊體詩創作的吳宓，因與胡先驌等對唐宋詩的師法去取所有分歧，進而演變成編輯方針上的歧異。胡先驌主持「文苑」欄，「專

〔註 68〕柳詒徵在南高的資歷可上溯至清末兩江師範學堂的年代，1908 年，他受當時監督（校長）李瑞清之邀，接替赴京任職的劉師培歷史教習一職。參見柳詒徵，〈我的自述〉，柳曾符、柳佳選編，《劬堂學記》（上海：上海書店出版社，2002），頁 15～16。
〔註 69〕彭明輝，《歷史地理學與現代中國史學》（台北：東大圖書股份有限公司，1995），頁 99。
〔註 70〕《吳宓自編年譜：1894～1925》，頁 228。
〔註 71〕王信凱，〈《學衡》中的柳詒徵〉，《中國歷史學會史學集刊》，第 35 期，2004年 1 月，頁 251～294。
〔註 72〕同註 70，頁 230。
〔註 73〕吳宓，《空軒詩話》，《雨僧詩文集》，頁 444。

登江西省人所作之江西派之詩,實則限於胡先驌、邵祖平、汪國垣、王易、王浩五人而已。友、生及來稿,皆不選入一首。」對此,吳宓乃於第 3 期中,將胡先驌主編之「詩錄」改為「詩錄一」,另闢「詩錄二」,刊登柳詒徵等人的詩作。此舉引發胡先驌的不滿,謂此正「顯示出《學衡》社『內部分裂』,將為敵所乘。」〔註 74〕《學衡》內部這一宗宋尊唐的詩爭彷彿當年「南社」唐宋詩爭的再版,只是當年隸屬南社後輩小生的胡先驌在致書柳亞子(1887～1958)贊譽同光體詩派反遭柳亞子奚落後,〔註 75〕即不再發表意見。然其對宋詩的堅持卻不改初衷,1923 年 8 月,當胡先驌赴美進修時,將「詩錄一」授邵祖平主持,《學衡》的「詩錄一」與「詩錄二」的裂隙,對立並峙的情形持續著。

胡先驌曾勸吳宓學宋詩,吳宓亦承認胡先驌對於中國詩學的知識及其詩作之造詣皆高過自己,並「感其指教之剴切爽直,益我良多」。〔註 76〕至於邵祖平,吳宓對他的評價並不高,謂其:「能作詩,性偪隘而浮躁。胡先驌極崇獎而擁護之。甚至以其所作古文、詩、詞,登入《學衡》第一期,為世人之模範,實屬謬妄。為評者所譏毀,宜也。」〔註 77〕此處「為評者所譏毀」,指的是魯迅在〈估《學衡》〉中揭出邵祖平詩文中所鬧的笑話。1923 年 9 月 15日,吳宓復在日記中評說:「邵君名士習氣甚重。以己於詩造詣頗深,故心中甚為驕傲。……是日相晤,強予承諾必以新作之稿登入二十三期無誤。……予未嘗不能善處同人,使各各滿意。然如是則《學衡》之材料庸劣,聲名減損。……《學衡》中盡登邵君所作一類詩文,則《學衡》不過與上海、北京墮落文人所辦之小報等耳。」〔註 78〕將邵祖平的詩文與舊派文人的作品畫上等號。

其次,梅光迪對吳宓的辦刊方針也愈來愈不滿。依梅光迪的主張:「《學衡》雜誌應脫盡俗氣,不立社長、總編輯、撰述員等名目,以免有爭奪職位

〔註 74〕《吳宓自編年譜:1894～1925》,頁 234。

〔註 75〕楊天石說:「社員胡先驌寫信給柳亞子,恭維同光體。三月十一日柳亞子在《民國日報》新聞的『文壇藝藪』欄發表〈妄人謬論詩派,書此折之〉二首,以答胡先驌。詩名原直點胡先驌其名,後覺不妥才刪去。」見氏著,《南社史長編》(北京:中國人民大學出版社,1994),頁 445。

〔註 76〕吳宓,《空軒詩話》,《雨僧詩文集》,頁 444。

〔註 77〕同註 74,頁 228。

〔註 78〕《吳宓日記》,第 2 冊,1923 年 9 月 15 日,頁 255～256。

之事。」對此，吳宓有不同的想法：「辦事必須有一定之組織與章程。職權及名位，亦必須明白規定。對內、對外方可有所遵循。」他強調須設置「總編輯」一職。〔註79〕後來，他在《學衡》第 3 期〈簡章〉末行，加入「本雜誌總編輯兼幹事吳宓」等字樣，又將自己詩作登入《學衡》「詩錄二」，對此梅光迪、胡先驌咸皆不以為然；梅光迪諷責吳宓「急速登出自己所作之詩，跡近自炫」，〔註80〕此後雙方歧見日深。自第 15 期起，梅光迪不再作一篇文章。〔註81〕

梅光迪不再為《學衡》供稿的原委，表面是和吳宓在《學衡》欄目內容安排上有所分歧，實際是對吳宓在〈學衡簡章〉末行自上尊號為雜誌總編輯之舉的不滿，認為有違同人最初約定，《學衡》應脫盡俗氣，不立名目，以免有爭奪職位之事。後來梅光迪甚至憤然宣稱：「《學衡》內容愈來愈壞，我與此雜誌早無關係矣！」〔註82〕由於梅光迪強烈的領袖意識與爭強好勝的性格，致使他與吳宓的知交關係始合終離，只是，吳宓沒有料想到，他與梅光迪間的分歧會來得那麼快，並且發展到彼此難以共處的地步。吳宓在《自編年譜》中，有幾段文字涉及對梅光迪的評價：「梅君好為高論，而完全缺乏實行工作之能力與習慣，其一生之著作極少，殊可惜。」又「梅光迪君好為高論，而無工作能力。……蓋一極端個人主義者與享樂主義者耳。」〔註83〕

志同道合的朋友雖然決裂，理該不出惡言。吳宓應當知道自己須為這種評價承擔道義責任，作為白璧德人文主義在中國的傳人，同是《學衡》同人不會不知人文主義者與浪漫派意義上的個人主義者、享樂主義者間的思想界限和精神界限。不過，吳宓的評價雖屬刻薄，顯然也非無中生有。曾與梅光迪友好的胡適早在 1916 年留學美國時就曾說他是「少年使氣之梅覲莊」〔註84〕。另一位《學衡》同人胡先驌也有類似的陳述：「梅先生不勤於著作，雖有崇高之理想，而難於發表，遂使其所蘊藏之內美，未能充分發揮，因而不能

〔註79〕《吳宓自編年譜：1894～1925》，頁 229。
〔註80〕 同註 79，頁 234。
〔註81〕《吳宓自編年譜》說梅光迪自第 13 期起，即不再作一篇文章，應是吳宓記憶有誤。梅光迪最後刊登在《學衡》的文章是第 14 期「通論」欄的〈安諾德之文化論〉。見前揭書，頁 230。
〔註82〕 同註 79，頁 235。
〔註83〕 同註 79，頁 230、235。
〔註84〕 胡適，〈覲莊對余新文學主張之非難〉，《胡適學術文集・新文學運動》，頁 9。

發生重大之影響。」〔註85〕好高論、好逸樂、缺乏實踐能力的極端個人主義
者與享樂主義者，這顯然與現代人文思想倡導者、「君子儒」〔註86〕的梅光迪
的形象，有著極大的落差。

　　如果說吳宓有資格把主持《學衡》、組創清華國學研究院和主編《大公報・
文學副刊》視爲一生的事業和志業，那麼相較於自視爲白璧德人文主義中國
代言人卻仍不減名士習性的梅光迪，儘管他自詡「學問家爲眞理而求眞理，
重在自信，而不在世俗之知；重在自得，而不在生前之報酬。故其畢生辛勤，
守而有待，不輕出所學以問世，必審慮至當，而後發一言，必研索至精，而
後成一書。」〔註87〕然則，「不輕出所學以問世」的結果是，在長達 30 年的
學術生涯中，身後僅留下一本由友人與同事所編輯收錄 10 多篇文章的《梅光
迪文錄》及英文著作 Letters of K.T. Mei（《梅光迪先生家書集》）而已〔註88〕。

　　對照留學時期他與胡適論爭時所流露出的豪氣與抱負，及在 1945 年 2 月
26 日的日記中，爲自己所擬訂的寫作計畫，其中關於中國文化部分，他說：

> 予近年來蓄志關於中國文化撰述，有以下數種，曰《洛下風裁》，述
> 東漢末年黨錮事實。曰《正始遺音》，述魏晉清談狀況。……《韓文
> 公評述》則可闡明吾國自唐代以來之文學源流。《歐陽公評述》則可
> 窺見北宋文化及其士大夫生活之一斑。而《袁隨園評述》則可描寫
> 乾嘉極盛時代之景象。《曾文公評述》則可將中國固有文化最後之光
> 榮表露作一頌詞，作一總結。

在西洋文化方面：

> 予亦欲作以下各種之介紹，曰《近代西洋思想述要》，將自文藝復興
> 以來之思想於人生上發生效力者，如理智主義（Rationalism），情感
> 主義（Sentimentalism），……以及十九世紀至今之社會主義，共產
> 主義，進化論，帝國主義等等，作一簡要說明。純文學方面則曰《近
> 代西洋文學趨勢》，敘述文學上之各派，……又欲取近代作者聲勢最
> 顯赫者二三十人個別評述。〔註89〕

〔註85〕胡先驌，〈梅庵憶語〉，《子曰》叢刊，第 4 期，1934 年；轉引自《胡先驌先生
　　　　年譜長編》，頁 83。
〔註86〕顧立雅，〈梅迪生──君子儒〉，《梅光迪文錄》，頁 249～250。
〔註87〕梅光迪，〈評提倡新文化者〉，《學衡》，第 1 期，1922 年 1 月。
〔註88〕梅光迪，《梅光迪先生家書集》（台北：中國文化學院，1980）。
〔註89〕梅光迪，《梅光迪文錄・日記選錄》，頁 92～93。

這份涵蓋中西、貫通古今的宏大研究和寫作的計畫，對年過半百，「忽感衰病，志強力弱」的梅光迪來說，是極大的考驗。或許冥冥中有所感悟，他嘗禱念：「若天能假我以二十五至三十年，則可能成其十之三四。」〔註90〕可惜的是，梅光迪不幸於同年 12 月 27 日病逝，徒留未竟之業，同時似乎也印證了吳宓說他好高論、缺乏實踐能力的性格缺失。

　　學衡派的分化，除內部歧異，劉伯明的英年早逝更是一個直接因素。1923年 11 月 24 日，學衡派最有力的支持者，東南大學副校長兼文理科主任的劉伯明病逝，年僅 37 歲。時東南大學校務紛爭不斷，人心思去，胡先驌率先於秋季赴美進修；隔年，西洋文學系裁併，梅光迪經白璧德薦舉轉任哈佛大學「漢文」教員（Instructor in Chinese）；吳宓亦轉至東北大學任教，景昌極與繆鳳林則已先行一年。以東南大學為基地的《學衡》社幾近瓦解。劉伯明在學衡派中的地位，從胡先驌的回憶：「若劉伯明不死，東大舊人不星散，則《學衡》或能多延若干年，其影響或能更大也。」〔註91〕即可知，劉伯明是學衡派凝聚安定的最主要力量。

　　雖則如此，《學衡》並未就此終結。吳宓在離開東南大學前，曾商請柳詒徵擔任《學衡》南京編務處幹事，並將有關《學衡》稿件點交柳詒徵。從第32 期起，除吳宓外，《學衡》另署幹事柳詒徵和湯用彤。吳宓人雖在清華，《學衡》的編務仍由他在北方遙控，此舉引發南京同人的不滿。1926 年 11 月，中華書局因工潮，加上營業不振、印刷減縮之故，函吳宓不能續辦 60 期以後之《學衡》。驚駭之餘，吳宓夜訪陳寅恪，得知清華欲聘傅斯年以授中國文史，而不肯聘任柳詒徵，加上陳寅恪謂「《學衡》無影響於社會，理當停辦」，感憤百端的吳宓，在日記中記下自己的心情：

> 以宓之辛苦致力，而世局時變，江河日下，阻逆橫生。所經營之事業終於破壞，同志友朋，均受社會排斥，秉其學德志節，歸於日暮途窮之境。可痛哭之事，孰有甚於此？……今後境遇如斯，志業全挫，豈不辜負初心也哉！〔註92〕

不安定的年代對於出版事業影響非常大，吳宓無時無刻不處於對《學衡》前

〔註90〕梅光迪，《梅光迪文錄‧日記選錄》，頁 93。

〔註91〕胡先驌，〈梅庵憶語〉，《子曰》叢刊，第 4 期，1934 年；轉引自《胡先驌先生年譜長編》，頁 127。

〔註92〕以上引文見《吳宓日記》，第 3 冊，1926 年 11 月 16，頁 251～252。

途的擔憂中，外在的現實環境如此，社內同人又冷漠不問此事，再加上陳寅恪的批語更令吳宓至為痛傷。

1927 年 11 月 14 日，胡先驌至北京訪吳宓談《學衡》事。據其日記記載，本以為《學衡》社友，在睽隔多年後重聚，必可於事業有裨，結果則大失所望。原來胡先驌指斥：「《學衡》缺點太多，且成為抱殘守缺，為新式講國學者所不喜。業已玷污，無可補救。」主張將現有的《學衡》停辦，另行改組，並建議改在南京出版，由柳詒徵、湯用彤、王易三人主編。「絲毫不用《學衡》舊名義，前後渺不相涉，以期煥然一新。」〔註 93〕胡先驌對於《學衡》的觀點在一定程度反映部分南京社員的意見。在《學衡》最有力的支柱劉伯明邃逝後，梅光迪赴美，吳宓、柳詒徵相繼遠走北方，《學衡》在東南大學時期的風光已隨人事飄零而流散無蹤。

不過，隨吳宓北上，學衡派的勢力也由東南大學擴散到清華學校（大學）。1927 年 12 月 5 日，基於「想在新文化運動期刊如雨後春筍的情形下，占領一角陣地，宣傳一己之主張」〔註 94〕的意念，吳宓草擬《大公報‧文學副刊》編撰計畫書，函天津《大公報》總編輯張季鸞（1888～1941），自荐為《文學副刊》的編輯。翌日，吳宓接到張季鸞復函，同意《大公報》各項可如意改良。為此，吳宓特訪陳寅恪諮詢其意，陳寅恪贊成宓主編《文學副刊》，「為此機不可失，並自言願助宓云云。」〔註 95〕自 1928 年 1 月 2 日至 1934 年 1 月 1 日，每星期一出版，共出 313 期。〔註 96〕《大公報‧文學副刊》曾上有文章評介《學衡》特色：

> 此志形式上之特點，為（一）除小說戲劇純用文言，不用白話；（二）不用新式標點，只用舊式圈點。至其內容，則介紹西洋思想、翻譯西洋文學名著，與整理國學、闡明道德並重。其文苑一門，每期選錄時賢新作、古文及舊式詩詞，（翻譯西詩亦用舊體詩），至新式之詩則未見登載。〔註 97〕

〔註 93〕《吳宓日記》，第 3 冊，1927 年 11 月 14，頁 437。
〔註 94〕吳學昭，《吳宓與陳寅恪》，頁 64。
〔註 95〕同註 93，1927 年 12 月 5 日、6 日，頁 447。
〔註 96〕除 1930 年 8 月初至 1931 年 9 月底，吳宓因遊學歐洲，托浦江清代理編輯第
　　　　134～194 期外，餘均由吳宓任編輯。
〔註 97〕〈學衡雜誌：五九、六十期〉，《大公報‧文學副刊》，第 7 期，1928 年 2 月
　　　　20 日。

準確概括了《學衡》的辦刊宗旨及其形式雖守舊與內容卻中西並重的特色。

禮尚往來地，《學衡》也在第 77 期刊登介紹《大公報‧文學副刊》的廣告：

> 內容略仿歐美大報文學副刊之辦法，而參以中國之情形及需要。每期對於中外新出之書，擇優介紹批評。遇有關文學思想之問題，特制專論。選錄詩詞及筆記談叢，亦力求精審。撰述及投稿者，類皆一時知名之士，而編輯猶具匠心。凡愛讀《學衡》者，不可不讀《大公報‧文學副刊》。

這段文宣廣告將《文學副刊》與《學衡》繫聯起來，使其成為《學衡》的延伸。與《文學副刊》相比，《學衡》並非傳統意義上的大眾傳播媒介，其影響力並未普及文化圈之外的一般民眾；而依附於真正的大眾傳播媒介——報紙的《大公報‧文學副刊》，在宣傳的效果及影響力上明顯地優於《學衡》。〔註98〕搭上《文學副刊》的宣傳列車，《學衡》在北方的能見度顯然提高不少。

只是對南京社員來說，《學衡》應隸屬於南京，他們希望《學衡》能恢復當年在東南大學時期的輝煌；因此，除吳宓在北方勉力支撐外，1928 年夏，復歸南京的柳詒徵、胡先驌等人，也因《學衡》經營困難，一度與黃侃（1886～1935）商議，擬邀汪旭初（1890～1963）為經理，謀求《學衡》與《華國》合併的事宜。然則，《華國》為《國粹學報》之一脈，辦刊旨趣與《學衡》有別，胡先驌特別強調《學衡》宗旨略有二事：「一則必須用文言，二則溝通中西學術，非純乎保存國粹」，同時點出《華國》所刊之文「亦有不愜彼意者」。〔註99〕或許因宗旨有別，最後雙方合作事宜不了了之。這些南京高師和東南大學時期的部分學者聚集在後來的中央大學執教，顯然希望有一個由他們掌控的文化批評刊物。在長期與遠在清華大學執教的吳宓協商不成後，這些人終於在1932 年 9 月 1 日創辦另一個在風格上延續《學衡》的刊物——《國風》。〔註100〕

〔註98〕1926 年 9 月 1 日，吳鼎昌、胡政之、張季鸞以新記公司名義續辦《大公報》，人稱新記《大公報》。據劉淑鈴研究指出，續刊之初，報紙銷售不足兩千份，但吳、張等人將目光投注到北平，迅速向華北拓展，自 1928 年元旦起，報紙擴充篇幅，每天出 10 版，9 月 1 日起，每天出 12 版，銷售量達一萬三千份左右。詳劉淑鈴，《《大公報》與中國現代文學》，頁 2。

〔註99〕黃侃，《黃侃日記》（南京：江蘇教育出版社，2001），頁 285。

〔註100〕1932 年，柳詒徵、繆鳳林、張其昀等，以倡導發揚中華文化和昌明世界最新學術為任，在南京結為國風社，開辦《國風》學刊。「國風」一詞，源出《詩經》，以其寓意中國之風也。

　　1933 年，吳宓因與社中同人意見分歧之深無可彌縫，只得辭卸總編輯職務，改由繆鳳林繼任；有關《學衡》的停刊，他在《吳宓詩集》卷末詳述始末：

> 民國 21 年秋冬，《學衡》雜誌社員在南京者，提議與中華書局解約，
> 以本誌改歸南京鍾山書局印行。宓當時力持反對，蓋以已往十餘年
> 之經驗，宓個人與中華書局，各皆變故屢經，艱苦備嘗，然《學衡》
> 迄未停刊，以昔證今，苟諸社員不加干涉，任宓獨力集稿捐貲，仍
> 由中華印行，必可使此誌永永出版而不停。縱聲光未大，而生命得
> 長。任何改變辦法，皆不免貪小利而損大計，故宓堅持反對云云。
> 乃諸社員卒不諒。宓不得已，於民國 22 年夏，正式辭去總編輯職務。
> 於是諸社員舉繆鳳林君繼任，然後與中華書局解約。但迄今一年有
> 半，尚未見《學衡》第 80 期出版。此事傷宓心至大。外人不明實情，
> 反疑《學衡》之停刊由於宓之疲倦疎懶。〔註101〕

《學衡》後期，稿源不足，經費短絀，再加上吳宓本身因婚戀問題及編輯《大公報‧文學副刊》，投注在《學衡》的心力難與前期相比，以致後期《學衡》在質與量上均遜色於前。《學衡》的停刊只是時間早晚的問題，吳宓卻將諸種原因歸咎於南京諸社員不撰稿之故，其中亦或恐摻雜了個人的愛怨情結。遺憾的是，吳宓辭卸總編輯後，南京的社員付諸更多的心力在《國風》上面，無暇顧及這份猶如明日黃花的刊物，《學衡》也就此停刊。

第三節　學衡派的思想資源

　　在學衡派知識倉庫的建設過程中，有關白璧德人文主義與阿諾德的文化論的嶄新知識與資訊，持續入藏，提供更形豐富的思想資源，同時也擴大了學衡派「昌明國粹，融化新知」的想像空間。因此，考察白璧德人文主義與阿諾德的文化論在中國的傳播過程中對學衡派知識倉庫的建立，並探究其所提供的思想資源如何成為學衡派概念變遷的可能動力，應可對學衡派的文化與思想在 20 世紀 20～30 年代的歷史定位，提供更多元和深入的描述與分析。

〔註101〕吳宓，《雨僧詩文集》，頁 338。

一、走近白璧德

　　雖然具體的學術理念千差萬別，但五四時期的學者幾乎都有一個目標的潛在統一性，即把舊學新知的融合貫通看作是再造文明的契機。正如胡適「西乞救國術」於杜威的實用主義，並提倡以批判的眼光、科學的精神來對國故進行系統整理；文化思想理路與之完全不同的學衡派也向西方的白璧德人文主義取經，強調「融化新知」，且於國學「以切實之工夫，為精確之研究，然後整理而條析之」。從這兩方面看，新文化陣營與學衡派雖殊途而同歸，均持有「再造文明」的共同雄心，只是他們實現目標的路徑與最終目的卻大異其趣。胡適等人「整理國故」主要突出對傳統文化的批判意識，以達思想革命的目的；學衡派諸人「昌明國粹」的目的卻是在「以見吾文化，有可與日月爭光之價值」。然則，無論是「整理國故」或「昌明國粹」，主要都是在西方思想學說中尋找理論依據。惟其彼此間的論爭，已經超出新舊、中西之爭的範疇，反映出西方文化與文學思潮本身的矛盾與鬥爭，或者可以說是西方各種文化、文學思潮的矛盾鬥爭在中國的回響。

　　白璧德是美國哈佛大學法國文學和比較文學教授，被認為是 20 世紀前半葉美國最值得注意的文學批評家之一。〔註102〕白璧德人文主義思想由於適應了歐戰後西方人士對西方文明批評的需要，因而開始流行起來。〔註103〕由他所奠基的「人文主義」思想興起於 20 世紀初期的美國，這群被認為是當時美國文化保守勢力代表的智識分子反對崇尚自然法則，企圖回到歷史和傳統中尋求救世的良方。

　　1928 年，哈佛大學法文教授馬西爾（Louis J. Mercier，1880～1953）在《美國人文主義之運動》中敘列美國人文主義運動的大師及此次運動的領袖人物包括：布朗乃爾（William Crary Brownell，1851～1928）、白璧德、穆爾（Paul

〔註102〕美國知名的文學理論、批評家韋勒克（René Wellek，1903～1995）在其《現代文學批評史》（*A History of Modern Criticism，1750～1950*）第 6 卷《1900～1950 美國文學批評》（*American Criticism，1900～1950*），闢有專章討論 20～30 年代風行一時的白璧德、穆爾及其人文主義主張。

〔註103〕白璧德人文主義思想在法國的傳播得益於他在哈佛大學的同事馬西爾，1921 年，白璧德赴巴黎講學前，馬西爾用法文為其剛出版的《盧梭與浪漫主義》撰寫述評並翻譯該書最後一章先後刊登於巴黎的 *Revue Hebdomadaire*。據聞馬西爾的述評和譯文在法國受到好評，他接連再以法文作《美國的人文主義運動》，於 1928 年出版。見段懷清，《白璧德與中國文化》（北京：首都師範大學出版社，2006），頁 115～116。

E. More，1864～1937）等三人，另有幾位白璧德的追隨者和學生，如薛爾曼（Stuart P. Sherman，1881～1926）、佛斯特（Norman Foerster，1887～1972）等。據朱壽桐研究指出，在白璧德著作中關於「新人文主義」一詞概稱「人文主義（者）」，他僅止一次用「新人文主義」來指稱自己的思想，目的是在避免使自己的思想與科學人道主義相混淆。〔註104〕後來，之所以在白璧德人文主義前冠一「新」字，主因1930年代美國智識界出現一場反對白璧德理論的人文主義運動而得名。〔註105〕有鑑於此，本文概用「白璧德人文主義」來指稱白璧德的思想主張。

白璧德人文主義在某種程度上堪稱是歐洲古典主義的延伸，他對於20世紀20～30年代美國社會的思想變革，普遍意識傾向於進步主義，傳統道德價值屢遭現代文藝思潮及其反叛者挑戰之勢，表現出極大的不安和反感。白璧德很擔心美國會在這場從傳統到現代的文化變革中，失去傳統的價值標準與文化的根本，因此，試圖通過重新詮釋歐洲文藝復興和人文主義的涵義，依託古希臘羅馬的人文傳統，凸顯其中的理性、規則和紀律，進而對西方近現代文化，尤其是以培根（Francis Bacon，1561～1626）為代表的科學的人道主義（Scientific humanitarianism）對人的價值的貶低，和盧梭（Jean-Jacques Rousseau，1712～1778）首開其端的情感的人道主義（Sentimental humanitarianism）傳統展開清理和批判。〔註106〕

〔註104〕朱壽桐，〈歐文·白璧德在中國現代文化建構中的宿命角色〉，《外國文學評論》，第2期，2003，頁124～125。

〔註105〕20世紀30年代，美國學者克林頓（C. Hartley Grattan，1902～1980）編著《人文主義批評》（*The Critique of Humanism: A Symposium*，1930），引發美國知識界反對白璧德的人文主義；該書主要撰稿人有威爾遜（Edmund Wilson，1895～1972）、考利（Malcolm Cowley，1898～1989）、黑茲利特（Henry Hazlitt，1894～1993）、拉斯科（Burton Rascoe，1892～1957）、泰特（Allen Tate，1899～1979）、伯克（Kenneth Bruke，1897～1993）、布萊克姆（R. P. Blackmur，1904～1965）、張伯倫（John Chamberlain，1903～1995）、威因特斯（Yvor Winters，1900～1968）、孟福（Lewis Mumford，1895～1990）等人。而支持白璧德人文主義的論文專集是由白璧德的學生佛斯特所編輯的《人文主義與美國》（*Humanism and America : Essays on the Outlook of Modern Civilization*, 1930）；其中收有穆爾、艾略特（T. S. Eliot）、白璧德及其他批評者關於人文主義的論文。

〔註106〕白璧德著，張沛、張源譯，〈兩種類型的人道主義者──培根與盧梭〉，《文學與美國的大學》（北京：北京大學出版社，2004），頁26。

　　他認爲科學的人道主義和情感的人道主義其共通之處在於「毫無管束，專務物質及感情之擴張之趨勢」〔註107〕，簡而言之，就是缺乏人性法則的自我約束。他希望通過重建古代的人文主義精神，昌明「人事之律」，以克制現代社會人欲橫流和道德淪喪的「物質之律」。他強調人文主義與人道主義是大有區別的。人文主義的本質是正確地對待歷史和過去的文化，並對其抱持同情的理解的態度。有鑑於當時歐美文學中表現出對傳統文學的叛逆精神，白璧德竭力倡導維護古典文學與傳統倫理原則的地位，主張文學只能在傳統的基礎上發展，文學的價值取決於它的「適當性」，而非表現自我。這也是白璧德始終與現代文學無緣之故。

　　白璧德的學術興趣主要集中在東西古典文化上，正是在師法古希臘及隨後西方社會綿延不絕的人文傳統的經驗，同時透過與西方以外的「他者」的接觸，白璧德發現「東方」和中國。他挪用「東方經驗」，特別是印度佛教和中國孔子思想中的倫理成分，作爲他批判盧梭及其浪漫主義的話語資源。他把孔子和亞里士多德放在一起作爲人文主義傳統的代表，並在自己的思想體系中借鑑儒家學說，這正是白璧德人文主義能在中國留美學生群體中引起共鳴與迴響的重要原因。

　　當學衡派以白璧德人文主義的理論爲參照，支持其「昌明國粹，融化新知」主張時，意即在以希臘古典主義中「理性」的批判精神來對待傳統，以突破清末以來沿襲已久的「中體西用」的思想架構。吳宓在對中國讀者介紹白璧德的思想時說道：

> 今將由何處而可得此爲人之正道乎？曰宜博采東西並覽古今，然後折衷而歸一之。夫西方有柏拉圖、亞里士多德，東方有釋迦及孔子，皆最精於爲人之正道，而其說又在在不謀而合。且此數賢者，皆本經驗、重事實，其說至精確，平正而通達。今宜取之而加以變化，施之於今日，用作生人之模範。……此即所謂最精確，最詳贍，最新穎之人文主義也。〔註108〕

在此，吳宓指出白璧德將孔子、釋迦牟尼與耶穌、亞里士多德並稱爲人類精神文化史上最偉大的四位聖哲，認爲唯有從佛陀與耶穌的宗教義理，和孔子

〔註107〕吳宓譯，〈白璧德之人文主義〉，《學衡》，第19期，1923年7月。

〔註108〕胡先驌譯，〈白璧德中西人文教育談〉吳宓附識按語，《學衡》第3期，1922年3月。

與亞里士多德的人文學說中，才能窺取歷世積儲的智慧與普通人類經驗的精華。〔註109〕

　　正因爲白璧德的人文主義學說對中國儒家有多方面的認同，20 世紀 20 年代初期，他在哈佛大學培養並影響了梅光迪、吳宓、梁實秋、張歆海、陳寅恪、湯用彤等一代中國學人，〔註110〕開啓人文主義與儒學溝通的新階段。不過，由於歷史背景與現實環境的差異，學衡派並未完全挪置美國人文主義運動的模式，然就許多基本思想和原則而言，美國的人文主義運動爲中國的學衡派同人提供重要的資源和靈感泉源。〔註111〕

　　《學衡》的發起人梅光迪，堪稱是最早發現白璧德人文主義思想的現代意義和「中國意義」的留美學生。〔註112〕1933 年，在白璧德去世，同時《學衡》也宣告停刊之際，梅光迪追述自己如何於 1915 年從西北大學轉到哈佛大學，走近白璧德的心路歷程時說道：

> 第一次聽說歐文·白璧德是 1914、1915 年間，在我所就讀的西北大學，一次偶然的機會，聽到 R.S.克萊恩教授的一篇報告。……當時，我和許多同齡人一樣，正陷於托爾斯泰式的人道主義的框框之中，同時又渴望在現代西方文學當中找尋到更具陽剛之氣、更爲冷靜、理智的因素，能與古老的儒家傳統輝映成趣。我幾乎是帶著一種頂禮膜拜的熱忱一遍又一遍地讀著當時已面市的白璧德的三本著作。對我來說，那是一個全新的世界；或者說，是個被賦予了全新意義的舊世界。第一次，我意識到中國也必須在相同的精神的引導下做些事情；過去二十年，我們對自己的文化基礎不分青紅皂白地進行無情的批判，造成新舊文化間的差距愈拉愈大。現在，我們要在一個前所未有的非常時期，憑藉日益積累的資源財富，跨越這種鴻溝；要在中國人的思想中牢固樹立起歷史繼承感並使之不斷加強。

〔註113〕

〔註109〕吳宓譯，〈白璧德論歐亞兩文化〉，《學衡》，第 38 期，1925 年 2 月。

〔註110〕直接師從白璧德的中國學生主要有：梅光迪、吳宓、張歆海、湯用彤、樓光來、梁實秋、林語堂（受新文化運動影響較大，與白璧德理念相左，一年後離開哈佛）、范存忠、郭斌龢等。另外，陳寅恪曾旁聽白璧德授課，並與白璧德論究佛理。

〔註111〕梅光迪，〈人文主義和現代中國〉，《梅光迪文錄》，頁 215。

〔註112〕段懷清，《白璧德與中國文化》，頁 117。

〔註113〕梅光迪，〈評《白璧德：人和師》〉，《梅光迪文錄》，頁 229。

很遺憾地，這位被西方學界視作白璧德在中國最重要的傳人，[註114] 直接述及白璧德學術思想的文字並不多，《學衡》上僅有一篇他介紹白璧德人文主義的論著，即〈現今西洋人文主義〉（8 期）。在這篇文章中，梅光迪論述西洋人文主義思想的概況，並向讀者預告將寫作有關白璧德及穆爾人文主義的計劃。從《學衡》所刊載的內容來看，此文應只是他擘劃藍圖中的第一章〈緒言〉部分，其後應該還有第二章、第三章接下去的續文，然事實上，此後再也沒有下文了。恰如論者所言，在符碼化、建制化白璧德人文主義意識形態的過程中，梅光迪向國人譯介白璧德的宏願只能是個未竟的計畫罷了。[註115]

白璧德的學生中，吳宓堪稱是他的最忠實信徒。學成歸國後，他仍與白璧德書信往來保持密切聯繫。從吳學昭的英文論文 *The Birth of a Chinese Cultural Movement: Letters Between Babbitt and Wu Mi*（中國文化運動的誕生：白璧德、吳宓往來書信）附錄中所收吳宓分別寫於 1921 年 6 月 30 日、1922 年 9 月 17 日和 1924 年 7 月 24 日等三封致白璧德的信件來看，可知在吳宓的請求下，白璧德仍持續提供個人或他人有關人文主義的新著作，以支持他們在中國的學術活動；[註116] 如〈白璧德論民治與領袖〉（32 期），及由馬西爾所作的〈白璧德之人文主義〉（19 期），都是在吳宓回國後，經由白璧德轉至吳宓手中譯出。另外，在哈佛圖書館還保存著八封吳宓致白璧德的信，有五封寫於回國後。其中，在 1925 年 12 月 2 日的信中，吳宓問候白璧德是否收到委託胡先驌帶去的信件，並對今日哈佛沒有像當年梅光迪這樣的中國學生追隨白璧德學習而感到遺憾。在寫於 1927 年 7 月 19 日的信中，吳宓向白璧德推薦郭斌龢，同時介紹《學衡》的最新情況。最後一封是寫於 1931 年 8 月 15 日，吳宓赴歐遊學一年後即將離開歐洲之際，他致信白璧德，對他多年來關愛之情表達感謝之心，並盛讚白璧德是全世界的導師（You are the Teacher of the whole world），也為人文主義在美國取得進展而高興，認為這是對自己的一種鼓舞。

[註114] 幾乎國外所有研究論述白璧德與現代中國知識界關係的文章，都會將梅光迪視為白璧德在中國的重要傳人。原因在於，一則梅光迪與白璧德接觸最早且時間最久；再則梅光迪以英文撰寫的〈人文主義與現代中國〉及回憶白璧德的文章〈評《白璧德：人和師》〉，在美國研究白璧德思想的海外傳播及其與中國現代智識分子之間關係研究者中廣為流傳，是能見度最高的重要文獻。
[註115] 李有成，〈白璧德與中國〉，《中外文學》，第 20 卷，第 3 期，1991 年 8 月，頁 57。
[註116] Wu Xuezhao, *The Birth of a Chinese Cultural Movement: Letters Between Babbitt and Wu Mi*.（National Humanities Institute）http://www.nhinet.org/babbitt2.htm

　　從這些信件中，可以感受到師生之間親密無間的思想影響關係，這種關係不是當時國內盛行的結社或依靠某種組織形式聚合在一起，而是源自思想和精神上的契合。白璧德一生從未踏上中國土地，其思想學說卻經由門下的中國留學生傳播旅行到中國，並在 20 世紀 20～30 年代成為學衡派與新文化新文學運動中對抗論述的思想資源。《學衡》是白璧德人文主義在中國最重要的論述空間，為宣揚白璧德人文主義，學衡派譯介許多相關的著作。據統計，《學衡》一共刊發有關白璧德人文主義的文章共 21 篇，其中白璧德的論著有6 篇，表列如下：

表一：《學衡》所譯介白璧德作品一覽表

譯者	篇　名	刊載／期數	原篇名	文章出處
胡先驌	白璧德中西人文教育談	第 3 期	Humanistic Education in China and the West	美國東部中國學生年會之演講稿
吳　宓	白璧德論民治與領袖	第 32 期	Democracy and Leadership： Introduction	白璧德《民治與領袖》之「緒論」
徐震堮	白璧德釋人文主義	第 34 期	What is Humanism？	白璧德《文學與美國的大學》之第一章
吳　宓	白璧德論歐亞兩洲文化	第 38 期	Europe and Asia	白璧德《民治與領袖》之第五章
吳　宓	白璧德論今後詩之趨勢	第 72 期	The Cycle of Modern Poetry	白璧德評 G. R. Elliott's The Cycle of Modern Poetry 論文
張蔭麟	白璧德論班達與法國思想	第 74 期	Julien Benda and French Ideas	白璧德《論創造性》

　　學衡派核心人物如梅光迪、胡先驌、吳宓等均親自翻譯撰寫有關人文主義的文章，其中吳宓用力最多，他不僅翻譯白璧德原著，且屢於同仁們有關白璧德人文主義譯作篇前另加「附識」，撮要闡明其主旨，以便讀者能夠更快速地理解人文主義。五四時期，白璧德人文主義觀點在中國並不為學界所熟知、接受，因此《學衡》在第 19 期插畫欄刊登了白璧德的畫像，並同時刊出吳宓所翻譯的〈白璧德之人文主義〉，祈使讀者讀其學說，想見其人。1927 年夏天，吳宓從梁實秋處得知，「上海似乎很有些人不知道白璧德的，更有一些人知道白璧德而沒有讀過他的書的，還有一些沒有讀過他的書而竟攻擊他

的。」〔註117〕爲更直接、有效地宣傳白璧德人文主義思想，吳宓收集發表在
《學衡》上關於白璧德的文章，經梁實秋之手，於 1929 年 12 月以《白璧德
與人文主義》爲名，由上海新月書店出版。此書堪稱是最早也是最全面介紹
白璧德人文主義的著作。

　　除《學衡》外，吳宓主編的《大公報·文學副刊》因編輯立場鮮明，且
大部分作者都是學衡派成員，因此《文學副刊》亦成爲學衡派後期實踐白璧
德人文主義思想的重要園地之一。在 313 期的《文學副刊》中，有關白璧德
人文主義的重要翻譯作品及撰文如下：吳宓譯，〈韋拉里論理智之危機〉（8～
10 期）、穆爾〈美國現代文學中之新潮流〉（27～30 期）、〈班達論智識階級之
罪惡〉（51 期，並見《學衡》74 期）、〈白璧德論今後詩之趨勢〉（97 期，並見
《學衡》72 期）、〈穆爾論自然主義與人文主義之文學〉（101 期，並見《學衡》
72 期）、〈薛爾曼評傳〉（102、105 期，並見《學衡》73 期）、〈悼白璧德先生〉
（312 期）；素癡（張蔭麟）譯，〈白璧德論班達與法國思想〉（72 期，並見《學
衡》74 期）；義山（喬友忠）譯，〈布朗乃爾與美國之新野蠻主義〉（123、129、
130 期，並見《學衡》74 期）；吳宓譯，〈白璧德論盧梭與宗教〉（191、192 期）。

　　作爲白璧德得意門生之一，吳宓把宣揚白璧德的思想當作是自己最忠誠
的責任。據其日記載，在哈佛期間，白璧德曾對吳宓感歎說：

> 中國聖賢之哲理，以及文藝美術等，西人尚未得知涯略；是非中國
> 之人自爲研究，而以英文著述之不可。今中國國粹日益淪亡，此後
> 求通知中國文章哲理之人，在中國亦不可得。是非乘時發大願力，
> 專研究中國之學，俾譯述以行遠傳後，無他道。此其功，實較之精
> 通西學爲尤巨。

對白璧德的殷切期望，吳宓亦發願「歸國後，無論處何境界，必日以一定之
時，研究國學，以成斯志也。」〔註118〕回國後，他果然踐行當日誓願，無論
是在四新文化運動熾熱之際，抑或是文化大革命時期，其積極肯定孔子的歷
史價值，當是出於對白璧德「深以孔學之衰落爲可惜，於中國之門人殷殷致
其期望」〔註119〕的回應。

〔註117〕梁實秋，〈白璧德與新人文主義序〉（上海：新月書店，1929），轉引自張運華、
　　　　天祥、方光華，〈吳宓與新人文主義〉，收入李繼凱、劉瑞春編選，《解析吳宓》
　　　　（北京：社會科學文獻出版社，2001），頁 269。

〔註118〕〈吳宓日記〉，第 2 冊，1920 年 11 月 30 日，頁 196。

〔註119〕張其昀，〈白璧德——當代一人師〉，《東西文化》（台北：正中書局，1976），
　　　　頁 208。

　　師承白璧德而身分卻歸屬於新文化人的梁實秋，走近白璧德的過程與學衡派諸子大不相同，據其自述，他到哈佛大學研究院後，選修白璧德的「十六世紀以後的文學批評」課程，「並非是由於我對他的景仰；相反的，我是抱著一種挑戰者的心情去聽講的。」〔註120〕早年梁實秋是個浪漫主義者，對唯美主義者王爾德（Oscar Wilde，1854～1900）的作品至為愛好，但自從進入哈佛大學師從白璧德後，思想發生很大的變化。他那篇寫於 1926 年被認為是白璧德《新拉奧孔》的翻版的〈現代中國文學之浪漫的趨勢〉，是他「否定自己的過去，轉到白璧德大旗之下的宣言。自此以後，他的文學思想與信仰都是它的延續與闡釋。」〔註121〕1980 年代，梁實秋在〈影響我的幾本書〉中提到白璧德的《盧梭與浪漫主義》是對他產生重要影響的幾本書之一，他說：

> 我讀了他的書，上了他的課，突然感到他的見解平正通達而且切中
> 時弊。我平夙心中蘊結的一些浪漫情操幾為之一掃而空。我開始省
> 悟，五四以來的文藝思潮應該根據歷史的透視而加以重估。我在學
> 生時代寫的第一篇批評文字〈中國現代文學之浪漫的趨勢〉就是在
> 這個時候寫的。隨後我寫的〈文學的紀律〉、〈文人有行〉，以至於較
> 後對於辛克萊〈拜金藝術〉的評論，都可以說是受了白璧德的影響。
> 〔註122〕

不曾加入學衡派，亦未大規模宣傳白璧德作品，梁實秋卻同樣成為白璧德人文主義在中國忠實的代言人。30 年代，他以白璧德人文主義為理論根基，形成極具個性的古典主義文學理論與批評觀，較學衡派更進一步貼近現代文學的創作。

二、阿諾德文化論的中國闡釋

　　學衡派所崇奉的白璧德人文主義文化思想與文學批評觀遠宗希臘哲學家亞里士多德，近師英國文學家馬修·阿諾德（Matthew Arnold，1822～1888）。由於白璧德的推薦，阿諾德的文化思想在學衡派「知識倉庫」的建構中，亦提供了豐富深刻的「思想資源」，並進一步體現在他們的文化建構理念中。

〔註120〕梁實秋，《文學因緣》，頁 59。
〔註121〕侯健，〈梁實秋與新月派及其思想與主張〉，《從文學革命到革命文學》，頁 151。
〔註122〕梁實秋，〈影響我的幾本書〉，《雅舍散文》（台北：九歌出版社，1985），頁
　　　　124。

　　作為詩人的馬修・阿諾德，其孩提時代正值英國浪漫主義運動如火如荼的開展時期，象徵激情與行動的浪漫主義，無可避免地影響了阿諾德的詩歌創作。阿諾德一生大致可以分為兩個時期：「詩歌時期」和「文學和社會批評時期」。19 世紀中葉的英國社會，正處於激烈的社會轉型期，宗教道德喪失其信仰，人心徬徨無所歸依。詩歌時期的青年阿諾德，以玩世不恭的生活態度來掩飾內心失去信仰的惶恐與矛盾。吳宓在〈論安諾德之詩〉中所指，阿諾德詩中占主導地位的「哀傷之旨，孤獨之感，皆浪漫派之感情也」〔註 123〕，非藉詩歌渲泄不可，正是這種心態的表述。作為該時代感銳思深的智者，阿諾德試圖在混亂的社會中找出新的立身行事的標準。詩人的浪漫情懷與健全理智（right reason）的追求，這種思想上的困頓縈繞他很長一段時間，直到38 歲以後，專心從事文學評論，幾乎不再寫詩，感性和理智的對立與衝突方才淡化。

　　工業進步雖然給英國人的物質生活帶來極大的便利，但也由於物質文明發展導致重利、貧富不均等缺乏道德尊嚴的現象，對此阿諾德深以為憂。他認為惟有「文化」才是解決這種混亂現象的有效方法。他提倡把「文化」，或稱「廣義的教育」，作為社會國家走向完美的途徑，強調要學習研究自古以來人類最優秀的思想、文化和價值資源，藉以從中汲取自己所欠缺的養分。

　　阿諾德認為文化是個體和社會追求完美的過程，「它引導我們構想的真正的人類完美，應是人性所有方面都得到發展的和諧的完美，是社會各個部分都得到發展的普遍的完美。」〔註 124〕他指出現今社會各種混亂迷惑皆源自缺乏智識的成規，過度地發展人性的一個方面，一味崇拜火與力、崇尚認真與行動，忽略了人性不僅有道德的、而且有智性的需求。他認為現今大多數的英國人無視人性全面和諧發展的要求——這種狹隘的人性觀念正在毒害我們的思想和行為。因此，我們需要「意識的自發性」，需要「美好與光明」。而這些正是「文化」所產生培育的。〔註 125〕和諧完美的目標是個體和社會的光明前景，越多人踏上拯救之路，這一目標就越容易實現。

　　在價值失衡的時代裡，阿諾德渴望文化取代日漸衰落的宗教與哲學對社會人心的作用，對於希臘精神中所推崇的對「美好與光明」（sweetness and light）

〔註 123〕吳宓，〈論安諾德之詩〉，《雨僧詩文集》，頁 361。
〔註 124〕阿諾德，〈序言〉，《文化與無政府狀態》（北京：三聯書店，2002），頁 210。
〔註 125〕阿諾德，〈但是不可少的只有一件〉，《文化與無政府狀態》，頁 147。

的追求，是阿諾德心目中文化的真正要義。他一再地強調，當國家社會出現
全民性的生命的閃光，充分浸潤在思想之中，具有感受美的能力，這才是人
類最幸運的時刻，是民族生命中標誌性的時代，是文學藝術繁榮發達、天才
創造力流光溢彩的年代。〔註126〕他一生都在宣揚這種理想，渴望人人都是文
化的信仰者，使世界上最優秀的思想和言論傳遍四海，使全天下的人都生活
在美好與光明的氣氛中，自由地運用思想卻又不受思想的束縛。

惟其鄙薄工具信仰，拒絕從現代文明中尋求思想支持，因而將目光停
駐在業已澱積於西方文化之中的希臘精神和希伯來精神。阿諾德將這兩種
精神的各自特點作如是表述：「希臘精神的主導思想是意識的自發性，希伯
來精神的主導則是嚴正的良知。」〔註127〕他希望通過德性和智性的相互包
容，實現文化、人性和社會全面和諧發展的目標。阿諾德的人生批評的文
學觀及其頗具倫理道德色彩的文化觀，與中國儒家傳統文化、文學思想有
著明顯的相似性。這種相似性，對於20世紀以來文化自信心備受打擊的中
國學者自然而然產生強烈的吸引力。在中西新舊矛盾的五四時期，阿諾德
的文化論成了守成文化捍衛者回應現代中國這一歷史情境的一個重要思想
資源。

1873年，中國近現代史上的文化怪傑辜鴻銘（1857～1928）進入英國愛
丁堡大學專攻西方文學，並得親炙卡萊爾（Thomas Carlyle，1795～1881）和
阿諾德的教誨。他們的思想對年輕的辜鴻銘產生巨大影響，甚至左右他對西
方文化的認識，構成他日後思想資源中主要的西方來源。〔註128〕辜鴻銘堪稱
是阿諾德文化思想在中國的第一個接受者。〔註129〕惟其回國後，思想趨向傳
統，文化活動集中在英譯儒家經典，向西方世界傳播中國文化的嘗試，第一
次世界大戰前後，辜鴻銘甚至成為西方世界中中國文化的代言人。雖然在其
文化保守主義立場的思想上可以看到阿諾德等人的思想痕跡，可惜的是，他
並未系統地向國人介紹阿諾德的學術思想。

聞一多（1899～1946）可能是最早譯介阿諾德詩歌的中國現代作家。1919

〔註126〕阿諾德，〈美好與光明〉，《文化與無政府狀態》，頁31。
〔註127〕阿諾德，〈希伯來精神和希臘精神〉，《文化與無政府狀態》，頁113。
〔註128〕黃興濤，《文化怪傑辜鴻銘》（北京：中華書局，1997），頁20～22。
〔註129〕向天淵，〈馬修·阿諾德與20世紀中國文化〉，《重慶工商大學學報》（社會科
學版），第23卷，第3期，2006年6月，頁120。

年 5 月，在清華學校期間，他曾效法林紓以古文翻譯英詩，用嚴整的五言古體詩翻譯阿諾德的〈飛渡磯〉（Dover Beach，今譯爲〈多汶海灘〉），將阿諾德原意書寫英國人因失去對基督信念的感傷，譯成服膺傳統的人總感嘆古道不興的悲哀。〔註130〕1921 年 10 月，他又發表〈節譯阿諾底〈納克培小會堂〉〉（Rugby chapel by Matthew Arnold）。〔註131〕從他早期對新文化運動所提倡的白話文採取「不願隨流俗以譏毀」的態度〔註132〕，及 1923 年所發表的〈〈女神〉之地方色彩〉，申明希望在新詩中恢復中國古典文學的信仰，並將時代精神與地方特色結合，「做中西藝術結婚後產生的寧馨兒」〔註133〕，不僅表現「今時」還要展示「此地」的主張，這種對時代精神、詩歌藝術美的追求，及對中西文化矛盾的感受與思考，與阿諾德的文化觀點頗多契合之處。

　　1922 年 12 月，爲紀念阿諾德百年誕辰，《東方雜誌》特別出版紀念專輯，共刊出 5 篇文章，〔註134〕分別對阿諾德的文化觀、政治觀、文學批評觀及詩歌創作，進行較全面的介紹。其中，胡夢華（1903～1983）對阿諾德中庸的人生觀十分傾慕。身爲梅光迪、吳宓所執教的東南大學英語系——西洋文學系的學生，胡夢華雖未曾加入《學衡》作者群中，卻因認同阿諾德的理念，在《學衡》遭攻詰時，他曾寫了一篇〈評《學衡》〉爲之辯解，他說：「我卻相信學衡裡面所提倡的人文主義，確有存在之價值與一部分之信仰者。這種人文主義對於現在一般受了時代潮流和浪漫思想的影響的青年，自然是格格不入。但不能因爲一般人的不贊成，便以爲這種主義不好。」〔註135〕

　　20 世紀 20 年代，較具規模地譯介與評價阿諾德的工作是由學衡派完成的。出於對西方古典文明的興趣，白璧德從阿諾德的思想理論中找到共鳴的樂章，他繼承發展阿諾德文化思想與文學批評觀。20 世紀初，學衡派從白璧

〔註130〕原刊《清華學報》，第 4 卷，第 6 期，收入聞黎明、侯菊坤編，《聞一多年譜長編》（武漢：湖北人民出版社，1994），頁 74。

〔註131〕原刊《清華周刊》，第 1 期，署名「風葉」，《聞一多年譜長編》，頁 138。

〔註132〕聞一多，〈儀老日記〉，收入孫黨伯、袁謇正編，《聞一多全集》（武漢：湖北人民出版社，1993），第 12 卷，頁 424～425。

〔註133〕聞一多，〈〈女神〉之地方色彩〉，《聞一多全集》，第 2 卷，頁 361。

〔註134〕這 5 篇文章分別是：胡夢華〈安諾德評傳——爲安諾德 Matthew Arnold 百年生日紀念作〉、〈安諾德和他的時代之關係〉，呂天鵪〈安諾德之政治思想和社會思想〉、顧抱香〈安諾德詩歌研究〉、華林一〈安諾德批評原理〉，見《東方雜誌》，第 19 卷，第 23 期，1922 年 12 月 10 日。

〔註135〕胡夢華、吳淑貞，《表現的鑑賞》（上海：現代書局，1928），頁 143。

德處接受了阿諾德的文化思想，並體現在他們的文化主張之中。阿諾德對學衡派的影響非常深刻：1922 年 12 月，阿諾德百年誕辰，《學衡》（12 期）「插圖」欄刊登阿諾德像。次年 2 月，梅光迪在第 14 期「通論」欄發表〈安諾德之文化論〉，此文可視為阿諾德文化論在中國最早的文本。梅光迪借用阿諾德的文化論來批判當時的新文化運動，他指出英國人因缺乏智慧，偏重實用，以致於弊端百出，從精神方面來說，是失其常度、殘缺不全的人，因此阿諾德用「文化」來救正之。他進一步解釋何謂「文化」：

> 文化者，求完善 Perfection 之謂也。……然則如何可得文化乎？安氏則以為必由智慧。彼嘗謂其一生事業，在「灌輸智慧於英人」。又言文化之目的，在了解自身與世界，而達到此目的之手續，則在知世間所思所言之最上品也。當時科學大興，文學與科學兩者所包括智慧之多寡，兩者在教育上人生上之輕重比較，乃為一緊要問題。安氏謂文學斯所包為多，當重文學。……彼之文學界說甚廣，謂「凡由書籍以達到吾人之智識，皆為文學。」……彼所重者，特在文學，謂科學為工具的智慧，於人之所以為人之道無關。文學則使人性中各部分如智識、情感、美感、品德，皆可受其指示薰陶，而自得所以為人之道，故其稱詩為人生之批評也。〔註 136〕

梅光迪從阿諾德的《文化與無政府狀態》中離析微言大義，指出救治文化的混亂，科學的功效遠不如文學，他深信世間所思所言之最上品的文化，須從「文學」中求之。此外，他亦十分讚賞阿諾德的文化「完善」說，認為「完善在內而不在外」，「完善在普遍之發展」，「完善在均齊之發展」。〔註 137〕正如賽義德（Edward W. Said，1935～2003，或譯作薩依德）所言，世界上「沒有中性的或一塵不染的閱讀，從某種程度上說，每個文本和每個讀者都是一定理論立場的產物，也許這立場是非常隱晦或無意識的。」〔註 138〕梅光迪對阿諾德「文化」理論的中國闡釋，亦非「中性的或一塵不染的閱讀」，阿諾德筆下英國中產階級「非利士人」（費列斯頓），梅光迪譯為「流俗」；當其大讚英國的阿諾德「乃理想家也」，同時也將國內新文化運動的倡導者胡適等人的形

〔註 136〕梅光迪，〈安諾德之文化論〉，《學衡》，第 14 期，1923 年 2 月。
〔註 137〕同註 136。
〔註 138〕賽義德著，謝少波譯、韓剛譯，《賽義德自選集》（北京：中國社會科學出版社，1999），頁 153。

象，置換成阿諾德筆下的「費列斯頓」，稱其「雖自命爲文化家，吾甯謂之爲費列斯頓；雖自命爲文化運動，吾甯爲之爲費列斯頓運動已矣。」〔註139〕

《學衡》第 14 期並刊載吳宓的〈英詩淺釋〉，文中他翻譯阿諾德的〈輓歌〉（Requiescat），且以〈論安諾德之詩〉爲題，闡述阿諾德的詩歌創作。以阿諾德自況的吳宓，在這篇傾注全部心力作中指出，阿諾德詩之佳處，「在其能兼取古學浪漫二派之長，以奇美眞摯之感情思想，納於完整精鍊之格律藝術之中。」〔註140〕他認爲：「安諾德雖爲奉行古學派之人，然其詩絕少希臘羅馬之題目，間有一二，亦皆借題發揮。名爲弔古，實則傷今。名爲述往，實爲自敘。故安諾德所以爲古學派，乃以其詩之形式，非以其材料也。」〔註141〕吳宓的文化理念決定了他對阿諾德詩歌的認同。正是受到阿諾德這種以浪漫感情入古典藝術的審美風格的啓示，秉持古典主義兼具浪漫個性氣質的吳宓，從詩歌的外部表徵逐漸向詩學內部理念尋求自我文化價值的確認。他依循著黃遵憲的道路，〔註142〕同時接受阿諾德詩歌的感召，強調「作詩只當運用我之全力，使所作者材料、形式並佳。」他以爲「西洋傳來學術文藝生活器物，及緣此而生之思想感情等」均可作爲詩歌的新材料；至於形式方面，則「吾國詩中所固有之五、七言律絕、古體、平仄及押韻等」，〔註143〕其格律精嚴，一切有法，最適合詩歌體式。

吳宓在其詩集扉頁的「自識」中，將阿諾德列爲他所追慕西方三大詩人的第二位，並撮要概述阿諾德的詩歌觀：

> 安諾德謂詩人乃由痛苦之經驗中取得智慧者。又謂詩中之意旨材料，必須以理智鑒別而歸於中正。但詩人恆多悲苦孤獨之情感，非藉詩暢爲宣洩不可；又謂詩爲今世之宗教，其功用將日益大。〔註144〕

阿諾德認爲詩歌不僅是個人抒懷的工具，同時還須以理智加以鑒別，他強調

〔註139〕梅光迪，〈安諾德之文化論〉，《學衡》，第 14 期，1923 年 2 月。

〔註140〕吳宓，〈論安諾德之詩〉，《雨僧詩文集》，頁 361。

〔註141〕同註140。

〔註142〕吳宓在《空軒詩話論·19》中稱黃遵憲乃「近世中國第一詩人」，謂其「以新材料入舊格律之主張，不特爲前此千百詩人所未能言，所未敢言，且亦合於文學創造之正軌，可作吾儕繼起者之南鍼。」《雨僧詩文集》，頁 446。

〔註143〕吳宓，〈英詩淺釋〉（續），《學衡》，第 14 期，1923 年 2 月。

〔註144〕吳宓，《雨僧詩文集》扉頁「吳宓自識」：「吾於西方詩人，所追慕者亦三家，皆英人。一曰擺倫或譯拜輪 Lord Byron，二曰安諾德 Matthew Arnold，三曰羅色蒂女士 Christina Rossetti。」

詩人應該創作能帶給讀者愉悅並使其振奮的詩歌。然則，在其早年詩歌創作過程中，卻飽受浪漫情懷與古典理性衝撞所帶來的痛苦；這種思想上的困頓直至他不再寫詩，轉而從事文學評論，感性和理智的對立與衝突方才漸次平息。故吳宓宣稱阿諾德是 19 世紀英國詩人之最悲觀者。他直言不諱地道：

> 吾儕生當其後，承十九世紀之餘波，世變愈烈。安諾德等之所苦，
> 皆吾儕之所苦，而更有甚者焉。且中國近三十年來政治社會學術思
> 想各方面變遷之巨，實為史乘所罕見。故生於今日之中國，其危疑
> 震駭，迷離旁皇之情，尤當十倍於歐西之人。則吾儕誠將何以自慰，
> 何以自脫，何以自救也耶？嗚呼！此吾之所以讀安諾德之詩而感慨
> 低佪不忍釋卷也。〔註 145〕

吳宓在日記、課堂講義、為學生題辭中，無不視阿諾德為追慕的榜樣。當五四前後，國人全盤否定傳統歷史文化的激進思潮大行其道之時，阿諾德的思想學說無疑地為學衡派提供有力的精神支持與思想資源，吳宓甚至把他當作陷溺於浪漫主義網羅時能夠拉自己一把的人。

除翻譯並闡述阿諾德的詩歌及其理論外，吳宓的詩歌創作亦深受阿諾德影響。在〈釋落花詩〉中，他自道：

> 予所為落花詩雖係舊體，然實表示現代人之心理。……所謂過渡時
> 代之病候，而在曾受舊式（中西）文學教育而接承過去之價值之人
> 為尤顯著者是也。惟予詩除現代全世界智識階級之痛苦外，兼表示
> 此危亂貧弱文物凋殘之中國之人所特具之感情，而立意遣詞，多取
> 安諾德 Matthew Arnold 之詩，融化入之，細觀自知。〔註 146〕

中國詩學有著多樣化的表現形式。其中「意象」的詩學兼具感性特徵與綜合性質，更重要的是，它們往往凝聚代代詩人相傳的心境，形成一種古今相通的情感密碼，傳遞著中國文化與思想的若干信息。「落花」以其具有豐富意蘊之意象，成為中國古代詩歌中的一個特殊主題而為文人們所爭相吟頌。〔註 147〕

〔註 145〕吳宓，〈論安諾德之詩〉，《雨僧詩文集》，頁 357。

〔註 146〕吳宓，〈釋落花詩〉，《雨僧詩文集》，頁 399。

〔註 147〕近代以來，以落花詩為線索，幾可勾勒出一部中國近現代史：道光 30 年，俞
樾參加進士複試，應試詩起首二句為「花落春仍在，天時尚艷陽」，得閱卷官
曾國藩賞識，認為詠落花而無衰颯之意；後俞樾取應試詩中「春在」二字名
堂，並稱其著作總集為《春在堂全書》。「花落春仍在」句，自道光後，人口

　　除〈落花詩〉之外，據吳宓自註，在他的詩集中化用阿諾德詩意之作品至少還有卷 11〈木蘭花・歲暮病中吟〉（第 2 首）與卷 13〈殘春〉；受阿諾德詩論影響的詩作有卷 12〈牛津雪萊像及遺物〉（第 2 首）及卷末〈輓阮玲玉〉。1935 年 3 月 8 日，電影明星阮玲玉（1910～1935）在上海自殺，遺書以「人言可畏」爲言。吳宓於是仿阿諾德弔某歌妓舞女作輓歌之舉，作〈輓阮玲玉〉詩悼念這位早逝的女伶：「蓋棺世論本尋常，猶惜微名最可傷。志潔身甘一擲碎，情眞藝使萬人狂。繁華地獄厄鸞鳳，血淚金錢飽虎狼。我是東方安諾德，落花自懺弔秋娘。」〔註 148〕詩中吳宓宣稱自己是「東方安諾德」，表明他已體認自己與阿諾德在學理與精神人格上的相通。詩中「落花」之「落」，「秋娘」之「死」，象徵著主體意識無力面對外部世界所產生的精神幻滅。吳宓藉由對阿諾德詩歌的譯介確認自我的詩學理念，尋覓傳承民族文化路徑的依據，從而證明人文主義存在之合理性。這其中不只是西方表現主義意義上的個人體驗，更有現代文化危機的歷史感受與由小共同體到更大的共同體的持久而忠實的認同、對話、守望和承諾。

　　胡先驌在〈評《嘗試集》〉中亦引用阿諾德的觀點，強調詩之體裁與詩之優劣高下大有關係，藉以反駁胡適所謂中國詩歌句法太整齊，不合乎語言之自然的論點。他指出：

> 阿諾德（Matthew Arnold）以爲一國詩之優劣多繫於其通行作高格詩之體裁之合宜與否，法國之詩所以不及希臘與英國者，由於其高格詩通常所用之亞力山大體（Alexandrine）不及希臘之抑揚體（Iambic）與六音步體（Hexameter）與英國之無韻詩（Blank verse）也。

胡先驌旁徵博引古今中外詩論，在與《嘗試集》中的作品及胡適的觀點相對比，論證其理論和實踐的荒謬之後，他得出如下的結論：「中國詩以五言古詩爲高格詩最佳之體裁，而七言古五七言律絕與詞曲爲其輔，如是則中國詩之體裁既已繁殊，無論何種題目何種情況，皆有合宜之體裁，以爲發

傳誦。其後陳寶琛痛感中日之戰，於光緒 21 年作〈感春四首〉；己未（1919）次前韻作〈次韻遜敏齋主人落花四首〉，世稱〈前落花詩四首〉；甲子（1924）及次年乙丑，又次前作韻作〈後落花詩四首〉。陳寶琛三組「落花」詩，意在借落花、惜春之句，托喻清朝衰亡和中國文化花果飄零之慨。1927 年 6 月，王國維自沉前數日，曾爲門人謝國楨書扇詩七律四首，二首爲唐韓偓之詩，其他二首即陳寶琛〈前落花詩〉的第三、第四首。

〔註 148〕吳宓，〈輓阮玲玉〉，《雨僧詩文集》，頁 491。

表思想之工具。……無庸創造一種無紀律之新體詩以代之。」〔註149〕

　　除上述三位學衡派主要核心人物外，張歆海在哈佛留學時，亦跟隨白璧德攻讀博士學位。白璧德的中國弟子中，以年少才俊而聞名的張歆海是少數幾位拿到博士學位的人，他在清華學校畢業後赴美留學，先入約翰‧霍普金斯大學，一年後轉至哈佛大學，師從白璧德。1923 年，以 *The Classicism of Matthew Arnold*（《馬修‧阿諾德的尚古主義》）為題，獲博士學位，後回國受邀到清華英文系任教。另外，《學衡》第 39 期還刊發張蔭麟、陳銓、顧謙吉、李惟果等人翻譯的阿諾德的〈羅壁禮拜堂詩〉（*Rugby Chapel*），第 41 期發表李惟果翻譯阿諾德的〈鮫人歌〉（*The Forsaken Merman*）。

　　20 世紀初的中國社會與阿諾德所處維多利亞時代的英國有極多相似之處，尤其在如何對待傳統文化方面。阿諾德強調：「文學貴在教化，造就人材，使人看清事物，使人認識自我，使人陶冶性情。」〔註150〕他重視「道德與情感」，要求大家安於「詩境」的人生觀，「以情養德」；如此道德理想主義的詩意生活，引發梅光迪、胡先驌、吳宓等人的共鳴並深深地影響其學術與創作活動。可惜的是，阿諾德堅持從傳統資源中尋求思想支持的文化論，與 20 世紀初以進步、科學為唯一信仰中國的社會發展趨勢之間，存在著緊張的張力；更甚者，阿諾德的中國闡釋者幾乎全被視為 20 世紀初世界範圍內反現代化思潮的代表性人物，〔註151〕因此，阿諾德的思想在中國必然遭到本能性的抵抗。然而，儘管他的聲音微弱，其廣闊的文化視野與深厚的文化底蘊，至今仍值得我們駐足傾聽。

　　同出於對西方古典文化的喜好，白璧德在阿諾德的思想中找到共鳴的樂章，惟其將阿諾德關於「文化」是「古今思想言論之最精美者也」的理念，〔註152〕轉換成具有「選擇」與「節制」原則的人文主義概念。「美德」是阿諾德「文化」追求的目標之一，也是白璧德「人事之律」的內在特質；然而，生當盧梭學說盛行時代的白璧德，面對「美德不再是人格中的否定性力量，不

〔註149〕胡先驌，〈評《嘗試集》〉，《學衡》，第 1 期，1922 年 1 月。
〔註150〕雷納‧韋勒克，《近代文學批評史》（上海：上海譯文出版社，1997），第 4 卷，頁 182。
〔註151〕艾愷，《世界範圍內的反現代化思潮：論文化守成主義》（貴陽：貴州人民出版社，1991）。
〔註152〕吳宓，〈論新文化運動〉，《學衡》，第 4 期，1922 年 4 月。

再是對個人衝動的約束，也不再是一種強加於個人內心的艱難掙扎」時，〔註153〕他運用「人性法則」拆除了盧梭以進步和激情所構築的美麗殿堂，指出「眞正的古典主義並不取決於對規則的遵守或對典範的模仿，而是取決於對普遍性的直接感悟。」〔註154〕他試圖通過重構歐洲文藝復興和人文主義的內涵，藉以突顯其中理性、規則和紀律的意義；事實上，白璧德所眞正關心的並非文學，而是在傳統道德理念面臨失落危機的年代如何重建的問題。而他所採取的策略是把自己置身於古與今，新與舊的爭鬥當中，強調用傳統對抗現代，以古代反對今日，力求建構一種人類普遍的、標準的人性價值理念。由於他強力批判 20 世紀初美國社會的各種文化變革、文藝思潮及其反叛，這使得他的理論思想與 20 世紀初留學哈佛的部分中國學生產生共鳴。

五四時期，有關中／西、新／舊之爭，是現代中國最大的「思想事件」；對文化保守主義者來說，由於文化「現代性」的壓力，傳統文化已退守無據，在現代思想與學術的發言平台上，幾近失語。因此，針對新文化啓蒙意識形態中的現代性話語，阿諾德和白璧德的理論，成爲信守文化守成價值的學衡派回應這一歷史情境的思想資源。在鼓吹西方文化方面，學衡派諸子並不比新文化倡導者來得落伍，他們之間最大的差別在於價值取向的不同。一如劉禾所提示：「《學衡》派在提倡新文化者所利用的同樣話語基礎上，發動了對現代性的批判，其目的是要削弱對手對西方知識的壟斷。」〔註155〕心存「昌明」中國傳統文化之志的學衡派，經由阿諾德和白璧德等人的思想中介，與西方建立一種話語聯繫，在和新文化倡導者共享話語的基礎下，言說著屬於自己的「新」的「國粹」觀念。

〔註153〕白璧德著，張沛、張源譯，〈兩種類型的人道主義者——培根與盧梭〉，《文學與美國的大學》，頁 35。

〔註154〕白璧德著，孫宜學譯，《盧梭與浪漫主義》（石家莊：河北教育出版社，2003），頁 12。

〔註155〕劉禾，《跨語際實踐——文學，民族文化與被譯介的現代性（中國，1900～1937）》（北京：三聯書店，2002），頁 357。

第三章 參差對話之一：文化守成與文化革新

　　與新文化陣營「打倒孔家店」式的反傳統姿態不同，學衡派懷抱著強烈的文化危機意識與使命感，強調歷史的連續性和傳統的有效價值。然則，在激進的年代裡，中國現代化的進程，恰恰是以與「傳統」絕裂的姿態和「西化」的程度作爲衡量的標準。本章擬從文化與文明的不同選擇、道德理想主義與道德革命、昌明國粹與整理國故等方面，來探討目光一致趨向西方尋求眞理的兩方陣營，究竟「保守」些什麼？又「革新」些什麼？同時說明由於雙方文化立場的不同，從而生發出迥異的文化建設方案。

第一節　文化與文明

　　學衡派與新文化倡導者間的論爭，基本上是一種文化觀念上的論爭。立足於白璧德人文主義的理論視野，學衡派強調的是 20 世紀初帶有反啓蒙特徵的「文化」概念，吳宓引阿諾德之言爲「文化」作一界定，並通過對「新文化」的概念闡釋，強調中國眞正的「新文化」應兼取古今中西文化之精華，他說：

> 文化者，古今思想言論之最精美者也。Culture is the best of what has been thought and said in the world。按此，則今欲造成中國之新文化，自當兼取中西文明之精華，而鎔鑄之、貫通之。〔註1〕

〔註1〕吳宓，〈論新文化運動〉，《學衡》，第4期，1922年4月。

儘管吳宓對文化概念範疇的認定稍嫌狹窄，然學衡派大部分成員的文化觀均
與此相近，如劉伯明說：「文化為人類心靈造詣之總積，乃結果而非原因。」
〔註2〕受劉伯明影響的繆鳳林，在〈希臘之精神〉中也將文化定義為「人類性
靈造詣之總積也」〔註3〕；湯用彤則以為文化是「全種全國人民精神上之所結
合」〔註4〕；柳詒徵雖沒有明確界定文化的概念，但在闡述《中國文化史》的
撰述旨時，他指出：「坊肆綱鑒之類，只有帝王嬗代及武人相斫之事，舉凡
教學、文藝、社會、風俗以至經濟、生活、物產、建築、圖畫、雕刻之類，
舉無可稽。吾書欲怯此感，故於帝王朝代，國家戰伐，多從刪略，惟就民族
全體之精神所表現者，廣搜而列舉之。」〔註5〕表明他的文化史不敘帝王武夫
的征伐，而只認定能體現民族精神的教學、文藝、社會、風俗等要素。

　　相較於四人所認定人類在精神活動層面的文化概念，陸懋德（1888～
1961）以為：「文化者，乃一國人學術、政治、風俗、禮教、美術、工作、嗜
好、思想等所發現之特徵，亦即一國人心理活動、生理活動之成績，亦即一
國人之生活進步之結果，亦即一國人之生活。蓋文化之為物，乃活動的而非
靜止的，乃繼續的而非間斷的。」〔註6〕強調文化是人類的社會活動及精神活
動的方式和成果，且文化是活動的、延續不間斷的。受白璧德影響，在學衡
派成員的觀念中，物質活動的成果是不能納入文化的範疇之中。白璧德認為
歐洲近代的物質文明稱不上是文化，他說：「今日之文化，舍繁複之物質發明
外，別無他物。質言之，即非文化，僅為一種物質形態，冒有精神之名而僭
充者也。」〔註7〕在白璧德思想的指引下，學衡派的文化觀除涵納社會生活層
面的意義，更注重文化的精神、原理和觀念形態，更甚者，他們還賦予文化
以價值判斷的取向。

　　對照於學衡派的「文化」概念強調的是 culture，新文化陣營是在啟蒙的
意義上使用文明（文化）的概念，亦即他們所言說的是 civilization。〔註8〕陳

〔註2〕劉伯明講，繆鳳林述，《西洋古代中世紀哲學史大綱》，《民國叢書》第二編（上
　　　　海：上海書店，1990），頁145。
〔註3〕繆鳳林，〈希臘之精神〉，《學衡》，第8期，1922年8月。
〔註4〕湯用彤，〈評近人之文化研究〉，《學衡》，第12期，1922年12月。
〔註5〕柳詒徵，《中國文化史》（上海：東方出版中心，1988），上卷，頁7。
〔註6〕陸懋德，〈中國文化史〉，《學衡》，第41期，1925年5月。
〔註7〕胡先驌譯，〈白璧德中西人文教育談〉，《學衡》，第3期，1922年3月。
〔註8〕Culture 在15世紀的主要意涵是「照料動植物的成長」，從16世紀初到18世
　　　　紀末與19世紀初期，除原初意涵外，被延伸為「人類發展的歷程」。這個詞

獨秀對文化的概念認識是從文明的角度來觀照的，認爲文明是相對於野蠻而言，如他說：「文明云者，異於蒙昧開化者之稱也。世界各國，無東西古今，但有教化之國，即不得謂之無文明。」〔註9〕他將文明劃分爲物質文明和精神文明，就傳統中國來說，耕織、商業屬於物質文明的範疇，儒家的君道、臣節、名教、綱常可說是精神文明；而西方社會既有繁榮的物質生活，又有因此而生的宗教和藝術等精神生活。就此觀之，陳獨秀所謂文明的基本內涵，大致相當於今日所說的廣義的文化。在這樣的認知下，陳獨秀對文化作了明確的界定：「文化是對軍事政治（是指實際政治而言，至於政治哲學仍應該歸到文化）、產業而言，新文化是對舊文化而言。文化底內容，是包含著科學、宗教、道德、美術、文學、音樂這幾樣。」〔註10〕

　　從這種對文明（文化）的定義出發，陳獨秀認爲：「文明進化之社會，其學說興廢，恒時時視其社會之生活狀態爲變遷。」〔註11〕不同的生產方式和和社會狀況產生不同的文化形態，相對地，思想文化對社會生活變遷的反作用力也不容小覷，亦即「一種學說，可以產生一種社會」，〔註12〕所以陳獨秀堅信文化的力量可以影響其他方面：

　　　　新文化運動影響到軍事上，最好能令戰爭止住，其次也要叫他做新
　　　　文化運動底朋友不是敵人。新文化運動影響到產業上，應該令勞動

現代詞意有三類：（一）獨立、抽象的名詞——用來描述 18 世紀以來思想、精神與美學發展的一般過程，如阿諾德的《文化與無政府狀態》；（二）獨立的名詞——無論廣義或狹義，用來表示一種特殊的生活方式（關於一個民族、一個時期、一個群體或全體人類），如泰勒（E. B. Tylor, 1832～1917）的《原始文化》（Primitive culture）；（三）獨立抽象名詞——用來描述關於知性的作品與活動，尤其是藝術方面。其中第三類重大的轉變出現在 19 世紀末 20 世紀初，如雷蒙・威廉斯的《文化與社會》（Culture and Society）。Civilization 通常被用來描述有組織性的社會生活狀態。從 18 世紀末以來，這個詞背後潛藏著啓蒙主義的一般精神，不僅表達這種歷史過程的意涵，且突顯現代性的相關意涵：一種確立的優雅、秩序狀態。19 世紀初，它還包括社會秩序與有系統的知識。見雷蒙・威廉斯，《關鍵詞：文化與社會的詞彙》（北京：三聯書店，2005），頁 46～50、101～109。

〔註 9〕陳獨秀，〈法蘭西人與近代文明〉，《青年雜誌》，第 1 卷，第 1 號，1915 年 9 月 15 日。

〔註10〕陳獨秀，〈新文化運動是什麼？〉，《新青年》，第 7 卷，第 5 號，1920 年 4 月 1 日。

〔註11〕陳獨秀，〈孔子之道與現代生活〉，《新青年》，第 2 卷，第 4 號，1916 年 12 月 1 日。

〔註12〕同註11。

　　者覺悟他們自己的地位，令資本家要把勞動者當做同類的「人」看

　　待，不要當做機器、牛馬、奴隸看待。新文化運動影響到政治上，

　　是要創造新的政治理想，不要受現實政治底羈絆。〔註13〕

由其論說看來，文化不僅能夠鼓動勞動者，感化資本家，改造政治，甚至還能制止戰爭，其對社會的影響幾乎無所不在。

　　如上所述，陳獨秀認為文化具有社會性，社會生活決定文化形態，同時文化對社會的反作用亦大。除此之外，文化尚具有時代性、階級性和發展性等特點。他指出，古今文化大不同，「古代文明，語其大要，不外宗教以正殘殺，法禁以制黔首，文學以揚神威。此萬國之所同，未可自矜其特異者也。」然而隨著時代進步，西方社會近代文化與古代文化大相逕庭，其中「最足以變古之道，而使人心社會劃然一新者，厥有三事。一曰人權說，一曰生物進化論，一曰社會主義。」只是，東方社會的文化本質顯然「未能脫古代文明之窠臼」，至今仍處於封建主義文化，而與以進化論為基礎，宣揚自由平等人權精神的「歐羅巴文明」相去甚遠。〔註14〕

　　陳獨秀還認為人類文化是不斷進化發展的，在他看來，「文化之為物，每以立異複雜分化而興隆，以尚同單純統整而衰退，徵之中外歷史，莫不同然。」〔註15〕這是針對杜亞泉所提出的文化「統整」說〔註16〕的批駁，他認為中國封建社會因獨尊儒術的文化統制格局，從而造成近代文化落後的現狀。在充分肯定文化進化發展的基礎上，他強調：「宇宙間精神物質，無時不在變遷，即進化之途。」〔註17〕因此，在空間上沒有必有之道，在時間上也沒有萬世不變之宗，只有相應於社會和時代的不斷變化與更新。陳獨秀清楚地體認中國的文化已遠遠落後於世界：「固有之倫理、法律、學術、禮俗，無一非封建制度之遺，持較晳種之所為，以並世之人，而思想差遲，幾及千載。」〔註18〕

〔註13〕陳獨秀，〈新文化運動是什麼？〉，《新青年》，第 7 卷，第 5 號，1920 年 4 月 1 日。

〔註14〕陳獨秀，〈法蘭西人與近代文明〉，《青年雜誌》，第 1 卷，第 1 號，1915 年 9 月 15 日。

〔註15〕陳獨秀，〈再質問《東方雜誌》記者〉，《新青年》，第 6 卷，第 2 號，1919 年 2 月 15 日。

〔註16〕杜亞泉，〈迷亂之現代人心〉，《杜亞泉文存》，頁 362～367。

〔註17〕陳獨秀，〈孔子之道與現代生活〉，《新青年》，第 2 卷，第 4 號，1916 年 12 月 1 日。

〔註18〕陳獨秀，〈敬告青年〉，《青年雜誌》，第 1 卷，第 1 號，1915 年 9 月 15 日。

這使他對改造中國有新一層的認識，即需要從文化的變革入手，通過更新文化，達到啓蒙國民的目的。同時他以進化論作爲新文化運動的理論武器，堅持反傳統和西方化須同時徹底進行，強調「若是決計革新，一切都應該採用西洋的法子，不必拿什麼國粹，什麼國情的鬼話來搗亂」，因爲「新舊兩種法子，好像水火冰炭，斷然不能相容；要想兩樣並行，必至弄得非牛非馬，一樣不成。」〔註19〕

1926 年，胡適在〈我們對於西洋近代文明的態度〉提出三個「基本觀念」來界定和詮釋文明和文化概念：「第一，文明（civilization）是一個民族應付他的環境的總成績」；「第二，文化（culture）是一種文明所形成的生活的方式」；「第三，凡一種文明的造成，必有兩個因數：一是物質的（material），包括種種自然界的勢力與質料；一是精神的（spiritual），包括一個民族的聰明才智感情和理想。凡文明都是人的心思智力運用自然界的質與力的作品；沒有一種文明是精神的，也沒有一種文明單是物質的。」〔註20〕胡適認爲「文明」與「文化」，是二物，凡文明都有兩個因數，他駁斥「西洋爲物質文明，東方爲精神文明」的論調，強調一切文明都少不了物質的表現形式，而精神文明必須建立在物質的基礎之上。

胡適雖然認爲凡文明都有兩個因數，但在這兩者關係上，他認准物質決定精神，是第一性的要素。正是在這樣邏輯推理基礎上，他強調：「凡是夠得上文化這名詞，必須先有物質的進步的基礎。」〔註21〕就胡適看來，文化雖有時間和空間上發展速度的差異性，即古今之別；但是人類文化在本質上具有同一性，其發展路徑實大同小異。他說：「人類官能心理大概相同，故遇著大同小異的境地時勢，便會產生出大同小異的思想學派。東家所有，西家所無，只因爲時勢境地不同。」〔註22〕又「人類的生理的構造根本上大致相同，故在大同小異的問題下，解決的方法，也不出那大同小異的幾種。這個道理叫做『有限

〔註19〕陳獨秀，〈今日中國之政治問題〉，《新青年》，第 5 卷，第 1 號，1918 年 7 月 15 日。

〔註20〕胡適，〈我們對於西洋近代文明的態度〉，《胡適文存‧三集》（上海：上海書店，1989），卷 1，頁 1～2。

〔註21〕胡適，〈東西文化之比較〉，收入胡適、余英時等著，《胡適與中西文化》（台北：水牛圖書事業出版有限公司，1984），頁 104。

〔註22〕胡適，《中國哲學史大綱》（卷上），姜義華主編，《胡適論學文集‧中國哲學史》（北京：中華書局，1991），頁 28。

的可能說』。」〔註23〕他以爲各民族因環境、問題之難易緩急不同，發展的遲速先後亦不同。以歐洲爲例，歷史上也曾出現黑暗時代，迷信宗教，壓抑科學等，然近三百年來，「受了環境的逼迫，趕上了幾步，在征服環境的方面的成績比較其餘各民族確是大的多。」〔註24〕此即今日歐洲民族的特點：民主和科學。相較而言，中國近代以來確實是落後了。在科學改造世界的思維下，胡適得出築基在機械上的西方文化優越於建立在人力上的中國文化的結論：

> 文化之進步就基於器具之進步。……近兩百年來西方之進步遠勝於
> 東方，其原因就是西方能發明新的工具，增加工作的能力，以戰勝
> 自然。至於東方雖然在古代發明了一些東西，然而沒有繼續努力，
> 以故仍在落後的手工業時代，而西方老早就利用電機與電氣了。這
> 才是東西文化不同之處。它們原來不過是進步程度不同。〔註25〕

在對中西文化進行比較的同時，胡適找到了「有限的可能說」的同一性根據，來疏通不同的文化，闡明在它們彼此間仍有相通之處，可以互相借鑒和吸收。他將生產工具作爲衡量物質文明發達與否的衡量標誌，並以此來解釋中西文化間先進與落後的原因，最終他得出西方文明高於東方文明的結論。因此，在對中國文化出路的選擇上便自然地導向「西方化」。

有別於《新青年》群體所掀起的從根本上學習西方的「新文化運動」。學衡派強調歷史的連續性和傳統的有效價值，他們從美國引進白璧德人文主義思想來認同中國傳統儒學的人文精神。白璧德的人文主義思想範疇涉及文學、藝術、教育、思想、政治、哲學、佛學等各個領域。法國學者馬西爾在〈白璧德之人文精神〉中介紹白璧德人文主義的教育方法和基本學術訓練思路時指出：

> 白璧德欲使學生先成爲人文學者，而後始從事於專門也。夫爲人類
> 之將來及保障文明計，則負有傳授承繼文化之責者，必先能洞悉古
> 來文化之精華，此層所關至重，今日急宜保存古文學，亦爲此也。
> 自經近世古文派與今文派偏激無謂之爭，而古文學之眞際全失，系
> 統將絕，故今急宜返本溯源，直求之於古。蓋以彼希臘羅馬之大作
> 者，皆能洞明規矩中節之道及人事之律。惟此等作者爲能教導今世

〔註23〕 胡適，〈讀梁漱溟先生的《東西文化及其哲學》〉，《胡適全集》，第 3 卷，頁 193。
〔註24〕 同註23，頁 196。
〔註25〕 胡適，〈東西文化之比較〉，頁 104～5。

之人如何而節制個人主義及感情，而復歸於適當之中庸。〔註26〕

白璧德人文主義是建立在自文藝復興和啓蒙運動以降，對西方思想的反省基礎之上，他痛斥晚近以來現代主義文化對人類社會的侵害，企望用古代文化遺產的整全性來涵養人類心靈。因此，「文化」的蘊涵對白璧德人文主義而言，不是新舊對立之中「新」的概念，它不代表「現代性」，而是一個涵蓋整個歐洲文明史的指稱，更恰當的說法則是古典主義文化。

劉伯明分享了相同的「文化」概念。他不贊成以文化的現代性作爲衡定文化價值的標準，他說：「今之學者，率喜侈談西化，其所謂西化，又往往限於最新而一時流行者，而視吾國固有者，與敝屣同。」〔註27〕將僅限於引介現代西方文化的新文化，視爲「及格者」而已，認爲這是忽視西方文化的全貌，是不符合西方文明史的。他進一步指出：「中世文化爲西洋文化緊要原素之一，而希臘文化又與近世文化不同。」〔註28〕提示對西方文化的價值估定，需有全盤衡量，融合吸收，尤其不可以「現代性」之偏，概其之全。

同樣地，吳宓亦強調新文化建設的完整性。他要求對傳統應有同情性了解，並在此基礎上，對西方新學兼收並覽，審愼擇取。他曾再三申明並不反對新文化，而「之所以不慊於新文化運動者，非以其新也，實以其所主張之道理，所投入之材料，多屬一偏，而有害於中國之人。」〔註29〕「多屬一偏」，是學衡派指責新文化運動最大不足之處，主要指的是新文化陣營對待傳統與西學的文化擇取上的內容與方法。相形之下，學衡派贊同白璧德關於「中國之人，並宜吸收西方化中之科學與機械等，以輔中國之所缺。……然中國舊學中根本之正義，則務宜保存而勿失」的觀點。〔註30〕

事實上，學衡派對引介西學的態度與熱情，不下於五四新潮中的西學崇尚者，惟其受白璧德強調「選擇」的影響，他們在如何實現中西會通上更加審愼。如吳宓一再提及中西融會貫通，「此極不易致，其關係全在選擇之得當與否」。又「西洋之文化，譬猶寶山珠玉璀燦，恣我取拾，貴在審查之能精，與選擇之得當而已。」〔註31〕依「審查之能精」與「選擇之得當」的原則，

〔註26〕馬西爾著，吳宓譯，〈白璧德之人文主義〉，《學衡》，第 19 期，1923 年 7 月。
〔註27〕劉伯明，〈評梁漱溟《東西文化及其哲學》〉，《學衡》，第 3 期，1922 年 3 月。
〔註28〕同註 27。
〔註29〕吳宓，〈論新文化運動〉，《學衡》，第 4 期，1922 年 4 月。
〔註30〕胡先驌譯，《白璧德中西人文教育說》，《學衡》第 3 期，1922 年 3 月。
〔註31〕同註 29。

與當時一般鼓吹新文化者的主張明顯不同，學衡派認為引進西方學術文化必須遵守以下幾項原則：其一，在選擇物件上，「當以西洋古今博學名高者之定論為准」；其二，選擇標準上，在「必其本體有正當之價值」與「適用於吾國為斷」；其三，在選擇方式上，須對西方學說進行全面系統的研究，而後慎重擇取。

關於第一項原則，吳宓以為「西方」，是一個複雜的概念，「西洋文化，古為希臘，中為羅馬，近為英法俄德美，上下幾千年，縱橫數萬里」，因此言西洋文化不能像新文化陣營「惟選西方晚近一家之思想，一派之文章」，蓋彼等於西洋之文化，「未示其涯略，未取其精髓」，實不足代表「西洋文化全體之眞相」。他強調應吸納的是西學中具有普遍意義和永久價值的精華，亦即「當以西洋古今博學名高者之定論為准」〔註 32〕。換言之，他們認為對西學的吸納，應在深層次上參照西方文明源頭的古希臘古典主義。

他以為「儒家中庸之說，樂記禮運之言，柏拉圖理想國之論政治，斯皆正確」〔註 33〕；然則，「吾國言新學者，於西洋文明之精要，鮮有貫通而徹悟者。苟虛心多讀書籍，深入幽探，則知西洋眞正之文化與吾國之國粹，實多互相發明，互相裨益之處，甚可兼蓄並收，相得益彰。」〔註 34〕因此，他強調「今欲造成中國之新文化，自當兼取中西文明之精華而熔鑄之貫通之。」具體而言，「中國之文化，以孔教為中樞，以佛教為輔翼；西洋之文化，以希臘羅馬之文章哲理，與耶教融合孕育而成。」若能著重研究上述四者之眞義，同時「再加以西洋歷代名人鉅子之所論述，熔鑄一爐，以為吾國新社會群治之基」，如此一來，「國粹不失，歐化亦成」，這樣的新文化既保存原來東西方文化各自的特點，又成為一種糅合東西方文化的精髓，超越東西界限而含有普遍永久價值的文化。這正是學衡派成員心目中所共同繪製的民族新文化的理想藍圖。

不過，此處需辨明的是，學衡派雖強調「西方文化之全體」的概念，但實際上，他們選擇的物件是白璧德所重視的以柏拉圖和亞里斯多德為代表的西方古典文化。觀照其學術實踐，與五四新文化運動偏重於介紹西方 19 世紀文化與文學不同，《學衡》除白璧德人文主義思想外，其譯介的重點不脫西方古典文化與文學的範疇。

〔註 32〕 吳宓，〈論新文化運動〉，《學衡》，第 4 期，1922 年 4 月。
〔註 33〕 吳宓，《文學與人生》（北京：清華大學出版社，1993），頁 79。
〔註 34〕 同註 32。

　　關於第二項原則，梅光迪在〈現今西洋人文主義〉中有詳細的分梳。首先，他指出引介西洋文化確定之標準，在「必其本體有正當之價值」。有鑑於歐洲近世篤信創造與自由，平民主義興起後，又強施之於學問智識，造成詭辯蜂起的現象，梅光迪以為像「盧梭、托爾斯泰派之歸眞反樸，反抗文化，馬克斯派之階級鬥爭說，尼采派之超人論」，他們「或以其新異動人，或以其平易近俗，竟能風靡一時」，究其本體之價值，則毫不足言。故而，他強調判定本體有無正當之價值的標準，「當取決於少數賢哲，不當以眾人之好尚為歸」。〔註35〕

　　其次，他強調所引介之西方文化內容，「當以適用於吾國為斷」。然則，何謂「適用於吾國」者耶？梅光迪說：

> 適用云者，或以其與吾國固有文化之精神，不相背馳，取之足以收培養擴大之功，如雨露肥料之植物然。或以其為吾國向所缺乏，可截長以補短也。或以其能救吾國之弊，而為革新改進之助也。歷來西洋賢哲，只知西洋一隅，未嘗知有東方，此亦種族之不同，地理文字之阻隔使然，無足怪者。故其言論思想，率根據於西洋特殊之歷史民性風俗習尚，或為解決一時一地之問題而發，皆與東方無涉。在彼所稱適用，行之吾國，或無當矣。……故吾人之所介紹，必求能超越東西界限，而含有普遍永久之性質者，則此事之需乎審愼可知矣。〔註36〕

梅光迪認為西方文化乃為解決一時一地之問題而發，故今日輸入西方學術，應視中國國情民性之實際需要，方可達到補偏救弊之效；他指責新文化陣營所輸入的新文化，「不過歐美一部份流行之學說」〔註37〕；對此，吳宓也說：「今新文化運動，其於西洋之文明之學問，殊未深究，但取一時一家之說，以相號召，故既不免舛誤迷離，而尤不足當新之名也。」〔註38〕說明他們反對的是不加擇別地將西方文化簡約化，或一概視為普遍眞理而任意搬用的作法。

　　關於第三項原則，吳宓在〈文學研究法〉中藉評論美國文學研究者的目

〔註35〕梅光迪，〈現今西洋人文主義〉，《學衡》，第 8 期，1922 年 8 月。
〔註36〕同註 35。
〔註37〕梅光迪，〈評提倡新文化者〉，《學衡》，第 1 期，1922 年 1 月。
〔註38〕吳宓，〈論新文化運動〉，《學衡》，第 4 期，1922 年 4 月。

的及方法，強調研究西學應「不捲入一時之潮流，不妄采門戶之見，多讀西
方佳書，旁徵博覽，精研深造」，〔註39〕如此方可「不至道聽塗說，呼號標榜，
陷於一偏而昧於大體也。」〔註40〕在這篇文章中，吳宓將美國的文學研究區
分爲四派：商業派、涉獵派、考據派和義理派。他評論「考據派」說：「考據
家之誤，在以科學之法術，施之文章，而不知文章另有其研究之道也。……
要之，考據派之文人，極似吾國之小學家，謂其成績與研究文學者，不無裨
助，則可，然以此爲研究文學之唯一正軌，則大謬也。」〔註41〕從他指稱考
據家之誤的內容，不難看出此文寫作的目的尚且隱含了對胡適等人在「整理
國故」旗幟下所從事的古代小說考證工作的批評。在這四種派別中，吳宓獨
許「義理派」，並主張吾人譯介西學宜取法此派的方法與精神。針對當時國內
風行一時的以考據之法來整理國故的舉動，他進一步稱許美國的「義理派」
研究法，他說：

> 此派文人，重義理，主批評，以哲學及歷史之眼光，論究思想之源
> 流變遷，熟讀精思，博覽旁通，綜合今古，引證東西，而尤注意文
> 章與時勢之關係。且視文章爲轉移風俗，端正人心之具。故用以評
> 文之眼光，亦及其人立身行事之原則也。〔註42〕

吳宓強調引介西學若不加深究，窮其本源，察其流變，博覽旁通，其後果將
「猶如西晉清談，南唐詞曲，終不免導致亡國之禍。」〔註43〕胡稷咸也提出，
對東西方傳統文化須進行「篩剔，提煉」〔註44〕，以見其異同。關於此項原
則更具體的陳述，則見〈學衡雜誌簡章〉所揭示：「於西學則主博極群書，深
窺底奧，然後明白辨析，審慎取擇，庶使吾國學子，潛心研究，兼收並覽，
不至道聽塗說，呼號標榜，陷於一偏而昧於大體也。」〔註45〕學衡派以爲如
此西學方能眞正爲我所用。

　　爲證明新文化陣營對歐西文化「所知既淺，所取尤謬」〔註46〕，於西洋

〔註39〕 吳宓，〈論新文化運動〉，《學衡》，第 4 期，1922 年 4 月。
〔註40〕 〈學衡雜誌簡章〉，《學衡》各期卷首。
〔註41〕 吳宓，〈文學研究法〉，《學衡》，第 2 期，1922 年 2 月。
〔註42〕 同註 41。
〔註43〕 吳宓，〈再論宗教問題〉編者識語，《學衡》，第 6 期，1922 年 6 月。
〔註44〕 胡稷咸，〈批評態度的精神改造運動〉，《學衡》，第 75 期，1931 年 3 月。
〔註45〕 〈學衡雜誌簡章〉，《學衡》，各期卷首。
〔註46〕 梅光迪，〈評提倡新文化者〉，《學衡》，第 1 期，1922 年 1 月。

晚近文化「但采一派一家之說，一時一類之文」〔註 47〕的偏隘趨向，學衡派曾嘗試勾勒新文化新文學陣營所言說的西方文化圖景：

> 言政治經濟，則必馬克斯，言文學則必莫泊三、易卜生，言美術則必 Rodin 之類是也。〔註48〕

> 於哲理，則膜拜杜威、尼采之流；於戲劇，則擁戴易卜生、蕭伯訥諸家。以山額與達爾文同稱，以柏拉圖與馬克斯並論。〔註49〕

> 杜威羅素，為有勢力思想家中之二人耳，而彼等奉為神明，一若歐美數千年來思想界，只有此二人者。……其言政治，則推俄國；言文學，則襲晚近之墮落派。（The Decadent Movement，如印象神祕未來諸主義，皆屬此派，所謂白話詩者，純拾自由詩 Vers libre 及美國近年來形式主義 Imagism 之餘唾，而自由詩與形式主義，亦墮落派之兩支。）〔註50〕

他們既不滿新文化陣營對西方文化片面地理解和選取，以偏代全；也焦慮新文化陣營模仿歐洲 19 世紀末葉的反叛思潮，將對中國造成顛覆性的後果。

這樣的憂慮在湯用彤的文章中表露無遺。雖然《學衡》上只有一篇關於他對新文化運動的文章表述，不過在這篇〈評近人之文化研究〉中，他把文化問題的思考建立在對文化的清晰界定之上，如前述，他認為「文化為全種全國人民精神上之所結合」；「全種全國人民」，意味者一種文化整體主義的概念，因此他主張文化研究應「統計全域，不宜偏置」。針對當時之文化研究，他以為其弊在「淺」與「隘」；「淺隘則是非顛倒，真理埋沒。淺則論不探源，隘則敷陳多誤。」而「時學淺隘」的原因則在於，無論新舊學者，「對於學問猶未深造，即中外文化之材料，實為廣搜精求。舊學毀棄，固無論矣，即現在時髦之東西文化，均僅取一偏，失其大體。」〔註51〕在此，他批判新學者「僅取一偏，失其大體」的作法，同時也對守舊者無力回應新潮的處境感到悲哀。

同樣的文化焦慮亦出現在李思純的論述中，在〈論文化〉中，他對「新舊思想之衝突」的實質作出文化價值上的判斷。他以為：「此衝突蓋中國文化

〔註47〕吳宓，〈論新文化運動〉，《學衡》，第 4 期，1922 年 4 月。

〔註48〕同註 47。

〔註49〕湯用彤，〈評近人之文化研究〉，《學衡》，第 12 期，1922 年 12 月。

〔註50〕梅光迪，〈評提倡新文化者〉，《學衡》，第 1 期，1922 年 1 月。

〔註51〕同註 49。

估定價值之關頭，亦即中國文化之生死關頭。」究竟未來中國文化之建設，是採「歐化之程准」，抑或保持「舊化之程准」，以決定中國文化在世界中的地位，智識分子的文化選擇與文化責任十分重大。對此，李思純呼籲：「中國文化既已根本動搖，則決定前途之命運，惟在吾人身上，視吾人所以處置之者何如，而卜其休咎。苟吾人態度正確，處置得宜，則吸收新化而益臻發達。否則態度有誤，處置未妥，斯文化之末路遂至。」〔註52〕

李思純從古今中西文化變易之跡中綜合出文化發展有「生」、「住」、「異」、「滅」四種現象。首先，他以爲文化之生甚爲不易，擁有文化之民族應自珍惜；其次，他認爲文化「推行於無窮而維持於不失眞」，然事物無常，因此文化之住不常住；隨著日月流轉，文化之精神面目不復其舊而「異」生焉；最後，文化既日異其精神面目，則趨毀滅之途。儘管文化的發展如此，是否就以爲今世精神文化、物質文化勝於古者乎？李思純以爲「觀其周孔禮讓之教，希臘中和之德」，「觀其秦漢宮室之麗，羅馬風俗之靡」，均未見其然也。〔註53〕因此，他主張應辯證地看待中外古今文化。

不同於新文化陣營著重強調文化的創造、變革與進步，學衡派特別講求文化價值上的「眞」，他們的新文化理想可以總括爲：「一則欲輸入歐美之眞文化，一則欲昌明吾國之眞文化。」〔註54〕站在文化比較立場來看待中西文化融合，他們主張要輸入歐美之「眞」文化。1907年，王國維曾感嘆道：「哲學上之說，大都可愛者不可信，可信者不可愛。」〔註55〕對20世紀初的中國先進智識分子而言，西方文化可信而不可愛的兩難往往使他們處在話語的游移狀態之中。五四前後，在這場有關中國文化與文學思潮的論辯中，同樣具備留學西方背景的學衡派，自信能融貫古今中西，掌握西方文化的要領與眞義，因此，梅光迪大肆抨擊新文化運動：「今則以政客詭辯家與夫功名之士，創此大業，標襲喧攘，僥倖嘗試，乘國中思想學術標準未立，受高等教育者無多之時，挾其僞歐化，以鼓起學力淺薄血氣未定之少年，故提倡方始，衰象畢露。」〔註56〕吳宓也指責新文化陣營，「其取材則惟選西洋晚近一家之思

〔註52〕 李思純，〈論文化〉，《學衡》，第22期，1923年10月。

〔註53〕 同註52。

〔註54〕 柳詒徵，《中國文化史》，下卷，頁869。

〔註55〕 王國維，《靜庵文集續編·自序二》，《王國維遺書》，（上海：上海書店出版社，1996），第3冊，頁611。

〔註56〕 梅光迪，〈評提倡新文化者〉，《學衡》，第1期，1922年1月。

想，一派之文章，西洋已視爲糟粕、爲毒酖者，舉以代表西洋文化之全體。其行文則妄事更張，自立體裁，非馬非牛，不中不西。」〔註57〕

　　學衡派提出「僞歐化」、「不中不西」的概念，以質疑五四新文化運動倡導者未能眞正把握西方學術的精華。在此之前，所謂文化保守主義者，毫無例外的，全都站在中學的言說立場上來反對新文化新文學陣營；學衡派則不然，他們直指新文化新文學陣營所引介的西學是「僞」的、「偏」的，這個概念的出現，說明五四時期的智識分子不僅對中國文化傳統的理解和評價差異殊甚，他們對西方文化的了解與接受同樣是各有其本，各取所需。正因學衡派釜底抽薪，從西學的正統強調自己的合法性與正當性，方才成爲新文化文學陣營在理論上的眞正對手。

　　學衡派認爲新文化新文學陣營用「新」「舊」作爲甄別文化的「中」「西」、「古」「今」及「優」「劣」的標準是錯誤的，因爲文化的「新」「舊」本身是很難判定的。針對當時風行的進化論思想，吳宓提出著名的「層層改變遞嬗而爲新」的觀點，他指出：「所謂新者，多係舊者改頭換面，重出再見，常人以爲新，識者不以爲新也。」因此，強調新舊只是相對待之稱，倘若「不知舊物，則決不能言新。」吳宓對中西文化的體認是建立在「常變觀」上，他認爲在人類文化發展中，有變者，有不變者，「天理、人情、物象根本內律不變」，「枝葉外形」則「常變」。像歷史、文學、藝術等人事之學，「或係於社會之實境，或由於個人之天才」，雖無一定之軌轍，然「後來者不必居上，晚出者不必勝前。」〔註58〕著眼於文化發展的內在繼承性及其普遍性，他反對以「新」、「舊」作爲評判文化優劣的標準，而特別標舉「求眞」的原則；而就其認知，「西洋眞正之文化與吾國之國粹，實多互相發明」之處。〔註59〕

　　然則，何者才是「西洋眞正之文化」？有鑑於新文化陣營以「民主」和「科學」爲旗幟向國人推薦盧梭、易卜生、托爾斯泰等人，並大力宣揚人道主義；學衡派極力推崇柏拉圖、亞里士多德、阿諾德等人，同時認爲古希臘的人文精神和古典文化才是西洋文化與文學的正統。吳宓再三強調：「西洋文明之精華，惟在希臘之文章哲理藝術。」〔註60〕又「古希臘之哲理文章藝術

〔註57〕吳宓，〈論新文化運動〉，《學衡》，第 4 期，1922 年 4 月。

〔註58〕同註 57。

〔註59〕同註 57。

〔註60〕吳宓，〈沃姆中國教育談〉編者識語，《學衡》，第 22 期，1923 年 10 月。

等，爲西洋文化之中堅，源流所溯，菁華所在，而爲吾國人研究西洋文學所首應注重者。」〔註61〕梅光迪也指出：「歐西文化，亦源遠流長。自希臘以迄今日，各國各時，皆有足備吾人採擇者。二十世紀之文化，又烏足包括歐西文化之全乎。」〔註62〕學衡派不滿於新文化運動對西方文化片面地理解和選取，將西方近世文明視爲西方文化的整體，他們認爲只有希臘之精神和文化才是西洋眞正之文明。而所謂「希臘之精神」包括四個方面：「日入世，日諧合，日中節，日理智」〔註63〕，與中國傳統文化以孔教爲中樞、佛教爲輔翼的精神有異曲同工之妙，都是人類文化的精髓。

關於此論，可進一步通過胡稷咸與郭斌龢的闡述得其成心：

> 其（希臘——引者註）文明之性質與中國之文明，頗相髣髴。哲學家如蘇格拉底、柏拉圖研究之主要問題，厥爲人類道德之增進，與我國孔孟討論者同。……亞里士多德之倫理學中，亦以道德爲人類之最高目的。而其所謂中道，又與孔子中庸之教相吻合，……與孔孟同主張人本主義。〔註64〕

> 孔孟之道，中正和平，但主節欲，不主禁欲，更不主縱欲，教人但爲聖賢。聖賢即最好之人而已。……此種以人爲本之主義，與古希臘人之態度頗相似，平易近情，顚撲不破。〔註65〕

受白璧德人文主義影響，學衡派對古希臘之哲理文章藝術的擇取多偏重於人生哲理與道德倫理範疇，而不甚關注文學的文本形式。他們認爲衡量一部作品的好壞，主要視其所表現的道德觀念是否純正，是否「以救世濟物爲志」、有益於「轉移風俗，端正人心」〔註66〕；換言之，文學之「美」應服從「善」的標準，正如郭斌龢所強調：「美之大者爲善。美而不善，則雖美勿取。」〔註67〕此外，他們還注重對西方文化理解的完整性與系統性。對此，梅光迪提出：「改造固有文化，與吸取他人文化，皆需先有徹底研究，加以至明確之評判，

〔註61〕 吳宓譯，〈希臘對於世界將來之價值〉譯者識語，《學衡》，第 23 期，1923 年 11 月。
〔註62〕 梅光迪，〈評提倡新文化者〉，《學衡》，第 1 期，1922 年 1 月。
〔註63〕 繆鳳林，〈希臘之精神〉，《學衡》，第 8 期，1922 年 8 月。
〔註64〕 胡稷咸，〈敬告我國學術界〉，《學衡》，第 23 期，1923 年 11 月。
〔註65〕 郭斌龢，〈新文學之癇疾〉，《學衡》，第 55 期，1926 年 7 月。
〔註66〕 吳宓，〈文學研究法〉，《學衡》，第 2 期，1922 年 2 月。
〔註67〕 同註 65。

副以至精當之手續，合千百融貫中西之通儒大師，宣導國人，蔚爲風氣，則四五十年後，成效必有可睹也。」〔註68〕強調文化的變革是循序漸進的，千萬不可躁進妄動。

　　無獨有偶地，1930年底，周作人在一篇紀念北大32周年的文章中，提及他自己關於古希臘研究的緣起，他說：

> 我平常覺得中國的學人對於幾方面的文化應該相當地注意，自然更應該有人去特別地研究。這是希臘，印度，亞刺伯與日本。近年來大家喜歡談什麼東方文化與西方文化，我不知兩者是不是根本上有這麼些差異，也不知道西方文化是不是用簡單的三兩句話就包括得下的，但我總以爲只根據英美一兩國現狀而立論的未免有點籠統，普通稱爲文明之源的希臘我想似乎不能不予以一瞥，況且他的文學哲學自有獨特的價值，據臆見說來他的思想更有與中國很相接近的地方，總是值得螢雪十載去鑽研他的，我可以擔保。〔註69〕

一生以「國學」爲本，兼收東、西文化精華的周作人，與新文化派人物略爲不同的是，在西洋文化中，除近現代文明外，他還關注著西方文明的源頭，即古希臘，將研究、翻譯古希臘文化和文學作爲其畢生事業的重要部分。他的《歐洲文學史》是一部包括希臘、羅馬和中古、文藝復興與17、18世紀三卷內容的研究性專著，雖然他謙稱：「這是一種雜湊而成的書，材料全由英文本各國文學史，文人傳記，作品批評，雜和做成，完全不成東西」；但止庵卻以爲：「書中未必完全沒有作者自己的體會。……今天來看《歐洲文學史》，更主要的還是向我們展現了作者所具有的廣闊的文化視野。」〔註70〕

　　這本在1918年被列爲「北京大學叢書之三」的教科書，亦引起吳宓的注目。吳宓在《自編年譜》中指出，自新文化運動發起以來，國內學者競談新文學，而眞正能確實講述《西洋文學》之內容與實質者絕少，「僅有周作人之《歐洲文學史》上冊，可與謝六逸之《日本文學史》並立」。〔註71〕以西洋文學專業自許的吳宓，不吝讚賞周作人的《歐洲文學史》上冊，有

〔註68〕梅光迪，〈評提倡新文化者〉，《學衡》，第1期，1922年1月。
〔註69〕周作人，〈北大的支路〉，《周作人自編文集：苦竹雜記》（石家莊：河北教育出版社，2002），頁216。
〔註70〕止庵，《苦雨齋識小》（北京：東方出版社，2002），頁7。
〔註71〕《吳宓自編年譜：1894～1925》，頁222。

關希臘文化與文學研究的部分，主因在於周作人這種對西方現代文明源頭的重視和考察，其實質與學衡派的主張並無二致，因而能引起吳宓對他的關注。

在《歐洲文學史》中，周作人總結「希臘思想」，認為「現世主義」、「美之宗教」與「節制」，是希臘文化的三種主要特質。〔註72〕這與繆鳳林所歸納出的「希臘之精神」包括：「曰入世，曰諧合，曰中節，曰理智」四方面，〔註73〕同出一轍。所不同的是，他以為古希臘人注重現世，以現世生活之樂為人生的目的和歸宿，他們一面是強調「肉」的現世主義，一面是不忘「靈」的「節制」，如此一來，古希臘人的生活就表現為「靈肉一致」的詩性生活。這深深契合了周作人在五四時期對理想的「人的生活」的期待，成為他「人學」思想的重要資源。與學衡派的研究取向一樣，周作人亦非純粹為研究古希臘文化而研究，他在對古希臘的譯著和研究中無不傾注其對中國傳統文化的鑒別和批判，以期實現他對國民文化和素質改造的祈望。

正因為周作人的文化觀有某些部分與學衡派的主張相契合，五四時期在新文化陣營對學衡派的眾多批評中，周作人的評說顯然帶有「了解之同情」的態度來對待他們。20年代初期，他公開評論學衡派說：「《學衡》派崇奉盧梭以前的思想，在最初的幾期報上雖然也講過一點笑話，但是比現在的反動思想要稍新，態度也稍正經，我相信等到火氣一過之後，這派的信徒也會蛻化，由十八世紀而十九世紀，可以與現代思想接近；他只是新文學的旁枝，決不是敵人，我們不必去太歧視他的。」〔註74〕他客觀公允地將學衡派視為新文化運動的一部分，而非頑固的復古派。

事實亦如此，在對未來新文化的建設圖景上，學衡派明確地表達其選擇趨向：既要維護珍惜古聖先賢所留傳之道德倫理，又要對西方文明有所選擇的吸收。他們並未一概否定、反對新文化新文學陣營的創新活動，吳宓曾表述道：「新文化運動，其名甚美，然其實則當另行研究。故今有不贊成該運動之所主張者，其人非必反對新學也，非必不歡迎歐美之文化也。若遽以反對該運動所主張者，而即斥為頑固守舊，此實率爾不察之談。」他進一步申明，「吾惟渴望真正新文

〔註72〕周作人，《周作人自編文集：歐洲文學史》（石家莊：河北教育出版社，2002），頁55。
〔註73〕繆鳳林，〈希臘之精神〉，《學衡》，第8期，1922年8月。
〔註74〕周作人，〈惡趣味的毒害〉，《晨報副刊》，1922年10月2日。

化之得以發生，故於今之新文化運動，有所訾評耳。」〔註75〕吳宓的言論清晰地建構出他理想中的新文化的藍圖：將吾國道德學術根本的孔孟之人本主義與柏拉圖、亞里士多德以下之學說，「融會貫通，擷精取粹，再加以西洋歷代名儒鉅子之所論述，熔鑄一爐，以吾國新社會群治之基，如是則國粹不失，歐化亦成，所謂造成新文化融合東西兩大文明之奇功，或可企致。」〔註76〕

　　這一番表述在學衡派中頗具代表性，幾乎所有學衡派成員在批評新文化新文學運動的同時，均不忘描繪闡述其心目中的新文化或新文學的圖景。如梅光迪認為白璧德和穆爾兩人之學，「綜合西方自希臘以來賢哲及東方孔佛之說而成，雖多取材往古，然實獨具創見，自為一家之言。而於近世各種時尚之偏激主張，多所否認，蓋今日思想界之一大反動也。……兩人固皆得世界各國文化之精髓，不限於一時一地，而視今世文化問題，為世界問題者也。……白璧德先生尤期東西相同之人文派信徒，起而結合，以躋世界之大同。」〔註77〕正是這種「世界的」眼光，使得學衡派能超越當時「歐化」與「復古」這一對立的兩極來思考新文化新文學的創新之路。

第二節　道德理想主義與道德倫理革命

　　與戊戌變法、辛亥革命等政治變革運動不同，五四新文化運動是一場以價值翻轉為特色，以個人主義為中心的道德倫理革命。然而，當新文化啟蒙者把舊道德看作是束縛人性的枷鎖，將禮教看作僵死腐朽的教條之時，學衡派則將個人的道德修養、精神世界的重建與社會政治結合起來，以實現理想人格與道德社會的統一，從而提出「德化天下」的倫理主張。

　　作為與新文化主流派對立的邊緣學派，學衡派的主要武器就是白璧德人文主義。白璧德人文主義思想宗旨是，通過中西文化的融合求得人生精神大道的貫通，人文主義一切以人的精神需求為歸，時時追求「人之所以為人之道」〔註78〕。這種精神與孔子儒家學說十分契合，因此受到學衡派的推崇。如前述，白璧德指斥歐洲近代的物質文明為非文化，相對地，他認為中國文化的優長在於道德，他說：「吾所見中國文化較優於他國文化之

〔註75〕吳宓，〈論新文化運動〉，《學衡》，第4期，1922年4月。
〔註76〕同註75。
〔註77〕梅光迪，〈現今西洋人文主義〉，《學衡》，第8期，1922年8月。
〔註78〕吳宓，〈白璧德中西人文教育談・編者識〉，《學衡》，第3期，1922年3月。

處，首要者，即中國古今官吏雖腐敗，然中國立國之根基，乃在道德也。……中國向來重視道德觀念，固矣。而此道德觀念，又適合於人文主義者也。」〔註79〕白璧德人文主義高度突出道德在文化中的地位，學衡派承襲此一觀點，在其文化思想中同樣表現出高度的道德理想主義的傾向。如胡先驌認為：「吾族眞正之大成績，則在數千年中，能創造保持一種非宗教而以道德為根據之人文主義，終始勿渝也。」〔註80〕吳宓在〈白璧德論歐亞兩洲文化〉按語中也指出：「吾國人今日之大病根，在不讀西史，不研西洋文學，不細察西人之思想性行，不深究彼中強弱盛衰之故。而但浮光掠影，騰為口說。」認為要杜絕帝國主義的侵略瓜分，唯有「提倡國家主義，改良百度，禦侮圖強，而其本尤在培植道德，樹立品格。使國人皆精勤奮發，聰明強毅，不為利欲所驅，不為瞽說狂潮所中。愛護先聖先賢所創立之精神教化，有與共生死之決心。」〔註81〕吳宓這段話的理路脈絡，簡直就是新文化陣營「改造國民性」的文言版本。

　　新文化運動時期，改造國民性思想是陳獨秀、胡適等人總結中國近代歷史發展經驗教訓的結果。就新文化人看來，只有在「倫理的覺悟」之後，現代的新人格才能確立，國家才能得救，所以倫理革命是中國前途的關鍵所在，因而「個人」得到前所未有的強調。1933年，胡適曾以1923年為界，將中國現代思想分為前後兩期，他以為前此是「維多利亞思想時代，從梁任公到《新青年》，多是側重個人的解放」；此後則是「集團主義（Collectivism）時代」，並認為那時候「無論為民族主義運動，或共產革命運動，皆屬於這個反個人主義的傾向。」〔註82〕胡適依其所理解的「中國的文藝復興運動」為據，並以西方的個人主義和集體主義觀念為參照，將清季到《新青年》之間一二十年的思想主流視為側重個人解放的時代，同時突出日後政治運動對思想文化運動的干擾。照胡適的說法，1919年以前，《新青年》大致還「不談政治而專注意文藝思想的革新」〔註83〕；不過，胡適也未必完全忌諱談政治，就在《星期評論》出版後，他曾撰文表示：「如果要使思想革新的運動能收實地的功效，

〔註79〕胡先驌譯，〈白璧德中西人文教育談〉，《學衡》，第3期，1922年3月。
〔註80〕胡先驌，〈說今日教育之危機〉，《學衡》，第4期，1922年4月。
〔註81〕吳宓譯，〈白璧德論歐亞兩洲文化〉，《學衡》，第38期，1925年2月。
〔註82〕胡適，《胡適的日記》（台北：遠流出版社，1990）（手稿本），第11冊，1933年12月22日。
〔註83〕胡適，〈紀念五四〉，《獨立評論》，第149號，1935年5月4日。

非有一貫的團體主張不可」，惟此時胡適尚未形成具體的理想和主義，所以仍守護於「談政治」要基於「研究的結果」。〔註84〕由此可知，關鍵不在是否談政治，而在於如何「談」的問題。〔註85〕

眾所皆知，「民主」和「科學」是新文化運動的精神核心，然則，區別於五四一代新智識分子與近代智識者獨特的精神標識，亦即高擎「民主」和「科學」旗幟之行爲主體的精神根柢，非強調個性解放的「個人主義」莫屬。只不過個性解放雖是五四思想的主旋律之一，但它也絕非與國家／民族的整體要求毫無干係。當代學者張灝曾細緻地辨析「五四」包含著理性主義與浪漫主義，懷疑精神與「新宗教」，個人主義與群體意識，民族主義與世界主義等複雜的兩歧性，它們相伴而來，雖盈虛消長卻始終存在。「兩歧性代表五四思想朝著不同甚至對立的方向發展，顯示五四的思想遺產中有多元性和辯證發展的契機和挑戰。」〔註86〕一如魯迅後來所說的：「這裡，是屹然站立著一個個個人主義者，遙望著集團主義的大纛。」〔註87〕

只是無論是側重個人主義抑或強調集團主義，新文化陣營都將徹底推倒以三綱五常爲核心的儒家倫理道德，建立屬於西方近代思想文化的倫理道德，當作是新文化運動的首要目標和中心內容。1915 年，陳獨秀在〈敬告青年〉中明確提出，應建立「自主的而非奴隸」的道德，尊重個人獨立，「一切操行，一切權利，一切信仰，唯有聽命各自固有之智能，斷無盲從隸屬他人之理。」〔註88〕又在〈東西民族根本思想之差異〉中，他指出：

> 西洋民族，自古迄今，徹頭徹尾，個人主義之民族也。英、美如此，法、德亦何獨不然？……舉一切倫理、道德、政治、法律、社會之所嚮往，國家之所祈求，擁護個人之自由權利與幸福而已。思想言論之自由，謀個性之發展也。……所謂性靈，所謂意思，所謂權利，

〔註84〕 胡適，〈歡迎我們的兄弟──《星期評論》〉，《每週評論》，第 28 號，1919 年 6 月 29 日。

〔註85〕 章清，〈1920 年代：思想界的分裂與中國社會的重組──對《新青年》同人「後五四時期」思想分化的追蹤〉，《近代史研究》，2004 年，第 6 期，頁 122～160。

〔註86〕 張灝，〈重訪五四：論五四思想的兩歧性〉，收入余英時等著《五四新論──既非文藝復興，亦非啟蒙運動》（台北：聯經出版事業公司，1999），頁 63。

〔註87〕 魯迅，〈葉永蓁作《小小十年》小引〉，本篇最初發表於 1929 年 8 月 18 日上海《春潮月刊》第 1 卷，第 8 期；收入《魯迅全集》（北京：人民文學出版社，1996），第 4 卷，頁 146。

〔註88〕 陳獨秀，〈敬告青年〉，《青年雜誌》，第 1 卷，第 1 號，1915 年 9 月 15 日。

　　皆非個人以外之物。國家利益，社會利益，名與個人主義相衝突，

　　實以鞏固個人利益爲本因也。〔註89〕

在此，陳獨秀將「國家」和「個人」的次序顛倒過來，他高舉「道德革命」的大旗，向封建的舊倫理宣戰，提出構建個人主義的新道德。

　　從東西文化差異比較出發，新文化陣營很快便轉向對中國傳統文化體系的全面抨擊與批判。五四時期，新文化先驅無不針對國民的劣根性進行揭露和批判，如胡適就有一個「不如人」的論調，他說：「我們必須承認我們自己百事不如人，不但物質機械上不如人，不但政治制度不如人，並且道德不如人，知識不如人，文學不如人，音樂不如人，藝術不如人，身體不如人。」〔註90〕他強調社會是由個人組成的，社會的改良，首在發展人的個性，他認爲這不僅是「救人」也是「救社會」的工作，「多救出一個人便是多備下一個再造新社會的分子」〔註91〕；個人在「救出自己」的同時，也改造了社會。胡適以爲這種「爲我主義」，才是最有價值的「利人主義」。他進一步指出，社會國家若缺少這種自由獨立的人格，就如同是「酒裡少了酒麴，麵包裡少了酵，人身上少了腦筋：那種社會國家決沒有改良進步的希望。」因而，他借易卜生之口說：「要想社會上生出無數永不知足，永不滿意，敢說老實話攻擊社會腐敗情形的『國民公敵』；要想社會上有許多人都能像斯鐸曼醫生那樣宣言道：『世上最強有力的人就是那個最孤立的人！』」〔註92〕斯鐸曼是易卜生所創造的一個勇於堅持眞理、不怕孤立、敢說眞話的人；胡適藉此表明以個人爲本位，尊重個體價值，是塑造現代人的最基本的要求，也是新文化運動的最高價值追求。

　　總括而言，新文化陣營以個人爲本位，把現代的人的發展和人的要求放在首位；陳獨秀倡導「人權」，胡適強調「救出自己」，周作人宣傳「人的文學」，他們把救亡與啓蒙視爲一體，爲中國社會所開出的藥方是實行健全的個人主義，造成一種自由獨立的人格，把自己鑄造成器，以爲唯有如此，才能從根本上改造社會。職是之故，在西方／中國、傳統／現代的對峙中，他們

〔註89〕陳獨秀，〈東西民族根本思想之差異〉，《青年雜誌》，第 1 卷，第 4 號，1915年 12 月 15 日。

〔註90〕胡適，〈介紹我自己的思想〉，《胡適論學近著》（濟南：山東人民出版社，1998），頁 503。

〔註91〕胡適，〈易卜生主義〉，原刊《新青年》，第 4 卷，第 6 號，1918 年 6 月 15 日；《中國新文學大系・建設理論集》，頁 189。

〔註92〕同註 91，頁 191。

堅持非此即彼，兩者只能選擇一種。30 年代中期，郭湛波在所出版的《近五十年中國思想史》中概述新文化運動時指出，當時的思想衝突，是工業資本社會思想與農業宗法封建思想的衝突，而陳、胡等人所做的主要工作，「一方破壞中國農業社會舊有思想，一方輸入西洋工業資本社會之新思想」；「中國農業宗法封建社會思想的代表，就是孔子，……自從工業資本社會思想來到中國，所以首先攻擊這籠罩二千餘年的孔子學說思想。」〔註93〕

　　實則，晚清時期康有為（1858～1927）、梁啟超、嚴復（1854～1921）、宋恕（1862～1910）、章太炎等已開啟批判儒學正統之先河，只是他們或維護、恢復孔子精神，或批孟、荀，並未將矛頭直指孔子。五四時期，新文化倡導者不是簡單地「反」孔，而是對儒學進行全面的解構，他們將矛頭直接指向孔子，並在胡適所謂「評判的態度」下，重新估定孔教的價值。〔註94〕率先批判孔教的易白沙（1886～1921）即指出：「孔子尊君權，漫無限制，易演成獨夫專制之弊」；「孔子講學不許問難，易演成思想專制之弊」；「孔子少絕對主張，易為人所藉口」；「孔子但重作官，不重謀食，易入民賊牢籠」。〔註95〕他雖明白指點出孔子思想的內涵與專制和君權的差別，惟孔子後來被歷代的君王和儒生塑造成專制政治的偶像，所以，易白沙是為了反專制而反孔子的。

　　陳獨秀也說，「儒者三綱之說，為一切道德政治之大原」，是致使為人臣、為人子及為人妻者，喪失「獨立自主之人格」的禍首，緣此而生的「道德名詞，曰忠、曰孝、曰節，皆非推己及人之主人道德，而為以己屬人之奴隸也」，〔註96〕這種強調「片面之義務，不平等之道德，階級尊卑之制度」的孔教，〔註97〕是殄滅個性、培養奴性，妨礙國人覺悟的最大敵人，因此只有推翻孔學，才能徹底改革倫理。他根據現代社會生活呼籲自由、平等，要求「個人人格獨立」、「個人財產獨立」，從現代經濟生活與倫理關係上論證孔子之道不適合於現代生活。同時，他強調現代立憲的新國家，今日文明的新社會，崇尚個人在政治上信仰自由，婦女參政議政，男女自由平等交往等，然則孔教強調等級秩序、男女尊卑等，阻礙民主政治的實現和現代文明的發展。因此，他

〔註93〕郭湛波，《近五十年中國思想史》（濟南：山東人民出版社，1997），頁80、78。
〔註94〕胡適，〈「新思潮」的意義〉，《新青年》，第 7 卷，第 1 號，1919 年 12 月。
〔註95〕易白沙，〈孔子評議〉（上），《青年雜誌》，第 1 卷，第 6 號，1916 年 2 月 15 日。
〔註96〕陳獨秀，〈一九一六年〉，《新青年》，第 1 卷，第 5 號，1916 年 1 月 15 日。
〔註97〕陳獨秀，〈憲法與孔教〉，《新青年》，第 2 卷，第 3 號，1916 年 11 月 1 日。

呼籲「要擁護那德先生，便不得不反對孔教、禮法、貞節、舊倫理、舊政治」。
〔註98〕

　　新文化人在評判孔教儒學的過程中，始終緊扣著「孔子之道不合現代生活」這一中心。1916 年 12 月 3 日，吳虞（1872～1949）在致陳獨秀的信中說：「不佞常謂孔子自是當時之偉人，然欲堅執其學以籠罩天下後世，阻礙文化發展，以揚專制之餘焰，則不得不攻之者，勢也。」〔註99〕說明他之所以猛烈攻擊孔子的原因，在於形勢所迫也；當年袁世凱為了當皇帝而尊孔，新文化人則是為大勢所迫而批孔。自 1918 年 5 月起，魯迅在《新青年》「隨感錄」欄中陸續發表 27 篇短評，正式加入反孔非儒的行列之中。和其他人一樣，魯迅的興趣並不在對儒學作學理上的辨析，如在〈狂人日記〉中，他把延續千年的封建社會歷史斥為「吃人」的歷史，所謂「仁義道德」，實際上是沾滿了人民的鮮血。〔註100〕當〈狂人日記〉發表之後，風行國中，一時間「打倒『吃人的禮教』成為人們的口頭禪」。〔註101〕其後，他以「唐俟」的筆名發表〈我們現在怎樣做父親〉，文中批判封建社會下的父權主義，認為必須要把孩子們從封建父權主義的壓迫下解放出來。〔註102〕另外，胡適亦抨擊了封建專制對個性發展的壓抑，他認為「社會最大的罪惡莫過於摧折個人的個性，不使他自由發展。」〔註103〕儒家教條都是一些吃人的禮教和坑人的法律制度，而正因為「二千年吃人的禮教法制都掛著孔丘的招牌，故這塊孔丘的招牌——無論是老店還是冒牌——不能不拿下來，捶碎，燒去。」〔註104〕

　　其實，新文化陣營的反孔非儒，大多是針對孔教會的復古活動，他們堅決反對的是「他種勢力」對儒學的利用，而非對儒家「學理」本身的否定。陳獨秀明白地說：「愚之非難孔子之動機，非因孔子之道不適於今世，乃以今之妄人強欲以不適今世之孔道，支配今世之社會國家，將為文明進化之大阻

〔註98〕陳獨秀，〈本誌罪案之答辯書〉，《新青年》，第 6 卷，第 1 號，1919 年 1 月 15 日。
〔註99〕轉引自鄧星盈等著，《吳虞思想研究》（成都：四川教育出版社，1996），頁 40。
〔註100〕魯迅，〈狂人日記〉，《新青年》，第 4 卷，第 5 號，1918 年 5 月 15 日。
〔註101〕彭明，《五四運動史》（北京：人民出版社，1984），頁 152。
〔註102〕魯迅，〈我們現在怎樣做父親〉，《新青年》，第 6 卷，第 6 號，1918 年 5 月 15 日。
〔註103〕胡適，〈易卜生主義〉，《中國新文學大系‧建設理論集》，頁 190。
〔註104〕胡適，《吳虞文錄‧序》，《晨報副刊》，1921 年 6 月 21 日。

力也，故不能已於一言。」〔註105〕有意思的是，學衡派對孔子的態度雖與新文化陣營大相逕庭，然其彼此對民國以來各地軍閥與各種勢力的「尊孔」舉動則同表厭惡之感。如吳宓所述：

> 若北京政府，則本年秋間丁祭祀孔，禮節較昔爲隆重。今日聖誕，
> 亦當不致草草。至於學校讀經，禮教立國，並已騰於口說，見之功
> 令，似孔聖之教不至滅絕矣，或且更有復興之望乎？雖然，吾人所
> 亟欲申明者，即形式之尊毀，禮儀之隆殺，固可轉移一時之視聽，
> 影響少年之心理，然就無關於孔子之本身與孔教之眞義。〔註106〕

面對各地軍閥與各種地方勢力試圖通過恢復孔教，舉行祀孔儀式，要求各級學校讀經等各種表面尊孔，實則踐踏孔子和儒學，以掩其爭權奪利，行專制統治的政治事實的行爲，吳宓以爲這是一種「形式之尊毀，禮儀之隆殺」。對於這種企圖把儒學變成宗教，以爲其私欲服務的「禮教立國」的出發點，學衡派覺得十分厭惡。爲因應來自多方面的挑戰，學衡派吸收白璧德人文主義思想，對儒學眞義進行多元的闡釋，希求通過復興儒學來光大儒學。

1922 年 3 月，柳詒徵在《學衡》發表〈論中國近世之病源〉，剖析「今人論近世腐敗之病源，多歸咎孔子」的現象，點明「孔子之教」爲中國文明特色之所在。他說：

> 今人所講之新道德，絕對與今日腐敗人物所行所爲不相容，而絕對
> 與孔子所言所行相通，所爭者在行與否耳。言之而不行，孔子一招
> 牌也，德摸克拉西一招牌也。以新招牌易舊招牌，依然不成人也；
> 言之而行之，雖不用孔子教，吾必曰是固用孔子之教也。〔註107〕

他以爲今日社會國家重要問題，不在信不信孔子，而在成不成人。所謂「孔子之教」、「德摸克拉西」，都只是一個名號而已，仁義忠恕之道德、教人成人之道德才是問題的關鍵所在。不論是新文化或孔子之招牌，若眞能行於中國，則孔子之教與新文化道德無異。而他之所以推崇孔子之教，就在於孔子之教是「教人成人」，「孔子者，中國文化之中心也。無孔子則無中國文化」。〔註108〕在他看來，孔子之教，教人成人，由此表現出來的人倫關係就成了中國文化的特色所在。

〔註105〕陳獨秀，〈復辟與尊孔〉，《新青年》，第 3 卷，第 6 號，1917 年 8 月 1 日。
〔註106〕吳宓，〈孔子之價值及孔教之精義〉，《大公報》，1927 年 9 月 22 日。
〔註107〕柳詒徵，〈論中國近世之病源〉，《學衡》，第 3 期，1922 年 3 月。
〔註108〕柳詒徵，《中國文化史》，上卷，頁 231。

在〈中國文化西被之商榷〉中，柳詒徵更指出：

> 是故西方立國以宗教，震旦立國以人倫。國土之恢，年祀之久，由
> 果推因，孰大乎此？今雖禮教陵遲，然而流風未沫，父子夫妻之互
> 助，無東西南朔皆然，此正西方個人主義之藥石也。其於道德，最
> 重義利之辨。粗淺言之，則吾國聖哲之主旨，在不使人類為經濟之
> 奴隸，厚生利用，養欲給求，固亦視為要圖，然必揭所謂義者，以
> 節制人類私利之心，然後可以翕群而匡國。〔註109〕

與新文化陣營的體認大不相同，柳詒徵以為中國的禮教人倫之規範、重義輕
利之道德，正是治療西方強調個人、追逐私利等惡俗流弊之「藥石」，而非如
新文化人所認為的是湮滅個體人格意識，造成奴隸道德的禍首。吳宓也認為，
「孔子者，理想中最高之人物也」，是「中國道德理想之所寓，人格標準之所
託」。〔註110〕因此，針對五四前後社會道德腐化墮落，他試圖通過孔子的道德
人格來改良世道人心，將孔子作為道德理想的寄託和人格理想的體現。

其實，對於孔教、孔學，陳獨秀、胡適等均明確表示他們並不否定孔子
本來的歷史地位，只是反對以孔子之道統一人心而已。陳獨秀也知道，「儒術
孔道，非無優點，而缺點則正多」〔註111〕；他肯定儒學的歷史地位，強調「孔
教為吾國歷史上有力之學說，為吾人精神上無形統一人心之具，鄙人皆絕對
承認之而不懷絲毫疑義。」〔註112〕然他自承之所以「非孔」，並不等於視「其
溫良恭儉讓信義廉恥諸德及忠恕之道不足取」，〔註113〕實是孔教根本的倫理道
德與歐化背道而馳，再加上「舊文學、舊政治、舊倫理本是一家眷屬」，〔註114〕
為打破舊倫理，使國人獲得解放，不得去此而取彼，激烈地反對舊禮教。胡
適在他的《中國哲學史大綱》（上卷）中同樣給孔子極重要的地位，對他的思
想有相當的肯定；只是現實政治的嚴峻，讓陳獨秀等將「復辟」與「尊孔」
畫上等號，認為孔子的倫理政治思想，是維護、鞏固君主專制的封建思想，
與民主共和思想不相容。

〔註109〕柳詒徵，〈中國文化西被之商榷〉，《學衡》，第 27 期，1924 年 3 月。
〔註110〕吳宓，〈孔子之價值及孔教之精義〉，《大公報》，1927 年 9 月 22 日。
〔註111〕陳獨秀，〈復吳又陵〉，《新青年‧通信》，第 2 卷，第 5 號，1917 年 1 月 1 日。
〔註112〕陳獨秀，《新青年‧通信》，第 3 卷，第 1 號，1917 年 3 月 1 日。
〔註113〕陳獨秀，〈答新青年愛讀者〉，《新青年‧通信》，第 3 卷，第 5 號，1917 年 7
　　　　月 1 日。
〔註114〕陳獨秀，〈復易宗夔〉，《新青年》，第 5 卷，第 4 號，1918 年 10 月 1 日。按
　　　　此函發表時原與胡適共同署名，後收入《獨秀文存》。

　　五四的啓蒙智識者，著重以西方近代的國民形象爲標準來形塑本國國民，強調個人本位意識的培養；然而，陳獨秀等人的「個人主義」啓蒙思想的終極目標，並不是爲了實現資產階級的「天賦人權」，而是爲了「群體」幸福和「國家」的救贖。換言之，啓蒙更是關係著「國家民族根本存亡的政治根本問題」，而「此根本問題倘無徹底的覺悟，急謀改革，則其他政治問題，必至求遠紛擾，國亡種滅而後已！」〔註115〕就新文化人看來，只有在「倫理的覺悟」之後，現代的新人格才能確立，國家才能得救，所以倫理革命是中國前途的關鍵所在，也因此「個人」才得到前所未有的強調。不過，由於帝國主義侵略威脅，整個近代中國的大趨勢恐怕更多是在「群」的「集團主義」中強調「個人」；亦即在打破舊倫理、塑造獨立自主新人格的這一「根本問題」之外，啓蒙智識者特別關注的尚有「國民性」的改造，這就同時關涉民族之公德和個人之私德問題，是以「國民性」的改造不能不從個人開始，但卻未必在個人這裡結束。由是，五四時期似乎存在著「以解放個人爲目的而非手段」和「解放個人但目的仍爲了群體」兩種傾向。〔註116〕

　　在新文化人思想中所隱含的個人解放的傾向，正是後者這種以解放個人的倫理革命爲手段而非目的，其最終目的則在社會的解放與改革的訴求之上。這種爲社會、爲大群而解放個人的思想傾向，在救國的急迫感中促使原來潛在的政治革命取代了道德倫理革命。儘管陳獨秀在《青年雜誌》創刊號中曾表明「改造青年的思想，輔導青年之修養，爲本誌之天職。批評時政，非其旨也。」〔註117〕不過，在個體讓位於群體的大趨勢下，當爲國家、爲社會成爲時代關注的主流之際，陳獨秀的態度亦開始轉變。在〈調和論與舊道德〉中，他說：「我們主張的新道德，正是要發達人類本能上光明方面，徹底消滅本能上黑暗方面，來救濟全社會悲慘不安的狀態。」〔註118〕同時他指出「你談政治也罷，不談政治也罷。除非逃在深山人跡絕對不到的地方，政治總會尋著你的。」〔註119〕可見其所強調的重心已在社會，道德革命已開始偏

〔註115〕陳獨秀，〈今日中國之政治問題〉，《新青年》，第 5 卷，第 1 號，1918 年 7 月 15 日。

〔註116〕魯萍，〈「德先生」和「賽先生」之外的關懷──從「穆姑娘」的提出看新文化運動時期道德革命的走向〉，《歷史研究》，2006 年，第 1 期，頁 79～95。

〔註117〕陳獨秀，《青年雜誌·通信》，第 1 卷，第 1 號，1915 年 9 月 15 日。

〔註118〕陳獨秀，〈調和論與舊道德〉，《新青年》，第 7 卷，第 1 號，1919 年 12 月 1 日。

〔註119〕陳獨秀，〈談政治〉，《新青年》，第 8 卷，第 1 號，1920 年 9 月 1 日。

離初衷，轉而趨向政治革命的範疇。曾表示二十年不談政治的胡適也有類似的轉變。〔註120〕

從一開始，新文化倡導者就把啟蒙作為主要的使命，認定只有國民的徹底覺悟，才會有國家的「根本之救亡」，社會這個「大我」也才能不朽長存。是以，道德倫理革命是他們用以廓清思想障礙，衝破封建主義樊籬，為政治的革命開闢廣闊道路的手段。與之相反，學衡派的政治理念不過是他們文化價值觀的延伸，或者只是他們無可迴避的時代語境。對他們來說，民主政治僅是一種外在的或次要的形式，道德精神才是他們的終極關懷。

與新文化陣營一樣，學衡派對共和國家的關懷也從制度建設深入到人的文化心理層面。當時北京政府政治腐敗，社會長期處於失範的狀態中，面對無序的政治局勢，迫使他們進一步對自由政治進行反思，於是討論的焦點順理成章地進入人的精神領域。劉伯明指出，現在所謂的德謨克拉西，「非僅一種制度之稱號，實表示一種精神也」，他認為「德謨克拉西之形式，在吾國已略具矣，然求其精神，則不可得。」〔註121〕何以形成這種無望的局面？究其原因在於，多數國人「虞詐無誠，譎而不正」，缺乏一種負責的精神，致使自由政治陷入混亂無序之中。在他看來，一個健全的社會，必須要同時體現「自由」與「責任」兩個方面，僅有自由只能稱做「放肆」，在這種政治中，人人任情任性行事，整個社會必然失去其相維相繫的中心，並終將導致群體迸裂甚至社會國家解體；而僅負責任而沒有自由，則只能叫做「屈服」，這是專制社會的特徵，而非民治的本意。他強調「共和者，人格問題，非僅制度之問題也」，〔註122〕唯有「自由與責任」結合，而後才有真正之民治。換言之，民主共和僅囿於制度建設是不夠的，更重要的是要提高國民的精神素質，只有道德精神才是共和國家的基本保證。然則，如何才能提高國民的精神素質呢？他以為中國傳統的「正心誠意之事，誠吾國人生哲學之特色，其價值無論社會進至何種程度，必不因之稍減。今人之虞詐無誠，譎而不正，大可以此藥之。」〔註123〕所以說，中國的道德傳統正好可以彌補現今所缺乏的共和精神。

〔註120〕羅志田，〈走向「政治解決」的「中國文藝復興」——五四前後思想文化運動與政治運動的關係〉，《近代史研究》，1996 年，第 4 期，頁 120～152。
〔註121〕劉伯明，〈共和國民之精神〉，《學衡》，第 10 期，1922 年 10 月。
〔註122〕同註 121。
〔註123〕同註 121。

吳宓也提出相同的論點，他認為政治的根本在於道德，「不特一人一家之運命，即一國之盛衰，一民族之興亡，世界文化之進退，靡不以道德之升降，大多數人人格之高低，為之樞機。……今欲救國救世，根本之法，仍不外乎是。」〔註124〕強調只要德性立則諸事立，人若能誠心正意，實踐中庸之常德，則「國家未有不富強，而天下未有不平治者也」〔註125〕。在文化與政治的關係上，吳宓持守著一種典型的本末觀。他認為道德精神是本，政治、經濟是末，而科學技術、民主憲政等更是末事之末事，一切全以能否實現人類的道德理想為轉移。在〈白璧德論民治與領袖〉中，他進一步指出，今日世界各國所兢兢致力於民治，不過是「治標逐末」而已，「從事於政治經濟之改革，資產權力之分配，必且無濟；欲求永久之實效，惟有探源立本之一法。即改善人性，培植道德是已。」〔註126〕易言之，政治之根本在於道德，任何國家社會的治理都不在於制度而在於人自身，他強調「民主政治之成敗得失」，尤當「視其國領袖之資格而斷」〔註127〕由此出發，吳宓更斷言，訴諸政治、經濟改革之途徑而想救治中國社會之沉疴，不過是緣木求魚，新文化陣營若仍繼續著力於此，則「宜乎中國之貧弱危亂而不能自存也」〔註128〕。

乍看之下，學衡派對共和國民思想啟蒙的觀點似與新文化啟蒙思想無二致，但實質上，二者絕不相同。劉伯明立論的中心是儒家的格致誠正說，如前述，他認為「共和」是「人格之問題，非僅制度之問題」，這是一種典型的「人存政舉」的傳統人治觀。這一觀念把人的精神無限放大，從而忽視民主政治的運作程序及制度本身的建設。具有強烈的文化托命意識自覺的學衡派，以光大中華文化及貫通人類精神為己任，因此，他們很少正面闡述自由政治的積極意識，之所以談自由、談民治常常是出於論題的需要。從劉、吳二人的論點來看，其議論的範疇實際上已從政治領域轉向道德精神領域。學衡派把民國共和制度的失敗歸於國人道德的淪喪，將道德價值作為評判事理

〔註124〕吳宓，〈孔子之價值及孔教之精義〉，《大公報》，1927年9月22日。

〔註125〕吳宓，〈我之人生觀〉，《學衡》，第16期，1923年4月。

〔註126〕吳宓譯，〈白璧德論民治與領袖〉，《學衡》，第32期，1924年8月。值得注意的是，吳宓翻譯此文時帶有相當明顯的隨意性，故此處雖係譯述白璧德的觀點，但基本上可以說是吳宓自己的觀點。

〔註127〕同註126。

〔註128〕同註126。

的最高準繩，這使他們在對中國未來發展的社會道路的選擇上，採取一種道德至上的評判標準，只不過，到頭來這顯然是一種道德理想主義的神話，是一種政治的烏托邦罷了。

新文化陣營提倡和關注「個人」的解放遠超過個人的「修身」，其結果是道德的統一性被摧毀，作為價值、秩序的內在規定性又不受重視，新道德的建構很難依據一種立足於現實經驗基礎上的權威和規範；激烈而過度的反傳統思潮，使得當時有些青年在生活倫理方面的突破已超過其所追隨的西方。有人便觀察到，學生界中「愈多借著自由的美名，而實行他放蕩無節制的生活」〔註129〕對此，陳獨秀在界定「新文化運動」時，亦特別指出一些年輕人對新道德的偏激認識說：

> 現代道德底理想，是要把家庭的孝悌擴充到全社會的友愛。現在有一
> 班青年卻誤解了這個意思，他並沒有將愛情擴充到社會上，他卻打著
> 新思想、新家庭的旗幟，拋棄了他的慈愛的、可憐的老母。〔註130〕

《東方雜誌》的一位作者甚至認為，中國社會「一般人比起從前，較為狡詐無恥，敢於實行人格的破產。」〔註131〕這種種對道德認知的歧異和具體的失德行為，表明新文化陣營的道德倫理革命並未成功。

對於新文化陣營在道德方面所留下來的缺憾，有「白髮青年」之稱的吳稚暉（1865～1953）〔註132〕在科學與人生觀論戰時，亦覺察到：「我們中國已迎受到兩位先生——賽先生、台先生——迎之固極是矣。但現在清清楚楚，還少私德的迎受。這是什麼東西呢？就是可以迎他來做我們孔聖仁續弦的周婆的，叫做穆勒兒（Moral）姑娘的便是。」他以為道德是文化的結晶，未有文化高而道德反低下者。因此，他主張全盤承受西文化，以「穆姑娘治內，賽先生請他興學理財，台先生請他經國惠民」〔註133〕，專心向前走。整體而言，吳稚暉關於「治內」的呼聲並未引起時人特別的注意，「穆姑娘」作為推

〔註129〕（楊）賢江，〈團體紀律與個人自由〉，《學生雜誌》，第 10 卷，第 9 號，1923年 9 月 5 日。

〔註130〕陳獨秀，〈新文化運動是什麼？〉，《新青年》，第 7 卷，第 5 號，1920 年 4 月1 日。

〔註131〕佚名，〈中國改造和他的經濟背景〉，《東方雜誌》，第 20 卷，第 4 號，1923年 2 月 25 日。

〔註132〕郭湛波，《近五十年中國思想史》，頁 134。

〔註133〕吳稚暉，〈一個新信仰的宇宙觀及人生觀〉，張君勱等著，《科學與人生觀》，頁 380。

進道德革命的口號並未能深入人心。之所以如此，主要與當時另一股重群體
輕個人的世風直接相關。

學衡派同樣注目到新文化運動在道德方面，特別是個人修身的「私德」
上的缺失。只是，與吳稚暉的立論點不同，他們將個體的道德實踐視作建設
新文化的關鍵，既然文化是「人類性靈造詣之總積」〔註134〕、「全種全國人民
精神上之所結合」〔註135〕，則改造文化即改造人們的性靈、精神，亦即改造
人們的價值觀念。是以，吳宓認為，「凡人之天性皆有相同之處，以此自別於
禽獸，道德仁義，禮樂刑政，皆本此而立者也。」他們所提出的改造方案為
「以道德為本，準酌人情，尤重中庸與忠恕二義。」雖然人的內心中理欲相
爭，但是只要人人能以理制欲，即可趨於高明，而社會也能夠享受幸福，這
就是近人所稱的「人本主義」，又曰「人文主義」。〔註136〕

事實上，以人倫禮教為核心的中華文化不僅在其時，且在當下仍有倫理
價值和意義，不同於新文化陣營道德倫理革命的主張，學衡派將目光集中在
近代科學與民主帶來的負面影響上，認為中國要走出目前困境的主要出路在
於促進傳統道德精神的真正的復興。從道德教化到道德救國，學衡派走了一
條與近代先覺智識分子相同的道路，惟其理論邏輯有別，儘管孤芳自賞地開
出芬芳的花朵，最後卻只能結出營養而味道不甚甜美的果實。

第三節　昌明國粹與整理國故

面對勢不可遏的西化思潮，如何能既保存傳統又「歐化亦成」，是學衡派
智識分子首先須要面對的現實問題。從國粹派開始的國學研究者，一直在申
辯提倡國學並不是要阻礙「歐化」，他們最早提出「保存國粹」和「復興古學」
的口號，認為先秦諸子學與近代西學是相通的，保存國粹與引進西學並不矛
盾，欲藉西學之新理、新法來發明古學新義，是他們研究國學的基本思路。
雖然章太炎等人早以「整理國故」為職志，但真正形成一場聲勢浩大的國學
運動，還是在五四運動以後。〔註137〕

〔註134〕繆鳳林，〈希臘之精神〉，《學衡》，第 8 期，1922 年 8 月。
〔註135〕湯用彤，〈評近人之文化研究〉，《學衡》，第 12 期，1922 年 12 月。
〔註136〕以上引文見吳宓，〈論新文化運動〉，《學衡》，第 4 期，1922 年 4 月。
〔註137〕顧頡剛曾經說：整理國故的呼聲倡始於太炎先生，而上軌道的進行則發軔於
　　　　適之先生的具體的計畫。詳氏著，《古史辨自序》（上海：東方出版社，1999），
　　　　第 1 冊，頁 43。

晚年的章太炎雖已不再非儒反孔，然其早年著作中「詆孔」的主張，卻經五四一代學人發揚光大。疑古派的顧頡剛（1893～1980）在北大讀書時，即在章氏門人的指點下讀專講文學批評的《文心雕龍》、專講史學批評的《史通》以及章學誠的《文史通義》，他意識到：「文學、史學都應該走批評的路子」，同時也以批判性的眼光來看古代學術。〔註138〕

1919 年 11 月，胡適發表〈新思潮的意義〉，正式標舉「研究問題，輸入學理，整理國故，再造文明」的旗幟，將「整理國故」看作是新文化運動不可或缺的組成部分；他引尼采的話，強調「整理國故」是為了「重估一切價值」，以現代思想與科學精神重構傳統文化的價值體系與知識框架，以新學融化舊知，從而達到「再造文明」的目的。〔註139〕關於「整理國故」的方法，在〈《國學季刊》發刊宣言〉中，胡適將它歸納為「歷史的眼光」、「系統的整理」、「比較的研究」，主張用科學的實證方式對傳統文化進行清理，分清「國粹」與「國渣」。〔註140〕正因如此，整理國故運動始終貫穿了胡適等新文化人崇尚民主、科學、自由與思想解放的精神，以及對舊文化所代表的價值觀念的質疑精神與批判眼光。

在〈介紹我自己的思想〉中，胡適又指出：「科學精神在於尋求事實，尋求真理。科學態度在於撇開成見，擱起感情，只認得事實，只跟著證據走。科學的方法只是『大膽的假設，小心的求證』十個字。沒有證據，只可懸而不斷，證據不夠，只可假設，不可武斷；必須等到證實之後，方才奉為定論。」〔註141〕他用杜威的實用主義來整合宋學的懷疑精神和清代考據學的求證歸納法，並將它們化約為「大膽的假設，小心的求證」十個字。這種被認為是匯通古今中西思想精華的科學方法，很快得到新文化陣營的認同和回應，出現了一場參與者眾多、影響深遠的「整理國故」運動。但它同時它也受到反對者如國故派、學衡派和新文化運動內部激進派等的批評和質疑，形成了一場長達十餘年的國學大論辯。

〔註138〕陳以愛在引證顧頡剛的話後以為，當時胡適雖尚未進入北京大學，但顧頡剛以「文學、史學都應該走批評的路子」，作為衡量學術的標準，可以看出在章太炎及其弟子的影響下，北大學風已經在醞釀轉變之中。見氏著，《中國現代學術研究機構的興起——以北京大學研究所國學門為中心的探討（1922～1927）》（南昌：江西教育出版社，2002），頁 40～41。

〔註139〕胡適，〈新思潮的意義〉，《胡適文存》卷 4，頁 151～164。

〔註140〕胡適，〈《國學季刊》發刊宣言〉，《國學季刊》，第 1 卷，第 1 號，1923 年 1 月。

〔註141〕胡適，〈介紹我自己的思想〉，《胡適論學近著》，頁 507。

　　1922 年 1 月，《學衡》在東南大學創辦，公開與以北京大學《新青年》為主的新文化派展開論爭。他們對胡適等人所宣導的「整理國故」頗不以為然，其辦刊宗旨一開始就申明：「論究學術，闡求眞理，昌明國粹，融化新知」。同時聲稱：「本雜誌於國學，則主以切實之工夫，為精確之研究，然後整理而條析之，明其源流，著其旨要，以見吾國文化，有可與日月爭光之價值，而後來學者，得有研究之津梁，探索之正軌，不至望洋興嘆，勞而無功，或盲肆攻擊，專圖毀棄，而自以為得也。」〔註142〕針對當時流行的學風，〈學衡雜誌簡章〉將矛頭直接對向胡適的「整理國故運動」。

　　一向批評胡適不遺餘力的梅光迪，在《學衡》一創刊，立刻對「整理國故」運動提出批評，他指責「新文化」領袖人物說：

> 彼等又好推翻成案，主持異義，以期出奇制勝。且謂不通西學者，不足與言「整理舊學」。又謂「整理舊學」須用「科學方法」，其意蓋欲嚇倒多數不諳西文未入西洋大學之舊學家，而彼等乃獨懷為學秘術，為他人所不知，可以「大出風頭」；即有疏漏，亦無人敢與之爭。然則彼等所傾倒者，如高郵王氏之流，又豈曾諳西文、曾入西洋大學者乎？〔註143〕

很明顯地，梅光迪對胡適等人所提倡的用科學方法來「整理舊學」的動機和學術根底，表示強烈的質疑。胡適在〈清代學者的治學方法〉中曾指出，「中國舊有的學術，只有清代的『樸學』確有『科學』的精神」，同時他認為「清代講訓詁的方法，到王念孫、王引之父子兩人，方才完備。」〔註144〕對於胡適所推崇的「高郵王氏」，留學美國的梅光迪卻以其未諳西文，未入西洋大學，亦即不懂新文化人所強調的科學方法來駁斥胡適的稱許。

　　過去學界多將學衡派視為保守主義派別，其實學衡派諸人的學術背景或者遠比新思潮的提倡者更具西方色彩。《學衡》主編吳宓嘗自述其並非在傳接中國文化的傳統，而是「間接承繼西洋之道統，而吸收其中心精神」，他說：

> 世之譽宓毀宓者，恒指宓為儒教孔子之徒以維護中國舊禮教為職志，不知宓所資感發及奮鬥之力量，實來自西方。質言之，宓最愛

〔註142〕〈學衡雜誌簡章〉，《學衡》，各期卷首。
〔註143〕梅光迪，〈評今人提倡學術之方法〉，《學衡》，第 2 期，1922 年 2 月。
〔註144〕胡適，〈清代學者的治學方法〉，《胡適作品集》（台北：遠流出版公司，1986）），
　　　　第 4 冊，頁 155～185。

讀《柏拉圖語錄》及《新約聖經》。宓看明（一）希臘哲學（二）基
督教，爲西洋文化之二大源泉，及西洋一切理想事業之原動力。而
宓親受教於白璧德師及穆爾先生，亦可云，宓曾間接承繼西洋之道
統，而吸收其中心精神。宓持此所得之區區以歸，故更能瞭解中國
文化之優點與孔子之崇高中正。〔註145〕

胡先驌在〈說今日教育之危機〉中，總結20世紀前20年的中國思想文化演
變軌跡後，則發出如下的感慨，他以爲西方文化在中國大量傳播，以歐美留
學生的力量爲最大，現代中國教育的危機和中國文化之瀕於破產，也與歐美
留學生的關係爲最多；「而舊文化與國民性之保存，使吾國不至於精神破產之
責，亦惟吾歐美留學生爲能任之也。」〔註146〕換言之，胡先驌認准中國現代
文化建設的重責大任，無論功與過，歐美留學生是脫不了干係的。

　　由是觀之，學衡派與新文化陣營的論爭，雙方都以西方文化爲尺規來展
開各自的論戰，學衡派要求對中國傳統文化重新再認識，新文化倡導者則要
求對中國傳統文化進行徹底清理，雙方在不自覺間，向西方文化放寬界限，
敞開大門，使得20世紀20～30年代的中國文化思想界成爲西方文化的戰場。
這兩派的爭鬥明顯提示著「西」與「西」戰的傾向，亦即爭的是西學正統。
關於這一點，胡先驌的「人文主義與實驗主義分庭抗禮」一語〔註147〕，最能
表述這場以中國爲西方思想戰場的這一實質。

　　與張揚國粹的「復古派」不同，學衡派提出「昌明國粹」後又要「融化
新知」的問題。從他們所強調的「融化新知」及「以切實之工夫，爲精確之
研究，然後整理而條析之」，這兩方面來看，在對待中國傳統學術的態度上，
學衡派實質上與胡適等人操持相同的策略。所謂「新知」，在學衡派的理論系
統中除充當與新文化陣營論爭的武器外，同時且作爲他們堅守儒家文化傳統
的合法性論據。這種用西方文化爲指導來研究和評析中國文化，挖掘和保存
民族文化的精華以實現中國文化的自新的文化改造主張，實則與胡適一派「整
理國故」的理論有著相似之處。惟其急於從西方思想中尋求合法性的努力，
是爲了「以見吾文化，有可與日月爭光之價值」；而胡適派學人以西方的科學
方法來整理國故，卻是爲了突出對傳統文化的批判意識，其目的在「進行一

〔註145〕吳宓，《空軒詩話‧二十四》，《雨僧詩文集》，頁454。
〔註146〕胡先驌，〈說今日教育之危機〉，《學衡》，第4期，1922年4月。
〔註147〕胡先驌，〈樸學之精神〉，《國風》，第8卷，第1期，1936年1月1日。

項改造國人思想的革命事業」〔註148〕。因此，學衡派既區別於國粹派，也與新文化陣營的整理國故運動幾成水火不容的局面。

對學衡派智識分子來說，中華民族的根本在傳統儒家文化之中。由於對道德理想主義的堅持，使得學衡派更加注重儒家思想中有關人倫道德的微言大義的闡發。柳詒徵在《中國文化史》中開宗明義強調，中國文化的根本即是就天性出發的人倫，本乎至誠，正是這種精神，方能造就中國這麼大的國家，有過數千年光榮的歷史。因此，當「國粹」、「國學」等詞在五四新文化運動中已成貶義詞時，他們仍高舉著「昌明國粹」口號，努力維持儒家思想在學術研究的中心價值地位。對此，胡稷咸的敘說最爲詳晰：

> 我國學術界宜如何確定其方針，始可有獨立自主精神耶？吾敢應之曰：在復古不在維新。復古者非讀六經語孟，盲從古人之習俗制度也。恪守數千年來聖哲崇尚之精神生活，而以道德爲人類文明之指歸耳。不在維新者，非舉歐美之學術思想而擯棄之。要在不爲物質文明所迷惑也。〔註149〕

正如學者所述，民國初年，無論是反對或支持國學的人多少都有從自己的「成心」出發將國學「講好」或「講壞」的傾向，尤其是在意識層面爲某種目的將國學「講壞」。〔註150〕清末自中西學戰以來，「中學」已被貶抑到幾乎「無用」之境，有關「國粹」、「國學」、「國故」等詞彙被大量引入思想言說之中，藉以替換逐漸邊緣化的「中學」。〔註151〕學衡派雖沿用「國粹」、「國學」一詞，

〔註148〕陳以愛，《學術與時代：整理國故運動的興起、發展與流行》（台北：政治大學歷史研究所博士論文，2001），頁23。

〔註149〕胡稷咸，〈敬告我國學術界〉，《學衡》，第23期，1923年11月。

〔註150〕羅志田，〈民國趨新學者區分國學與國故學的努力〉，《社會科學研究》，2001年，第4期，頁117～122。

〔註151〕最先將近代意義的「國學」一詞用於中國者乃梁啓超。1902年秋，他曾以創辦《國學報》計畫，商請黃遵憲「分任其事」（《梁啓超年譜長編》，頁292）。數月後，他在〈論中國學術思想變遷之大勢〉中，復稱：「近頃悲觀者流，見新學小生之吐棄國學，懼國學之從此而消滅。」1904年，鄧實在《政藝通報》發表〈國學保存論〉，對「國學」做出近代意義的闡釋，並於1905年初在上海創立「國學保存會」，公開以「研究國學，保存國粹」爲宗旨（〈國學保存會簡章〉，《國粹學報》，第2年第1號，1906年2月13日）。1906年9月，章太炎在東京發起「國學講習會」。可知20世紀初，「國學」一詞基本已實現語義上的轉換，並被國人普遍接受和使用。然因「國學」一名，前既無承，純屬舶來轉借，故其範圍含混實難判別，不便於實際的應用。與近代「國學」涵義純屬舶來轉借有所不同，「國故」一詞是道地國貨，它在近代的語義轉換，

其意義卻已非 20 世紀初國粹派所指稱的「國粹」和、「國學」了。馬承堃自《學衡》創刊號起分五期刊載〈國學摭譚〉一文，在這篇文章中，他表述了學衡派的一個共同思想，即現今所說的國學是中國現代的學術，不同於過去的「道統」。〔註152〕這一觀點對理解學衡派所指稱的「國學」、「國粹」的現代意義與現實作用十分重要。在〈論新文化運動〉中，吳宓進一步提出研究具備現代意義的「國粹」之「正道」：

> 今欲造成中國之新文化，自當兼取中西文明之精華，而鎔鑄之，貫通之。吾國古今之學術德教，文藝典章，皆當研究之，保存之，昌明之，發揮而光大之。而西洋古今之學術德教，文藝典章，亦當研究之，吸取之，譯述之，了解而受用之。……中國之文化，以孔教爲中樞，以佛教爲輔翼。西洋之文化，以希臘羅馬之文章哲理，與耶教融合孕育而成。今欲造成新文化，則當先通知舊有之文化。……
> 今既須通知舊有之文化矣，則當於以上所言之四者，孔教、佛教、希臘羅馬之文章哲學，及耶教之眞義，首當著重研究，方爲正道。
> 〔註153〕

他以爲國學研究之「正道」，乃取中西文明之精華，鎔鑄之，貫通之，研究之，保存之，昌明之，吸取之，譯述之，最後了解而受用之，如此方能打破「國粹」和「歐化」之間的隔閡。

不過，就總體來說，學衡派屬於西學（文學研究）一系的三位主要成員——梅光迪、胡先驌、吳宓，雖然對於中國傳統文化均表現出高度的崇敬與孺慕之情，卻未嘗深入研究「國學」，如吳宓在〈文學研究法〉一文中，開頭即自承「吾自愧於國學未嘗研究」〔註154〕；胡先驌在謀《學衡》與《華國》

更多是對傳統涵義的引申和拓展。最早在近代意義上使用「國故」者，當屬章太炎。1903 年，他在〈癸卯口中漫筆〉中自命：「國故民紀，絕於余手，是則余之罪也。」1910 年，他把著作命名爲《國故論衡》，明確將語言（文字、音韻、訓詁）、文學（文學界說、歷代散文、詩賦）、諸子學等一併納入，大大引申拓展「國故」的傳統涵義，勾勒出近代「國故」一詞的涵蓋範圍。「國故」一詞經其振臂一呼，快就被人們所爲接受。1921 年 7 月，胡適在南京高師暑期學校演講時即說：「國故」的名詞，比「國粹」好得多。自從章太炎著《國故論衡》後，這「國故」的名詞於是成立。如果講是「國粹」，就有人講是「國渣」。「國故」（National Past）這個名詞是中立的（〈研究國故的方法〉）。

〔註152〕馬承堃，〈國學摭譚〉，《學衡》，第 1 期，1922 年 1 月。
〔註153〕吳宓，〈論新文化運動〉，《學衡》，第 4 期，1922 年 4 月。
〔註154〕吳宓，〈文學研究法〉，《學衡》，第 2 期，1922 年 2 月。

合併時，也對《華國》所刊之文「有不愜彼意者」，特別強調《學衡》宗旨略有二事：「一則必須用文言，二則溝通中西學術，非純乎保存國粹」。〔註155〕可知，既然「國學」不是他們的專業，而他們似乎也沒有致力於「國學」研究的學術準備與選擇，因此「昌明國粹」口號的提出，對他們而言，只能是對新文化運動激烈反傳統思想的一種「文化態度」和「思想立場」。只是，雖說「於國學未嘗研究」，無法具體評論屬於學術範疇的「國學」研究，但對隸屬於整體文化概念的「國粹」，他們則不遺餘力地大加鼓吹。於是乎，在他們的文化批評與建設的道路上，本屬目的的「融化新知」，最後顯然成了他們「昌明國粹」的方式和途徑。

留美期間，陳寅恪與吳宓對談時，嘗認為「吾國舊說與西儒之說，亦處處吻合而不相抵觸」〔註156〕；後來，吳宓在日記中記道：「自受學於巴師。飫聞梅、陳諸良友之緒論，更略識西國賢哲之學說，與吾國古聖之立教，以及師承庭訓之所得，比較參證，處處符合，於是所見乃略進。」〔註157〕這種「吾國舊說與西儒之說」，「比較參證，處處符合」的表述方式，普遍存在於學衡派在對傳統儒家文化的現實處境的諸多闡述中。換言之，他們認為儒家傳統文化的合法性來源正在新文化派所醉心的歐西文化；為了「昌明國粹」，他們急於從西方思想中尋求確證。

不同於歐洲文藝復興以後發展起來的人文主義，白璧德認為舊的人文主義強調研讀經典，其流弊乃導致人文主義學者步入一種鑽研故紙堆的古典學習方式，他說：

> 舊人文主義有時將會導致超美學的（ultra-aesthetic）、享樂主義的生活態度，即退回到自己的象牙塔中，僅僅在古典文學中尋求精致慰藉的那種傾向。……未能以更加廣闊的、有機的方式將他們與當代生活聯繫起來。這樣，古典文學作品需要注入新的生命和興趣不可能指望通過重振舊人文主義來完成，而是要在研究古典作品時更廣泛地應用比較和歷史的方法。……這些方法必須為觀念所滲透並通過絕對價值感（a sense of absolute values）而得到加強。……每個作者的作品首先都應當就其自身的具體情形單獨加以考慮，但同時也

〔註155〕黃侃，《黃侃日記》（南京：江蘇教育出版社，2001），頁285。
〔註156〕《吳宓日記》，第2冊，頁59。
〔註157〕同註156，頁101～102。

　　應當把它們作爲古代與現代世界一脈相承的發展鏈條上的環節而予
　　以研究。〔註158〕

白璧德對古典研習的主張，在於從古代思想精華中尋求溝通現代生活的思想
資源。至於如何溝通？他提出廣泛地應用「比較與歷史方法」：「比較古今，
吾人所研習之古，乃能對現代具有比較及啓發之意義；歷史方法，則是觀察
中古發展至今之軌跡。」〔註159〕他反對當時美國學術界流行的德國式「嚴格
科學的研究方法」（sterng wissenschaftliche methode），這也是他對科學實證主
義批判的方式，他認爲「這種科學實證主義傳播甚廣，它使人與自然日趨同
化，特別是對教育產生了極大的影響。我們的某些高等教育機構正在穩步地
成爲某位大學者認爲大學應是的樣子——『科學大工廠』。」〔註160〕

　　在他看來，德國式的學風「鼓勵人放棄一切原生的、自發的思考，從而
僅僅在某一小塊知識領域成爲他人觀點的紀錄員或倉庫」，「情願把自己的心
靈降低到純粹機械功能」。〔註161〕今日大學的古典教育沿襲傳統德國式考據的
治學態度，失落從文化經典的教育中吸取人文精神的教育方式，依其批判術
語來說，這同樣是受制於「物事之律」。他認爲古典文學教育一旦受制於「物
事之律」，即成了文獻學；若它表達了「人事之律」，才是文學。他指責「今
天的學者更多地是把一切當成文獻考據，……沒完沒了地搜集資料，然後面
對這些礦層卻無法從中提煉出恒久的人類價值。」〔註162〕

　　對於古典文化研究，白璧德絕不滿足於語言意義上的考據研究，強調須
透過歷史語言文化去感受和體會古典文化產生和發展的歷史脈絡，理解這種
文化的精神理想和意志追求，從根本上去把握這種文化所揭示的最高眞理。
受到白璧德這種重視人文教養的古典主義的薰陶，學衡派對傳統儒家思想的
闡發，特別注重人倫道德的微言大義，反對瑣細的考證；這體現在對傳統經
學的立場上，他們更爲偏愛宋明理學，至於對「整理國故」運動中以考據爲
主的漢學，則頗有微詞。吳宓在〈文學研究法〉中，嘗藉評論美國文學研究
中的考據派和義理派闡明自己的看法，他指責考據派說：

〔註158〕白璧德，〈合理的古典研究〉，《文學與美國的大學》，頁106～107。
〔註159〕龔鵬程，〈向古人借智慧——談中國文化經典〉，江蘇講壇（3），2007年9月
　　　　18日，南京大學。
〔註160〕白璧德，〈文學與大學〉，《文學與美國的大學》，頁62。
〔註161〕白璧德，〈合理的古典研究〉，《文學與美國的大學》，頁106。
〔註162〕白璧德，〈文學與博士學位〉，《文學與美國的大學》，頁85。

> 此派之人於學問不事博通，而能專精，但流於乾枯狹隘。蓋皆熟悉
> 文字之源流，語音之變遷，其於文章，惟以訓詁之法研究之。一字
> 一句之來源，一事一物之確義，類能知之。而於文章之義理、結構、
> 詞藻、精神美質之所在，以及有關人心風俗之大者，則漠然視之。
> 〔註 163〕

吳宓這段話雖是評價美國文學研究的考據派，其背後顯然隱含了對胡適等人宣揚以科學的精神和方法來考證古代小說的批評。吳宓以為「考據家之誤，在以科學之法術，施之文章，而不知文章另有其研究之道也」〔註 164〕，這是他批評考據派的原因所在。

　　早在 1920 年，吳宓在美國曾發表〈《紅樓夢》新談〉一文，藉西方小說理論來評論《紅樓夢》的思想與藝術。〔註 165〕吳宓的這篇文章不是對作品的思想與藝術特徵作客觀的分析與說明，而是帶有明確的價值判斷，對照胡適的〈《水滸傳》考證〉，或稍後的〈《紅樓夢》考證〉，兩篇均屬考據性的文章，兩者的區別十分明顯；正如論者所言，胡適在意的是對作品成書的歷史過程的考證，他所做的是對作品的事實判斷，而吳宓做的則是對作品的價值判斷。〔註 166〕這種學術思想上的差別，恰恰是學術研究的兩個不同方面。出於「用科學的研究法去做國故的研究，不當先存一個『有用無用』的成見」〔註 167〕，胡適關注的是作者的考訂、字句的訓詁等事實的判斷；受白璧德的影響，吳宓更注重的是「文章之義理、結構、詞藻、精神美質之所在」等價值上的判斷。

　　1922 年，學衡派中的「國學大師」柳詒徵在東南大學國學研究會演講時，對胡適等人極口揄揚漢學之論，亦頗不以為然地說：「今日講題為漢學與宋學，實則漢學與宋學兩名詞，皆不成為學術之名。……余並非有意非

〔註 163〕吳宓，〈文學研究法〉，《學衡》，第 2 期，1922 年 2 月。

〔註 164〕同註 163。

〔註 165〕在這篇文章中，吳宓分「宗旨正大」、「範圍寬廣」、「結構謹嚴」、「事實繁多」、「情景逼真」和「人物生動」六個部分進行論述。詳吳宓，〈《紅樓夢》新談〉，原載《民心周報》，1920 年 3 月 27 日、4 月 3 日，第 1 卷，第 17、18 期；收入徐葆耕編，《會通派如是說——吳宓集》（上海：上海文藝出版社，1998），頁 276～290。

〔註 166〕高恒文，〈「學衡派」與 20 年代的國學研究〉，《中國現代文學研究叢刊》，2001 年，第 3 期，頁 154～155。

〔註 167〕胡適，〈論國故學——答毛子水〉，《新潮》，第 2 卷，第 1 號，1919 年 10 月 30 日。

難此種學術，不過非難此種名詞，因此種學術自有其正確之名詞，從來誤
用一種不通之名詞，吾人當爲矯正，不可再行沿訛襲謬。」他以爲今日治
學，不當再糾纏於「漢學」與「宋學」之辨，主張廢棄此種名詞，而代之
「正確之名詞」：「所謂漢學，可以分爲文字學、歷史學；所謂宋學，可以
分爲倫理學、心理學。」〔註168〕饒富意味的是，他的這些「正確之名詞」
正是科學統系下的西方學科分類中的概念。他以爲有了如此一套概念後，
原本儒學中糾纏不清的漢宋之爭就不再是個問題了，此外更可徹底去除入
主出奴的成見，所以他說：

> 諸君試思，吾人今日在學校中，各治數種科學，有治文字學者，有
> 治歷史學者，有治倫理學者，有治心理學者，或以一兼他，或互爲
> 主輔，要之無礙於爲學也。然而講漢學講宋學者，則不然，一若講
> 漢學，即不可講宋學，講宋學，即不可講漢學。入主出奴，互有軒
> 輊，是亦不可以已乎。……願諸君認此等學術，即是學校中之某種
> 學程，不必分別朝代，分別界限。余既說明此種學術之名詞，後亦
> 不復講漢學宋學之名詞矣。〔註169〕

柳詒徵雖不否定漢學式的研究方法，但也不主張以漢學爲治學的全部，只把
它看作是一種「明義理」的手段。他從實際學術研究中具體展現他的觀點，
在〈顧氏學述〉中，他反對梁啓超等人將顧炎武視爲考據家，成爲清代漢學
奠基者，認爲顧氏的學術宗旨乃其所自言之「博學於文」、「行己有恥」、「專
以明道救人爲主，不屑注蟲魚、命草木」、「惟在實行孔孟之言，學問文章，
經緯其世，撥亂反正」。〔註170〕於此，柳詒徵在認同儒家倫理道德價值的同時，
並揭示顧炎武學術中常被人忽略和誤解的一面。他以爲顧氏「不屑於注蟲魚、

命草木」的原因，乃在於他「實不止於爲一學者，……而時時欲正人心，挽風

俗」〔註171〕。柳詒徵論證顧炎武的學術宗旨爲「經世致用」，這實是對胡適等
人推崇漢學，提倡爲求知而研究風潮的一大反撥。

〔註168〕柳詒徵講演，趙萬里、王漢筆記，〈漢學與宋學〉，收入章太炎等講，《國學研
　　　　究會演講錄》（台北：廣文書局，1980），頁84。
〔註169〕同註168，頁84～85。
〔註170〕柳詒徵，〈顧氏學述〉，《學衡》，第5期，1922年5月。
〔註171〕同註170。

中國傳統士人歷來都希望達到內聖與外王合一的理想人生和為學目的，亦即「修身齊家治國平天下」，而這些僅靠考據之學是難以達致的。正是從這個角度考慮，在《中國文化史》中，柳詒徵再次申明不承認考據訓詁為實學，而為闡發義理的宋學正名，他說：

> 自漢以來，惟解釋其文學，訂其制度，轉忽略其根本，其高者亦不過謹於言行，自勉為善，於原理無大發明。至宋儒始相率從身上做工夫，實證出一種道理。不知者則以是為虛誕空疏之學，反以考據訓詁為實學。不知腹中雖貯書萬卷，而不能實行一句，仍是虛而不實也。〔註172〕

然當胡適真正將「整理國故」這一思想付諸實踐時，作為現代學術中心之地的大學發揮了關鍵的組織作用；北京大學率先成立專門的國學研究學術機構——北京大學研究所國學門，直接引導並刺激了南北其他各大學相繼成立類似的專門機構，以為重點研究和發展國學之據點。1922 年 10 月 13 日，東南大學國文系師生率先成立「國學研究會」，出版《國學叢刊》。這個在教師指導下——稱「指導員」的學術團體，從學術思想來看，他們多數與 20 世紀初的國粹派淵源深厚。〔註173〕在由顧實所作的《國學叢刊·發刊詞》中，點明該會的學術旨趣：

> 強鄰當前而知宗國，童昏塞路而知聖學。語曰「見兔顧犬，亡羊補牢」。洵乎猶足以有為也。昔者隋唐之隆也，……迨及遜清之季，外學內充，大有喧賓奪主之慨。曾幾何時，事異勢殊。自非陳叔寶太無心肝，誰不俯仰增慨？則海宇之內，血氣心知之倫，咸莫不翕然曰「國學」。與夫本會同人，近且出其平素之研究，而有《國學叢刊》之舉行，豈有他哉？一言以蔽之曰：愛國也，好學也，人同此心而已矣。〔註174〕

這篇文章明確指出「國學研究會」是在「強鄰當前」、「童昏塞路」和「外學

〔註172〕柳詒徵，《中國文化史》，頁 508。

〔註173〕「國學研究會」主要指導員有五位，包括國文系的陳鐘凡、顧實、吳梅、陳去病四位教授及歷史系教授柳詒徵。陳鐘凡畢業於北京大學，在校期間師從黃侃、劉師培，並協助劉師培編輯《國故》月刊。顧實早年留學日本，受章太炎等人影響很大。陳去病也曾留學日本，並曾編輯《國粹學報》，是該雜誌的作者之一。吳梅是近代著名的詞曲專家，與陳去病同屬「南社」成員，五四時期任教北大，也是《國故》月刊的「特別編輯」。

〔註174〕顧實，〈發刊詞〉，《國學叢刊》，第 1 卷，第 1 期，1923 年 3 月。

內充」之際,不標榜價值中立與科學精神,反而強調以「愛國」之心來「好學」,明顯蘊含著以「學」救國的主張。就此觀點來看,「國學研究會」實則直接繼承了《國粹學報》和《國故》的學術旨趣。同時,也與胡適所倡導的「『國故家』用科學的研究法去做國故的研究,不當先存一個『有用無用』的成見」〔註175〕的主張,大異其趣。

此外,顧實選擇文言而非白話文體表明宗旨,亦充滿象徵意味。他以中國傳統學術的思想脈絡而非西方的學術分類標準,將「國學」區分為:小學、經學、史學、諸子、佛典、詩文六類。換言之,《國學叢刊》不僅發表學術論文,且刊發舊體詩詞。正如論者所言,這是意味深長的,表明「國學研究會」不似「整理國故」宣導者那樣,只是將「國學」當作歷史陳跡來研究它,甚至像新文學運動中所表現出的否定態度,或是如稍後由「整理國故」發展到「疑古」,而是把它視作與自己的思想情感息息相通的文化遺產。〔註176〕

基於崇敬國學的心理,東南大學國學研究會的活動主要集中國學大師著作的整理和出版。據該會編輯的〈本刊兩卷總目並敘旨〉可發現,他們先後出版俞樾的《古書疑義舉例》和劉師培的《疑義舉例補》,並計畫出版劉師培的遺著《左庵遺稿》。〔註177〕1923年4月,東南大學國文系復計畫成立「國學院」,作為提供國文系學程修畢後的學生專攻高深學問研究的機構。不過,在顧實所起草〈東南大學國學院整理國學計畫書〉中,卻看到了同樣是用「科學的方法」來整理國故,東南大學與北京大學在整理國故的範圍與含義、出發點和目的上有著根本的不同。

這篇經過國文系全體教授贊同的〈東南大學國學院整理國學計畫書〉中,一開始即點明國學院設立的急迫性:

> 蓋凡一國歷史之綿遠,尤必有其遺傳之學識經驗,內則為愛國之士所重視,外則為他邦學者所注意。遠西學風莫不尊重希臘學術、羅馬學術及其本國學術。吾國亦獨不宜然。故今日整理國學,為當務之急。況夙號世界文明之一源,焉可稍失其面目哉?〔註178〕

〔註175〕胡適,〈論國故學——答毛子水〉,《新潮》,第2卷,第1號,1919年10月30日。
〔註176〕高恒文,〈「學衡派」與20年代的國學研究〉,《中國現代文學研究叢刊》,2001年,第3期,頁154~155。
〔註177〕〈本刊兩卷總目並敘旨〉,《國學叢刊》,第2卷,第4期,1924年12月。
〔註178〕顧實,〈國立東南大學國學院整理國學計畫書〉,《國學叢刊》,第1卷,第4

接著，顧實提出全面「整理國學」的計畫，即所謂「兩觀三支」。他認爲「治學功效，在於練心積智。然偏尙智識，非心量之全。」因此，國學院整理國學強調要「客觀」和「主觀」。「客觀」包括：「以科學理董國故──科學部」，「以國故理董國故──典籍部」；前者約分學說、圖譜、器物三端，後者則分疏證、校理、纂修三端。而「主觀」即「客觀化之主觀──詩文部」；是爲「三支」。〔註179〕東南大學國學院的「兩觀三支」之說，乃有意區別北大國學門「用科學的方法整理國故」的思路。〔註180〕顧實提醒「非國學湛深之士，而貿然輕言以科學理董國故」，容易犯下郢書燕說，「斷章取義，嘩眾取寵」的毛病，其矛頭所指，正是以胡適爲首的北大「整理國故」一派。

　　針對北大以「科學方法」整理國故的主張，東南大學國學院提出「以國故理董國故」的理論來抗衡。顧實說：「以國故理董國故者，明澈過去之中國人，爲古裝華服，或血統純粹之中國人者也。而以科學理董國故者，造成現在及未來之中國人，爲變服西裝，或華洋合婚之中國人也。」〔註181〕兩者分歧的根本來自對待中國文化的態度不同：胡適等人整理國故是爲了以西方思想來重估傳統文化的價值，達到還古人「本來面目」和「評判是非」的目的；東南大學國學院則強調以中國的傳統方法來整理國故，反對以外來的所謂「科學方法」來統一整理。同時，延續《國學叢刊》刊載舊體詩詞的思想脈絡，顧實特別標舉「主觀」一系的「詩文部」。他指出：「詩文之設，非以理董往籍也，將欲以衡量現代之作品云爾。移風易俗，則無旁貸。」〔註182〕這既是對用「科學的方法」整理國故的糾偏，也是出於不

期，1923 年 12 月。

〔註179〕顧實，〈國立東南大學國學院整理國學計畫書〉，《國學叢刊》，第 1 卷，第 4 期，1923 年 12 月。

〔註180〕雖然東南大學國學院也將「以科學理董國故」納爲整理國學的一支，但顧實對此實批評居多。他以爲「以科學理董國故」已經導致爲學無本、儀型他國的流俗學風。並認爲「且科學本爲不完全之學，今日學者間之所公認；尤必有以補其闕，故更進之以國故理董國故說。」，詳〈國立東南大學國學院整理國學計畫書〉，《國學叢刊》，第 1 卷，第 4 期，1923 年 12 月。

〔註181〕同註 179。

〔註182〕顧實「移風易俗」說，很快遭到周作人的抨擊。周作人以「陶然」的筆名，發表〈國學院之不通〉，指出：「東南大學（而且又是國學院）發表這種言論，即使不是意表之內，至少也並非『意表之外』的事，所以不值得怎樣大驚小怪。我從前聽過有人提倡忠臣美術，那麼殺身成仁的烈士文學也是古已有之，算不得什麼新發明。近來批評的建設之呼聲又正是彌漫全國，衡量現代作品

滿新文化運動打倒舊文學的態度。與《學衡》相似,《國學叢刊》設置了「文錄」、「詩錄」、「詞錄」、「曲錄」等固定欄目,每期刊載國學研究會師生及友朋的舊體詩文作品。

「國學研究會」與同在一個校園之內的學衡派,在「昌明國粹」的主張上理應互相聲援的,然事實上,兩者間有明顯的區別,即雙方活動主體的專業背景和思想傾向存在著差異性。學衡派以深受白璧德人文主義影響的留美歸國學生為主,從專業身分來看,雖有農科、歷史等不同學科學者參與其中,但該雜誌的主要編輯卻是以外國文學專業為主;至於國學研究會則是以東南大學國文系的師生為主體,受到胡適「整理國故」口號的吸引而發起成立的。〔註183〕值得注意的是,前述柳詒徵在國學研究會演講「漢學與宋學」,提出「非漢學」與「非宋學」的主張,此說引發顧實極大的不滿,當顧實在為收錄這篇講詞的《國學研究會演講錄》作序時,語帶批判地說:「今之人或詆『漢學』、『宋學』二名詞為不通,欲推翻三百年來重重公案,則吾不知其所以沾沾自喜以為通者,果通與否也。」〔註184〕可見得東南大學國學院中的主事者,不乏存在揚漢抑宋的觀點,就此而言,他們與北大學者又實無二致。〔註185〕

1927年,陳鐘凡在他所撰寫的《中國文學批評史》的〈自序〉中也提到:「1921年8月至1924年11月,任東南大學國文系主任兼教授,對當時的學衡派盲目復古表示不滿,乃編國文叢刊(即國學叢刊——引者註),主張用科學方法整理國故。」〔註186〕他的《中國文學批評史》正是「用科學方法整理國故」的成果。陳鐘凡的說法也許摻雜許多後人之見,〔註187〕但也部分反映了同在東南大學校園中的國學研究會與學衡派之間的歧異。

的正宗批評乃是應天承運而出現於龍盤虎踞之金陵,更是適合時勢之要求。」見周作人,〈國學院之不通〉,《晨報副刊》,1924年3月27日。

〔註183〕1921年7月胡適到東南大學以「研究國故的方法」為題進行演講,1924年1月,胡適再到東南大學,復以「再談談整理國故」為題,闡述其對整理國故的觀點,這使得北大的「整理國故」的風氣蔓延到南方,以致東南大學部分教員也加入到「整理國故」的行列之中。詳見陳以愛,《中國現代學術機構的興起——以北京大學研究所國學門為中心的探討(1922~1927)》,頁295~296。

〔註184〕顧實,《國學研究會演講錄·序》,頁4。

〔註185〕陳以愛,《學術與時代:整理國故運動的興起、發展與流行》,頁179。

〔註186〕陳鐘凡,《中國文學批評史·自序》,收入高增德、丁東編,《世紀學人自述》,第1卷,(北京:北京十月文藝出版社,2000),頁1~2。

〔註187〕高恒文,〈「學衡派」與20年代的國學研究〉,頁156。

正如論者所言，當一班學者在乾嘉漢學的流風餘韻中，以「新漢學」爲國學之正統時，《學衡》主編吳宓自覺在國學領域中的弱勢，爲加強《學衡》的國學陣容，他在 1923 年 9 月親赴上海，求助孔教會成員張爾田（1874～1945）和孫德謙（1873～1935），並獲得他們的支持。〔註 188〕孫德謙一邊在《國學叢刊》發表批評陳鐘凡諸子研究的信函，〔註 189〕一邊在《學衡》刊出〈評今之治國學者〉；雖然他在文章中說：

> 彼以漢學家言，而謂合於科學方法者，則考據之學是也。雖然，言乎考據，何得即稱爲國學乎？……吾非欲廢斥考據也，以此不過爲學之初徑耳。……夫國學而僅以考據當之，陋孰甚焉。今夫學亦求其有用耳，宣聖贊述六經，爲萬世治術之本。……然悠悠者不識國學爲何事，則亦已耳，使果於國學而深造有得好古三者之失，宜力戒而弗爲支離破碎之考據。……惟本此經世之志，以措之事業，倘終其身窮老在下，守先待後，砥柱中流，庶幾於名叫有所禆益。〔註190〕

認爲考據僅是一種爲學之徑，倘無爲學的「經世之志」，就稱不上是眞正的國學。這顯然是針對胡適等人的「整理國故」而言的，但也有對東南大學「國學研究會」的批評：

> 曲始於元，其時張小山輩，特造爲新聲，以補詞之不足耳。……近雖有識其淵源、校其音律者，然不加考索，善於歌唱，濫吹其中，此類爲多。亦以此本游戲之事，非關學問也。乃明知其爲游戲，偏欲誇大其事，謂曲者國粹之所存。夫國粹固若是其小乎？〔註191〕

無論南、北，對於今日之治國學者，孫德謙以爲「曰好古，曰風雅，曰游戲，如斯而已矣」，一概予以否定。這其中包括對國學研究會成員吳梅（1884～1939）的批評。論者以爲，《學衡》發表孫德謙的批評國學的文章，顯然加強了人們以爲他的〈評今之治國學者〉似乎是專門批評陳鐘凡等人的國學研究的印象。或許這也成了影響「學衡派」和「國學研究會」關係的一個原因。〔註192〕對學衡派來說，未能團結同一校園內的這些在國學研究上頗具影響力的學

〔註 188〕陳以愛，《學術與時代：整理國故運動的興起、發展與流行》，頁 181；《吳宓日記》，第 2 冊，頁 248～250。

〔註 189〕見《國學叢刊》，第 1 卷，第 3、4 期，1923 年 10、12 月。

〔註 190〕孫德謙，〈評今之治國學者〉，《學衡》，第 23 期，1923 年 11 月。

〔註 191〕同註 190。

〔註 192〕高恒文，〈「學衡派」與 20 年代的國學研究〉，頁 158。

者，顯然削弱了他們與新文化陣營在學術思潮上相抗衡的力量。

「昌明國粹」與「整理國故」，是五四文化保守主義者與激進者奮進的目標之一，但歷史事實是激進派取得了更大的成就。30 年代，郭湛波指稱胡適爲整理國故第一人，梁啓超只排第二，而顧頡剛的疑古思想對學術界所造成的衝擊力在當時也是罕有其匹。〔註193〕惟其出於「學以經世」的堅持，1932年郭斌龢讀到梁漱溟的《中國民族自救運動之最後覺悟》時，不由得興發感歎，以爲整理國故「經世致用」的初衷不盡人意，「國學二字，已與民族生命不生關係，篤舊者抱殘守缺，食古不化；驚新者研究國學，亦惟知步步武外人，以破碎支離無關宏旨之考據相尚。所謂國學，實即日本人之支那學，西洋人 Sinology（漢學）之支流餘裔而已。」〔註194〕由此可知，考據之學爲何在文化保守主義者那裡不被尊崇的原因了。

小結

學衡派和新文化運動倡導者都主張要變革，惟其區別在於變動的程度和範圍。然則，學衡派的觀點的確與新文化運動主張激進革命的要求有著明顯分歧，可以說，他們之間的論爭是一種價值之爭。對於近代思想史上的「激進」與「保守」的態度，余英時也陳說如下：「相對於任何文化傳統而言，在比較正常的狀態下，『保守』和『激進』都是在緊張之中保持一種動態的平衡。例如在一個要求變革的時代，『激進』往往成爲主導的價值，但是『保守』則對『激進』發生一種制約作用，警告人不要爲了逞一時之快而毀掉長期積累下來的一切文化業績。」〔註195〕20 世紀初，中國社會思想文化中缺乏一種穩定的因素，導致一切標準不斷地在變化。五四前期，新文化人採取全面反傳統的態度，試圖通過反傳統來推進西化。雖然他們也不否認中國傳統思想學術中有精華所在，但多數人認爲與其從傳統中發掘資源還不如從西學中直接取用，這種文化整體論的觀點，使他們否認區分精華與糟粕的必要性和可能

〔註193〕郭湛波，《近五十年中國思想史》，頁 208。

〔註194〕郭斌龢，〈讀梁漱溟近著《中國民族自救運動之最後覺》〉，《大公報・文學副刊》，1932 年 12 月 5 日。

〔註195〕余英時，〈中國近代思想史上的激進與保守——香港中文大學 25 周年紀念講座第四講〉，收入李世濤編，《知識份子立場：激進與保守之間的動盪》（北京：時代文藝出版社，2000），頁 24。

性。至若學衡派的文化守成思想，則是相對於反傳統思潮而言說的，他們力圖會通融合東西文明精華，建構一理想的新社會。他們從學理上來否定新文化運動中提出的理論及其運作方式，想要打破新文化運動的話語霸權。這種文化守成是對新文化運動激進精神的一種制約，與新文化運動相反相成。

第四章 參差對話之二：人文主義與人道主義

　　人文主義與人道主義概念，自 20 世紀 20 年代以來始終在中國文壇上糾纏不休，並表現出歧義的特徵。事實上，兩者可視爲人文精神在不同歷史時期的具體表現形式；作爲人文主義的術語，它們是一種類似於法國哲學家福柯（Michel Foucault，1926～1984）所言說的重複出現的、牽繫著價值判斷的一個或一組「主題」。〔註 1〕圍繞著《新青年》的文化群體所強調人道主義，正是白璧德所稱將美德重新定義爲擴張性的同情，從而創造出一種由「內心的反叛」和「外在的善心」所組成的改變世界的衝動，這種衝動以兩種表面上看似矛盾的方式表達出來：「一方面，理性主義的人道主義希望通過修補制度來改變世界；另一方面，情感的人道主義者則希望通過傳播友愛精神來改變世界。在它們之間，功利主義和感傷的人道主義聯合組成了現代的『普羅米修斯式的個人主義』。」〔註 2〕本章正是在白璧德對「人文主義」與「人道主義」的界說範疇下，探討在五四新文化運動中，分屬於兩個不同思考模式和文學陣營卻又能共時地參與兩種不同文化的「雙重文化人」，當其「拉近」西方文論作爲審視中國傳統文學的參照系統，與「推遠」中國傳統文論置放於世界文化的格局中，雙方因體悟的差異而致產生不同的結論。新文化陣營

〔註 1〕 福柯，〈什麼是啓蒙？〉，收入汪暉、陳燕谷主編《文化與公共性》（北京：三聯書店，2005），頁 435。

〔註 2〕 理查德・甘博（R. M. Gamble），〈國際主義的「致命缺陷」：白璧德論人道主義〉（The 'Fatal Flaw' of Internationalism: Babbitt on Humanitarianism），《人文主義：全盤反思》（北京：三聯書店，2003），頁 65。

從人道主義的觀點出發，分別將眼光集中在 19 世紀的寫實（現實）主義與 18
的浪漫主義文學理論與思潮；而深受白璧德人文主義影響的學衡派，其注目
焦點則是西方的古典主義傳統。

第一節　人的文學與人生的文學

　　寫實主義是五四文學革命宣導者們找到的改革中國文學的第一個藥方。
1915 年 10 月，陳獨秀揭示了科學作為文學的寫實主義和自然主義形成的動
因。他認為科學的「精神磅礴無所不至，見之倫理道德者，為樂利主義；見
之政治者，為最大多數幸福主義；見之哲學者，曰經驗主義，曰唯物論；見
之宗教者，曰無神論；見之文學、美術者，曰寫實主義，曰自然主義。一切
思想行為，莫不植基於現實生活之上。」〔註3〕在此，陳獨秀宣稱「寫實主義」
是文學美術描述人生真相的重要方法；文學欲揭示人生真相，就必須借助「寫
實主義」。在稍後的〈現代歐洲文藝史譚〉中，他又說道：「吾國文藝猶在古
典主義理想主義時代，今後當趨向寫實主義。文章以紀事為主，繪畫以寫生
為重，庶足挽今日浮華頹敗之惡風。」〔註4〕陳獨秀敏銳覺察到寫實主義「實
寫社會」的主張，能有效瓦解傳統文學的陋習陳規，體現「近代文學家之大
理想大本領，實寫以外，別無所謂理想。」〔註5〕1917 年，他更在〈文學革命
論〉中提出欲建設三大主義文學中的第二種是「新鮮的立誠的寫實文學」〔註
6〕，指示出寫實主義文學是文學革命的主要內容。

　　最先回應陳獨秀寫實主義主張的是胡適。1916 年，胡適在給陳獨秀的信
中認同他所謂「今後當趨向寫實主義」的說法。〔註7〕而早在前一年，他在〈讀
白居易與元九書〉中，即以西方詩學觀念解讀中國的詩學現象，將文學分為
「理想主義」（Idealism）與「實際主義」（Realism）兩派。指出：

　　　實際主義者，以事物之真實境狀為主，以為文者，所以寫真、紀實、
　　　昭信、狀物，而不可苟者也。是故其為文也，即物而狀之，即事而

〔註 3〕陳獨秀，〈今日之教育方針〉，《青年雜誌》，第 1 卷，第 2 號，1915 年 10 月
　　　　15 日。
〔註 4〕陳獨秀，〈現代歐洲文藝史譚〉，《青年雜誌》第 1 卷，第 4 號，1915 年 12 月
　　　　15 日。
〔註 5〕陳獨秀，〈通信‧答陳丹崖〉，《新青年》，第 2 卷，第 6 號，1917 年 2 月 1 日。
〔註 6〕陳獨秀，〈文學革命論〉，《新青年》第 2 卷，第 6 號，1917 年 2 月 1 日。
〔註 7〕胡適，〈寄陳獨秀書〉，《胡適學術文集‧新文學運動》，頁 18。

　　紀之：不隱惡而揚善，不取美而遺醜；是則是，非則非。舉凡是非，

　　美惡，疾苦，歡樂之境，一本乎事物之固然，而不以作者心境之去

　　取，渲染影響之。是實際派之文學也。〔註8〕

此處所說的「實際主義」，即陳獨秀的「寫實主義」。他以為白居易的諷諭詩，如〈秦中吟〉、〈新樂府〉、〈採地黃者〉、〈宿紫閣山北村〉、〈觀刈麥〉等詩，「皆記事狀物之真者，皆實際之文學也」〔註9〕；並指稱這一派是直接承續杜甫而來的。其後，在〈文學改良芻議〉中，胡適亦盛讚吳趼人、李寶嘉、劉鶚等三人的「譴責小說」繼承中國白話小說的實寫傳統，「其足與世界『第一流』文學比較而無愧色」之因，乃在其「實寫今日社會之情狀，故能成真正文學。」〔註10〕胡適分別從詩歌和小說的書寫傳統出發，為寫實主義文學思潮尋求在中國發展的現實基點。

　　他曾明確表白自己深受寫實主義文學思想的影響：「我生平不會做客觀的艷詩艷詞。不知何故。……今夜仔細想來，大概由於我受『寫實主義』的影響太深了，所以每讀這種詩詞，但覺其不實在，但覺其套語的形式，而不覺其所代表的情味。」〔註11〕在〈建設的文學革命論〉中，他更指出：「真正文學家的材料大概都有『實地的觀察和個人自己的經驗』做個根底。」〔註12〕1918年，他發表〈易卜生主義〉，指出中國人的「人生的大病根在於不肯睜開眼睛來看世間的真實現狀。……易卜生的長處，只在他肯說老實話，只在他能把社會種種腐敗齷齪的實在情形寫出來叫大家仔細看。」〔註13〕由〈建設的文學革命論〉的「怎麼寫」到〈易卜生主義〉的「寫什麼」，胡適完整地建構出寫實主義的「人生觀」。陳獨秀與胡適二人皆把寫實主義文學當成文學革命的目標之一，然彼此間的觀點並不盡一致。陳獨秀是從文學革命的角度宣導寫實主義文學，並認為中國此時尚無這種主義；胡適則自思想解放的角度提倡寫實主義文學，他以為這種形式的文學中國古已有之。

　　周作人認同胡適的寫實主義文學主張，並進一步把胡適的「易卜生寫實主義」闡釋為直面社會及人生的文學。以人的發現為契機，以五四思想解放、

〔註8〕 胡適，〈讀白居易與元九書〉，《胡適學術文集·新文學運動》，頁322。

〔註9〕 同註8。

〔註10〕 胡適，〈文學改良芻議〉，《胡適學術文集·新文學運動》，頁22。

〔註11〕 胡適，〈讀沈尹默的舊詩詞〉，《胡適學術文集·新文學運動》，頁368。

〔註12〕 胡適，〈建設的文學革命論〉，《胡適學術文集·新文學運動》，頁50。

〔註13〕 胡適，〈易卜生主義〉，《中國新文學大系·理論建設集》，頁180。

個性解放爲動力，1918 年 12 月，周作人首次在中國文壇提出「人的文學」觀念。在這篇象徵五四時期人的自覺的文學啓蒙宣言中，他指出：「我們希望從文學上起首，提倡一點人道主義思想。」〔註 14〕千百年來，奉「文以載道」以爲圭臬的舊文學非但沒有人的觀念，反而以既定的物的規範來限制人的創造力，比之西方文學，舊文學「是不合人性，不近人情的僞文學，缺少『人化』的文學」。〔註 15〕因此，周作人強調我們現在應當提倡的新文學是「人的文學」。一如羅家倫（1897～1969）所言，正是周作人用人道主義的聲音將「『思想革命』、『文學革命』的意思，合在一起來說」〔註 16〕，明確區別了新文學與舊文學在基本思想原則上的歧異，同時也補足了新文學在理論上的匱乏。

　　周作人概括西方人文主義歷史的流變，指出：「歐洲關於這『人』的眞理的發現，第一次是在十五世紀，於是出了宗教改革與文藝復興兩個結果。第二次成了法國大革命，第三次大約便是歐戰以後將來的未知事件了。女人與小兒的發現，卻遲至十九世紀，纔有萌芽。」〔註 17〕這樣的描述雖不免流於簡單化，但大致抓住西方人文傳統的演化過程，其文章的中心論點，正是西方人文主義發展第二階段的人道主義。他說：「用這人道主義爲本，對於人生諸問題，加以記錄研究的文字，便謂之人的文學。」針對所謂「人道主義」，周作人有進一步的說明：

> 我所說的人道主義，並非世間所謂「悲天憫人」或「博施濟眾」的
> 慈善主義，乃是一種個人主義的人間本位主義。……我所說的人道
> 主義，是從個人做起。要講人道，愛人類，便須先使自己有人的資
> 格，占得人的位置。耶穌說，「愛鄰如己」。如不先知自愛，怎能「如
> 己」的愛別人呢？〔註18〕

周作人將人的發現與文學的發現結合起來，把他所謂「個人主義的人間本位主義」精神灌輸到文學革命中，在人的身上找到思想革命與文學革命交錯的歷史座標，從而使中國文學邁向現代化之路。

　　從「人的觀念」出發，周作人認爲有必要先給「人」字作一界定，他指出這個「人」有兩個要點，（一）是「從動物」進化的，（二）是從動物「進

〔註 14〕周作人，〈人的文學〉，《中國新文學大系‧建設理論集》，頁 194。
〔註 15〕傅斯年，〈怎樣做白話文〉，《中國新文學大系‧建設理論集》，頁 223。
〔註 16〕羅家倫，〈什麼是文學〉，《新潮》，第 1 卷，第 2 期，1919 年 2 月。
〔註 17〕同註 14，頁 193。
〔註 18〕同註 14，頁 195、196。

化」的。他以爲人性中包含靈肉二元，肉的一面是獸性的遺傳，靈的一面是神性的發端，所以「獸性與神性，合起來便只是人性」。〔註19〕一方面人是動物，有種種的生活欲求；另方面人又有區別於動物的精神追求。周作人認爲人性就是神性和獸性的結合，他借助西方的自然人性論和人道主義觀念來凸顯人的生物本能，藉以批判傳統道德中扼殺人性的禁欲主義以及三綱五常的封建倫理道德。

　　周作人的「人的文學」主張是自陳獨秀對文學的政治超逸向文學自身的回歸，以及從胡適對文學形式的革新轉向文學內容的革新。他把人道主義以自我爲中心、肯定人的權利、維護人的獨立精神引入文學之中，並將「人的文學」區分爲兩類：一是正面的，寫理想生活，或人間上達的可能性；二是側面的，寫人的平常生活，或非人的生活。至於稱得上「人的文學」的作品，他以爲第二類的數量最多，也最重要，只是「這一類中寫非人的生活的文學，世間每每誤會，與非人的文學相溷」。爲釐清兩者間的差異，他特別以法國作家莫泊桑的小說《人生》和中國的《肉蒲團》爲例，指出兩者雖都描寫人間獸欲，然其著作態度不同：「一個嚴肅，一個游戲，一個希望人的生活，所以對於非人的生活，懷著悲哀或憤怒，一個安於非人的生活，所以對於非人的生活，感著滿足，又多帶著玩弄與挑撥的形跡。」〔註20〕著重指出他強調人的文學和非人的文學的區別，無關乎使用的材料與方法，其關鍵在於著作的態度，亦即創作主體的創作態度決定其作品是否爲「人的文學」。

　　他從純文學中列舉包括「色情狂的淫書類」、「迷信的鬼神書類」、「神仙書類」、「妖怪書類」、「奴隸書類」、「強盜書類」、「才子佳人書類」、「下等諧謔書類」、「黑幕類」、「以上各種思想和合結晶的舊戲」等十種類型的作品，指出「這幾類全是妨礙人性的生長，破壞人類的平和的東西，統應該排斥。」另一方面，他認爲世間著作如有發揮「男女兩本位的平等」，「戀愛的結婚」等主張，如易卜生的《娜拉》、托爾斯泰的《安娜‧卡列尼娜》等，「便是絕好的人的文學」。進一步強調，好的文學創作應「擴大讀者的精神，眼裡看見了世界的人類，養成人的道德，實現人的生活。」〔註21〕

　　周作人宣導「人的文學」，目的在以文學「闢人荒」，從而將人從封建倫

〔註19〕周作人，〈人的文學〉，《中國新文學大系‧建設理論集》，頁194。
〔註20〕同註19，頁196。
〔註21〕同註19，頁196～197、199。

理束縛中解救出來，揭示人的生存權利與意義。「人的文學」的口號，雖然少了文學革命「首揭義旗」式的榮耀，然其理論深度畢竟超越了胡適與陳獨秀，給周作人帶來極高的聲譽。這種以人為本，反映人的生活的文學觀，是「文學革命」內容的具體化，同時也是新文化運動倡導者們的共識。然則，新文學的啓蒙歸宿不僅止在使人獲得個性上的解放，還須啓發人的社會責任意識。因此，胡適在當時亦曾指出：「大凡文學有兩個主要分子：一是『要有我』，二是『要有人』。」他進一步解釋，所謂「有我」是要表現作者的性情見解，「有人」則是要與一般的人發生交涉。〔註 22〕在〈易卜生主義〉中，他引用易卜生寫給朋友的一段話說：

> 你要想有益於社會，最好的法子莫如把自己這塊材料鑄造成器。……
> 有的時候我眞覺得全世界都像海上撞沉了船，最要緊的還是救出自
> 己。〔註 23〕

胡適認爲易卜生的「救出自己」，是最有價值的利己主義或個人主義。他注重社會中的個人，主張「須使各人自己充分發展：這是人類功業頂高的一層；這是我們大家都應該做的事。」唯有這樣的個人，才有能力擔負起社會所賦予的責任。而發展個人的個性，須要具備兩個條件：「第一，須使個人有自由意志。第二，須使個人擔干係，負責任。」「家庭是如此，社會國家也是如此。自治的社會，共和的國家，只是要個人有自由選擇之權，還要個人對於自己所行所爲都負責任。」〔註 24〕胡適這種「擔干係，負責任」的精神表現在文學上，正是傅斯年（1896～1950）所說的：「用手段高強的文學，包括著『人的』思想，促動大家對人生的自覺心。」〔註 25〕

　　日後胡適以歷史參與者的身分對五四「文學革命」作總結時，指出中國新文學運動的中心理論只有兩個：

> 一個是我們要建立一種「活的文學」，一個是我們要建立一種「人的文學」。前一個理論是文字工具的革新，後一種是文學內容的革新。中國新文學運動的一切理論都可以包括在這兩個中心思想的裡面。
> 〔註 26〕

〔註 22〕 胡適，〈五十年來中國之文學〉，《胡適學術文集・新文學運動》，頁 134。
〔註 23〕 胡適，〈易卜生主義〉，《中國新文學大系・建設理論集》，頁 189。
〔註 24〕 同註 23，頁 190、191。
〔註 25〕 傅斯年，〈白話與文學心理的改革〉，《新潮》，第 5 期，1919 年 5 月。
〔註 26〕 胡適，《中國新文學大系・建設理論集・導言》，頁 18。

正是周作人把「那個時代所要提倡的種種文學內容，都包括在一個中心觀念裡，這個觀念他叫做『人的文學』。」〔註27〕由是可知，以「人的文學」來概括新文學的內容，標識新文學區別舊文學的本質特徵，正是五四時期周作人最有價值的論述。

不過，周作人很快覺察到「人的文學」這一主張所隱含的功利主義傾向，1920 年 1 月 6 日，他在北平少年學會發表題為〈新文學的要求〉的演講，針對帶有功利主義傾向的「人生派」與以人生為藝術而存在的「藝術派」，他批評道：

> 正當的解說，是仍以文藝為究極的目的；但這文藝應當通過了著者的情思，與人生有接觸。換一句話說，便是著者應當用藝術的方法，表現他對於人生的情思，使讀者能得藝術的享樂與人生的解釋。這樣說來，我們所要求的當然是人的藝術派的文學。〔註28〕

他摒棄人生派「容易講到功利裡邊去」的弊端和藝術派對世情冷漠的偏頗，將自己的文學主張修正概括為「人的藝術派的文學」，或曰「人生的藝術派」；強調文藝應當通過作者的情思接觸人生，表現人生，「使讀者能得到藝術的享樂與人生的解釋」。由是可知，周作人所宣導「人的文學」，乃融合個人主義與人道主義，是「個人」與「人類」統一的文學；這個「人」可分成「個人、鄉土及家族、種族、國家、人類」等層面，它也包含了男、女、老、幼所有的「人」。在強調個人和人類兩極之餘，他從性別上有男女之別，年齡上有長幼之分，指點出男女長幼本都是人；只是傳統中國社會中，女子與兒童總處於弱勢，甚至長久以來不被當作「人」來對待。故而他強調：「理想的中國文學，是有人類共同的性情而又具民族與地方性的國民生活的表現，不是住在空間沒有靈魂陰影的寫照。」〔註29〕「人」的發現，倘若少了婦女與兒童這兩者就是不完整的；而周作人正是五四時期少數幾位始終將目光投注在婦孺文學的作家之一。

當周作人提出「人的文學」，主張個人主義的人間本位主義的時候，沈雁

〔註27〕胡適，《中國新文學大系・建設理論集・導言》，頁 30。

〔註28〕周作人，〈新文學的要求〉，鄭振鐸編選，《中國新文學大系・文學論爭集》，（上海：上海文藝出版社，2003），頁 141。

〔註29〕周作人著，鍾叔河編，《周作人文類編：本色——文學、文章、文化》（長沙：湖南文藝出版社，1998），卷 3，頁 590。

冰也標舉「文學是爲表現人生而作的」口號。〔註 30〕五四後期，白話文學運動雖取得初步的勝利，新文學陣營卻又面臨其他的對手和挑戰。以消閒、趣味爲宗旨的通俗文學「鴛鴦蝴蝶派」，他們使用白話並標榜「寫實」；至於受西方文學影響「爲藝術而藝術」的文學，也以新潮自居。不滿文壇現實的沈雁冰，首先，將周作人「平民文學」中帶有普遍人性的「人生」轉換爲帶有階級性質的「爲人生」；認爲進化的文學應包括三種要素：「普遍的性質、表現人生指導人生的能力、爲平民的而非爲一般特殊階級的人」，強調「文學家所欲表現的人生，決不是一人一家的人生，乃是一社會一民族的人生。」〔註31〕他以是否「爲人生」作爲區別文學價值的標準，認爲傳統文學觀中的「載道」和「游戲」二說，不僅沒有表現人生，甚至褻瀆了人生；他指出：「中了前一個毒的中國小說家，拋棄眞正的人生不去觀察不去描寫，只知把聖經賢傳尙朽腐了的格言做爲全篇『柱意』。」「中了後一個毒的小說家，本著他們『吟風弄月，文人風流』的素志，游戲起筆墨來，結果也拋棄了眞實的人生不察不寫，只寫些佯啼假笑的不自然的惡札，以自快其『文字上的手淫』。」〔註 32〕

其次，他與鄭振鐸等人於 1921 年 1 月 4 日發起組織「文學研究會」，宣導爲人生的寫實主義文學。他們借助周作人之口，刊發〈文學研究會宣言〉，通告文壇：「將文藝當作高興時的游戲或失意時的消遣的時候，現在已經過去了。」〔註33〕沈雁冰更高唱「文學家是來爲人類服務，應該把自己忘了，只知有文學；而文學呢，即等於人生！」〔註34〕在〈文學與人生〉中他極力宣傳著「文學是人生的反映」的文學觀念，他說：「西洋研究文學者有一句最普通的標語：是『文學是人生的反映』（Reflection）。人們怎樣生活，社會怎樣情形，文學就把那種種反映出來。」〔註35〕在與創造社成員論爭時，他更表明：

〔註30〕 沈雁冰，〈現在文學家的責任是什麼〉，原刊《東方雜誌》，第 17 卷，第 1 號，
　　　 1920 年 1 月 10 日；收入《茅盾全集》（北京：人民出版社，1984），第 18 卷，
　　　 頁 9。

〔註31〕 同註 30。

〔註32〕 沈雁冰，〈自然主義與中國現代小說〉，原刊《小說月報》，第 13 卷，第 7 號，
　　　 1922 年 7 月；《茅盾全集》，第 18 卷，頁 232。

〔註33〕 周作人，〈文學研究會宣言〉，《晨報》，1920 年 12 月 13 日。

〔註34〕 沈雁冰，〈文學和人的關係及中國古來對文學者身分的誤認〉，《小說月報》，
　　　 第 12 卷，第 1 號，1921 年 1 月。

〔註35〕 沈雁冰，〈文學與人生〉，《中國新文學大系・文學論爭集》，頁 150。

> 我是傾向人生派的。我覺得文學作品除能給人欣賞而外，至少還需
> 含有永存的人性，和對於理想世界的憧憬。我覺得一時代的文學是
> 一時代缺陷與腐敗的抗議或糾正。我覺得創作者若非是全然和他的
> 社會隔離的，若果也有社會的同情的，他的創作不能不對於社會的
> 腐敗抗議。〔註36〕

一連用了三個主觀意識強烈的「我覺得」，表達他要求將新文學當作表現人
生、指導人生的工具理念。

　　文學研究會成立的同一年，沈雁冰接編《小說月報》，並針對這份已具十
多年歷史的文藝刊物進行大刀闊斧的革新。〔註37〕改革後的《小說月報》成
為他提倡文學為人生服務的公共場域。1921 年 2 月，他發表〈新文學研究者
的責任與努力〉，指出為人生的文學，「無非欲使文學更能表現當代全體人類
的生活，更能宣洩當代全體人類的情感，更能聲訴當代全體人類的苦痛與期
望，更能代替全體人類向不可知的運命作奮抗與呼籲。」〔註38〕他承續周作
人所謂平民文學是「在研究全體的人的生活」的說法，〔註39〕進一步傳達新
文學的作者應「注意社會問題，同情第四階級，愛被損害者與被侮辱者」；並
結合對舊小說的批判指出，真正的新文學作者應有「觀察人生的一副深炯的
眼光和冷靜的頭腦」，否則，「雖然也做人道主義的小說，也做描寫無產階級
窮困的小說，而其結果，人道主義反成了淺薄的慈善主義，描寫無產階級的
窮困反成了譏諷無產階級的粗陋與可厭了。」〔註40〕

　　在沈雁冰的言說理路中顯現出高度的「為人生」的自覺。他的「使文學
成為社會化，掃除貴族文學面目，放出平民文學的精神。下一個字是為人類
呼籲的，不是供貴族階級賞玩的；是『血』和『淚』寫成的，不是『濃情』
和『豔意』做成的，是人類中少不得的文章，不是茶餘酒後消遣的東西」的

〔註36〕 雁冰，〈介紹外國文學作品的目的——兼答郭沫若君〉，《時事新報・文學旬
　　　　刊》，1921 年 5 月 10 日。
〔註37〕 《小說月報》為上海商務印書館出版發行，1910 年 7 月創刊，至 1920 年底，
　　　　十年間，由鴛鴦蝴蝶派著名人物王蘊章、惲鐵樵編輯，成為該派的重要陣地，
　　　　自第 12 卷起，由茅盾編輯。
〔註38〕 郎損（沈雁冰），〈新文學研究者的責任與努力〉，原刊《小說月報》，第 12 卷，
　　　　第 2 號，1921 年 2 月；《中國新文學大系・文學論爭集》，頁 145。
〔註39〕 周作人，〈平民文學〉，《中國新文學大系・理論建設集》，頁 211～212。
〔註40〕 沈雁冰，〈自然主義與中國現代小說〉，《茅盾全集》，第 18 卷，頁 233。

主張，〔註41〕獲得其他文學研究會成員的支持。1921 年，鄭振鐸以散文詩式的句式，在《文學旬刊》上大聲呼喚「血和淚的文學」，呼應沈雁冰的主張；他指出現在「我們所需要的是血的文學，淚的文學，不是『雍容爾雅』『吟風嘯月』的冷血的產品。」在這篇短短 450 字的文章中，鄭振鐸並未在理論上展開充分的論述，只是基於對現實的感受，「宣言式」地激情吶喊著：「薩但（Satan）日日以毒箭射我們的兄弟，戰神又不斷的高唱他的戰歌。……革命之火，燃吧，燃吧！青年之火，燃吧，燃吧！被擾亂的靈魂沸滾了，苦悶的心神漲烈了。」〔註42〕以實際的行動支持著沈雁冰的主張。

很顯然地，沈雁冰等人並不滿意於周作人「人的文學」既可描摹理想生活，又可寫非人生活的過於寬泛的內涵；他們強調文學應描寫社會的黑暗與勞苦大眾的痛苦，所謂「平民」，不應只是世間普通的男女，而是具體化為包括無產階級在內的「被損害者與被侮辱者」。「為人生」的文學主張在沈雁冰的論述中得到集中的體現，只是，由於他強烈突出文學的社會功利性，忽略文學之所以為文學的獨立審美之特質，很快地走向更激進的「革命文學」，其結果使得「為人生」的主張反成為另一種以新的工具（口語白話）來載新的道（為人生）的文學。而五四「文學革命」的「偉大的十年」也終止於「革命文學」的到來。

不同於新文化陣營的「人的文學」與「為人生」的文學觀，作為學衡派核心人物之一，吳宓的著作始終與新文化新文學陣營保持相當距離。在對新文化運動的批判中，可以看到他對未來學術潛心努力的方向。吳宓曾說：「吾見近年國中報章論述西洋文學之文，多皆不免以人名地名書名等拉雜堆積之病，苟細究其一篇，毫不成章，毫無宗旨，但其西文名詞滿紙，五光十色，能令讀者咋舌拜服而已。」〔註43〕爾後在《自編年譜》他又再度提到：「蓋自新文化運動之起，國內人士競談『新文學』，而真能確實講述《西洋文學》之內容與實質者則絕少。（僅有周作人之《歐洲文學史》上冊，可與謝六逸（1898～1945）之《日本文學史》並立。）故梅君與宓等，在此三數年間，談說西洋文學乃甚合時機也。」〔註44〕當時國內學術界的景況一如吳宓的描述，多

〔註41〕沈雁冰，〈現在文學家的責任是什麼〉，《茅盾全集》第 18 卷，頁 10。
〔註42〕鄭振鐸，〈血和淚的文學〉，《文學旬刊》，1921 年 6 月 30 日。
〔註43〕吳宓，〈論新文化運動〉，《學衡》，第 4 期，1922 年 4 月。
〔註44〕吳宓，《吳宓自編年譜：1894～1925》，頁 222。

數人對西洋文學的接受程度仍停佇在報刊零星片斷的翻譯。對此，留學哈佛專研文學的梅光迪、吳宓等人自信能擔起將源遠流長、包羅萬象的西洋文學史譯介到中國的重責。

然則，文學史研究必須擺脫經學影響並且重構文學自身的世界，因而對文學本質的探求成爲一項持久的學術興趣。五四時期，從辭章之學到「人的文學」，從對傳統文學觀的再梳理到域外不同文學觀念的接納，學術界對文學本質的觀照始終隱藏著一條思想史的線索。〔註45〕有別於新文化新文學陣營對西洋文學實質解讀方式，吳宓欣賞的是從柏拉圖、亞里士多德開始到阿諾德、白璧德等所形成的一條脈絡清晰的人文主義路線。早在清華學校時期，吳宓即已初步形塑出個人志趣、文化與文學的價值觀。他在《日記》中寫道：

> 歷史一課，文藝復與之大變，極似我國近數十年歐化輸入情形。然我之收效，尚難明睹。至於神州古學，發揮而光大之，蔚成千古不磨、赫奕彪炳之國性，爲此者尚無其人。近數年來，學術文章，尤晦昧無聲響。俯仰先後，繼起者敢辭此責哉！〔註46〕

> 國家之盛衰，不在其政體，不在其一二人物，亦不盡由財力兵力之如何。……所恃以決者，國民全體之智識與道德，故社會教育、精神教育尚焉。苟民智開明，民德淬發，則旋乾轉坤，事正易易。不然者，雖有良法美意，更得人而理，亦無救於危亡。然此義知之者多，而行之者鮮。由於今人功利心過重，均望謀官而得財。社會教育與文章學問，則嫌其冷淡空疏，謂非能者之事，迄今猶絕響矣。
> 〔註47〕

出國留學前，吳宓在文化取向與精神修養方面，表現出調和新舊、溝通東西及注重個人人格、強調道德修養與國家盛衰關係的主張；這爲他播下日後選擇白璧德人文主義作爲終身信仰的種子。

〔註45〕 新文學陣營對於文學自身問題的探討主要是在兩個層次上展開：一是文學的經驗層次，一是理論思辨層次。前者回答「什麼是文學」，後者則回答「文學是什麼」。儘管新文學同人各自選取不同的表述角度，然則無論是李大釗的〈什麼是新文學〉、胡適的〈什麼是新文學〉、鄭振鐸的〈文學的定義〉、康白情的〈新詩底我見〉、沈雁冰的〈文學和人的關係及中國古來對文學者身分的誤認〉等，均對此作出深入的探索。
〔註46〕 《吳宓日記》，第1冊，1915年1月5日，頁381。
〔註47〕 同註46，頁514。

　　吳宓批判新文化的眼光主要是他所依託的白璧德人文主義的理論。針對盧梭自然主義的人性論和性善論，以「人性二元」為核心的白璧德人文主義認為人自身中的理性和欲望、較高的自我和卑下的自我始終相互衝突；因此，他強調自我的克制力量，並且注重文學的道德教化功用。這些論點與儒家思想的道德教化頗相一致。當吳宓在建構其文學觀時，白璧德的思想觀點很自然地成為其立論根基；作為一位道德主義者，吳宓一生尋求自我道德與社會道德的和諧統一。他把文學視作救助人心、完美人性的基本手段。如他說：「道德者何？行事之是非也。」又「道德者何？行事之善，而合於正道 Justice 者之謂。」〔註 48〕文學雖不以提倡道德為目的，但文學描寫絕不能離開道德。在〈評歧路燈〉中，他進一步闡述文學與道德的關係：

> 文學表現人生，欲得其全體之真相，則不得不區別人物品性之高下，
> 顯明行為善惡之因果關係，及對己對人之影響，其裨益道德，在根
> 本而不在枝節；其感化讀者，憑描寫而不事勸說，若夫訓誨主義與
> 問題之討論，主張之宣傳，皆文學所最忌者也。〔註 49〕

他強調「文學表現人生」，對於五四時期的新文學著重政治的、社會的、功利化的傾向表示出他的不滿。「文學與人生」是吳宓文學觀中的一個重要命題。〔註 50〕在這個課題中，吳宓談論最多的不是文學，而是哲學——通過半生閱讀和思考所形成的自己的人生哲學。〔註 51〕

　　吳宓研究文學，首先，以文字區分，將文學分為廣義和狹義兩種。廣義的文學指的是，「在一個國家或在世界範圍內，在一段時期或在整個歷史時期內，用一種語言或多種語言寫作的一切文學寫作。」狹義的文學則指「世界上表達出來的最佳思想和言論（M.安諾德）」。〔註 52〕吳宓在狹義的文學定義之後註明此說法源自安諾德。從人文主義的觀點看待文學與人生的關係，他提出如下兩點：（一）文學「是關於人的——而不是關於神，也不是關於自然

〔註 48〕吳宓，〈我之人生觀〉，《學衡》，第 16 期，1923 年 4 月。
〔註 49〕吳宓，〈評歧路燈〉，《大公報·文學副刊》，1928 年 4 月 23 日。
〔註 50〕1930 年代，吳宓在清華大學開設一門題為「文學與人生」的課程，編寫一本《文學與人生》講義。自歸國初期到《文學與人生》的編寫，吳宓的學術思路大致延續他所珍惜依託的安諾德和白璧德的理論。與其他學者相比，吳宓習慣以提綱挈領的方式，分點論述自己的想法。
〔註 51〕周國平，〈理想主義的絕唱——讀吳宓《文學與人生》〉，收入李繼凱、劉瑞春選編，《解析吳宓》，頁 341。
〔註 52〕吳宓，〈《文學與人生》課程內容與方法進一步之說明〉，《文學與人生》，頁 13。

的。」（二）文學「是關於每一個男人或女人——不是關於民族、國家、家庭，或社會的或經濟的階層等。」〔註53〕吳宓對文學的定義，明顯地與周作人分享了相同的概念。事實上，在這兩項論點之後，吳宓亦特別標明參閱周作人〈人（生）的文學〉。可知在強調人的自我個性完善，與個體對他人的利益影響等層面，兩人的理念頗為接近。只是，相對於周作人「人的文學」主張「個人主義的人間本位主義」，吳宓更關注的是作為整體觀念的人生與宇宙，而不是對具體的某些人和事的判斷。〔註54〕

　　其次，受安諾德詩學批評思想之影響，吳宓認為文學與人生的關係密不可分：「文學是人生的精髓」，「文學是人生的表現」。因此，作者的首要任務是選擇材料，施以藝術加工以表現人生的精華。他反對以沈雁冰為代表的文學研究會所強調的文學反映論，認為「忠實的抄襲或準確的再現人生不僅是不可取的，也是做不到的。」同時，他也反對索隱考證及自傳式的歷史批評，因為「文學寫作的目的不總是自我暴露」。〔註55〕關於文學與人生問題，吳宓從大處著眼，強調「文學作品之價值不在於主題（材料），而在於處理（藝術）。」〔註56〕他所說的「人生」，不僅指經驗層面的個體生活與社會生活，還包括人的精神道德層面的生活。

　　吳宓的文學與人生經驗，在知識譜系上涵括了亞里士多德、柏拉圖、阿諾德和白璧德等人的觀念。他強調：

> 最佳文學作品含有人生最大量的、最有意義的、最有興趣的部分（或種類），得到最完善的藝術的處理，因此能給人一個真與美的強烈、動人的印象，使讀者既受到教益、啟迪，又得到樂趣。〔註57〕

吳宓認為文學是利用藝術的創作手段，將人生經驗加以選擇和提煉，從而表達出真與美，使人受到教化和感到樂趣。他尤其重視文學對讀者的教益和啟迪作用，把文學的教化功能和社會功能提升到最重要的位置。一如前述周作人所羅列出十種應排除的作品類型，吳宓也認為今日中國文學有四項缺失：（一）是把文學作為宣傳工具的（主義）宣傳文學，（二）是缺乏高度嚴肅性的閑談文學，（三）是趣味低級的消遣文學，（四）是神祕的特種或宗派文學。

〔註53〕吳宓，〈《文學與人生》課程內容與方法進一步之說明〉，《文學與人生》，頁14。
〔註54〕吳宓，〈文學與人生之關係〉，《文學與人生》，頁19。
〔註55〕同註54，頁16～18。
〔註56〕同註54，頁19。
〔註57〕同註54，頁21。

〔註 58〕兩相對照，可發現在對文學審美獨立性的肯定上，反對文學爲政治服務的功利傾向的周作人，與反對將文學作爲宣傳工具的吳宓，兩人的立場似乎是一致的。

著眼於文學對人生形而上層面的表現，吳宓強調個體心靈對「人事之律」的體驗和認知。不過，儘管吳宓與周作人在某些層面的理念與論點相近，卻因彼此的理論根源不同，形成二人在文學本質觀上不同的表述。周作人以個人爲本位的人道主義文學思想，是源自於歐洲文藝復興時期的人文（人道）主義，旨在擺脫宗教神學的禁錮，提倡人的個性發展與思想的解放，強調作爲個體的人的作用與地位；師承白璧德人文主義的吳宓，則強調理性的道德意志的力量，奉行中庸平和的人生哲學，反對漫無節制的自由膨脹和個性張揚。論者認爲正是這種把文學與人生貫通起來的人生哲思，使得吳宓將文學研究變成人生探索的一種方式。〔註 59〕

在〈我之根本信條〉中，他把人生價值等級由低而高分爲：經濟價值（交換價值、感官滿足價值）→實用價值（作爲一種手段、工具，以獲得生活上某種事物或行動）→審美價值（滿足對物之美的感覺）→哲學價值（滿足人們的理性）→道德價值（仿效的模範）→宗教或精神價值（眞善美的體現）等六個層次。〔註 60〕他將「道德價值」作爲人生追求仿效的重要價值之一，而其最終極的目標則是體現爲最眞、至善、盡美的宗教或精神價值。這種人生價值觀同時也決定了吳宓的文學功用觀。吳宓不遺餘力地宣揚以道德價值爲核心的人生使命，在《文學與人生》中，他總結文學之功用共有十項：「涵養心性」、「培植道德」、「通曉人情」、「諳悉世事」、「表現國民性」、「增長愛國心」、「確定政策」、「轉移風俗」、「造成大同世界」、「促進眞正文明」。〔註61〕這十大功用涵蓋文學作品對人、對國家社會乃至於對全體人類的作用。

1928 年，吳宓更明確將其畢生志業具體化爲三部著作：《詩集》、《小說》與《人生哲學》。〔註62〕他在日記中屢次提及下決心寫作醞釀多年的小說《新舊因緣》，可惜終究未能完成；《人生哲學》的大致輪廓則可由現存《文學與人生》的課程講義約略窺測；至於 1935 年出版的《吳宓詩集》是他半生心血

〔註58〕吳宓，〈文學與人生之關係〉，《文學與人生》，頁 21。
〔註59〕周國平，〈理想主義的絕唱——讀吳宓《文學與人生》〉，《解析吳宓》，頁 343。
〔註60〕吳宓，〈我之根本信條〉，《文學與人生》，頁 159～160。
〔註61〕吳宓，〈公民教育與文學：文學之功用〉，《文學與人生》，頁 59～68。
〔註62〕《吳宓日記》，第 4 冊，1928 年 3 月 23 日，頁 39。

的結晶，吳宓把詩歌視爲畢生志業，認爲「古今最大之詩人，皆能以其一生經驗之最大部分寫入詩中，而所寫入者，又是爲最重要最高貴之部分。」〔註63〕在其詩學理論中，特別突出詩的教化作用。《餘生隨筆》中，他強調：

> 蓋詩之功用，在造成品德，激發感情，砥勵志節，宏拓懷抱。使讀之者，精神根本，實受其益。而非於一事一物，枝枝節節之處，提倡教訓也。〔註64〕

> 吾以爲國人而欲振興民氣，導揚其愛國心，作育其進取之精神，則詩宜重視也。而欲保我國粹，發揮我文明，則詩宜重視也。而欲效法我優秀先民之行事立言，而欲研究人心治道之本原，而欲使民德進而國事起，則詩尤宜重視也。蓋詩者一國一時，乃至世界人類間之攝力也。其效至偉，以其入人心者深也。〔註65〕

雖然吳宓沒有寫出他籌畫多年的長篇小說，然並不妨礙他對小說藝術的研究與肯定。在《文學與人生》中，他以小說的樣式來表述他對於文學與人生關係的理解。他總結小說創作的五項原則：「自作自受」、「人生如戲」、「崇眞去僞」、「愛由心生」和「好善惡惡」，以「人生——道德——藝術（小說）」的脈絡來說明人生和藝術間互爲發展的關係。〔註66〕他認爲人生是一個舞台，而小說則表現了具體而微的人生；通過對莎士比亞《皆大歡喜》與蒲柏《人論》，荷馬《伊利亞特》與薩克雷《名利場》，莎士比亞《安東尼與克莉奧佩特拉》、莫里哀《憤世嫉俗》與曹雪芹《紅樓夢》等多部中西小說的解讀與比較，他認爲小說透過異時異地相同之情境，描繪出性格相同，地位相同，事業成敗卻異路的不同人物的複雜心理，很大程度上表達出人性和人生經驗的眞實，故而更具有普遍性。因此，他提出「小說比歷史更眞」的結論。〔註67〕

　　潛心研究《紅樓夢》多年的吳宓，於 1920 年在《民心週報》發表〈《紅樓夢》新談〉，這是五四新文化運動後最早評論《紅樓夢》的論文。〔註68〕吳

〔註63〕吳宓，〈編輯例言〉，《雨僧詩文集》，頁 1。

〔註64〕吳宓，《餘生隨筆‧23》，《雨僧詩文集》，頁 324。

〔註65〕吳宓，《餘生隨筆‧31》，頁 330。

〔註66〕吳宓，〈人生——道德——藝術（小說）：小說與人生〉，《文學與人生》，頁 31～43。

〔註67〕同註 66，頁 41。

〔註68〕1919 年 3 月 2 日，吳宓應哈佛大學中國學生會之邀作題爲〈《紅樓夢》新談〉的演講。陳寅恪聽完演講後於 3 月 26 日作〈《紅樓夢新談》題詞〉一詩贈吳宓，詩曰：「等是閻浮夢裡身，夢中談夢倍酸辛。青天碧海能留命，赤縣黃車

宓採中西比較文學的方法，爲紅學研究開闢新的視角。他用「宗旨正大」、「範圍寬廣」、「結構嚴謹」、「事實繁多」、「情景逼眞」、「人物生動」等六項標準來評價《紅樓夢》。〔註69〕對照前述小說創作的五項原則，可發現吳宓十分重視小說的道德教育功用，他強調上等小說，理應主題崇高、思想博大、意旨高尚，同時還要有指示人生的功用。在人生理想與文學理想相統一的基礎上，吳宓給予《紅樓夢》極高的評價，認爲它是：

> 中國文明最眞最美而最完備之表現，其書乃眞正中國之文化、生活、社會，各部各類之整全的縮影，既美且富，既眞且詳。……今日及此後之中國，縱或盛大，然與世界接觸融合，一切文化、思想、事物、習慣，已非純粹之中國舊觀，故《石頭記》之歷史的地位及價值，永久自在也。〔註70〕

在〈閱讀薩克雷《英國18世紀幽默作家》札記〉中，他比較薩克雷小說與《紅樓夢》的愛情觀後，做了如下的自我申明：「吳宓先生在他的生活經驗中，以及他的文學作品中，曾想繼承與介紹，表現與創造這種對女性、對愛情的概念與理想。」〔註71〕這段話意在言外，似乎是在爲其個人感情生活作辯解。《紅樓夢》之所以得到吳宓如此激賞，正在於《紅樓夢》的思想意識體現了吳宓畢生所追求的重建眞理的人生理想。他認爲高明的小說家能妥善運用其廣泛的經驗和富有想像力的理解，爲我們揭示出人性法則或人生眞理。就如同曹雪芹把各種程度的價值觀傾注到「愛」裡，從而創造了各類型的女性，其最大成就不僅在創作「一部具有完美藝術與技巧的偉大小說」，更在於將一種「新的、較高級的、對人生和愛情的概念引入中國文學與社會」之中。〔註72〕

更有人。世外文章歸自媚，燈前啼笑已成塵。春宵絮語知何意，付與勞生一愴神。」後該文發表於《民心週報》1920年3月27日、4月3日，第1卷第17、18期。其實以西方理論解讀《紅樓夢》，吳宓並非第一人。早在1904年，王國維就在《教育叢書》上發表《紅樓夢評論》，惟其根本觀察點源自於叔本華的哲學思想，其闡釋側重人的內省，不能視爲最格意義上的文學評論。吳宓點出王著之不足，在《《紅樓夢》新談》中，吳宓運用西方文學理論和近代文藝批評把《紅樓夢》看作一部文學作品來研究，著重探討其文學價值與美學價值。

〔註69〕吳宓，〈《紅樓夢》新談〉，收入徐葆耕編選，《會通派如是說——吳宓集》，頁276～277。
〔註70〕吳宓，〈石頭記評贊〉，《會通派如是說——吳宓集》，頁296～297。
〔註71〕吳宓，〈閱讀薩克雷《英國18世紀幽默作家》札記〉，《文學與人生》，頁51。
〔註72〕吳宓，〈人生——道德——藝術（小說）：小說與人生〉，《文學與人生》，頁53。

　　總括而言，吳宓的文學功用觀，注重文學的道德教化，旨在豐富多樣的人生中追求眞善美的道德精神價值。這種堅守文化保守傾向的道德功用觀與胡適、周作人等帶有啓蒙意識的文學功利觀和沈雁冰以人生爲本位的現實主義文學觀又形成若干差異。在周作人的文學觀念發展的三個階段中，其思想與功利主義有著對立、依存和對話的複雜關係。留日時期，周作人認爲最能表達民族心聲的莫過於文學，因此主張借助文學來改革國民精神，但他並未如梁啓超等人般地急功近利，而是與其兄同主文學的「不用之用」〔註73〕。在〈論文章之意義暨其使命因及中國近時論文之失〉中他說：「夫文章者，國民精神之所寄也。精神而盛，文章固即以發皇，精神而衰，文章亦足以補救。故文章雖非實用，而有遠功者也。」〔註74〕「文章雖非實用，而有遠功」，其功用正在「國民精神之所寄」，如此一來，就把民族主義的訴求與現代性的文學觀念結合起來。

　　文學革命時期，周作人站在啓蒙的立場，高舉「人的文學」旗幟，倡導人道主義文學，在內容上提倡「普通」、「眞摯」的「平民文學」，將思想革命與文學革命結合起來，對文學革命的思想基礎進行理論性的概括。不同於其他文學革命的宣導者所表現出的功利主義傾向，周作人始終關注文學自身獨立性和特點。當新文化運動的高潮回落，現實社會並未依周作人所設想的方向發展，反而越來越糟，伴隨理想信念的消失，其文學觀念亦隨之發生變化，他宣稱要耕耘「自己的園地」，否定先前具有啓蒙色彩的文學主張，轉而尋求藝術上的「貴族精神」。他說：「眞正的文學發達的時代必須多少含有貴族的精神。……文藝當以平民的精神爲基調，再加以貴族的洗禮，這才能夠造成

〔註73〕魯迅在〈摩羅詩力說〉中把文學功用從兩方面分別劃爲兩個層次。一方面，把一切文學的共同功用與特殊文學的特殊功用區別開來。「不用之用」屬於一切文學共同功用這一層次，即「由純文學上言之，則以一切美術之本質，皆在使觀聽之人，爲之興感怡悅。文章爲美術之一，質當亦然，與個人暨邦國之存，無所繫屬，實利離盡，究理弗存。」。魯迅又具體指出，「文章不用之用」往往在於人「有時喪我而惝怳」，有時又「忘其善生之事而入於醇樂」，有時又「神馳於理想之域」，因此，他得出結論：「文章之用益神。所以者何？以能涵養吾人之神思耳。涵養人之神思，即文章之職與用也。」顯然，益神也好，涵養神思也好，使人興感怡悅也好，魯迅都把它說成是「不用之用」，而這「不用之用」是針對一切文學的一般用途、共同功用來說的。
〔註74〕周作人，〈論文章之意義暨其使命因及中國近時論文之失〉，《本色：文學、文章、文化》，頁55。

眞正的人的文學。」〔註75〕這種文學觀的轉變反映出周作人的思想產生重大變化。20～30年代，他從具功利主義色彩的「人的文學」走向「個性的文學」，試圖以「個性」，反對「工具論」來抵制功利主義文學。他把自我表現作爲建設文藝「理想國」的準則，要求「文藝上的寬容」：「文藝以自己表現爲主體，以感染他人爲作用，是個人的而亦爲人類的，所以文藝的條件是自己的表現，其餘思想與技術上的派別都在其次。」〔註76〕他把個性表現爲作家的首要條件，強調「眞的藝術家本了他的本性與外緣的總合，誠實的表現他的情思，自然的成爲有價值的文藝，便是他的效用。」〔註77〕在此，文藝只存在一種情況，即獨立的藝術美與無形的功利，亦即另一層次的「不用之用」。

至於，賦予文學與人生動態關係的沈雁冰，強調「新文學就是進化的文學」。〔註78〕他認爲，西方文學走過古典主義——浪漫主義——寫實主義，無論從文學的本體形態或文學的效果來看，這三種思潮都是以後一種思潮彌補前一種思潮缺陷的方式進化遞進。這些進化「無非欲使文學更能表現當代全體人類的生活，更能宣洩當代全體人類的情感，更能聲訴當代全體人類的苦痛與期望，更能代替全體人類向不可知的運命作奮抗與呼籲。」〔註79〕在沈雁冰的文學與人生的邏輯關係中，文學發展的「全人類性」是其文學精神的最高境界，文學只有進化到這一境界，方才完成文學發展的最高價值。

由於三者文學思想理論根源的差異，雖然彼此都強調文學與人生的關係密不可分，卻形成了各自不同的文學觀。周作人以個人爲本位的人道主義文學思想，本源於歐洲文藝復興時期的人文主義，要求擺脫宗教神學的禁錮，提倡人的個性發展與思想的解放，強調作爲個體的人的作用與地位；圍繞著沈雁冰「文學與人生」軸心支撐點的是19世紀的現（寫）實主義文學「爲人生」的文學觀。吳宓則師承白璧德的古典主義文學觀，強調理性的道德意志力量，奉行中庸平和的人生哲學，主張社會應該有紀律、有規矩。這種表現

〔註75〕周作人，〈貴族的平民的〉，《自己的園地》（石家莊：河北教育出版社，2001），頁16。
〔註76〕周作人，〈文藝上的寬容〉，《自己的園地》，頁8～9。
〔註77〕周作人，〈詩的效用〉，《自己的園地》，頁18。
〔註78〕沈雁冰，〈新舊文學平議之平議〉，《小說月報》，第11卷，第1號，1920年1月。
〔註79〕沈雁冰，〈新文學研究者的責任與努力〉，《小說月報》，第12卷，第2號，1921年2月。

物件的不同，使得他們在文學觀上各自形成「無用之用」、「爲人生」與道德功用的差異；在文學理論批評上，則出現「文藝寬容」、「爲人生而藝術」與道德教化傾向的文學批評觀。隨著現代中國文學的發展和深入，學衡派與新文學陣營對文學審美獨立性的重視則出現共同的呼聲，一致強調作品的內容與形式上的統一。

第二節　智識精英與平民意識

　　新文化運動倡導者以啓蒙精英的身分登上歷史舞臺，標舉著科學與民主的理性精神，發起啓蒙和反封建的時代運動；同時，在情感的人道主義者盧梭所倡的浪漫主義思潮的浸淫下，新文化陣營大肆鼓吹自由平等之說，形成一股濃重的平民主義色彩。與之不同，學衡派秉持白璧德人文主義立場，視少數賢明人物爲導引多數凡庸大眾向上的核心力量，他們始終以學者精英的角色自我定位，懷抱著強烈的文化危機意識和使命感，力主以本民族傳統文化爲基礎，並強調吸收西方古典文化的精髓，試圖以最精粹的思想文化來建設「新文化」。學衡派重視的是傳統文化中精髓部分的繼承與發揚，新文化運動倡導者則著力於傳統文化中僵化的糟粕部分的擯棄與摧毀；他們之間所要挽救或推倒的傳統文化因其取捨立場不同，其具體涵義也大不相同的。

　　17 世紀的古典主義思潮，是歐洲貴族文學的鼎盛期。文藝復興時期，隨著近代市民階級興起，與貴族文化和文學相對峙的平民文化和文學勃興；相形之下，平民文學更貼近關注社會現實與人民生活問題。19 世紀，平民文學因現實主義而達到高峰。然則，西方貴族文學傳統並未消亡，屬於貴族文化的 18 世紀新古典主義，以理性精神和形式規範對感性現代性進行抵制和批判。與西方社會文化不同，中國古代由於科舉制度發達，中國的封建社會不是貴族社會，其官僚系統的成員來自民間，他們經科舉入仕，官職不得世襲，也不享有政治經濟上的特權。因此，中國社會主流文化是士紳文化，而非貴族性質的文化。惟其不同於農民的民間文化，也異於歐洲市民階級的平民文化，因封建文化意識的深層作用，中國的士紳文化彌漫著濃厚的精英意識氣息，亦即所謂平民文化的高雅形式。

　　受白璧德影響，學衡派的社會文化史觀一開始就帶著明顯的智識精英的意識。白璧德人文主義被稱爲是一種「生於富足逸樂而又常懷千年憂思的知識分子對近代西方功利主義和浪漫主義所帶來的道德淪喪和人性失落的理智

反思」。〔註80〕他反對情感的人道主義，認爲盧梭最大的特點就是缺乏區分自然與人性的能力，偏偏其影響力在新式教育中無處不在。因此，白璧德直指：「大學的指導精神卻既不應是人道主義式的、亦不應是科學式的，而應該是人文的，並且是貴族式的。」〔註81〕簡言之，他以爲大學的目的就是，「在這個量化的時代中造就有『質』的人」。〔註82〕由是觀之，白璧德人文主義實際上是一種道德理想主義，亦是一種文化精英主義；他以爲人文主義者應是社會少數的優秀分子，他們在同情與選擇、一與多、人事之律與物質之律的正當平衡狀態中，尋求道德、傳統與人事的和諧。

在白璧德人文主義思想的指導下，學衡派關懷的是世界文化中所蘊涵的普世、永恆的文化眞理價值。這種文化眞理價值依照陳寅恪的看法，它「具於《白虎通》三綱六紀說，其意義爲抽象理想最高之境，猶希臘柏拉圖所謂Idea者」。〔註83〕換句話說，它是從人類歷史文化中淬煉出來的，是文化中的「精英」，對人類的發展具有恆久的指導作用。學衡派在追求文化理想最高境界的同時，又希望藉由這種文化中的「精英」來求得自身人生精神大道的貫通。他們以少數精英自命，以《學衡》爲其文化傳播的陣地，將自己定位在學術文化層面，其「論究學術」的辦刊宗旨，更指點出精英文化的地位。

這種文化精英意識使得他們特別注重文化與社會的自然延續，只是自新文化陣營高舉平民主義大旗，否認智識階級的價值，「諸事取決於多數，故政治教育文藝之權，皆操於此輩庸流之手」〔註84〕，從而使人類社會文化陷入萬劫不復之地。是以對平民主義運動的擔憂，成爲學衡派最沉重的心理負擔。其中，又以深具名士氣質的梅光迪對此最深惡痛絕。他指出，科舉時代進身之階操之帝王，故學術迎合帝王喜好；而今則操於群眾，新文化陣營挾平民主義運動的聲勢，「以群眾運動之法，提倡學術，壟斷輿論，號召黨徒，無所不用其極，而尤借重於團體機關，以推廣其勢力。」〔註85〕細味梅光迪的這番話，不難體察出其舊恨加新仇的怨懟之感。

〔註80〕 孫尚揚，〈在啓蒙與學術之間：重估《學衡》〉（代序），孫尚揚、郭蘭芳編，《國故新知論：學衡派文化論著輯要》（北京：中國廣播電視出版，1995），頁5。
〔註81〕 白璧德，〈文學與大學〉，《文學與美國大學》，頁71。
〔註82〕 白璧德，〈大學與民主精神〉，《文學與美國大學》，頁57。
〔註83〕 陳寅恪，〈王觀堂先生輓詞並序〉，《學衡》，第64期，1928年7月。
〔註84〕 梅光迪，〈現今西洋人文主義〉，《學衡》，第8期，1922年8月。
〔註85〕 梅光迪，〈評今人提倡學術之方法〉，《學衡》，第2期，1922年2月。

　　1917 年，當胡適學成返國，任教北京大學，人在海外的梅光迪眼見胡適
倡導文學革命，暴得大名，心有不甘。他四處搜求人才，擬回國與胡適等人
作一全盤論戰。1920 年，梅光迪返國後，曾拒絕胡適之邀，不願到新文化運
動的策源地北京大學任教。他更指斥「新文化領袖人物」竭力揄揚其所在學
校（北京大學）為最高學府，藉以提升自己的聲勢之舉；同時，譏諷他們依
附西洋學者以為之傀儡，凌傲於國人的面前。至於他們所標榜的「順應世界
潮流」、「應時勢需要」，梅光迪以為：

> 豪傑之士，每喜逆流而行，與舉世為敵，所謂「順應世界潮流」，「應
> 時勢需要」者，即窺時俯仰，與世浮沉之意。乃懦夫鄉愿成功之祕
> 術，豈豪傑之士所屑道哉。……夫使舉世皆以「順應」為美德，則
> 服從附和效臣妾奴婢之行，誰能為之領袖，以創造進化之業自任者
> 乎。〔註86〕

正是因為不願順應時勢潮流，與世浮沉，學衡派選擇了使多數青年學子望而
生畏的文言文作為其思想載體，然也正因為他們的主張和堅持「與時下流行
的趨勢背道而馳，且沒有標語和戰鬥口號以激發大眾的想像力；自然它對普
通學生和大眾造成的影響不會太大。」〔註87〕1926 年，樓光來在《北美評論》
的這段話，一方面解釋了《學衡》無法在一般群眾中獲得較大影響力的客觀
事實；另一方面也顯示出學衡派諸人原本就抱持著不迎合流俗，逆流而進的
決心。

　　梅光迪的批判言論多少帶有個人意氣。事實上，讓平民獲得平等的文化
權本是新文化運動倡導者努力的目標之一。然則，就梅光迪所秉持的「學術
為少數之事，故西洋又稱智識階級為智識貴族」〔註88〕的思想理念和立場而
論，他對新文化陣營運用群眾勢力的策略與欲養成新式學術專制之勢，有很
深的憂患意識和成見。以「智識貴族」自詡的梅光迪認為，人的聰明才智不
齊等，所受的教育修養亦有差別，因此，學術上沒有所謂客觀上的平等。他
以為平民主義的真諦應該是：

> 提高多數之程度，使其同享高尚文化，及人生中一切稀有可貴之產
> 物，如哲理文藝科學等，非降低少數學者之程度，以求合於多數

〔註86〕梅光迪，〈評今人提倡學術之方法〉，《學衡》，第 2 期，1922 年 2 月。
〔註87〕轉引自梅光迪，〈人文主義和現代中國〉，《梅光迪文錄》，頁 226。
〔註88〕梅光迪，〈論今日吾國學界術之需要〉，《學衡》，第 4 期，1922 年 4 月。

也。……文化之進，端在少數聰明特出不辭勞瘁之士，為人類犧牲，

若一聽諸庸惰之眾人，安有所謂進乎。〔註89〕

學衡派推崇學者精英的重要性，認為傑出秀異分子是導引群體向上的核心力量。因此，學術大師寧可冷靜等待，「授其學於少數英俊，而不汲汲於多數庸流之知。」〔註90〕梅光迪進一步發揮這一觀念，他說：

真正學者，為一國學術思想之領袖，文化之前驅，屬於少數優秀份

子，非多數凡民所能為也。故欲為真正學者，除特異天才外，又須

有嚴密之訓練，高潔之精神，而後能名副其實。〔註91〕

對於新文化運動倡導者「急於用事，不惜忘其學者本來面目，以迎合程度幼稚之社會」的作風，梅光迪十分不滿。他強調對文化的涵納須講究潛心思考，通盤考察的慢功夫，希望透過嚴密的「師承」和「專長」的訓練，及訴諸「嚴格標準」與「惟真是求」的高潔精神，以避免「野狐禪」的「謬種流傳」。〔註92〕

　　吳宓也以智識階級的理論來解釋學者精英之重要性。他認為智識階級當「以獨立自尊，擁護理性，研究學問，主張義理為天職」，不該背棄理性，「醉心實利」，為虎作倀，替主政者張目。惟智識階級亦應關心參與政治，若使「智識階級束身自好，緘口無言，專心學問，不談實事」，則國家社會之前途亦將黯淡無光。他強調智識階級須「本於一己之良心及理性，以是非真偽為歸，而不以己身之成敗榮枯為意，然後竭力推廣，希望己之學說理想能得實現。而決不可遷就一己，修改學說，以人而求容，或阿諛以圖利。」〔註93〕吳宓在此凸顯智識階級的歷史和社會責任，體現出傳統儒學「窮則獨善其身，達則兼善天下」的思想情懷。

　　胡先驌亦表達相同的概念。植物學家出身的胡先驌根據近代生物學與遺傳學知識，斷言人類在生理稟賦上並不平等，他說：「人類之天性絕不相齊，雖父母兄弟子女，亦不能一一相肖，蓋不齊者生命之本性，無論是旅進旅退，決無或齊之一日也」；他以為「今日人類物質上、精神上之幸福，莫非根據於

〔註89〕梅光迪，〈論今日吾國學界術之需要〉，《學衡》，第 4 期，1922 年 4 月。

〔註90〕梅光迪，〈評今人提倡學術之方法〉，《學衡》，第 2 期，1922 年 2 月。

〔註91〕同註89。

〔註92〕同註89。

〔註93〕吳宓，〈班達論智識階級之罪惡〉，《學衡》，第 74 期，1931 年 3 月。

少數大智慧家之學說，歷史上之往跡，亦隨少數領袖人物爲移轉。」〔註 94〕他歷數了歷史上的大發明家、大哲學家、大文學家、大政治家對人類社會的貢獻，認爲雖「百千萬平民不能及之」。〔註 95〕他指責新文化陣營「宣傳平民主義社會主義也，不求提挈此失教之平民使上蹐於『智識階級』之地位，使有與『智識階級』同等之知識，第欲推翻智識階級，使之反變爲愚駿。」〔註 96〕強調文化的本體價值，應以「少數賢哲維持世道，而不依賴群衆，取下愚之平均點爲標準」〔註 97〕。對於新文化陣營主張多數人所不能企及之學問藝術不足取的論點，胡先驌反詰其如何能奢望社會進步乎？

　　繆鳳林也指出，制度之貴族是以世襲之特權而爲貴族，「自然貴族其初多爲平民，其地位與其他平民無殊，只因其智資過人，脫穎而出，尊爲貴族」〔註 98〕，這樣的智識階級是屬於少數的秀異分子，而非多數凡庸得平民所能爲；他們所代表與創造的文化是上層文化、雅文化，因此，文化的繼承、發展與進步只能依賴智識階級這樣秀異分子。他接著說，「人世價值之高下，本不在量之多寡，而在質之如何，學者衡事，嘗就其本體估定其價值，以其價值之高下，爲理論之準繩，不空以多數少數取決，致蹈以流俗爲標準之譏。」〔註 99〕在他看來，雅文化與俗文化雖共存卻又有其分別，然則文化的發展以雅文化爲主體目標。

　　由以上的論述可知，學衡派強調智識精英在文化發展中所擔負引導民衆「上達」的使命，而且，這種「上達」的方式是以大衆來適應文化，而非降低文化標準去適應大衆。胡先驌以「取上達之宗旨」，進一步指出降低文化標準以適應大衆的後果是這樣的：

> 若果一切文化，遷就智識卑下之階級，則寖成一退化之選擇。蓋優美之性質已不足尙，而不爲一般社會上之天擇人擇所取，而得留存而繁衍。彼下劣之性質，則不但不爲社會上天擇人擇所淘汰，且反因社會遷就劣下之故，而倍易繁衍。則將非退化至澳州之土番南美洲之侏儒不止也。〔註 100〕

〔註 94〕 胡先驌，〈論批評家之責任〉，《學衡》，第 3 期，1922 年 3 月。
〔註 95〕 同註 94。
〔註 96〕 胡先驌，〈評《嘗試集》〉（續），《學衡》，第 2 期，1922 年 2 月。
〔註 97〕 胡先驌譯，〈白璧德中西人文教育談〉，《學衡》，第 3 期，1922 年 3 月。
〔註 98〕 繆鳳林，〈評杜威平民與教育〉，《學衡》，第 10 期，1922 年 10 月。
〔註 99〕 同註 98。
〔註 100〕 同註 94。

他運用新文化運動的指導原則「進化論」理論來攻訐新文化運動者提倡平民主義，其結果將是，文化適應了大眾性的標準，其發展則成爲一種退化和落後，如此一來，與彼等所倡言的文化的向前邁進可謂背道而馳。

　　與學衡派強調文化中天然存在的智識階級的立論相反，新文化運動倡導者認爲文化的主體是大眾文化，文化的發展應是大眾文化的傳播與發展。他們將傳統文化區分爲上層和下層兩種文化，爲謀求中國社會現代化發展，猛烈抨擊前者，努力吸納後者。於是，作爲傳統社會下層的平民（民間）文化，躍升爲對抗大傳統正統文化的利器。文學革命以反傳統爲基本思想，對古代文學採取全面否定的態度，尤其反對貴族文學。陳獨秀將文學革命視作社會政治思想革命的組成部分，在「三大主義」中，他特別強調文學與社會和民眾的關係；從他開列的「推倒雕琢的阿諛的貴族文學，建設平易的抒情的國民文學；……推倒迂晦的艱澀的山林文學，建設明瞭的通俗的社會文學」〔註101〕的二元對立模式中，不難看出，其所論述的建設寫實主義新文學的歷史要求，蘊含著鮮明的平民主義色彩。

　　至於，胡適則從語言形式方面入手，視文學革命爲一次語言工具的革命，並將新文學建設的目標概括爲「國語的文學，文學的國語」。他說：

> 我的「建設新文學論」的唯一宗旨只有十個大字：「國語的文學，文學的國語。」我們所提倡的文學革命，只是要替中國創造一種國語的文學。有了國語的文學，方才可有文學的國語。有了文學的國語，我們的國語才可算得眞正國語。……這二千年的文人所做的文學都是死的，都是用已經死了的語言文字做的。死文字決不能產出活文學。……簡單説來，自從《三百篇》到於今，中國的文學凡是有一些價值，有一些兒生命的，都是白話的，或是近於白話的。……中國若想有活的文學，必須用白話，必須用國語，必須做國語的文學。
> 〔註102〕

胡適主張要採用白話才能使漢語「平民化」，從而建立平民化的白話文學。他所謂「國語的文學」，亦即是周作人所說的用白話寫的平民文學。

　　在〈人的文學〉發表後的一個月，周作人寫了〈平民文學〉一文，從理

〔註101〕陳獨秀，〈文學革命論〉，《新青年》，第 2 卷，第 6 號，1917 年 2 月 1 日。
〔註102〕胡適，〈建設的文學革命論〉，原刊《新青年》，第 4 卷，第 4 號，1918 年 4 月 15 日；收入姜義華主編，《胡適學術文集·新文學運動》，頁 41～43。

論上作較細緻的闡述。他認為，「平民的文學正與貴族的文學相反」，它們之間的區別，「並非說這種文學是專做給貴族，或平民看，專講貴族或平民的生活，或是貴族或平民自己做的。」他指出貴族文學與平民文學的根本差別在其文學精神「普遍與否，眞摯與否」。〔註103〕從作品結構來說，「平民文學應以普通的文體，記普通的思想與事實」，忠實反映「世間普通男女的悲歡成敗」，而非記載英雄豪傑的故事，才子佳人的幸福；就創作主體而言，「平民文學應以眞摯的文體，記眞摯的思想與事實」。〔註104〕他將封建傳統文學概括為「貴族文學」，予以排斥；推崇「以眞為主，美即在其中」的平民主義文學，並稱自己是「人生藝術派」，〔註105〕藉此與以美為主的純藝術派區隔。

　　同時，他特別強調平民文學不單是通俗文學，不是專門做給平民看的，而是「研究平民生活——人的生活——的文學」；平民文學也非慈善主義的文學，而是「研究全體的人的生活，如何能夠改進到正當的方向，決不是說施粥施棉衣的事。」〔註106〕這與胡適的平民文學理念大致上是相符的。只是，他雖然界定平民文學的本質是「普通與眞摯」，卻未能列舉出一部與其思想相吻合的平民文學作品；如其言：「在近時著作中，舉不出什麼東西，還只是希望將來的努力能翻譯或造作出幾種有價值有生命的文學作品。」〔註107〕實則，周作人所謂的「平民文學」，正是他提倡的以人間為本位的人道主義的文學的延伸。一本由北京大學幾位教授所編著的中國現代文學史——《現代文學三十年》，即指稱周作人的〈平民文學〉實際上是「人的文學」的具體化，「強調文學是人性的，是人類的，也是個人的」〔註108〕，因而平民文學也是一種「人的文學」；只是，這種文學從人道主義出發描寫人間生活，但還不是平民自身的文學。

　　1919年3月，周作人發表〈日本的新村〉，稱「近年日本的新村運動，是世界上一件很可注意的事」〔註109〕，這是中國關於日本新村運動的最初介紹。

〔註103〕周作人，〈平民文學〉，原刊《新青年》，第5卷，第6號，1918年12月15日；收入《中國新文學大系・建設理論集》，頁210。
〔註104〕周作人，〈平民文學〉，《中國新文學大系・建設理論集》，頁211。
〔註105〕同註104，頁211。
〔註106〕同註104，頁212。
〔註107〕同註104，頁212～213。
〔註108〕錢理群、溫儒敏、吳福輝，《中國現代文學三十年》（北京：北京大學出版社，1997），頁22。
〔註109〕周作人，〈日本的新村〉，《新青年》，第6卷，第3號，1919年3月15日。

經過反復思索，周作人基本形成自己的新村思想，他說：「新村的理想，簡單的說一句話，是人的生活」。所謂「人的生活」，是指一種「和諧」、「互助」與「獨立」，「協力」與「自由」的調和，「人類」的「人」與「個體」的「人」的統一，既「盡了對於人類的義務，卻又完全發展自己個性」。〔註110〕

對於周作人這種源自於日本新村主義的「獨善的個人主義」思想，胡適有不同的見解。他在〈非個人主義的新生活〉中重複杜威的眞個人主義的兩個特性說：「一是獨立思想，不肯把別人的耳朵當耳朵，不肯把別人的眼睛當眼睛，不肯把別人的腦力當自己的腦力；二是個人對於自己思想信仰的結果要負完全責任，不怕權威，不怕監禁殺身，只認得眞理，不認得個人的利害。」〔註111〕胡適指稱新村運動爲「獨善的個人主義」，即爲我主義（Egoism，或譯作利己主義），這是一種自私自利，只顧自己不顧群眾利益的假的個人主義。針對新村運動個人主義的單純私性，胡適特別強調個人主義的公性，即其主張的「非個人主義的」新生活，就是「社會的」的新生活。〔註112〕這種個人主義的私性與公性的差異正是周作人與胡適在平民文學精神上的分歧所在。

平民文學的興盛與民間文學及俗文學受到重視休戚相關。五四時期，許多智識分子公開爲民間文化辯護，如鄭振鐸在《中國俗文學史》中說：「俗文學在暗地裡仍然是十分活躍。她是永遠的健生者，永遠的不會被壓倒的。」〔註113〕鍾敬文（1903～2002）在爲洪長泰的專著《到民間去──1918～1937年的中國知識份子與民間文學運動》所寫的序言中說：

> 中國民眾所傳承的民間文化，⋯⋯在很長時期裡，它們是被摒棄在正統文化殿堂之外的。⋯⋯由於民主意識的初步覺醒和西洋文化、思想的啓導，一些先覺的知識份子，對於民間傳承文化的觀察評價，有了較大的變化⋯⋯到了本世紀第一個十年的後期，即五四運動發軔的前夜，在當時中國資格最老的名牌學府──北京大學，迸發了一場對近世歌謠的採集和刊行的活動。該校不久又成立了專門機構──歌謠研究會，印行了《歌謠》周刊及叢書。繼之而起的是方言

〔註110〕周作人，〈日本的新村〉，《新青年》，第6卷，第3號，1919年3月15日。
〔註111〕胡適，〈非個人主義的新生活〉，《胡適文存》（上海：上海書店，1989），卷四，頁174。
〔註112〕同註111，頁184。
〔註113〕鄭振鐸，《中國俗文學史》，范伯群、金名主編，《中國近代文學大系・俗文學集》（上海：上海書店，1992），頁8。

調查會和風俗調查會，它們進行了相應的調查和研究活動。歌謠的
採集和刊佈，發生在「五四」新文化運動的熱潮中，這種作法即刻
被首都和地方省市的報刊所採用。在幾年裡，民間文學的採集、刊
載和談論，頓時形成一種波瀾壯闊的勢頭。〔註114〕

鍾敬文的歷史記憶大致是無誤的。1918 年，北京大學成立近世歌謠徵集處；
1920 年，成立歌謠研究會；1922 年，出版《歌謠週刊》，一場有組織、有計
劃、有綱領、有行動的民間文藝運動，由此拉開序幕。通過對民間文學的研
究，揭示出中國文化的多元價值面，既有縱的一面（上有儒家的上層文化，
下有田夫野老的下層文化）；亦有橫的一面（既有廟堂之學，也有不同地方的
方言和區域文化），那些久爲人們所漠視的歌謠和傳說，比起上層文化，在文
學和文化價值上一點都不遜色。「通過對於民間文學的認識，「五四」民間學
家們打破了傳統的「中國文化一元論」的看法，進而對中國文化作出了一種
比較全面和客觀的評價。」〔註115〕

　　最早意識到文學通俗化、大眾化的是文學研究會的同人。1922 年 1 月 21
日、2 月 1 日，他們一連在《時事新報‧文學旬刊》第 26、27 期開闢「民眾
文學的討論」專欄，率先評說五四民眾文學思潮。他們認爲文學最終的目的
是要讓大眾接受，因此，從「爲人生」的目的出發，文學研究會的同人明確
提出「爲民眾」的主張。如朱自清認爲「民眾文學」有兩種：「一是『民眾化
的文學』，二是『爲民眾的文學』，他強調「我們所應該做的，是建設爲民眾
的文學」。至於建設民眾文學的途徑，則不外「搜輯」和「創作」兩種，而他
以爲「創作必有所憑依，斷非赤手空拳所能辦。憑依指民眾底需要、趣味等。
這些最好自己到民間去觀察、體驗。」〔註116〕

　　對於朱自清的觀點，俞平伯（1900～1990）有不同的想法。他以爲「民
眾文學」可分爲三種：

第一，是民眾底文學，就如現今流行的歌謠是，這是由民眾自己創
造的。第二，是民眾化的文學，就如托爾斯泰一流的作家所做的是，
這是借作者的心靈，滲過民眾底生活而寫下來的。第三，是爲民眾

〔註114〕鍾敬文，〈中文本序〉，洪長泰著，董曉萍譯，《到民間去——1918～1937 年
　　　　的中國知識份子與民間文學運動》（上海：上海譯文出版社，1993），頁 2～3。
〔註115〕同註 114，頁 17。
〔註116〕朱自清，〈民眾文學的討論〉（四），《時事新報‧文學旬刊》，第 26 期，1922
　　　　年 1 月 21 日。

的文學……這是作者立於民眾之外,而想借這個去引導他們的。
〔註117〕

他不承認有為民眾的文學,因為「文學是根源於一種熱烈的衝動,是無所為而為的,一有所為,無論為的什麼,都不算是文學。……要為民眾,就不得不處處拘束自己底個性,去迎合民眾底心理。」他認為文學民眾化的途徑只有兩條:「第一,是提高民眾底知識;第二,是改造我們底生活。我們若拘守現在的生活狀況,希望去創造民眾的文學,實在要比緣木求魚還難得多。這並不是由於我們底無覺悟,不努力,實在由於我們底,他們底生活的隔絕。」〔註118〕五四時期,社會現實的層級正如俞平伯所描述,由於彼此的生活隔絕,民眾文學只能是智識分子的「我們」以人道主義態度去觀照、想像民眾的「他們」的生活,而非智識分子與平民同為一體。

五四時期,平民文學的主張反映出歷史的要求,然受到新文化運動所流行的政治與文化激進主義之影響,民間文化益發備受推崇,其結果出現平民文學與通俗文學、民間文學混為一體的現象,特別是平民文學越來越庸俗化。敏銳覺察到平民主義出現偏頗的周作人以調和的態度指出:

> 貴族的與平民的精神,都是人的表現,不能指定誰是誰非,正如規律的普遍的古典精神與自由的特殊的傳奇精神,雖似相反而實並存,沒有消滅的時候。〔註119〕

他捨棄當初將平民文學與貴族文學相對立的看法,認為相較於平民精神的「求生意志」,貴族精神體現一種「求勝意志」。前者要求「有限的平凡的存在」,完全是入世的;後者則要求「無限的超越的發展」,以出世為傾向。周作人以更寬泛的人性論立場重新詮釋「平民精神」和「貴族精神」,得出「文藝當以平民的精神為基調,再加以貴族的洗禮,這才能夠造成真正的人的文學」的結論。〔註120〕

古今中外,普遍存在著「下里巴人」和「陽春白雪」兩種文化與文學形態。新文化陣營採用政治學上的「貴族」與「平民」兩個術語來指稱不同風格的文化與文學類型,實際上隱含著階級制度的意識形態的考量。他們認為

〔註117〕俞平伯,〈更正〉,《時事新報‧文學旬刊》,第27期,1922年2月1日。
〔註118〕同註117。
〔註119〕周作人,〈貴族的平民的〉,《自己的園地》,頁14。
〔註120〕同註119,頁15～6。

文化的主體是大眾，文化的發展應是大眾文化的傳播與發展，因此，提出廢文言而立白話，以白話文為現代文學之正宗。學衡派則認為「文學無貴族平民之分，而有是非之別。」〔註121〕曹慕管指出，新文化陣營將貴族文學表述成「智識階級官僚或有名望者，取材書本之用一定方式作成之文學，不協音律，而無關音樂者也。」然循其解釋稍加推論，則他們所推尊之《紅樓夢》乃貴族文學也。因依前說，《紅樓夢》的作者曹雪芹，善詩賦，屬智識階級中人也；其祖與父，為江南大官，乃官僚而兼有名望者也；又書中不乏五言、七言、古體、律絕、詩詞等，其紀事多取材於書本。至於「文學須協音律，務使老嫗能聽」，則《紅樓夢》更非所謂平民文學。據此，曹慕管直指其病根：「大抵新文學家之病根，在乎重實而輕華，而不知華也實也，俱為組成文學必具之要素也。」〔註122〕

劉樸在〈闢文學分貴族平民之譌〉中也認為：

> 今之所謂貴族平民，昔之所謂館閣山林也。然聞山林之作，非盡寒傖，而要以清雅為宗。館閣之制，非盡濃滯，而要以華贍為貴。亦惟其是而不分畛域之意耳，夫其不分，以無標准。

指出文學之事未出「作者也，讀者也，所作也」三方面，而區分文學為貴族平民之標準，又面臨「作者門閥不可以定，名實不可以定，所作難易不可以定，毀譽不可以定，讀者旨趣不可以定，程度不可以定」的困境。〔註123〕因此，他強調文學沒有貴族平民之分。

文學雖然沒有貴族平民之分，但卻有雅俗之別。儒家的「雅俗」論是傳統文化的重要組成部分，在漫長的封建社會中，儒者隆雅卑俗，而後酌取「中和」的態度，影響數千年來中國人的審美觀念。受儒家傳統「雅俗」論影響，在學衡派的文化概念中，他們亦認為文化的外在形式存在著雅俗之分，文言白話是雅俗之別，文學上的「陽春白雪」與「下里巴人」實際上是並存的，文化的發展趨向應是由智識貴族的雅文化來引導平民的俗文化的發展模式。

隨著近代西方科學文化的輸入和影響，幾代的智識先驅莫不以為中國若要富強，則須擺脫以儒學為核心的傳統價值觀念；他們不止一次掀起與傳統決裂的政治文化運動，那些以「小傳統」代替「大傳統」、以「俗」代

〔註121〕劉樸，〈闢文學分貴族平民之譌〉，《學衡》，第 32 期，1924 年 8 月。
〔註122〕曹慕管，〈論文學無新舊之異〉，《學衡》，第 32 期，1924 年 8 月。
〔註123〕同註121。

「雅」的革新運動所帶來破壞性的後果，不僅否定民族的傳統道德精神，也背離民族文化的審美根本。實則，從文化品格來說，一定程度的雅文化帶有文人的理想、情調及審美情趣；在文學的內容上表現出一定的深度與思想的昇華，在藝術上則體現爲高超的技巧與個性化的品格。文學的正確發展趨向應是互爲滲透、影響，一同邁向雅俗合流之境，而不該強分彼此，鑑別高下。

由於對貴族文學的排斥，現代文學一開始就走上平民化之途，然而極端平民化的結果不僅使文學喪失超越性，也使之趨向大眾化、通俗化，從而忽視高雅文學的發展。事實上，平民文學並非一味地以遷就大眾爲目的，沈雁冰在「民眾文學的討論」時，即意識到此中的矛盾：

> 文學裡含有平民的精神或文學平民化，乃是可能而且合理的事，但若想叫文學去遷就民眾——換句話說，專以民眾的賞鑒力爲標準而降低文學的品格以就之——卻萬萬不可！我們第一要曉得文學民眾化云者，並非是叫文學屈就民眾的嗜好。第二要曉得民眾的鑒賞力本來是低的，須得優美的文學作品把他們提高來——猶之民眾本來是粗野無識的，須得教育的力量把他們改好來。〔註124〕

他進一步指出：「民眾文學的意思，並不以民眾能懂爲唯一條件。」〔註125〕這樣的主張似乎又與強調文學的目的在「與一般人發生交涉」〔註126〕的胡適大異其趣。當文學革命從前期的破壞行動發展至後期的理論建設階段，新文化陣營內部出現了普及或提高、順應民眾或改造民眾的意見分歧。

與沈雁冰同屬文學研究會的嚴既澄（1899～？）在〈語體文之提高和普及〉中也注意到：

> 文學的提高和普及是截然的兩件事，不容混而爲一。我們現在雖然不主張更有所謂的貴族文學與平民文學之差別，然而文學本身所具有的貴族性，總是不可掩蓋的事情；我們除了努力提高群眾的賞鑑力，使得與有貴族性的文學相接觸而外，實在再沒有法子去打破這層隔膜。……文藝作品的賞鑑力是非有相當的訓練不會獲得的，而

〔註124〕沈雁冰，〈怎樣提高民眾的文學鑒賞力〉，《時事新報·文學旬刊》，第26期，1922年1月21日。
〔註125〕沈雁冰，〈答梁繩褘〉，《小說月報》，「通信欄」，13卷1號，1922年1月。
〔註126〕胡適，《五十年來之中國文學》，《胡適文存》二集，卷二，頁165。

　　文學和藝術自身的向上，則絕不能因為怕群眾沒有相當的賞鑑力而
　　遲疑不進。〔註127〕

有意思的是，在曹慕管、劉樸等人以取消貴族文學和平民文學相對立的論述
策略，通過論析文學作品的形式、取材、內容及作者與讀者等各層面，說明
文學沒有貴族平民之分，只有是非與雅俗之別的前一年，嚴既澄早已乾脆地
認了文學的貴族性及其價值，他與沈雁冰在針對提高或普及、順應或改造民
眾的問題上，兩人不約而同地都強調文學不應屈就民眾的嗜好，需努力提高
群眾的鑑賞力。沈雁冰與嚴既澄的思慮和視角自然與學衡派不同，不過，在
對文學的貴族性問題，及提高群眾賞鑑力而非降低文學的水準以迎合群眾趣
味的主張，兩人的表述卻與學衡派的主張有著莫名的相似處。

第三節　古典主義與浪漫主義

　　吳宓在《自編年譜》中，把文學研究會的沈雁冰一派列為學衡派的頭
號敵人，至於「創造社」的郭沫若一派，他卻認其「與《學衡》雜誌無直
接對辯及論爭」。〔註128〕然則事實上，創造社所信奉的浪漫主義始終是學
衡派所抨擊的重點。如前述，白璧德人文主義的主要矛頭是對準培根和盧
梭，在《盧梭與浪漫主義》的專著中，他否定人自合於自然之中的感情的
自然主義，即盧梭的浪漫主義。〔註129〕他認為這種放縱感情，任情恣意行
事的作風，違背社會道德規範，不利個人的自我完善，因此須加以約束和
節制。這種思想趨向體現在學衡派的文學批評上，即對五四新文學浪漫主
義思潮的批評，他們堅持文學中的道德批判，並強調理性的選擇、紀律和
規範等原則的重要性。

　　作為一種文學思潮的浪漫主義，在政治上反對封建制度，在美學上與古
典主義的成規相對立，它的出現首次使情感、想像、天才、獨創性和自由等
主觀性範疇佔領文學理論的主體位置。中國現代浪漫主義文學思潮大規模引
入是在五四新文學運動時期。1926年，屬於新文學陣營之一的梁實秋，在〈現
代中國文學之浪漫的趨勢〉中將五四運動以來的中國新文學定義為「浪漫主

〔註127〕嚴既澄，〈語體文之提高和普及〉，《文學》（週刊），第82期，1923年8月6
　　　　日。
〔註128〕《吳宓自編年譜：1894～1925》，頁235。
〔註129〕白璧德著，孫宜學譯，《盧梭與浪漫主義‧原序》，頁2。

義」文學。〔註130〕李歐梵也有意識地把五四一代的中國人，標明爲「浪漫主義的一代」，並將1920年代視爲浪漫主義的10年。〔註131〕浪漫主義張揚自我和個性，以及對自由和理想性的推崇，成爲五四文學革命與個性解放的重要思想資源之一。

在新文學誕生的前夜，基於「立人」的主張，魯迅以〈摩羅詩力說〉爲發端，極力闡發以拜倫、普希金、雪萊等爲代表的積極浪漫主義作家的作品，他將這些「立意在反抗，指歸在動作」的詩人群體的特點概括爲：「無不剛健不撓，抱誠守眞；不取媚於俗，以隨順舊俗；發爲雄聲，以起其國人之新生，而大其國於天下。」〔註132〕並推崇這些抗世嫉俗的摩羅派詩人，「大都不爲順世和樂之音，動吭一呼，聞者興起，爭天拒俗，而精神復深感後世人心，綿延至於無已。」〔註133〕這種引入西方浪漫主義概念並深入闡釋摩羅派涵義的作法，被視爲五四時期浪漫個人主義的先聲。

新文化運動之初，智識分子對浪漫主義的體認主要著重在理想性的層面，如陳獨秀把浪漫主義稱爲理想主義。〔註134〕1921年7月，創造社在日本東京成立，主要成員有郭沫若、成仿吾（1897～1984）、郁達夫（1896～1945）、張資平（1893～1959）等，幾乎所有中國現代文學史在描繪新文學的第一個十年的發展，都將「文學研究會」與「創造社」表述爲受不同文藝思潮影響和以不同藝術創作方法——現實主義和浪漫主義爲標榜的兩個文學社團。〔註135〕1935年，鄭伯奇（1895～1979）在評述新文學第一個十年的文學成就時指出，新文學運動的兩種最大創作傾向是「人生派」和「藝術派」，他進一步說明：

> 所謂「藝術派」實包含著浪漫主義以至表現派未來派的各種傾向。

〔註130〕梁實秋，〈現代中國文學之浪漫趨勢〉，《梁實秋論文學》（台北：時報文化出版公司，1982），頁9～10。

〔註131〕李歐梵，王宏志等譯，《中國現代作家的浪漫一代》（北京：新星出版社，2005），頁299。

〔註132〕魯迅，〈摩羅詩力說〉，《魯迅全集》，第1卷，頁63。

〔註133〕同註132，頁68。

〔註134〕陳獨秀，〈現代歐洲文藝史譚〉，《青年雜誌》，第1卷，第3號，1915年11月15日。

〔註135〕從鄭振鐸的《中國新文學大系・文學論爭集・導言》到王瑤的《中國現代文學史論集》（北京：北京大學出版社，1998），錢理群、溫儒敏、吳福輝等編著的《中國現代文學三十年》等，均維持這樣的論述。

　　這種傾向的混合並不是同時湊成的，這裡自然有個先來後到，但這些傾向有個共同的地方所以能夠雜居，確是不容否認的事。在這些傾向中比較長遠而最有勢力的當然是浪漫主義了。在五四運動以後，浪漫主義的風潮的確有點風靡全國青年的形勢，「狂風暴雨」差不多成了一般青年常習的口號。當時簇生的文學團體多少都帶有這種傾向。其中，這傾向發揮得最強烈的，要算創造社了。〔註136〕

身為創造社成員的鄭伯奇如此描述當時浪漫主義的勢力，此中不無當事人的自誇成分。然則，回眸當時的文學現狀，浪漫主義文學社團如創造社、淺草社〔註137〕、沉鐘社〔註138〕以及前期的新月社等，莫不簇擁著浪漫之花的盛開，凡此，皆標誌其時確已形成一股浪漫主義文學潮流。誠如瞿秋白（1899～1935）所言：「創造社在五四運動之後，代表著黎明期的浪漫主義運動，雖然對於『健全的』現實主義的生長給了一些阻礙，然而它確實殺開了一條血路，開闢了新文學的途徑。」〔註139〕

　　在五四這一個改弦更張的年代，無論是魯迅的「立人」主張、周作人「人的文學」、胡適的「易卜生主義」，抑或是沈雁冰「為人生」的文學觀，都不同程度地關涉到「人的命題」。時代潮流呼喚反叛封建傳統，促成「人的解放」，同時也成就了浪漫主義在中國的流布與風行。當時的作家一致推崇情感的作用，如成仿吾說：「文學始終以情感為生命的，情感便是它的始終」〔註140〕；即使是主張文學「為人生」的鄭振鐸也說：「文學以真摯的情感為它的生命，為它的靈魂」〔註141〕；郭沫若在給宗白華的信中，更直指「詩的本職專在抒

〔註136〕鄭伯奇，《中國新文學大系‧小說三集‧導言》（上海：上海文藝出版社，2003），頁3。

〔註137〕如象徵淺草社結社宗旨的〈編輯綴言〉說：「文學的作者已受夠社會的賤視；雖然應由一般文丐負責。——但我們以為只有真誠的忠於藝術者，能夠了真的文藝作品，所以我們只願相愛，相砥礪！」提出「真誠的忠於藝術」，特別鍾情於「愛」，大致可以看出這個社團的藝術傾向。見《淺草》創刊號，1923年3月25日。

〔註138〕沉鐘社的代表詩人馮至曾自謂是在「德國浪漫派詩人的影響下寫抒情詩和敘事詩」。見馮至，〈詩文自選瑣記（代序）〉，《馮至選集》（成都：四川文藝出版社，1985），第1卷，頁2。

〔註139〕瞿秋白，〈給郭沫若的信（1935，汀洲獄中）〉，收入饒鴻競等編，《創造社資料》（福州市：福建人民出版社，1985），下冊，頁987。

〔註140〕成仿吾，〈詩之防禦戰〉，《創造周報》，第1號，1923年5月13日；收入《成仿吾文集》（濟南：山東大學出版社，1985），頁75。

〔註141〕鄭振鐸，〈新文學觀的建設〉，《時事新報》，1922年5月11日。

情」〔註142〕，上述諸人莫不賦予情感以至高無上的地位，可見其時浪漫主義文學潮流已在中國找到知音。

然弔詭的是，1930 年以前，在創造社同人的公開言說中，從未打出浪漫主義的旗幟，他們或者迴避，或者貶斥浪漫主義。如 1923 年，成仿吾在〈寫實主義與庸俗主義〉中說道：

> 從前的浪漫的 Romantic 文學，在取材與表現上，都以由我們的生活與經驗遠離爲牠的妙訣，所以牠的取材多是非現實的，而牠的表現則極端利用我們的幻想。這種非現實的取材與幻想的表現，對於表現一種不可捕捉的東西是有特別的效力的；然而不論牠們的效果如何，除了爲牠們的效果與技能稱賞而外，牠們是不能使我們興起熱烈的同情來的。而且一失正鵠，現出刀斧之痕，則弄巧成拙，賣力愈多，露醜愈甚。〔註143〕

他從「非現實」的角度來評價浪漫主義文學，認爲浪漫主義文學最終所得到僅有「效果和技能」值得稱賞，至於思想內容上卻無法引起讀者的共鳴與同情。

1926 年，郭沫若發表〈革命與文學〉，也認爲浪漫主義文已成爲反革命的文學，理應拋棄這些「昨日的文藝」，而強調「今日的文藝」。他所謂「今日的文藝」，指的是「我們被壓迫者的呼號，是生命窮促的喊叫，是鬥士的咒文，是革命預期的歡喜。」〔註144〕在此，郭沫若將浪漫主義文學推衍至與無產階級文學相對立的姿態，呈現出從自我表現的無功利傾向文學向「革命文學」的轉變。在另一篇文章中，他深刻剖析這種轉變的心態：

> 本來從事於文藝的人，在氣質上說，多是屬於神經質的，他的感受性比較一般的人要較爲敏銳。所以當著一個社會快要臨著變革的時候，就是一個時代的被壓迫階級被凌虐得快要鋌而走險，素來是一種潛伏著的階級鬥爭快要成爲具體的表現的時候，在一般人雖尚未感受得十分迫切，而在神經質的文藝家卻已預先感到，先把民眾的痛苦叫喊了出來。所以文藝每每成爲革命的前驅，而每個革命時代

〔註142〕郭沫若，《文藝論集·論詩三箚》（北京：人民文學出版社，1979），頁 125。
〔註143〕成仿吾，〈寫實主義與庸俗主義〉，《創造周報》，第 5 號，1923 年 6 月 10 日；收入《成仿吾文集》，頁 100。
〔註144〕郭沫若，〈革命與文學〉，《創造月刊》，第 1 卷，第 3 號，1926 年 5 月 16 日；收入《郭沫若全集》（北京：人民文學出版社，1989），第 16 卷，頁 196。

的革命思潮多半是由於文藝家或者於文藝有素養的人濫觴出來的。
〔註145〕

以郭沫若的個性氣質來說，他是一個精力充沛、感情衝動的人，面對五四狂飆突進的激情，感應敏銳的郭沫若迅速發出激越的呼喊，以雄渾豪放的曲調掀起激動奮發的情感風暴，猛烈衝決封建羅網。然而，隨著革命形勢的急遽變化，他不由得重新估量自己先前的文學主張，他自承：「就我從前是尊重個性、敬仰自由的人，但在最近一兩年間與水平線下的悲慘社會略略有所接觸，覺得在大多數人完全不自主地失掉了自由，失掉了個性的時代，有少數的人要來主張個性，主張自由，未免出於僭妄。」〔註146〕面對社會現實，郭沫若迅速抓住時代脈動，調整文學觀念，否認了個人及個性的文學。1936 年，他在日本接受浦風採訪談到浪漫主義時，特別在前端加上一個「新」字表示：「新浪漫主義是新現實主義之側重主觀情調一方面的表現，和新寫實主義並不對立。新寫實主義是側重客觀認識一方面的表現。」〔註147〕郭沫若此處使用的「新浪漫主義」的說法，顯然與沈雁冰發表於 1919 年的〈文學上的古典主義、浪漫主義和寫實主義〉中所謂的「新浪漫主義」概念相似，指稱的是 19 世紀末 20 世紀初的「現代主義」。

依文學進化論的觀點，歐洲文學被描述為經歷古典、寫實（現實）、自然和新浪漫主義的階段，在這種文學進化的決定論視野下，新文學家確信現今的中國文學是停留在古典主義與浪漫主義的階段之間，因此，儘管創造社對浪漫主義感興趣，但他們在理論上卻擁護著寫實（現實）主義，甚至，在日後的追認過程中，仍在進化論的範疇中使用「新浪漫主義」的名稱。實則，浪漫主義是美學史上最複雜的課題之一。它身上堆疊了人們從不同立場、不同視野、不同歷史時期以及不同思潮所賦予它不同的要求與使命；因其意義龐雜、內涵寬泛，以致一登上五四文壇，即異態紛呈，顯現其各自不同的特質。

被羅素（Bertrand Russell，1872～1970）稱為「浪漫主義運動之父」的盧梭，是美學的浪漫主義的創始者，他不僅「是從人的情感來推斷人類範圍以

〔註145〕郭沫若，〈文藝家的覺悟〉，《郭沫若全集》，第 16 卷，頁 25。
〔註146〕郭沫若，《《文藝論集》序》，《郭沫若全集》，第 15 卷，頁 146。
〔註147〕郭沫若，〈郭沫若詩作談〉，浦風記錄整理，《現世界》創刊號，1936 年 8 月 15 日；轉引自陳國恩，《浪漫主義與 20 世紀中國文學》（合肥：安徽教育出版社 2001），頁 238。

外的事實這派思想體系的創始者，還是那種與傳統君主專制相反的僞民主獨裁的政治哲學的發明人。」〔註148〕在盧梭身上，情感主體與政治革命是纏繞在一起的。盧梭美學浪漫主義的發生是在 18 世紀後半葉工業文明和科技革命所帶來物質豐裕、社會進步的歷史背景以及對「物欲」急遽膨脹，技術思維隘化所導致精神內質異化現象的抗衡。作爲一種反思現代性的批判力量，正如康德（Immanuel Kant，1724～1804）所體悟的：「盧梭之出現，使人們意識到，歷史進步是由文明的正值增長與文明的負值效應兩條對抗線交織而成。前一條線導向人類樂觀的建設性行爲，後一條線導向人類悲觀的批判性行爲甚或是破壞性行爲。」〔註149〕這種對人類文明的解構與批判集中展現在盧梭的成名作《論科學與藝術》之中。

在這篇原名〈科學與藝術的復興是否有助於敦風化俗？〉的文章中，人類所建構的樂觀性、進取性的信念第一次遭遇到強有力的阻擊，盧梭指出：

> 天文學誕生於迷信；辯論術誕生於野心、仇恨、諂媚和謊言；幾何學誕生於貪婪；物理學誕生於虛榮的好奇心；一切，甚至道德本身，都誕生於人類的驕傲。因此科學與藝術的誕生乃是出於我們的罪惡。〔註150〕

在盧梭看來，科學與藝術的進步並未給我們增加任何的福祉，反而敗壞了人類的風尚，「玷汙了我們趣味的純潔性」〔註151〕，且更爲嚴重地損害人類的道德品質。不過，儘管盧梭把科學與文藝說成是傷風敗俗的，但他並不仇視科學。他嘗自謂：「我所攻擊的不是科學本身，我是要在有德者的面前保衛德行。」〔註152〕之所以會出現這種兩面眞實性的矛盾，其關鍵在於盧梭論述的背後隱藏著另一個沒有被表述出來的概念，即「科學理性」。在這篇文章第二部分開頭，他說道：「有一個古老的傳說從埃及流傳到希臘，說是創造科學的神是一個與人類的安謐爲敵的神。」〔註153〕這表明與人類的安謐爲敵的實質不是科學本身，而是隱身其後的科學理性或工具理性的「神」。正是康德所言說的，

〔註148〕羅素著，何兆武、李約瑟等譯，《西方哲學史》（北京：商務印書館，1991），下冊，第 225。

〔註149〕朱學勤，《道德理想國的覆滅》（上海：三聯書店，1996），275 頁。

〔註150〕盧梭著，何兆武譯，《論科學與藝術》（北京：商務印書館，1997），頁 21。

〔註151〕同註 150，頁 35。

〔註152〕同註 150，頁 5。

〔註153〕同註 150，頁 20。

對人類「文明負值效應」的質疑與抗衡，才是以盧梭為代表的美學的浪漫主義的特定內質。

　　面對人類這種生存的悖論，盧梭認為最重要的是拯救人的自然情感，以「情」作為溝通消解日益壯大的異化現象的武器。因此，主體的感性被美學的浪漫主義者提高到前所未有的地位。對此，沈雁冰在介紹西方文藝派別時指出：

> 浪漫（romantic）這個名字，一方雖帶有主觀的色彩，一方卻是推崇思想自由，個人主義，和返於自然這幾條信條。這種思想在盧騷的文學中，明明白白地顯露著。豈知到後來唯心論在哲學上的勢力一盛，文學受它的影響不少，把主觀的描寫抬到過分高了，大家都盡著一個腦袋所能的去空想妄索；只管向壁虛造，沒根沒柢地去發揮他們主觀的真善美，而實在又想不出什麼了不得的空想，說來說去，仍不過落在前人的窠臼罷了。〔註154〕

沈雁冰雖指認了盧梭為浪漫文學的第一人，謂其鑑於古典主義偏重理性的弊端，轉而注重想像提倡創造和個性；然他也注目到浪漫主義在文學上逐步衰退的原因，就在於它那「向壁虛造」的過分強調作家主觀意識的空想。

　　1927年，鄭伯奇在評論郁達夫小說《寒灰集》時也說道：

> 19世紀浪漫主義的底流，依然是抒情主義，不過因為他們有盧梭的思想，中世文化的憧憬，資本主義初期的氣勢，因而形成了浪漫主義而已。在現代的中國，我們既然沒有和他同樣的思想和社會背景，而我們另外有我們獨有的境遇，和現代的思潮，所以便成了我們現代自己的抒情主義。〔註155〕

或許意識到浪漫主義文學的缺失，鄭伯奇用「抒情」來置換「浪漫」，藉以概括郁達夫小說的創作特質，凸顯中國作家的本土化創作特徵。在這對評論中，鄭伯奇同時也表述出他對浪漫主義內涵的理解，一是盧梭思想，二是對中世紀的回歸，三是資本主義的影響。正因如此，中國新文學運動初期，「不產生與西洋各國十九世紀的浪漫主義，而是二十世紀的中國所特有的抒情主義。」〔註156〕

〔註154〕沈雁冰，〈文學上的古典主義、浪漫主義和寫實主義〉，原刊《學生雜誌》，第7卷，第9期，1920年8月，收入《茅盾全集》，第18卷，頁189。

〔註155〕鄭伯奇，〈《寒灰集》批評〉，《鄭伯奇文集》（西安：陝西人民出版社，1986），頁96。

〔註156〕同註155，頁95～96。

　　然則，就如白璧德在抨擊盧梭的浪漫主義所涉及浪漫主義概念的界定問題時，所指稱的：

> 錯誤定義的豐富源泉是將一個多多少少有密切聯繫、實際上次要的
> 事實群看做是主要的，例如，堅持將返回中世紀看做是浪漫主義的
> 核心事實，而這種返回只是有代表性的，還遠遠不是獨創性的現象。
> 對浪漫主義的的混亂且不完整的定義實際上就源於此——他們將某
> 種雖然屬於浪漫主義但並非占據核心地位而只是處於邊緣的東西置
> 於中心地位，這樣，整個主題就都顛倒了。〔註157〕

由於五四新文學家大都忽略了盧梭浪漫主義的核心事實是對人類文明的正值增長中所內含的負值效應的憂慮與質疑，反而將派生出來表徵的、邊緣的「回到中世紀」、「回到自然」視為原初的、獨創的東西，從而側重於浪漫主義的天才、想像、或自然、憂鬱等的片面部分。

　　正因為忽略了西方浪漫主義有著不同側面真相的複雜性和多樣性，創造社成員甚至不承認自己是「為藝術而藝術」的。如郭沫若說：「我更是不承認藝術中會分出甚麼人生派與藝術派的人。這些空漠的術語，都是些無聊的批評家——不消說我是說西洋的——虛構出來的東西。我認定藝術與人生，只是一個晶體的兩面。」〔註158〕郁達夫也道：「藝術就是人生，人生就是藝術，又何必把兩者分開來瞎鬧呢？試問無藝術的人生可以算得人生麼？又試問古今來那一種藝術品是和人生沒有關係？」〔註159〕儘管他們因著意識形態的變化或隨著時代文化變遷，對文學的本質有不同的要求，從而迴避或否認浪漫主義及「為藝術」的創作主張，但浪漫主義的精神品性始終統貫他們的文學思想與創作的發展歷程。

　　郭沫若曾自謂：「我是一個衝動性的人，我的朋友每肯向我如是說，我自己也很承認。我回顧我所走過的半生行路，都是一任自己的衝動在那裡奔馳，我便作起詩來，也任我一己的衝動在那裡跳躍。」〔註160〕狂飆突進的五四時代正需要這種高昂的浪漫激情，在詩歌創作的領域中，他發揮奇特的想像力，上天入地，馳騁筆鋒，宣洩情感，創造出「女神體」雄奇的藝術風格，

〔註157〕白璧德著，孫宜學譯，《盧梭與浪漫主義》，頁2。
〔註158〕郭沫若，〈論國內的評論及我對於創作上的態度〉，原刊《時事新報》，1922
　　　　年8月4日；收入《郭沫若全集》，第15卷，頁227。
〔註159〕郁達夫，〈文學上的階級鬥爭〉，原刊《創造周報》，第3號，1923年5月27
　　　　日；收入《郁達夫文集》（廣州：花城出版社，1982），第5卷，頁135～137。
〔註160〕同註158。

充分體現其熱情奔放、叛逆傳統的個性氣質。在給宗白華的信中，他說道：「我們的詩只要是我們心中的詩意詩境底純真的表現，命泉中流出來的 Strain，心琴上彈出來的 Melody，生底顫動，靈底喊叫，那便是真詩，好詩。」〔註161〕正由於文藝是作家的「內部要求與外部的結合，是靈魂與自然的結合」的產物〔註162〕，因此他反對文學上的功利主義。

1922 年，在〈論國內的評論及我對於創作上的態度〉中，郭沫若指出：

> 藝術上的功利主義的問題，我也曾經思索過。假使創作家純以功
> 利主義為前提從事創作，上之想借文藝為宣傳的利器，下之想借
> 文藝為糊口的飯碗，我敢斷定一句，都是文藝的墮落。隔離文藝
> 的精神太遠了。這種作家慣會迎合時勢，他在社會上或者容易收
> 穫一時的成功，但他的藝術決不會有永久的生命。這種功利主義
> 的動機說，從前我曾懷抱過；有時在詩歌之中借披件社會主義的
> 皮毛，漫作驢鳴犬吠，有時窮得沒法的時候，又想專門做些稿子
> 來賣錢，但是我在此處如實地告白：我是完全懺悔了。文藝本是
> 苦悶的象徵。〔註163〕

文藝不從屬、不依賴也不作用於現實；藝術的本身是無所謂目的的。這種「藝術無功利性」的觀點，使他特別關注文學的審美性，亦即認為文藝的本質是主觀的、表現的，而非客觀的、模仿的。作為一個醫學院的學生，他還用自然科學的公式把他對於詩歌的理解提煉為一個公式：「詩＝（直覺＋情調＋想像）＋（適當的文字）」。〔註164〕不同於胡適，郭沫若把文字（語言）放在最後，僅作為形式來考慮，而將直覺、情調和想像當成詩歌最重要的因素，他所要表現的正是自我的自然流露。

創造社的理論家成仿吾也有相同的體認，在〈新文學之使命〉中，他說了兩段被公認為「為藝術而藝術」觀點的話：

> 至少我覺得除卻一切功利的打算，專求文章的全 Perfection 與美
> Beauty 有值得我們終身從事的價值之可能。

〔註161〕郭沫若，〈論詩通信〉，《郭沫若全集》，第 15 卷，頁 13。
〔註162〕郭沫若，〈文藝生產的過程〉，《郭沫若論創作》（上海：上海文譯出版社，1983），頁 9。
〔註163〕郭沫若，〈論國內的評論及我對於創作上的態度〉，原刊《時事新報》，1922年 8 月 4 日；收入《郭沫若全集》，第 15 卷，頁 228。
〔註164〕郭沫若，《文藝論集·論詩三箚》，頁 210。

> 藝術派的主張不必皆對，然而至少總有一部分的眞理。不是對於藝
> 術有興趣的人，絕不能理解爲什麼一個畫家肯在酷熱嚴寒裡工作，
> 爲什麼一個詩人肯廢寢忘餐去冥想。〔註165〕

從創作的角度看，文學具有純粹的審美性。成仿吾將「全」與「美」作爲文
學的審美價值的論述，標誌了一種文學意識的自覺，由此，新文學的價值觀
與傳統文學的價值觀劃清了界線。

由於創造社成員對浪漫主義的迴避與貶斥，不少學者據以質疑創造社的
浪漫主義定性。〔註166〕俞兆平用長文辨析創造社迴避浪漫主義的原因，以及
現代文學史書寫錯位的緣由。他引葉維廉的說法指出，因受到科學主義宏偉
氣勢的懾服，早期中國浪漫主義者並不明白「西方浪漫主義者當時卻是爲了
反抗科學帶來的威脅，才強調想像作爲有機組織體的重要意義。」雖然他們
大量譯介浪漫主義大師如華茲華斯、歌德等人的作品，卻對於這些人「認識
論式追索的核心層面所知不多」。〔註167〕因此，俞兆平認爲「與其說郭沫若等
創造社成員是傾向於浪漫主義的，不如更準確地說，他們趨近的是以歌德爲
代表的，而後引發浪漫主義思潮的德國 18 世紀 70 年代的「狂飆突進」時期
的文學運動。」〔註168〕

關於俞兆平的指認，吳宓早在 1929 年即有所闡述。他在〈德國浪漫派哲
學家兼文學批評家弗列得力希雷格爾逝世百年紀念〉中指出，今日中國與 18
世紀末至 19 世紀初的德國極爲相似，同屬於政治上最爲衰敗而文學上最爲繁
盛時期，德國這一時代的文學流派和趨勢在中國這 10 年中不但「重疊凌逼而

〔註165〕成仿吾，〈新文學之使命〉，《創造周報》，第 2 號，1923 年 5 月 19 日；收入
《成仿吾文集》，頁 94。

〔註166〕如朱壽桐發現：「儘管創造社文學中包含著一定浪漫主義成分，儘管郭沫若等
作家的創作走著浪漫主義美學的鮮明印跡，但將創造社定性爲浪漫主義社
團，其根據是極不充分的。」詳氏著，《情緒：創造社的詩學宇宙》（上海：
上海文藝出版社，1991），頁 3；斯洛伐克漢學家馬利安‧高利克（Marián Gálik）
亦如此評述郭沫若：「開始他以唯美印象主義理論家的面目出現，1923 年之
後，變爲表現主義者，終於在 1926 年至 1930 年間成了一位無產階級的文學
批評家。」見氏著，《中國現代文學批評發生史 1917～1930》（北京：社會科
學文獻出版社，1997），頁 23；俞兆平則從科學主義霸權的角度論證五四浪
漫主義之可能發生。詳氏著，《寫實與浪漫──科學主義視野中的「五四」文
學思潮》（上海：上海三聯書店，2001）。

〔註167〕葉維廉，《中國詩學》（北京：三聯書店，1996），頁 196～197。

〔註168〕俞兆平，《寫實與浪漫──科學主義視野中的「五四」文學思潮》，頁 137。

並集」,且思想感情的衝突、古今新舊的混淆有過之而無不及。德國文學經歷了與浪漫主義共時的古典時期、狂飆突進運動時期,以及希雷格爾兄弟(August Wilhelm Schlegel, 1767～1845 & Friedrich Schlegel, 1772～1829)所領導的早期浪漫主義時期,一直到「少年德意志」等。與之對應,中國則有舊派文學家如陳散原(陳三立,1853～1937)、鄭海藏(孝胥,1860～1938)的同光體詩歌,柯鳳蓀(劭忞,1848～1933)、馬通伯(其昶,1855～1930)的桐城派古文相當於古典時期;陳獨秀、胡適的文學革命和徐志摩的浪漫詩歌約莫等於狂飆突進時期;魯迅、郁達夫等人恰似德國早期浪漫派作家;成仿吾、郭沫若等正在倡導的「革命文學」則可比之於後來的「少年德意志」。〔註169〕

德國的狂飆突進時期的作家受到當時啓蒙運動影響,特別是盧梭美學思想的影響,他們歌頌天才、創造,主張自由、個性解放;另一方面他們也反對啓蒙運動強調理智,要求人們接受道德規範和客觀規律約束的觀點。此外,他們還從盧梭手中接過「返回自然」的口號,要求建立合乎自然的新時代的社會秩序。這場運動,實質上是德國新興資產階級對腐朽的封建主義意識形態的一次有力衝擊。與浪漫主義同時發展的古典文學則強調藝術的倫理教育作用,要求感情與理智、理想與現實、人與自然、主觀與客觀的和諧統一。吳宓的比附雖不乏個人的偏頗,但他認爲世界文學史上的各個流派容或有不同之處,其思想軌跡、文學主張及風格形塑自有淵源和影響脈絡可循。

儘管對於五四時期新文學所呈現的「浪漫的混亂」〔註170〕,時人的體認與後人的追認不盡相同,但他們都共同指認新文學所顯現出的浪漫主義的特徵:反對理性的、次序的、客觀的、穩定的結構,強調自我的創造性與天才的想像力,突破歷史的成規等,正如李歐梵所言:「他們消滅了傳統之後,卻留下文化眞空,並企圖用西方的萬靈藥——科學、民主、無政府主義、社會主義、浪漫主義——來塡滿眞空」,絲毫不考慮中國文化的特性問題。〔註171〕在白璧德人文主義視野下,持守理性、和諧的規約,趨向從歷史經驗中總結出恆久可靠法則的學衡派,自是對新文學陣營浪漫主義的傾向大表不滿。

關於學衡派的古典主義立場這一事實,1939 年,李何林(1904～1988)在《近二十年中國文藝思潮論》中綜述「學衡派」時,曾有點到爲止的評說:

〔註169〕吳宓,〈德國浪漫派哲學家兼文學批評家弗列得力‧希雷格爾逝世百年紀念〉,《大公報‧文學副刊》,第 67 期,1929 年 4 月 22 日。
〔註170〕梁實秋,〈現代中國文學之浪漫趨勢〉,《梁實秋論文學》,頁 10。
〔註171〕李歐梵,王宏志等譯,《中國現代作家的浪漫一代》,頁 300。

> 總觀「學衡派」無論對於中國文學或西洋文學的主張，大有「古典
> 主義」者的口吻，其站在守舊的立場，反對此次新文化運動和新文
> 學運動，也很有點「古典主義」的氣息；可惜因為只是代表舊勢力
> 的最後掙扎，未能像西洋似的形成一種「古典主義」的文藝思潮。
> 〔註172〕

李何林明確地觀察到學衡派的古典主義傾向，只是他認定學衡派所代表的是
「舊勢力的最後掙扎」，再加上沒有什麼代表性的作品，所以只能充當新文化
新文學運動中守舊的反對者的角色。

　　學衡派的古典主義文學理念源自於美國白璧德的人文主義。白璧德人文
主義力圖復活古典人文精神以解救西方現代社會的危機，在倫理觀上，主張
以道德理性節制情感，通過自律、克制達至個體完善；在文學觀上，要求以
理性精神為基礎，重建古典美學理想。古典主義在文藝復興時期經歷一次劇
烈蛻變，以亞里士多德及賀拉斯（Horace，65BC～8BC）〔註173〕為權威的思
想經義大利和法國批評家的演述後，形成僵化的規律，後來文學史家將 17～
18 世紀以法國為中心，蔓延當時整個歐洲的文藝運動和思潮，稱為「新古典
主義」（Neo-classicism），或作「假古典主義」（Pseudo-Classicism）；18～19
世紀浪漫運動的勃興，便是反對這種狹義的「新古典主義」或「假古典主義」。
而廣義的古典主義，則指一種文學精神、審美理想和創作品格，從古希臘羅
馬到 20 世紀，這種基本的美學態度或精神在西方文學史中持續不間斷，「它
代表了某種具有週期性的企圖，它旨在使人的情感生活井井有條。」〔註174〕

　　從西方古典主義歷史來看，古希臘羅馬時代和17～18 世紀，顯然是它的
全盛期；19 世紀以後，隨著浪漫主義、現實主義、現代主義文學思潮的崛起，
古典主義的主導地位發生動搖。正如韋勒克（René Wellek，1903～1995）所
言，古典主義不可能全面復興，「因為它無法靈活地對付繁複多樣的近代文學
及其問題」〔註175〕。在這種情況下，19～20 世紀的古典主義精神的維護者出

〔註172〕李何林，《近二十年中國文藝思潮論》（桂林：生活書店，1939），頁 50～51。
〔註173〕亞里士多德的摹仿論、中庸論、淨化說以及對悲劇形式的限定是古典主義理
　　　　論的濫觴；賀拉斯的《詩藝》則確立一套以「適當」、「寓教於樂」為核心的
　　　　古典主義原則。
〔註174〕多明尼克·塞克里坦著，艾曉明譯，《古典主義》（北京：昆侖出版社，1989），
　　　　頁 67。
〔註175〕雷納·韋勒克著，楊豈深、楊自伍譯，《近代文學批評史》，第 1 卷，頁 15。

現了阿諾德、白璧德等學院「精英」以及艾略特（Thomas Stearns Eliot，1888
～1965）、奧登（Wystan Hugh Auden，1907～1973）等詩人。前者以道德理想
化的立場抨擊現代社會的物欲橫流和情感放縱，要求恢復古典主義的理性原
則和節制精神。後者則反對浪漫主義的情感渲泄，主張古典主義的嚴謹、準
確、凝練的美學思想。

現代意義上的文學古典主義已滌去政治意味，但仍繼承保留古典主義傳
統中理性、道德、摹仿、規訓、紀律等特徵。白璧德人文主義理論正是從亞
里士多德到西方古典主義這條思想脈絡中所蘊積出來的，針對文藝復興後，
西方個人主義放縱恣肆，尤其以培根和盧梭爲代表的科學的和情感的自然主
義，爲自由捨棄節制和軌範的人生觀，作出批判和反思。在文藝思想方面，
正如梁實秋所說，「他是醉心於西洋文學之正統的古典思想」〔註176〕。他批評
以浪漫主義文學爲代表的各種現代文學思潮，堅持文學中的道德批判、理性
的選擇、紀律和規範等原則的重要性，並強調創作中摹仿的必要性。

學衡派藉助白璧德人文主義的思想資源，對新文學的浪漫主義風尚和偏
頗提出批評，他們同樣強調文學的紀律與規範，及理性和道德在文學中的重
要性。對此，多年後反思《學衡》的業績，梅光迪感觸頗深地說道：

> 《學衡》的特別之處更在於它以各種方式告示國人，建立一個新中
> 國唯一堅實的基礎是民族傳統中的精粹部分；其立場集中表現爲哲
> 學、政治和教育上的理想主義及文學中的古典主義。〔註177〕

學衡派在文化藝術上的主張是古典的，他們倡導以文化整體主義的觀念來看待
文學發展，強調古今東西文化相互借鑒融合；他們認爲科學的進化論是無法解
釋文學的發展問題。在論及文學標準時，吳宓提出：「凡藝術必有規律，必須
宗傳（Tradition）。從事此道者，久久沿襲，人人遵守。然後作者有所依據，不
至茫無津涯。然後評者可得標準，可爲公平之裁判與比較。」〔註178〕針對胡
適「打破束縛精神的枷鎖鐐銬」的主張，吳宓以爲世界各國各體文學在長期的
發展過程中，均已形成自身特殊的規律和宗傳；文學藝術的各種審美規律之存

〔註176〕梁實秋，〈關於白璧德先生及其思想〉，原刊《人生》，第148期，1957年1
月1日；收入梁實秋、侯健著，《關於白璧德大師》（台北：巨浪出版社，1977），
頁7。

〔註177〕梅光迪，〈人文主義和現代中國〉，《梅光迪文錄》，頁224。

〔註178〕吳宓，〈詩韻問題之我見〉，《大公報·文學副刊》，第210期，1932年1月18
日。

在,「不特不至阻抑天才,且能贊助天才之發榮滋長。不特非枷鎖之束縛手足,且如槍砲之便利戰鬥。」〔註179〕因此,他強調正在發展中的中國新文學必須看到世界文學以往的發展過程和未來的發展趨勢,才能避免走向偏頗之途。

胡先驌的〈文學之標準〉也探討了文學標準建立的重要性等問題。他在文中結尾處引述薛爾曼教授論英國小說家麥雷迪士(George Meredith, 1828～1909,通譯梅瑞狄斯)的文章說:

> 如何以給與快樂而不墮落其心,給與智慧而不使之變為冷酷;如何
> 以表現人類重大之情感,而不放縱其歠慾;如何以信仰達爾文學說,
> 而同時信仰人類之尊嚴;如何以承認神經在人類行為中之地位,而
> 不至麻痺動作之神經;如何以承認人類之弱點,而不至喪失其毅勇
> 之概;如何以觀察其行為而尊重其意志;如何以斥去其迷信而保存
> 其正信;如何以針砭之而不輕蔑之;如何以信認惡雖避善,而永不
> 能絕跡;如何以回顧千百之失敗,而仍堅持奮鬥之希望。〔註180〕

胡先驌高度評價此說,直指其為「文學之真正標準,而欲創造新文學者所宜取法也。」對於近世西方文學中所出現的情感勝過理智,官骸之美感勝過精神之修養,情慾勝過道德觀念等種種弊端,他以為「近日一切社會罪惡,皆可歸咎於所謂近世之文學者,而溯源尋本,皆盧梭以還之浪漫主義有以使之耶。」〔註181〕

在〈評《嘗試集》〉的長篇論文中,他指出:

> 盧騷力主返乎自然,不但對於文學主張廢棄一切規律,即對於人生,
> 亦全任感情之衝動,而廢除理性之制裁。……至他一派之浪漫派,
> 初無威至威斯、協黎、奇茨(Keats)高尚之理想,但求官覺上之美
> 感。所作之詩,除表現一種天然界物質之美外,別無高尚之意味。
> 除與肉體有密切關係者外,初無精神上獨立之美感。不能以物質表
> 現精神,竊取精神之外貌,以粉飾物質。〔註182〕

饒富意味的是,站在古典主義立場的胡先驌對浪漫主義的批評,竟與前述成仿吾從「非現實」的角度評價浪漫主義的論點十分相似。依著古典主義的價

〔註179〕吳宓,〈詩韻問題之我見〉,《大公報‧文學副刊》,第210期,1932年1月18日。

〔註180〕胡先驌,〈文學之標準〉,《學衡》,第31期,1924年7月。

〔註181〕同註180。

〔註182〕胡先驌,〈評《嘗試集》〉(續),《學衡》,第2期,1922年2月。

值標準來衡量文學，胡先驌對於浪漫主義的文學作品著重強調順從感情衝動，過分沉溺於官覺的偏至面，從而忽略中庸與節制，以致缺乏高尚的精神之美，深覺不妥，他認爲倘若放縱浪漫主義流行，無疑將會增加社會的罪惡。不過，他也注意到：「浪漫主義苟不趨於極端，在文學中實有促進優美人生觀之功效。」〔註183〕說明他並非一概反對浪漫主義的創作手法。

　　生性浪漫的吳宓，留學哈佛大學時曾一度選讀雪萊的詩；然儘管個人感情生活充滿浪漫情調，在抽象的觀念和理論上，吳宓卻仍遵循白璧德的教誨。跟隨白璧德的腳步，吳宓也把對浪漫主義的批判集中在培根和盧梭的身上。在徐震堮所譯〈聖伯甫釋正宗〉文前吳宓有一段附識文字，他說：

> 今世之思想學術文藝生活，既爲科學及感情的浪漫主義所統轄，所操縱，所彌漫，所充塞，則謂今世爲培根及盧梭二人所宰制可也。
> 今之談文藝者，所謂表現自我，純任自然，平民生活，寫實筆法。
> 今之談道德者，所謂任情縱欲，歸眞返樸，社會萬惡，文明病毒。
> 今之言改革者，所謂打破禮教，擺脫拘束，兒童公育，戀愛自由。
> 凡此種種，皆無非承襲盧梭遺言遺行，奉爲圭臬。故今日之亂，謂其泰半由於盧梭可也。〔註184〕

他指責象徵科學萬能、感情至上的培根和盧梭二人，彷彿宰制了全世界。尤其是盧梭衝破傳統、掙脫規律、回歸自然、放縱情欲的精神取向，其流弊甚巨，已爲「西方之哲士通人」所駁斥，而新文學陣營猶專取此等外國「吐棄之餘屑」以餉國人，其行徑直與齊人乞墦祭之餘，以驕其妻妾無異。〔註185〕

　　另外，郭斌龢也從古典主義的角度爲新文學把脈，在〈新文學家之痼疾〉中傾力抨擊盧梭式的浪漫主義。首先，他追溯浪漫主義的來源，認爲以「縱情恣欲」爲特色的浪漫主義，實人類與生俱來之本性；迨文明進化，乃「有道德以化之，有禮教以約之，有政法以裁之。」及至盧梭學說興起，遂使「最古之浪漫本能」，搖身而爲新穎之浪漫主義，「假自由平等之名，行縱情恣欲之實」。其次，他認爲此輩標榜「唯美主義」，謂人生以求美爲目的；實則浪漫主義所謂的美，不過「一時感情之幻象而已」。郭斌龢認爲文學作品不同於其他文藝體裁的創作，它必須具備一種藝術之「美」，而此藝術「美」要服從

〔註183〕胡先驌，〈評《嘗試集》〉（續），《學衡》，第 2 期，1922 年 2 月。
〔註184〕吳宓，〈聖伯甫釋正宗·編者識〉，《學衡》，第 18 期，1923 年 6 月。
〔註185〕吳宓，〈論新文化運動〉，《學衡》，第 4 期，1922 年 4 月。

「善」這個首要標準，所謂「美之大者爲善，美而不善，則雖美勿取。」最後，他指責新文學倡導者一味趨奇騖新，不加別擇地譯介西方「流僻邪散與怨怒之文學」，其「遺害人心，流毒無窮」。〔註186〕他以爲欲矯正此一弊端，唯有揚棄浪漫主義文學一途，轉而遵奉以溫柔敦厚、中正和諧爲正則的古典主義文學。

在新文學的第一個十年間，浪漫主義對中國的影響至爲深切。如鄭伯奇的追憶：「在五四運動以後，浪漫主義的風潮的確有點風靡全國青年的形勢。『狂風暴雨』差不多成了一般青年常習的口號。當時簇生的文學團體多少都帶有這種傾向。」〔註187〕由於20世紀初的中國亟需浪漫主義式的英雄形象作爲社會變革的典範，因此，五四以前，魯迅、蘇曼殊（1884～1918）、馬君武（1881～1940）、包天笑（1876～1973）、曾樸（1872～1935）等人都曾譯介歐洲浪漫派的作家作品；五四之後，更出現浪漫主義詩歌的介紹熱潮，即便是論戰的雙方也都不約而同地大量譯介宣傳浪漫主義詩人的行事、作品與思想。其中雪萊、拜倫、雨果、歌德、華茲華斯等浪漫主義詩人的作品及行事風格，在中國被大量地傳誦著。

北上後的吳宓亦曾刻意在《大公報・文學副刊》及《學衡》上刊載多篇梳理西方浪漫主義文學的論文。1928年，他作〈英國詩人兼小說戲劇作者戈斯密誕生二百年紀念〉，把戈斯密（Oliver Goldsmith，1730～1774，又譯作哥爾斯密）放浪形骸的作爲比作「竹林七賢」的阮籍，認爲這是一種「浪漫的過失」，應當受到譴責，然此中卻不失「赤子之心，天眞爛漫，誠摯而多情」〔註188〕；對此，生性浪漫的吳宓不免給予同情的理解。基於白璧德人文主義立場，吳宓在理性思想上大加撻伐歐美近現代文化，如在〈韋拉里論理智之危機〉的「譯者識」中，他強力抨擊現代主義、現實主義與浪漫主義文學的創作原則與方法說：「即今世文學論，若崇信弗洛依德心理學說，以性欲解釋一切，若以浪漫派之末流謂詩爲一種無目的之迷衫，若極端之寫實派以機械印版纖悉毫末之刻畫描摹爲能，……凡此種種皆理智之敵，又皆文明之患，

〔註186〕郭斌龢，〈新文學家之痼疾〉，《學衡》，第55期，1926年7月。
〔註187〕鄭伯奇，《中國新文學大系・小說三集・導言》，頁3。
〔註188〕吳宓，〈英國詩人兼小說戲劇作者戈斯密誕生二百年紀念〉（一）緒論，《大公報・文學副刊》，第44期，1928年11月5日。

而人類進步之障也。」〔註189〕然則，胸無城府，爲理想不憚壓力，不計代價的吳宓，其實是個浪漫型的人物；他自覺以維繫中國固有文化爲己任，其文化信仰雖堅摯，內心卻充滿矛盾，不僅有文化理想不能實現的矛盾，也有寄情文章藝術與謀求事功的矛盾，關於這種思想與感情的矛盾衝突，陳寅恪曾設「壺水」以喻，吳宓自己則譬爲「二馬裂屍」之譬。〔註190〕

白璧德在〈什麼是人文主義？〉文末，嘗引用愛默生（Ralph Waldo Emerson, 1803～1882）著名的詩句說：

> 「有兩種不同的法則」；既然我們無法調和「人的法則」與「事物的法則」，那麼他寧願我們分別保留對每一種法則的感覺，並持有一種「雙重意識」，──即「公共的」和「私人的」天性。

他進一步說明愛默生還用一種意象來解釋：「人必須交替地來駕馭這兩種天性之馬，『就像馬戲團裡的騎手一樣，敏捷地從一匹馬跳上另一匹馬，或是把一隻腳放在一匹馬的背上，把另一隻腳放在另一匹馬的背上。』」〔註191〕正如白璧德所指陳，在愛默生的作品中，「一」與「多」經常表現爲劇烈衝突的一組矛盾。在吳宓身上，也可以看到這種思想與性情相互矛盾衝突的「精神馬術」〔註192〕，這使得他在具體評論作家作品時，無意識地披露出來，從而推翻了他自己的白璧德神話。如對於其師的頭號敵人盧梭，他一面予以嚴厲的指責，謂其宰制操縱今世之思想學術文藝生活；〔註193〕一面又公允地給予評價，肯定他是浪漫派文學的始祖，對世界文學影響深遠，特別是他的《懺悔錄》，「一主清新自然，足以矯當時之弊，合乎當時之人心之所同望。」〔註194〕

1936 年，吳宓作〈徐志摩與雪萊〉，追憶徐志摩在 1931 年去世時在《大公報‧文學副刊》所引發的有關詩歌創作的一場論爭，他再述道：

> 我少時最喜讀浪漫詩人的作品。及至轉學到哈佛大學，那時正當美國參加歐戰，在校學生較少。我選了 J. L. Lowes 教授的英國浪漫詩

〔註189〕吳宓譯，〈韋拉里論理智之危機〉譯者識，《學衡》第 62 期（1928 年 3 月）。

〔註190〕他說：「譬如二馬並馳，宓以左右二足分踏馬背而縶之，又以二手堅握二馬之韁於一處，強二馬比肩同進。然使吾力不繼，握韁不緊，二馬分道而奔，則宓將受車裂之刑矣。」（《吳宓日記》，第三冊，頁 355）

〔註191〕白璧德，〈什麼是人文主義？〉，《文學與美國的大學》，頁 21。

〔註192〕同註 191，頁 21。

〔註193〕吳宓，〈聖伯甫釋正宗‧編者識〉，《學衡》，第 18 期，1923 年 6 月。

〔註194〕吳宓，〈盧梭逝世百五十年紀念〉，《大公報‧文學副刊》，第 26 期，1928 年 7 月 2 日。

人，一門功課。班中學生僅五人：……我便選定了雪萊。……我那時沈酣於雪萊詩集中，（雖然同時上著白璧德師的文學批評課），以此因緣，便造成我後來情感生活中許多波折。〔註195〕

「雖然同時上著白璧德的文學批評課」，但仍「沈酣於雪萊詩集中」，理性思想與個人審美性情的背離，經常使他陷入尷尬而難以自處的境地。

五四學人對浪漫主義文學的接受和批評還表現在對西方浪漫主義作品的譯介。梁實秋在寫於 1925 年的〈現代中國文學之浪漫趨勢〉中即指出：

外國文學影響侵入中國之最顯著的象徵，無過於外國文學的翻譯。翻譯一事在新文化運動裏可以算得一個主要的柱石。翻譯的文學無時不呈一種浪漫的狀態，翻譯者對所翻譯的外國作品並不取理性的研究的態度，其選擇亦不是有紀律的、有目的的，而是任性縱情，凡投其所好者擇儘量翻譯，結果是往往把外國第三四流的作品運到中國，視爲至寶，爭相模擬。……他們研究外國文學是採取欣賞的態度，他們沒有目標，沒有計劃，沒有師承，他們像海上的漂泊者一樣，隨著風浪的飄送，……這種人我叫他做「遊藝者」……遊藝主義者在中國做了文學介紹家，所以所謂「文學介紹」者乃成爲「浪漫的混亂」。〔註196〕

爲抵抗、力矯新文學陣營「沒有目標、沒有計劃、沒有師承」所造成「浪漫的混亂」的翻譯態度，學衡派在不同的接受角度與認同旨趣下，對創造社、新月派所認同的英國浪漫主義代表詩人華茲華斯表現出莫大的興趣。〔註197〕

《學衡》第 7 期曾刊登華茲華斯肖像，第 9 期則有吳宓所寫的〈詩學總論〉，文中引用華茲華斯的詩作及詩學主張。在〈書〈人境廬詩草自序〉後〉

〔註195〕吳宓，〈徐志摩與雪萊〉，原刊《宇宙風》，第 12 期，1936 年 3 月 1 日；徐葆耕編選，《會通派如是說──吳宓集》，頁 266。

〔註196〕梁實秋，〈現代中國文學之浪漫趨勢〉，收入《梁實秋論文學》，頁 9〜10。

〔註197〕創造社作家郁達夫的小說《沉淪》開頭寫主角手捧華茲華斯詩集，在鄉間小道上緩緩獨步，小說中作者還讓主人公讀誦並翻譯華茲華斯〈孤寂的高原刈稻者〉中的兩節詩，這正是《沉淪》主角內心世界的寫照。郭沫若在〈致陳建雷〉中明確表示對華茲華斯的譯詩的喜愛。新月派的重要詩人徐志摩則在體悟大自然魅力方面與華茲華斯相通，在創作實踐上承受華茲華斯的影響。1922 年，徐志摩翻譯華茲華斯的重要抒情詩作〈葛露水〉（Lucy Gray or Solitude），並在 1923 年 6 月 10 日《晨報副刊》上撰文〈天下本無事〉，認爲「宛茨宛士是我們最大詩人之一」。

中，吳宓把他所欣賞的近代詩人黃遵憲的〈人境廬詩草自序〉與華茲華斯的〈抒情歌謠集再版序言〉*Preface to the Second Edition of Lyrical Ballads* 相提並論。〔註198〕在〈英文詩話〉中，吳宓更以華茲華斯「生長田間，性沖淡，不親世事，蓋陶淵明、孟東野之流也。」〔註199〕指認華茲華斯的詩純取清新，以矯當時之弊，其風格與中國的田園詩人陶淵明等頗相類似。

值得一提的是，為探索不同的翻譯模式，在《學衡》第39期的「譯詩」欄中，同時刊出華茲華斯〈露西〉組詩第二首的八種譯文，標題為〈威至威斯佳人處僻地詩〉（*She Dwelt Among the Untrodden Ways*）加以比較。這八首分別由賀麟、張蔭麟、陳銓、顧謙吉、楊葆昌、楊昌齡、張敷榮、董承顯等人以五言古詩形式所翻譯的詩，充分表現出學衡派自覺維護文言優美雅致特色的一貫主張。儘管它們題目各異其趣，〔註200〕詩意亦未必盡合華茲華斯原作，但毫無例外地，他們都將華茲華斯筆下那個孤棲幽獨、芳華逝去的女郎「露西」，與中國古典詩歌中寄託比興意蘊的失偶「佳人」形象加以迭合，使讀者在閱讀中生發出與曹植〈雜詩·南國有佳人〉、李白〈古風·美人出南國〉、杜甫〈佳人〉等詩篇相同的意象與韻味。〔註201〕同時，吳宓在「編者識」中，再度申言：

> 威至威斯之詩，以清淡質樸勝，敘生人真摯之情，寫自然幽美之態，是其所長。高曠之胸襟，沖和之天趣，而以簡潔明顯之詞句出之，蓋有類乎吾國之陶淵明、王右丞、白香山三家之詩也。〔註202〕

吳宓再次將他的詩風與中國古代風格類似的詩人陶淵明、王維、白居易等相類比的作法，首開比較文學之風氣，提供後人研究華茲華斯的新視角，從而也凸顯出中國傳統詩歌的文化價值。

不同於新文學陣營對華茲華斯詩歌的借鑑，著重在強調「激烈感情之自

〔註198〕吳宓，〈書〈人境廬詩草自序〉後〉，《學衡》，第60期，1926年12月。

〔註199〕吳宓，〈英文詩話〉，原刊《留美學生季報》，第7卷，第3號，1920年9月；《雨僧詩文集》，頁336～337。

〔註200〕賀麟譯作〈佳人處僻地〉、張蔭麟譯作〈彼姝宅幽僻〉、陳銓譯作〈佳人在空谷〉、顧謙吉譯作〈絕代有佳人幽居在空谷〉、楊葆昌譯作〈女郎陋巷中〉、楊昌齡譯作〈蘭生幽谷中〉、張敷榮譯作〈德佛江之源（音譯）〉、董承顯譯作〈美人居幽境〉。

〔註201〕葛桂錄，〈華茲華斯及其作品在中國的譯介與接受（1900～1949）〉，《四川外語學院學報》，第17卷，第2期，2001年3月，頁12～15。

〔註202〕吳宓，〈威至威斯佳人處僻地詩〉編者識，《學衡》，第39期，1925年3月。

然發洩於外者」與「自然」之說；學衡派接受、認同華茲華斯，更多的是發掘其詩與中國古典詩歌有著相似意象的關聯。藉由對其詩學理論及作品的譯介，學衡派一則踐行其「融化新知」的辦刊宗旨，同時，在客觀立場上也達到爲古典詩歌辯護的「昌明國粹」的目的。學衡派在對抗新文學的浪漫主義思潮中發表許多有價值的文章，闡發他們對文學和文化的看法；仔細檢視其理論體系，則多半是對白璧德人文主義思想的闡釋和發揮，並藉此有目標地駁斥當時新文學的創作和觀念，惟其中缺乏自己的創造成分，與具體的作品成果，因此在批判的力度上稍嫌薄弱。由於學衡派的文學主張並不系統，且未成形成有個性的古典主義理論模式和規範，在與新文學浪漫主義思潮的抗衡中，無法建構出體系完整的古典主義文學批評理論，這一文學使命，最後是在被稱「新月派」的理論家梁實秋手中完成的。

小結

　　當「人文主義」概念經由翻譯過程而被植入中國的歷史語境中時，其原來的語詞含義已發生重要變化，並成爲現代中國文化思想中最富活力的因素。現今有關學衡派的研究的論著中甚少有對這一組概念進行辨析，或者試圖理清，其結果卻是概念相混淆了。〔註203〕「人文主義」與「人道主義」這兩組系出同門的概念，因著不同的歷史範疇、不同的言說方式，而各有其特殊的指涉。「人道主義」概念特別指稱以人爲中心的思想體系，及 18 世紀以降，以啓蒙話語自由、平等、博愛的價值觀爲核心的思想，持守這一概念的是新文化倡導者；而在學衡派對「人文主義」的表述中，可知人文主義指涉的是一種最精美的文化，這種眞正的文化既非西方獨有，也非中國獨無，而是普遍地存在於西方和中國的古典文化和文學之中。

　　20 世紀初，中國智識分子在面對社會、文化的現代化選擇時，雖表現出不同的現代化理路，但無可否認的，對現代化的激進性姿態幾乎成了當時主流智識分子的主導性價值趨向和文化選擇。「反傳統」因此成爲那個時代的最根本的特徵。五四新文化運動通過大力宣揚人道主義的啓蒙思想，尖銳批判

〔註203〕如鄭師渠雖試圖釐清相關概念，說「人文主義是一個有爭議的問題，人們對它的內涵見智見仁，有不同的理解」，卻欲辨未明。見氏著，《在歐化與國粹之間——學衡派文化思想研究》，頁 35。

中國傳統禮教對個性的壓抑，從而為個人主體性的確立奠定理論基礎。新文學的建設實際並存著主張「人的文學」、「文學是人生的反映」，突出文學的政治社會功利性的寫（現）實主義，與建立在個人主體性基礎，強調追求崇高理想的浪漫主義；在這兩種幾乎占據壓倒性優勢的主流思潮外，學衡派試圖在傳統中尋找真理，強調尊重客體性，講究規範和諧的審美理想的古典主義，並始終堅持著其崇高的理想。

五四時期，作為與新文化新文學主流派相對峙的學派，以白璧德人文主義為思想武器，試圖重建道德理性的價值體系和追求文化秩序的古典想望的學衡派，無疑是不合時潮的邊緣學派。然則，站在與世界文化對話的廣闊背景上來看，學衡派打破古今中西的界限，審慎擇取西方學術思想精萃，並從中國傳統文化中汲取健全人生所需的精神資源的主張，卻又是與時俱進的。

第五章　參差對話之三：人文主義與科學主義

　　正如胡適所指出的：「這三十年來，有一個名詞在國內幾乎做到了無尚尊嚴的地位；無論懂與不懂，無論守舊和維新，都不敢對他表示輕視或戲侮的態度。那個名詞就是『科學』。」〔註1〕五四時代的智識分子，無論是期盼為衰敗的中國社會探尋賴以振興的文化根基者，抑或期望通過對傳統文化的全面批判來確立新的文化權威者，無不體認到一個共同事實：中國傳統思想和文化所缺乏的不僅止是新的文學，且在文化本質上缺乏「科學」的思想方法、態度和精神；中國社會想要現代化，非得借助「賽先生」的思想學說不可。科學的人生觀不僅體現著五四新文化新文學運動的堅定信念，同時也奠定了中國現代文學理論與創作的發展方向。本章首先梳理以文學進化論觀點為依據的新文學陣營，與強調「層層遞嬗而為新」的學衡派，在文言與白話、摹仿與創新等問題的重新解釋與價值估定。其次探討在科學主義的影響下，新文學所呈顯出自然寫實的風格，而審美價值趨向古典主義的學衡派又如何對此提出針砭。最後，在翻譯與話語權勢的對話中論析雙方有關翻譯的選材和策略的選擇。

第一節　「層層遞嬗而為新」與「歷史的文學觀念」

　　五四新文化運動的先驅在科學主義思潮的衝擊和影響下，形成一股崇尚

〔註1〕　胡適，〈科學與人生觀序〉，《胡適文存・二集》，卷二，頁2～3。

科學理性與科學方法論的文化心理。具體分析新文化運動倡導者在「文學革命」中所言說的「科學」,可發現其主要的內容是「進化論」。〔註2〕「進化論」中「進步」的信仰意味著一種從低級向高級、由簡單到複雜進展的新的歷史觀和世界觀,同時人類也將隨之而趨向完善。正是這些形而上學或帶有哲學意味的進化論思想影響了近現代中國的社會與文化。西方的進化論大約在甲午戰爭以前傳入中國,隨後並產生巨大的影響。

晚清到民國初年,其在中國傳播的廣度及深入人心的樣態,以胡適的描述最爲眞切:

> 《天演論》出版之後,不上幾年,便風行全國,竟做了中學生的讀
> 物了。讀這書的人,很少能瞭解赫胥黎在科學史和思想史上的貢獻。
> 他們能瞭解的只是那「優勝劣敗」的公式在國際政治上的意義。在
> 中國屢次戰敗之後,在庚子辛丑大恥辱之後,這個「優勝劣敗,適
> 者生存」的公式確是一種當頭棒喝,給了無數人一種絕大的刺
> 激。……幾年之中,這種思想像野火一樣,延燒著許多少年的心和
> 血。「天演」、「物競」、「淘汰」、「天擇」等術語漸漸成了報紙文章的
> 熟語。〔註3〕

線性時間的歷史觀念,爲中華民族提供一個解釋自己過去和未來的歷史命運觀;「優勝劣敗,適者生存」、「今勝於古,後勝於今」的進化信仰,使得原本崇尚往古的中國人,轉而仰慕未來,而「新」與「舊」的概念也由時間座標轉化爲價值範疇。

在現代文學的轉型進程中,進化論的時間觀提供轉型過程中每一階段的劃界與命名,同時宣佈舊時代結束和新時代的開始。當陳獨秀高舉革命軍大旗聲援胡適之時,進化論學說成爲他論證「文學革命」合理性與正當性的知識資源。在〈文學革命論〉中,他以爲歐洲自文藝復興以來,舉凡政治、宗教、倫理道德均有革命,而「文學藝術,亦莫不有革命,莫不因革命而新興而進化」,並鄭重指出「歐語所謂革命者,爲革故更新之義」;他用進化論的普遍性法則,闡析中國文學史上諸多的重大變化,作爲他所提出的三大主義

〔註 2〕 18世紀以降,科學迅猛發展,使進化論的「進化」具有「進步」的含義;19
世紀後期,以達爾文進化論爲基礎,很多哲學家建立自己的思想體系,如斯
賓塞的機械進化論,尼采、柏格森的生命進化論,杜威的實用主義進化論等。
〔註 3〕 胡適,《四十自述》(台北:遠流出版公司,1986),頁54。

的理論和史實的根據，認為中國文學唯有採取「革故更新」的革命方式，才有可能建立起新型的「國民文學」、「寫實文學」和「社會文學」。

被陳獨秀譽為文學革命「首舉義旗之急先鋒」的胡適，進一步把進化論的觀念運用到文學領域，否定文學永恆不變的法則和權威性，並在此基礎上提出「一時代有一時代之文學」的進化論文學觀，〔註4〕主張以新的白話文學取代舊的文言文學的正宗地位。胡適這一「歷史的文學觀念論」，實際上就是把進化論運用到文學領域的結果。他曾多次表述這一文學觀念。在〈吾國歷史上的文學革命〉中，針對中國文學體裁演變，他指出：

> 文學革命，在吾國史上非創見也。即以韻文而論：三百篇變而為騷，一大革命也。又變為五言、七言、古詩，二大革命也。賦之變為無韻之駢文，三大革命也。古詩之變為律詩，四大革命也。詩之變為詞，五大革命也。詞之變為曲，為劇本，六大革命也。〔註5〕

此處所謂「革命」指的正是「進化」；他以為「革命潮流即天演進化之跡。自其異者言之，謂之『革命』。自其循序漸進之跡言之，即謂之『進化』可也。」〔註6〕在〈文學改良芻議〉中，他更加清楚地表述這個概念。以歷史進化原則觀察中國傳統文學，他提出：「文學者，隨時代而變遷」的論點，強調「一時代有一時代之文學；周秦有周秦之文學，漢魏有漢魏之文學，唐宋元明有唐宋元明之文學。此非吾一人之私言，乃文明進化之公理也。……吾輩以歷史進化之眼光觀之，決不可謂古人之文學皆勝於今人也。」又「以今歷史進化的眼光觀之，則白話文學之為中國文學之正宗，又為將來文學必用之利器。」〔註7〕在提出文言是一種半死的文字，以「活文學」代替「死文學」的主張後，胡適又陸續發表〈歷史的文學觀念論〉、〈建設的文學革命論〉、〈文學進化觀念與戲劇改良〉等文章，貫串其中的主導思想仍是文學進化的觀念。

在一系列的探索過程之後，胡適的歷史進化的文學史觀日臻於成熟且系統化。後來他在〈《嘗試集》自序〉中憶道：「那時影響我個人最大的，就是我平常所說的『歷史的文學進化觀念』。這個觀念是我的文學革命的基本理論。」〔註8〕在這一文學發展觀念中，胡適提出一個重要的觀點，即文學有自

〔註4〕胡適，〈文學改良芻議〉，《胡適學術文集：新文學運動》，頁21。

〔註5〕胡適，〈吾國歷史上的文學革命〉，《胡適學術文集：新文學運動》，頁2。

〔註6〕同註5，頁5。

〔註7〕胡適，〈文學改良芻議〉，《胡適學術文集：新文學運動》，頁21、28。

〔註8〕胡適，〈《嘗試集》自序〉，《胡適學術文集：新文學運動》，頁373。

然向前運動的趨勢。這種「自然趨勢逐漸實現，不用有意的鼓吹去促進他，那便是自然進化。」〔註9〕他利用這種「自然進化」的觀點來解釋古代文學的發展，認爲從《詩經》到五七言詩、詞、曲，每一次的進化無不是跟著詩體的自然進化而來；惟詞曲無論如何解放，終究無法完全打破詞調曲譜的限制，直到新詩體發生。這種「不拘格律，不拘平仄，不拘長短；有什麼題目，做什麼詩；詩該怎樣做，就怎樣做」的第四次詩體大解放，「初看去似乎很激烈，其實只是《三百篇》以來的自然趨勢。」不過，「這種自然趨勢有時被人類的習慣性守舊性所阻礙，到了該實現的時候均不實現，必須用有意的鼓吹去促進他的實現，那便是革命了。」〔註10〕這種「有意的鼓吹」說明爲何只有五四的文學革命運動才能眞正徹底撼動舊文化的根柢，擠兌傳統文學和語言的地盤，開闢嶄新的文學觀念。

　　不同於此，學衡派依據文化變遷中的恆常性，強調傳統的價值意義。1921年 9 月，學衡派的精神領袖白璧德應邀在波士頓美東中國同學會的年會上發表演說，他希望中國的文藝復興運動千萬不可忽視傳統的倫理，強調假若中國對今日西方流行的觀念不加批評全部予以接受，將可能失去偉大文明中的精粹。他諄諄告誡中國的留學生：「中國在力求進步時，萬不宜效歐西之將盆中小兒隨浴水而傾棄之。」〔註11〕憑藉著白璧德人文主義的思想資源，學衡派重新審視、衡定中國傳統文化的價值。由此，他們特別強調文化的民族性，認爲中國眞正的「新文化」應兼取古今中西文化之精華。以文化比較的視閾看待中西文化融合的學衡派，認爲文化的「新」「舊」本身很難判定；因此，新文化陣營用「新」「舊」來甄別文化的「中」「西」、「古」「今」及「優」「劣」是根本的錯誤。如吳宓說：

> 所謂新者，多係舊者改頭換面，重出再見，常人以爲新，識者不以爲新也。……不應拘泥於新舊，舊者不必是，新者未必非，然反是則尤不可。故若不知舊物，則決不能言新。凡論學論事，當究其終始，明其沿革，就已知以求未知，就過去以測未來。……若論人事之學，尤當分別研究，不能以新奪理也。總之，學問之道，應博極群書，並覽古今，夫然後始能通底徹悟，比較異同。〔註12〕

〔註 9〕　胡適，〈談新詩——八年來一件大事〉，《胡適學術文集‧新文學運動》，頁389。
〔註10〕　同註9。
〔註11〕　胡先驌譯，〈白璧德中西人文教育談〉，《學衡》，第 3 期，1922 年 3 月。
〔註12〕　吳宓，〈論新文化運動〉，《學衡》，第 4 期，1922 年 4 月。

在天下趨新之際，吳宓著重強調文化發展的內在的繼承性與連續性，提出著名的「層層改變遞嬗而為新」的觀點，認為新文化新文學不可能像胡適所言說的「古人已造古人之文學，今人當造今人之文學」〔註13〕那樣，在與傳統完全割裂的狀態下建立起來，從而將文化（文學）的發展截然區分為兩段，以今（新）者為優勝；以古（舊）者為劣敗。針對當時風行的進化論思想，吳宓強調：「新舊乃對待之稱，昨以為新，今日則舊，舊有之物，增之損之，修之琢之，改之補之，乃成新器。舉凡典章文物，理論學術，均就已有者，層層改變遞嬗而為新，未有無因而至者。」既然新舊的概念是相對的，因時因地因人的不同而異，那麼，五四新文化運動所謂「新舊之爭」的「新」與「舊」也就如吳宓所區別的：「物質科學，以積累而成，故其發達也，循直線以進，愈久愈詳，愈晚出愈精妙」；至於人事之學，「如歷史、政治、文章、美術等，則或繫於社會之實境，或由於個人之天才，其發達也，無一定之軌轍，故後來者不必居上，晚出者不必勝前。」〔註14〕在〈柯克斯論進步之幻夢〉的按語中，吳宓再次申明：「進步之說，為今世最大之迷信，即謂後來者必居上，晚出者必勝前，萬事萬物，均循一直線前行，歷久不息，而益臻于完美。」〔註15〕

學衡派進一步反駁新文學陣營「文學進化」之說，反對用生物學上的進化論來解釋文學上的發展。如易峻說：「蓋進化云者，必其間有後優於前，遞生優細之跡象，如生物進化上人優於猿，猿優於其他獸類。」文學則不然，他以為文體之流變，決不能說後起的「劇曲優於詞，詞優於詩，而五言七言優於騷，騷又優於三百篇。」著眼於文學發展的繼承性質，易峻認為新文學不能割斷與傳統文學之間的臍帶關係，所謂文學上的創新決非意味著，「舊者須完全廢為陳跡，新者須徹底新創」。對於新文學陣營所倡言「古人有古人之文學，今人必造今人之文學」的主張，他強調學術的發揚光大，「純賴其有長遠之歷史的根基為之源泉，以資灌溉。」〔註16〕

新與舊只是相對待之稱，不能作為評判文化價值之標準。人文科學與自然科學不同，尤其更不能以「新」「舊」作為評判是非優劣的標準。為此，學衡派特別標舉「求真」的原則。曹慕管在〈論文學無新舊之異〉中強調：「文

<hr />

〔註13〕胡適，〈歷史的文學觀念論〉，《胡適學術文集：新文學運動》，頁32。
〔註14〕吳宓，〈論新文化運動〉，《學衡》，第4期，1922年4月。
〔註15〕吳宓，〈柯克斯論進步之幻夢·按語〉，《學衡》，第27期，1924年3月。
〔註16〕易峻，〈評文學革命與文學專制〉，《學衡》，第79期，1933年7月。

學無新舊，惟其眞耳。眞者何？合乎文學精義者也。」然則，何謂文學的精義？他以爲：首先是學問，其次是文字通達，第三是誠信，第四是平易，第五是文辭要活，第六要講求文法。是以，所謂「新文學一詞，根本不能成立，應在廢置之列。」〔註17〕吳芳吉也提出自己的文學觀：「文學惟有是與不是，而無所謂新與不新」〔註18〕，他類比文學與政治，認爲政治可以革命，然文學之命不可革；因爲文學之善與不善不在文學本身，而在作者本身。作者爲文不善，是作者之過，非文學之罪，革自己的命可以，不必去革文學的命，最後他以「不嫉惡而泥古，惟擇善以日新」〔註19〕，來說明他對新舊文學所持守的態度。此外，他從「文心」的恆久性與變異性出發，強調「能以文學本體示人，使人知文學眞諦所在，超然新舊之外」，才是「高明之人之教也」；而能「兼新舊以教人，使人知新有不得不新，舊有無所謂舊，辭受趣舍，任人自擇」，亦「不失常人之教」。惟其反對「舊者惟舊，不復知新，新者惟新，悍然拒舊」的文學退化說和文學進化說的偏頗。〔註20〕

邵祖平同樣宣稱道德文藝無嚴格的新舊可言，「只有眞善美適之歸宿，而非區區新舊可範圍也。」〔註21〕正因如此，學衡派將新文化新文學運動倡導者對西方文化的解讀與闡述冠上「僞歐化」的概念，企圖用「眞」「僞」的價值判斷來消解新文化新文學陣營在話語權勢上對西方思想資源的壟斷地位。而這也正是梅光迪用以批判新文化運動慣用的策略：「今則以政客詭辯家與夫功名之士，創此大業，標襲喧攘，僥倖嘗試，乘國中思想學術之標準未立，受高等教育者無多之時，挾其僞歐化，以鼓起學力淺薄血氣未定之少年，故提倡方始，衰象畢露。」〔註22〕從自我的「求眞」原則到他者的「僞歐化」，明白顯示學衡派爭奪話語權勢的企圖與決心。

對新文化和文學革命來說，進化論的意義不僅止是一種科學依據，更是「革命」得以發生的道德支撐。學衡派反思進化論應用於人事之學的合理性與合法性，提出「物質與人事，截然分途，各有其律」〔註23〕的主張，打破

〔註17〕曹慕管，〈論文學無新舊之異〉，《學衡》，第 32 期，1924 年 8 月。
〔註18〕吳芳吉，〈再論吾人眼中之新舊文學觀〉，《學衡》，第 21 期，1923 年 9 月。
〔註19〕同註 18。
〔註20〕吳芳吉，〈三論吾人眼中之新舊文學觀〉，《學衡》，第 31 期，1924 年 7 月。
〔註21〕邵祖平，〈論新舊道德與文藝〉，《學衡》，第 7 期，1922 年 7 月。
〔註22〕梅光迪，〈評提倡新文化者〉，《學衡》，第 1 期，1922 年 1 月。
〔註23〕吳宓，〈白璧德中西人文教育談〉附識，《學衡》，第 3 期，1922 年 3 月。

新文化新文學陣營以新舊劃分一切的線性認知模式，也由此生發出與之相關的文言與白話、摹仿與創造等問題的重新解釋和價值估定，並與新文化新文學陣營展開歷史性的論爭與對話。

一、文言與白話

　　基於文學自然進化的規律，胡適認為文學的形式和內容有著密切的關係。「形式上的束縛，使精神不能自由發展，使良好的內容不能充分表現。」〔註 24〕一旦文學的內容隨時代改變起了變化，既有的形式無法滿足內容的需要，此時，不能不先打破束縛精神的形式枷鎖，否則就造不出「活的文學」。當他以求證的眼光重溫中國文學史時，其思想產生根本的新覺悟：「歷史上的『文學革命』全是文字工具的革命。」「一部中國文學史只是一部文字形式（工具）新陳代謝的歷史，只是『活文學』隨時起來替代了『死文學』的歷史。文學的生命全靠能用一個時代的活的工具來表現一個時代的情感與思想。工具僵化了，必須另換新的，活的，這就是『文學革命』。」〔註 25〕他認為語言文字是表達思想情感最有效的交流工具，不同的時代應有不同的文學言說方式。「古人已造古人之文學」，現在的人當然應該創造現今時代的文學。

　　他從中國文學演變的歷史中推演出白話文學將成為新時代文學的主要趨勢：

> 愚縱觀古今文學變遷之趨勢，以為白話之文學種子已伏於唐人之小詩短詞。及宋而語錄體大盛，詩詞亦多有用白話者。元代之小說戲曲，則更不待論矣。此白話文學之趨勢，雖為明代所截斷，而實不曾截斷。……明清之有名小說，皆白話也。近人之小說，其可以傳後者，亦皆白話也。故白話之文學，自宋以來，雖見屏於古文家，而終一線相承，至今不絕。夫白話之文學，不足以取富貴，不足以邀聲譽，不列於文學之「正宗」，而卒不能廢絕者，豈無故耶？豈不以此為吾國文學趨勢，自然如此，故不可禁遏而日以昌大耶？愚以深信此理，故又以為今日之文學，當以白話文學為正宗。〔註 26〕

在此，胡適闡發兩個觀點：一是白話文學是古今文學自然發展的趨勢，無可

〔註 24〕胡適，〈談新詩——八年來一件大事〉，《胡適學術文集·新文學運動》，頁 389。

〔註 25〕胡適，〈逼上梁山〉，《胡適學術文集：新文學運動》，頁 200。

〔註 26〕胡適，〈歷史的文學觀念論〉，《胡適學術文集：新文學運動》，頁 32～33。

阻擋；二是論證白話文學乃中國文學之「正宗」，建設現代新文學須以其為主導。與此相呼應，他不間斷嘗試白話詩詞的創作實踐。〔註 27〕對於錢玄同謂其白話詩「未能脫盡文言窠臼」的批評，胡適也虛心收納。在給錢玄同的回信中，他進一步闡釋「白話」之義，認為「白話即是俗話」；白話須「明白如話」；白話是「乾乾淨淨沒有堆砌塗飾的話」〔註 28〕。只是，為了讓人一聽就懂，偶爾夾入幾個明白易曉的文言字眼也是無妨的。在現代性的合理化傾向和啓蒙理性的歷史背景下，胡適的白話文運動在理論上特別強調語言交流的功能性與表達的精確性和邏輯性。

從語言的內部層次來看，白話有兩個層面的意義。一是作為工具層面的文字符號；二是文體意義，即白話作為文學語言的思想審美層面。胡適側重於白話語言的工具層面及工具性能的主張，隨著文學革命的進一步發展，語言的工具功能與思想功能逐漸出現斷裂的現象，舊思想並沒有隨著舊文體、舊語言工具的消失而消失，反而寄生在白話文體上。如果白話僅在工具層面發揮作用，用文言同樣也可以表達新思想，這個問題正是後來新文化陣營與學衡派論爭的焦點。

意識到語言工具論在實踐層面所出現的紕漏，胡適試圖彌補此漏洞，他說：

> 我以為中國近來文學所以這樣腐敗，大半雖由於沒有適用的「工具」，但是單有「工具」，沒有方法，也還不能造新文學。做木匠的人，單有鋸鑿鑽刨，沒有規矩師法，決不能造成木器。文學也是如此。若單靠白話便可造新文學，難道把鄭孝胥陳三立的詩翻成了白話，就可算得新文學了嗎？難道那些用白話做的《新華春夢記》、《九尾龜》也可算作新文學了嗎？我以為現在國內新起的一班「文人」，受病最深的所在，只在沒有高明的文學方法。〔註 29〕

他將「工具」與「方法」對舉，而此處所強調的「方法」，其實際意義與「思想」十分接近；在後來的〈介紹我自己的思想〉、〈新思潮的意義〉及〈實驗主義〉等文本中，胡適所指稱的「方法」，基本上與「思想」已幾無二致了。

〔註 27〕 1917 年 6 月，胡適在《新青年》第 3 卷，第 4 號發表〈採桑子・江上雪〉、〈沁園春・新俄萬歲〉兩首白話詞。
〔註 28〕 胡適，〈答錢玄同書〉，《胡適學術文集：新文學運動》，頁 353～354。
〔註 29〕 胡適，〈建設的文學革命論〉，《胡適學術文集：新文學運動》，頁 48。

在強有力的「反對黨」學衡派出現之前，針對胡適的語言工具論，新文化陣營內已出現不同的聲音。1919 年 3 月，周作人發表〈思想革命〉，指出思想的變革才是語言的深層變革，他爲新文學的弊病作了總體的診斷：

> 我們反對古文，大半原爲他晦澀難解，養成國民籠統的心思，使得表現力與理解力都不發達。但另一方面，實又因爲他內中的思想荒謬，於人有害的緣故。這宗儒道合成的不自然的思想，寄寓在古文中間，幾千年來，根深蒂固，沒有經過廓清，所以這荒謬的思想與晦澀的古文，幾乎已融合爲一，不能分離。我們隨手翻開古文一看，大抵總有一種荒謬思想出現。便是現代的人做一篇古文，既然免不了用幾個古典熟語，那種荒謬思想已經滲進了文字裡面去了，自然也隨處出現。〔註30〕

周作人以爲舊文學的障礙不僅在語言工具，更甚者其荒謬思想已滲入文字之中；新文學雖將表現荒謬思想的專用工具廢去，但人心思想終究無法一時變過，一旦老癮發作，仍舊胡說亂道，只不過從前用的是古文，現今用白話罷了。「話雖容易懂了，思想卻仍然荒謬，仍然有害。」〔註31〕因此，他強調只更換語言文字不變思想的改革，算不得文學革命的完全勝利。

胡適反對文言，更多是從政治、思想、社會變革的角度出發。周作人顯然比胡適更自覺地意識到新舊文學的差別不在白話與文言。他覺察到文學革命不僅包括工具革命，還應有更深層的思想革命，他說：

> 我想文學這事務，本合文字與思想兩者合成。表現思想的文字不良，固然足以阻礙文學的發達。若思想本質不良，徒有文字，也有什麼用處呢？……我見中國許多淫書都用白話，因此想到白話前途的危險。中國人如不真是「洗心革面」的改悔，將舊有的荒謬思想棄去，無論用古文或白話文，都說不出好東西來。

因此，他提出文學革命的進程爲「文字改革是第一步，思想改革是第二步，卻比第一步更爲重要。我們不可對於文字一方面過於樂觀了，閑卻了這一方面的重大問題。」〔註32〕

與周作人的悲觀意識頗爲相近的傅斯年在〈白話文學與心理的改革〉中，

〔註30〕周作人，〈思想革命〉，《中國新文學大系·建設理論集》，頁 200。
〔註31〕同註 30。
〔註32〕同註 30，頁 200～201。

也闡述了對語言革命與思想革命間矛盾關係的看法，文中他透露出對白話文前途的擔憂：

> 我現在看到許多不長進的白話，——如我所作的——，真是不能樂觀；如此辦下去，勢必有「駢文主義的白話」，「八股主義的白話」，白話的墓誌銘，神道碑。我們須得認清楚白話文學的材料和主義不能相離，去創造內外相稱，靈魂和體殼一貫的真白話文學！所以我們現在為文學革命的緣故，最要注意的是思想的改變。至於這文學革命裡頭應當有的思想是什麼思想，〈人的文學〉中早已說得正確而又透澈。〔註33〕

傅斯年同樣有意識地將焦點放在胡適所忽略的思想革新與國民心理的改造層面，並認同周作人〈人的文學〉可作為辨析思想革命的理論範本。他認為文學「動人心速，入人心深，住人心久」，一經文學的感化，立時現於行事。倘能「用手段高強的文學，包括著『人的』思想，促動大家對於人生的自覺心」，則中華民國未來的長成，即可靠文學革命來培養。〔註34〕

　　通過新文學陣營內的各種論辯及書信往來，胡適對語言的認識雖已較先前深刻，但他依舊認為五四白話文運動之所以取得成功，正是因為改換新的語言工具的原故。職是之故，他一方面將語言革新視為工具的革新，把歷史上的「文學改革」歸結為文字工具的改革；另一方面為強調語言工具的重要性，將中國文學發展的歷史視為語言史。雖然理智上認為語言不過是一種工具，只是工具的功用卻是異常重要。為此，他竭盡所能地提升白話文的價值，從他反覆增補《國語文學史》和《白話文學史》的舉動即可探知因由。為何要講白話文學史，用胡適的話來說，即要大家明瞭：「白話文學不是這三四年來幾個人憑空捏造出來的；我要大家知道白話文學是有歷史的，是有很長又很光榮的歷史的。」〔註35〕

　　由於強調白話文學為中國文學的「正宗」，因此，凡是古文文學一律被視為「死文學」；然而事實上，古代優秀的白話作品少之又少，胡適只好把白話文學的範圍放的很大，包括了舊文學中那些明白清楚近於說話的作品，於是

〔註33〕 傅斯年，〈白話文學與心理的改革〉，《中國新文學大系‧建設理論集》，頁206。
〔註34〕 同註33，頁208。
〔註35〕 胡適，《白話文學史》，姜義華主編，《胡適學術文集：中國文學史》（北京：中華書局，1998），頁144。

凡「說得出，聽得懂」，「不加粉飾」，「明白曉暢」的都可稱爲活文學、白話文。依此標準，他認定《史記》、《漢書》、古樂府歌辭、佛書譯本、唐人樂府絕句中有許多白話或很近於白話的作品，都可算作白話文學，如此寬泛的標準，連他自己都說了在「這樣寬大的範圍之下，還有不及格而被排斥的，那眞是僵死的文學了。」〔註36〕胡適原本想舉證：「凡是有價值的作品都是白話的」論點，但從他所作的《白話文學史》看來，恰恰反證了自古文白本是一家。

相形之下，學衡派則較系統地在學理層面上探討文言與白話的關係。學衡派與文學革命倡導者關於文言與白話的論爭初始於胡適和梅光迪留美期間。〔註37〕梅光迪反對胡適「死文學」和「活文學」的說法，他認爲白話用在文學其他類別則可，就是不能用之於詩。在胡適的〈文學改良芻議〉發表後兩年，胡先驌作〈中國文學改良論〉（上），再度挑起「言文分離」的論爭。首先，他指出：「自陳獨秀胡適之創中國文學革命之說，而盲從者風靡一時，在胡陳所言，固不無精到可采之處，然過於偏激，遂不免因噎廢食之譏。」認爲陳胡等以白話推翻文言，把中國古代文學的成就全盤否棄的態度過於偏激，此舉將對中國社會造成負面影響。

其次，針對新文學陣營不加分別語言和文字之關係，甚至將文字置於語言問題的中心來審視，以致「言文分離」被視爲是漢字的缺點，也是中國文化落後的癥結所在，胡先驌則以「言文合一，謬說也。歐西言文何嘗合一」駁之。他進一步指出：「語言若與文字合而爲一，則語言變而文字亦隨之而變。……向使以白話爲文，隨時變遷，宋元之文，已不可讀，況秦漢魏晉乎。此正中國言文分離之優點。」〔註38〕胡先驌強調正是因爲周秦以來的「言文分離」，使得後代子孫尚能閱讀兩千年前的典籍，至於那些用白話寫成的宋元語錄與元人戲曲，因其時的白話已大異於今，故多不可解，此則「言文合一」之弊也。

1922 年，《學衡》創刊，正式與新文化新文學陣營全面性的論爭與抗衡。白話文運動是新文化新文學運動的序幕和先聲，也是新文化新文學運動的標

〔註36〕 胡適，《白話文學史》，《胡適學術文集：新文學運動》，頁 142。
〔註37〕 詳見本論文第一章第二節「《學衡》的醞釀」之「梅、胡論爭」部分。
〔註38〕 胡先驌，〈中國文學改良論〉（上），《中國新文學大系・文學論爭集》，頁 103、106。

誌；五四後期，姍姍登場的學衡派猶仍堅持用文言和不加標點的古體來寫作，此舉不僅顯示他們在文化傳播中語言工具形式的選擇意識，其中更蘊含著《學衡》深刻的文化意涵——學術精英的文化自我定位與新舊融合的文化理念。

在白話運動倡導者努力從中西文學及文字語言變遷的歷史中論證文學革命發生和存在的合理性與合法性的同時，〔註39〕學衡派主張「言文分離」，強調書面語言的約定性和正宗的地位。對於新文學陣營廢文言而用白話的主張，梅光迪表示：

> 古文白話之遞興，乃文學體裁之增加，實非完全變遷，尤非革命也。
> 誠如彼等所云，則古文之後，當無駢體，白話之後，當無古文。而
> 何以唐宋以來，文學正宗，與專門名家，皆爲作古文或駢體之人。……
> 蓋文學體裁不同，而各有所長，不可更代混淆，而有獨立並存之價
> 值，豈可盡棄他種體裁，而獨尊白話乎？文學進化至難言者。西國
> 名家多斥文學進化論爲流俗之錯誤，而吾國人乃迷信之。〔註40〕

與胡適的出發點相同，學衡派也堅持語言不過是一種工具，「文以載道，文言文能載道，與白話文之能載道，亦無以異也。」〔註41〕所不同的是，學衡派認爲只要能達到文字作爲載體的最終目的，則實際運用時所採用的是文言或白話是次要的。

吳宓支持梅光迪關於「文學體裁不同，而各有所長，不可更代混淆，而有獨立並存之價值」的論點，他再次申明，「文言白話，各有其用，分野殊途，

〔註39〕白話運動倡導者往往從中西兩方面來證明白話文爲中國文學之正宗。一是禪宗語錄到明清小說這千餘年來的白話文學，如胡適在《白話文學史》指出：中國佛教的譯經體及變文，以其「宗教經典的尊嚴究竟抬高了白話文體的地位，留下無數文學種子在唐以後生根發芽，開花結果。佛寺禪門遂成爲白話文與白話詩的重要發源地。」見《胡適學術文集·中國文學史》，頁251。另一是西方文學以及文字語言演變歷史，如胡適在〈文學改良芻議〉中，首倡文學革命時即以西方文學歷史進化的例子來證明自己的主張：「歐洲中古時，各國皆有俚語，而以拉丁文爲文言，凡著作書籍皆用之，如吾國之以文言著書也。其後義大利有但丁諸文豪，始以其國俚語著作。諸國踵興，國語亦代起。路得創新教始以德文譯舊約新約，遂開德文學之先。英法諸國亦復如是。今世通用之英文新舊約一六一一年譯本，距今才三百年耳。故今日歐洲諸國之文學，在當日皆爲俚語。迨諸文豪興，始以『活文學』代拉丁之死文學。有活文學而後有言文合一之國語也。」見《胡適學術文集：新文學運動》，頁28。

〔註40〕梅光迪，〈評提倡新文化者〉，《學衡》，第1期，1922年1月。

〔註41〕邵祖平，〈論新舊道德與文藝〉，《學衡》，第7期，1922年7月。

本可並存。」〔註42〕易峻也認爲，「文言文固擅藝術之優長，而功用上可資倚
界之處復多，……白話文則於功用與藝術之一部分各有其特長與優點，故吾
人以爲文言白話之用，不妨分道揚鑣，各隨學科之性質，以爲適用。」〔註43〕

　　正是出於這種文言與白話各有其用、各有所長，以及文言與白話在功用
上「無以異也」的觀念，儘管五四以後，白話報刊如雨後春筍般多達四百餘
種，學衡派仍堅守文言，採用文言語體來辦雜誌。只是，相較於白話雜誌的
明白顯豁，深奧艱澀的《學衡》使多數讀者望而生畏；梁實秋即曾自述未加
入《學衡》之因說：「《學衡》初創之時，我尚未卒業大學，我也是被所謂『新
思潮』挾以俱去的一個，當時我看了《學衡》也是望而卻步，裡面滿紙文言，
使人不敢進一步探討其內容了。」〔註44〕

　　《學衡》堅持使用文言，難以引起已受五四新文化思潮洗禮的青年的共
鳴。然而，這也正是《學衡》的自我標榜與堅持。觀其《學衡・弁言》「四義」
中的第三條云：「籀繹之作，必趨雅音，以崇文。」所謂「雅音」，指的就是
文言。在傳統文學的二元結構中，古文代表學術、高貴，是作文著書的正統
語言工具；白話則是引車賣漿者流的語言，是無知、粗俗的標誌。基於如此
意涵，《學衡》堅守正統古文，採用文言語體來「論究學術，闡求眞理，昌明
國粹，融化新知」，並以此反對新文化運動取消文言文而「獨尊白話」的主張。

　　綜觀五四時期，凡持文化保守主義立場者，其思想傾向多尊重傳統，講
究形式，對於詩歌創作的見解，如認爲詩必有押韻，講究格律等，是文學上
的一種主張，未可輕易變革。1922 年，章太炎在上海講演國學時，即曾批評
白話新詩：「凡稱之爲詩，都要有韻，有韻方能傳達情感。現在白話詩不用韻，
即使也有美感，只應歸入散文，不必算詩。」〔註45〕與學衡派關係匪淺的陳
寅恪甚至認爲不僅寫詩，即便是「美術性之散文，亦必有適當之聲調。」〔註
46〕文學是文化的鮮明體現，學衡派充分體認到欲否定新文化，則須先否定新
文學；而新文學最脆弱的環節正是詩歌。依文學革命的發展來說，能否運用
現代語言寫作新詩關乎新文學的成敗，假若白話只能如學衡派所言用來寫小
說、戲劇，而不能用來作詩，則新文學就不能說是取得最後的勝利。由是，

〔註42〕吳宓，〈鈕康氏家傳〉譯者識，《學衡》，第 8 期，1922 年 8 月。
〔註43〕易峻，〈評文學革命與文學專制〉，《學衡》，第 79 期，1933 年 7 月。
〔註44〕梁實秋，〈關於白璧德先生及其思想〉，《關於白璧德大師》，頁 2。
〔註45〕章太炎，《國學概論》（上海：古籍出版社，1997），頁 16。
〔註46〕陳寅恪，〈與劉文典教授論國文試題書〉），《學衡》，第 79 期，1933 年 7 月。

詩歌成爲學衡派著力最深的範疇，白話新詩也就成爲他們攻擊最激烈的領域。

胡適在〈我爲什麼要做白話詩？〉中，〔註47〕回顧其寫作白話詩的因由與歷史，並提供自己嘗試寫作白話詩的經驗談時說道：

> 若要做眞正的白話詩，若要充分採用白話的字，白話的文法和白話
> 的自然音節，非做長短不一的白話詩不可。這種主張，可叫做「詩
> 體的大解放」。詩體的大解放就是把從前一切束縛自由的枷鎖鐐銬，
> 一切打破：有什麼話，説什麼話；話怎麼説，就怎麼説。〔註48〕

對於胡適所謂「詩體的大解放」論調，學衡派採取的策略是正反分進合擊的攻擊策略。一則批判新詩理論及創作的不足，二則努力發掘舊體詩詞的魅力與潛力，以維護文言在文學中的正統地位。

在批判新詩理論及創作不足的部分，胡先驌率先對胡適的中國現代新詩開山之作《嘗試集》開砲。在長達兩萬餘言的〈評《嘗試集》〉中，他發揮植物學分類的專長解構《嘗試集》，指出：「以 172 頁之小冊，自序、他序、目錄已占去44頁，舊式之詩詞復占去50頁，餘78頁之《嘗試集》中，似詩非詩似詞非詞之新體詩復須除去 44 首，至胡君自序中所承認爲眞正之白話詩者，僅有14篇。這其中〈老洛伯〉、〈關不住了〉、〈希望〉三詩尚爲翻譯之作。」至於剩下的 11 首新詩，他認爲「無論以古今中外何種之眼光觀之，其形式精神，皆無可取。」他援引中外文學的史實和理論，批駁胡適的新詩和文學革命理論的不當，表明「由於胡君但能做白話而不能作詩之故，如《嘗試集》中〈周歲〉、〈上山〉……諸詩，皆僅爲白話而非白話詩。」〔註49〕文章最後有關於《嘗試集》的評價，胡先驌的結論是：「《嘗試集》之價值與效用爲負性的」，唯一值得肯定的地方在「胡君者眞正新詩人之前鋒，亦猶創亂者爲陳勝吳廣而享其成者爲漢高，此或嘗試集眞正價值之所在歟。」〔註50〕只肯定了胡適的首倡之功。

〔註47〕 此文作於 1919 年 8 月 1 日，原載 1919 年 9 月 16 日至 23 日《北京大學日刊》；又載《新青年》第 6 卷第 5 號（因五四運動，《新青年》第 6 卷各期的初刊一再延後，，頗多出入，該卷期預計出刊日期爲 1919 年 5 月，實際出刊日則爲 1919 年 10 月 1 日）；後改題《嘗試集》自序〉收入 1921 年 12 月亞東圖書館出版的《胡適文存》卷一。

〔註48〕 胡適，〈我爲什麼要做白話詩？〉，原載《新青年》，第 6 卷，第 5 號，1919 年 5 月 1 日。

〔註49〕 胡先驌，〈評《嘗試集》〉，《學衡》，第 1 期，1922 年 1 月。

〔註50〕 胡先驌，〈評《嘗試集》〉（續），《學衡》，第 2 期，1922 年 2 月。

　　無可諱言地，當新文學陣營在打破詩的格律的同時，也將充滿詩意的煉字、煉句和意象等舊體詩詞的創作形式和技巧一併推倒。這種「有意的鼓吹」，使得在「短時期內猝然實現」〔註51〕的白話新詩，將中國人凝聚了幾千年的審美感知的詩性語言，一夕之間破壞殆盡。立於迴向傳統文化及文學的學衡派堅持詩歌的格律不容破壞，為此，他們致力於發掘舊體詩詞的魅力與潛力。吳宓在廣泛考察中西文學的共同現象後，對文學的普遍經驗提出自己的看法。在〈詩學總論〉中，他通過區分「詩」和「文」的差別，嘗試給詩歌下定義。首先，他分析華茲華斯和安諾德所定義的詩歌特點，認為華茲華斯所謂「詩者，激烈情感之自然發洩於外者也」，與安諾德所言「詩乃評判人生者也」，二者各有偏廢，或專示感情不及思想，或專重理智思想不及感情，均只涉及詩歌內容而不及形式，故而無法區分出「詩」與「文」。其次，他指出詩與文的差別在於，「詩用（一）切摯高妙之筆，（二）具有音律之文，而文則無之耳。」他以為古今之人所作詩的定義極多，「每一定義，雖各有其精神獨到之處，而究各有所偏，未足以概詩之全體，今以己意，並參酌各家之說，作成詩之定義：詩者，以切摯高妙之筆（或筆法），具有音律之文（或文字），表示生人之思想感情者也。Poetry is the intense and elevated expression of thought and feeling in metrical language.」〔註52〕

　　他強調「切摯高妙」的思想感情屬於「內質」，「音律」則屬於「外形」，只有當思想感情與韻律格調相互調和，才能成就一首完美的詩歌。他批評胡適所倡導的忽略形式的現代新詩，因其破除格律恣意亂寫而至油滑輕率，已不成其為詩歌。「若舉韻律格調而殲除之，是直破壞詩之本體，使之不存。雖有極佳之思想感情，何所附麗？何由表達？……故今之作粗劣之白話詩，而以改良中國之詩自命，舉國風從，滔滔皆是者，推原其本，實由於不知形與質不可分離之理，應並重而互成其美，不應痛攻而同歸消滅。」〔註53〕至於格律問題，則不僅指詩詞格律而言，吳宓賦予它更寬廣的意義，他認為格律是一種範式，是一種藝術規範。他分別從詩、文、小說、戲劇、翻譯等五方面，論述格律對文學創造的重要性。

　　對於胡適所主張「新文學的語言是白話的，新文學的文體是自由的，是

〔註51〕胡適，〈談新詩──八年來一件大事〉，《胡適學術文集：新文學運動》，頁390。
〔註52〕吳宓，〈詩學總論〉，《學衡》，第9期，1922年9月。
〔註53〕同註52。

不拘格律的。……若想有一種新內容和新精神，不能不先打破那些束縛精神
的枷鎖鐐銬」的論點，〔註54〕不僅學衡派予以駁斥反對，新文學陣營中也有
不同的聲音出現。以新詩和評論參與新文學運動的聞一多並不認同胡適所
謂：「詩體的大解放就是把從前一切束縛自由的枷鎖鐐銬，一切打破：有什麼
話，說什麼話；話怎麼說，就怎麼說」〔註55〕的觀點，他以為既然是詩，就
不可能絕對自由。胡適以為五七言八句的律詩，無法容納豐富的材料，委婉
表達出高深的理想和複雜的感情。聞一多卻充分肯定律詩的價值，他說：

> 律詩底體格是最藝術的體格。他的體積雖極窄小，卻有許多的美質
> 擁擠在內。這些美質多半是屬於中國式的。

> 如今做新詩的莫不痛詆舊詩之縛束，而其指摘律詩，則尤體無完
> 膚。……夫文學誠當因時代以變體；且處此20世紀，文學尤當含有
> 世界底氣味；故今之參借西法以改革詩體者，吾不得不許為卓見。
> 但改來改去，你總是改革，不是擯棄中詩而代以西詩。所以當改者
> 則改之，其當存之中國藝術之特質則不可沒。〔註56〕

「擯棄中詩而代以西詩」的決絕，正是五四新詩人慣用的思考邏輯與創作方
式。對於新文學作家一味棄古的作風，聞一多表達出自己的不滿。事實上，
胡適所說的新詩體音節的幾個原則，如「語氣的自然節奏」、「用字的自然和
諧」〔註57〕等，因失之寬泛而難以把握，致使當時的詩壇多有茫然無措之感。
惟耐人尋味的是，新文學家信誓旦旦要推倒舊體詩詞，一旦寫起新詩卻仍不
脫傳統印痕，就連胡適自己亦不諱言地說：「我所知道的『新詩人』，除了會
稽周氏兄弟之外，大都是從舊式詩，詞，曲裡脫胎出來的。沈尹默君初作的
新詩是從古樂府化出來的。……我自己的新詩，詞調很多，這是不用諱飾的。」
另外，像新潮社的新詩人傅斯年、俞平伯、康白情（1895～1959）等，「也都
是從詞曲裡變化出來的，故他們初做的新詩都帶著詞或曲的意味音節。」〔註
58〕中國傳統的舊體詩詞經歷兩千多年才完成自身的演變，原初新詩本可擁有
較豐厚的古典資源與深刻的藝術技巧，但由於新詩是在與舊體詩的絕裂中誕

〔註54〕 胡適，〈談新詩——八年來一件大事〉，《胡適學術文集：新文學運動》，頁385。
〔註55〕 胡適，《嘗試集・自序》，《胡適學術文集：新文學運動》，頁381。
〔註56〕 聞一多，〈律詩底研究〉，《聞一多全集》（武漢：湖北人民出版社，1994），第
　　　　 10卷，頁159、166。
〔註57〕 同註54，頁392。
〔註58〕 同註54，頁390～391。

生，且執意區別於舊體詩的特定概念，使這得草創時期的新詩顯得蒼白無力。不少新文學作家在投身新文學建設的歷程中，難以忘懷自幼所承領的舊體詩詞的薰習浸染，故不自覺地從傳統中汲取營養，以孳乳新詩體的生命力。

五四時期的自由言說空間保證了不同價值範疇間的有效制衡，雖然陳獨秀曾霸氣地說：「必不容反對者有討論之餘地，必以吾輩所主張者爲絕對之是，而不容他人之匡正也。」〔註59〕然而一種思想並未被另一種思想所消滅，而是以對話或對峙的狀態共存於同一歷史時空體中。處於邊緣位置的學衡派選擇以文言辦雜誌，並且優游於舊體詩詞間，自得其樂；在《學衡》的「文苑」欄中設有「詩錄」和「詞錄」等欄目，收錄包括律詩、絕句、古風、排律與多種詞牌的各種體式的詩詞作品達 3221 首，顯示出五四時期另一面別具韻味的人文景觀。

由上所述，可發現其實學衡派並不完全反對白話，他們所反對的只是新文學陣營獨斷排斥文言的作風。與胡適等人相同，學衡派本有改進中國文學的想法，彼此爲中國文學未來的發展所設計之方案固然有分歧但也不乏一致之處。1920 年 2 月 12 日，陳獨秀在武昌文華大學演講有關白話文理論時亦指出：「古語，不全然廢棄，但以現代通行的爲限。」〔註60〕對照梅光迪早年的文學改良方案中的「復用古字以增加字數」主張，〔註61〕實則不難發現他們都在一定程度上認同了兩套話語的共存。支持新文學運動的蔡元培在 1919 年 11 月 17 日對北京女子高等師範學校演講時，同樣指出「國文的問題，最重要的，就是白話與文言的競爭。我想將來白話派一定占優勝的。」但他也說：「文言是否絕對的被排斥，尚是一個問題。照我的觀察，將來應用文，一定全用白話，但美術文，或者有一部分仍用文言。……舊式的五七言律詩，與駢文，音調鏗鏘，合乎調適的原則，對仗工整，合乎均齊的原則，在美術上不能說毫無價值。就是白話文盛行的時候，也許有特別傳習的人。」〔註62〕這些認識與學衡派的反對意見實多有相通之處，只是當文學革命成功、白話文取得優勢後，在現代文學史知識體系中，文言與白話被描述成兩個壁壘森嚴的敵

〔註59〕陳獨秀，〈通信‧再答胡適之（文學革命）〉，《新青年》，第 3 卷，第 3 號，1917 年 5 月 1 日。

〔註60〕陳獨秀，〈我們爲什麼要做白話文——在武昌文華大學講演底大綱〉，《陳獨秀著作選》（上海：上海人民出版社，1993），第 2 卷，頁 101。

〔註61〕梅光迪，〈致胡適信四十六通‧第三十七函〉，《梅光迪文錄》，頁 171。

〔註62〕蔡元培，〈國文之將來〉，《中國新文學大系‧文學論爭集》，頁 97、98。

對陣營；雙方固然有不可磨滅的矛盾衝突，但也不盡然是你死我活的關係。當一切走進歷史，便可發現原來雙方所存在的鴻溝並非不可逾越。

如反對白話的吳宓，並不完全擯斥新文學。在主編《大公報‧文學副刊》後，吳宓本擬以此為宣傳作戰之地，無奈東南大學的學衡派同人景昌極以體弱多病為由不願北上相助，吳宓只得改請在清華的學衡派成員趙萬里（1905～1980）、王庸（1900～1956）、浦江清、張蔭麟等協助。《文學副刊》出版一年後，1929 年 1 月 16 日，趙萬里、浦江清向吳宓建議可加入語體文及新文學作品，並擬邀清華教授朱自清加入《文學副刊》。吳宓以「今實不能支持，只有退兵而棄權之一法」，放棄原來一切主張、計畫和標準，遵從諸君之意。〔註63〕他邀請朱自清加入編輯工作，並在大家的商議下，決定《文學副刊》增入新文學、白話文和新式標點。〔註64〕這是吳宓向新文學做出一次重大的退讓。

至於，受邀的朱自清是新文學作家，又是胡適的學生，朋友或勸他不要為《文學副刊》寫文章。據其日記所載，對於吳宓的邀請，朱自清也曾左右猶疑：「晚石蓀來訪，勸勿為《大公報》作稿，此等稿幾於人人能作，又雨公未必願我等為其作稿。余以為然，嗣思作書評本為素志之一，頗冀以此自見，且《大公報》銷數好，故此事余殊未能決也。」〔註65〕朱自清加入《文學副刊》雖只撰稿，不參與具體編務工作，然此舉已為新文學在《文學副刊》上爭得一席之地。後來《文學副刊》第 275 期更刊出吳宓評論茅盾的小說《子夜》，〔註66〕對於吳宓所給予的好評，連茅盾本人都感到「出人意外」。〔註67〕凡此皆說明，當文學革命進程步入建設的階段，原本對峙的陣營實可透過各種不同形式的對話，彌平雙方的歧異，拉近彼此的距離。

二、摹仿與創造

在 20 世紀中西文藝理論交流中，「古今之爭」經歷文化時空的轉換，從新舊之爭，擴展到東西文化之爭、傳統與現代意識之爭，同時也涉及對文學審美價值的更深層的探討和認識。與胡適等人主張「文隨世移」，所謂「新」

〔註63〕《吳宓日記》，第 4 冊，1929 年 1 月 16 日，頁 196。

〔註64〕同註 63，頁 197。

〔註65〕朱自清，《朱自清全集》（南京：江蘇教育出版社，1997），第 9 卷，第 241 頁。

〔註66〕吳宓，〈茅盾長篇小說：子夜〉，《大公報‧文學副刊》，第 275 期，1933 年 4 月 10 日。

〔註67〕茅盾，《我走過的道路》（中）（北京：人民文學出版社，1984），頁 121。

即是創造，是進步的「歷史進化的文學觀」大異其趣，吳宓認為：「古至今之文學，為積聚的，非遞代的。譬猶堆置貨物行李，平列地面，愈延愈大，並非新壓舊上，欲取不能。吾人今日之文學財產，乃各時代各國各派之文學作品之總和，非僅現今時代（或本國）所作成者而已。」〔註68〕學衡派認定歷代文學之流變，「非文學的歷史進化，乃文學的時代發展。」〔註69〕後派不必優於前派，文學潮流的演變事實並不意味著價值上的進步。他們強調文學所表現的是人生與人性之「常」，兼及其「變」，至於新文學則只注重表現人生人性之變，從而遺棄人生普遍存在的「常」者。

早在文學革命的討論時期，梅光迪即致信胡適說：「因弟對於人生觀言『人學主義』，故對於文學則言 Classicism（姑譯之為『古文派』可乎）。」〔註70〕所謂「人學主義」即白璧德人文主義，在此梅光迪明白指點出學衡派所服膺的是古典主義文學。而與白璧德淵源極深的梁實秋也總結亞里士多德摹仿論之精義說道：「摹仿論者，實古典主義之中心，希臘主義之精髓。」〔註71〕在亞里士多德的《詩學》中，強調詩和藝術不僅是摹仿，而且還應當按照「必然律和可然律」去體現（represent）感覺到的現實。〔註72〕文學的本質在於摹仿，這是西方古典主義者對文學的一個基本的看法。受白璧德學說影響，學衡派同樣對摹仿說情有獨鍾。

站在古典主義立場，學衡派強調規範、秩序、理性，主張的不是破舊立新而是推陳出新；有別於胡適等對新文學的期許，呼籲「不摹仿古人，語語須有個我在」，〔註73〕要求「不作古人的詩，而惟作我自己的詩」〔註74〕的立論，胡先驌首先為「摹仿」定調，強調詩的進境須由摹仿入手，他認為「人之技能智力，自語言以至於哲學，凡為後天之所得，皆須經若干時之摹仿，始能逐漸而有所創造。」其次，他剖析詩歌的摹仿歷程如下：「學為詩者，必先知四聲之異同，平仄相間之原理，古詩律詩之性質，……再擇其一二家與

〔註68〕吳宓，〈文學與人生〉（二）《大公報・文學副刊》，第 4 期，1928 年 1 月 30 日。
〔註69〕易峻，〈評文學革命與文學專制〉，《學衡》，第 79 期，1933 年 7 月。
〔註70〕梅光迪，《梅光迪文錄》，頁 175。
〔註71〕梁實秋，〈亞里士多德的詩學〉，《梁實秋論文學》，頁 62。
〔註72〕亞里士多德著，羅念生譯，《詩學》（北京：人民文學出版社，1982），頁 92。
〔註73〕胡適，〈寄陳獨秀〉，《胡適學術文集：新文學運動》，頁 17。
〔註74〕胡適，〈文學改良芻議〉，《胡適學術文集：新文學運動》，頁 22。

己之嗜好近者，細意摹仿之，久久始可語於創造也。」〔註 75〕表明摹仿是創造之前必經的歷程。吳芳吉對胡適「八事」中「不摹仿古人」一事亦深不以為然。尤其對胡適認為摹仿乃奴性之事，他強調創造與否，摹仿與否，須視其才力之所至，各從其性情之所好。「不摹仿，無以資練習，不去摹仿，則無以自表現。」因此不必將二者對立起來，「能創造者，自創造之。不能創，摹仿何傷？」〔註76〕

　　胡適「不摹仿古人」的主張，是建立在文學進化的原理上，他認為文學即使「神似古人」，不過在博物館添幾件「逼真贋鼎」，不足以稱作文學。新文學陣營將摹仿視為奴性惡習，意在廢除傳統詩歌的格律限制；只是原本將「不摹仿古人」視為「精神上之革命」的胡適，其最終實踐的成果與效應，卻是以詩體解放的「形式上的革命」而非「精神上之革命」大放異彩。〔註77〕相較之下，在學衡派的古典主義文學批評中，文學摹仿說並非僅止作為一種創作原則或方法而受到重視。如胡先驌在〈評《嘗試集》〉中說：

> 亞氏所謂摹仿乃為摹仿天然景物，摹仿人情；不但摹仿是實上之人情，並且摹仿理想上可能之最高格之人，此即吾輩所認為創造者。至吾輩所攻擊之摹仿乃新古學派 Neo-classical School 所主張之不但摹仿天然界之事物與人情，且須摹仿昔人之著作；不但摹仿昔人之著作，且以僅須摹仿昔人之著作為足也。吾輩所攻擊者，非為能摹仿天然界事物與人情之李杜蘇黃而為摹仿李杜蘇黃者也。〔註78〕

在此胡先驌除闡明亞里士多德摹仿說的真義外，他還明白指點出「摹仿天然景物與人情」和「摹仿昔人之著作」是西方古典主義與新古典主義的重要區別，同時也是創造與摹仿的真正差別所在。

　　實則，胡適與胡先驌對摹仿的看法並無太大的差異；胡適的「不摹仿古人」主要強調的是作品要有「個性」，與胡先驌的「摹仿天然景物與人情」，在本質上是相同的。只不過，因為五四時期特殊的語境放大了胡適「不摹仿」的「不」與學衡派強調「摹仿」的主張，卻漠視了他們所攻擊的「摹仿昔人之著作」的論說，致使雙方的論辯失去交集空間，從而產生創作方法上針對性的差異。

〔註75〕 胡先驌，〈評《嘗試集》〉（續），《學衡》，第 2 期，1922 年 2 月。

〔註76〕 吳芳吉，〈再論吾人眼中之新舊文學觀〉，《學衡》，1923 年 9 月，第 21 期。

〔註77〕 胡適，〈寄陳獨秀〉，《胡適學術文集：新文學運動》，頁 17。

〔註78〕 同註75。

「不摹仿古人」，是五四文學革命破壞時期最早也是最受推崇的原則之一；而創造「個性化」的新文學，則是文學革命理論建設時期重要的範疇。對新文學陣營而言，作品的藝術價值全在創造，專事摹仿沒有獨立精神的作品，算不得是好作品。錢玄同在〈嘗試集序〉中以作品的「創造」和「摹仿」作爲評價標準，用以分析中國傳統文學的價值，他以爲周秦以前文章很有價值，因爲這些人的著作，「文筆無一相同，都是各人做自己的文章，絕不摹擬別人」；未料西漢末年，出了一個揚雄，「專門摹擬古人；一部《法言》，看了眞要叫人噁心」。〔註79〕這種以傳統文學的歷史事實爲對象的價值分析，充分反映出新文學倡導者對「創造性」品格的堅持，同時亦表明文學不僅是人生的反映，而且是對客觀對象的「創造性」的表現。

另一位新文學倡導者周作人在「創造」與「摹仿」的價值討論中，則提出「創造的摹擬」思想。他在分析日本小說與中國近代小說的寫作狀況時，盛讚日本小說的現代化契機正在其擅於摹仿：

> 凡是思想，愈有人類的世界的傾向，便愈好。日本新文學便是不求調和，祇去摹仿的好；——又不只摹仿思想形式，卻將他的精神，傾注在自己心裡，混和了，隨後又傾倒出來；摹擬而獨創的好。……日本文學界，因爲有自覺肯服善，能有誠意的去「摹仿」，所以能生出許多獨創著作，造成二十世紀的新文學。〔註80〕

周作人從歷史的視野肯定日本小說摹仿西洋小說的成果，並揭示文學實踐創造的方法與途徑正是從摹仿中創造。他以爲中國已講了二十多年的新小說，卻毫無成績，原因就只在「中國人不肯摹仿不會摹仿」；「不肯摹仿」，則不會有眞正的文學交流；「不會摹仿」，則不會有眞正的文學創造。欲救此弊病，周作人以爲中國人「須得擺脫歷史的因襲思想。眞心的先去摹仿別人。隨後自能從摹仿中，蛻化出獨創的文學來。」〔註81〕

周作人強調中國新文學的創建應當學習日本的善於「摹仿」，不到三年的時間，沈雁冰在觀察中國新文學的創作情況後，卻得出迥然不同的結論：「我國自改革以來，舉國所事，莫非摹擬西人。然常此摹擬，何以自立？」爲使新

〔註79〕錢玄同，〈嘗試集序〉，《中國新文學大系：建設理論集》，頁108。
〔註80〕周作人，〈日本近三十年小說之發達〉，原載《新青年》，第5卷，第1號，1918年7月15日；《中國新文學大系：建設理論集》，頁283。
〔註81〕同註80，頁293。

文學在 20 世紀發明史上占一席地位，他以爲須「具自行創造之宏願」。〔註 82〕針對當時文壇上一味摹擬而缺乏「創造」精神所帶來的弊病，他給予嚴厲的批評，直指「模仿的小說實是大害」〔註 83〕，強調唯有在借鑒與學習外國進步文學的前提下，發揚創造精神，才能建設眞正的具有中國民族特色的新文學。

有關文學實踐的方法與途徑，類似「創造的摹擬」的觀念顯然爲不同主張的文學陣營雙方所共同分享。吳宓雖然說過「文章成於摹仿 Imitation」，〔註 84〕但他的本意並非認爲文學創作「止於摹仿」，而是強調「文學創造」的「正法」，除天生英才的作家外，一般人「宜從摹仿入手」；亦即將對前人的學習、繼承作爲文學創作的一個必經、重要的階段。他分析指出作文須經歷如下三個階段：「一曰摹仿，二曰融化，三曰創造。由一至二，由二至三，無能逾越者也。一人練習著作之經歷如此，一國文章進化之陳跡亦如此。」〔註 85〕在創作歷程中，吳宓提出「融化」的自我意識概念，作爲從「摹仿」過渡到「創造」的重要機轉，使得從「摹仿」到「創造」的過程中，有具體可循的依據，而不致流於浮泛的口號。對於胡適的「不摹仿古人」之說，他引述 19 世紀法國批評家聖伯甫（Sainte-Beuve, 1804～1869）What is a Classic？的話來加強自己言說的力度，他說：「吾儕立志不可不高，目的不可不遠。雖以今之文，述今之事，然作文之際，宜常昂首入雲，注視彼間巍巍高座，古之不朽作者，而自問曰，此諸作者其將謂我何？」〔註 86〕申言只有以經典爲標的，以大師爲榜樣，才有可能超越古人創造出高格之作。

五四時期，在大多數人致力於創作實踐，側重開新的情況下，學衡派的繼承、摹仿之說，並不是要以摹仿來取代創造，反而是被當作創造、出新的準備階段和必要條件來看待的。對於那種缺乏創造精神、只知因襲洋人、鈔襲古人的摹仿，他們同樣持反對意見。梅光迪反求新文學本身，指摘新文學所言說的創造不過是摹仿西洋晚近的思想文章，他認爲這種「摹仿西人與摹仿古人，其所摹仿者不同，其爲奴隸則一也。」〔註 87〕

〔註 82〕沈雁冰，〈一九一八年之學生〉，《學生雜誌》，第 5 卷，第 1 號，1918 年 1 月。

〔註 83〕沈雁冰，〈新文學研究者的責任與努力〉，《小說月報》，第 12 卷，第 2 號，1921 年 2 月 10 日。

〔註 84〕吳宓，〈論新文化運動〉，《學衡》，第 4 期，1922 年 4 月。

〔註 85〕吳宓，〈論今日文學創造之正法〉，《學衡》，第 15 期，1923 年 3 月。

〔註 86〕同註 85。

〔註 87〕梅光迪，〈評提倡新文化者〉，《學衡》，第 1 期，1922 年 1 月。

　　隨著對文學作品「創造」與「摹仿」的價值討論的深化，學衡派古典主義批評的重心也從「典籍的摹仿」向「藝術的摹仿」轉移。在藝術描摹人生的基礎上，吳宓提出「三境」說的詩學主張。美國學者艾布拉姆斯（M. H. Abrams）在其名著《鏡與燈：浪漫主義文論及批評傳統》（*The Mirror and the Lamp: Romantic Theory and the Critical Tradition*）中指出，描繪宇宙萬物的方式雖然多樣，卻不外乎兩種主要類型：「第一類是關於藝術理想的經驗主義理論，以亞里士多德的《詩學》爲代表；這種理論認爲，藝術所摹仿的各種原型和形式，是根據感知對象選擇或提取出來的。」第二類是先驗主義理論，它源自柏拉圖。這種理論認爲，「恰當的藝術的對象是理式或形相，它們也許可以通過理念世界的途徑而獲得，但最終卻是超越經驗之上的，獨立存在於它們自身的理想空間之中，只有心靈的慧眼方能觸及。」〔註 88〕柏拉圖認爲藝術摹仿的是世界的表象而非本質，所以藝術作品是摹仿的摹仿，與眞理之距離遼遠；亞里士多德則把藝術和現實的關係顚倒過來，認爲詩人所摹仿的「是普遍的永久的眞的理想的人生和自然」〔註 89〕，因此藝術高於現實。正是在西方摹仿論的框架中，吳宓提出藝術批評的三要素：實境、幻境和眞境，亦即世界、藝術和眞實。

　　何謂「三境」說？吳宓以爲：

> 詩爲美術之一，凡美術皆描摹人生（Imitation of human life）者也。惟其描摹之法，非以印板寫照，重拓複本，畢肖原形，毫釐不爽之謂。蓋如是則理固不宜而勢亦不能。其法乃於觀察種種，積久成多之後，融聚一處，整理而修繕之，另行表而出之以示人（Re-presentation）。故美術皆造成人生之幻境（Illusion），而此幻境與實境（Actuality）迥異。蓋實境者，某時某地，某人所經歷之景象，所聞所見之事物也。幻境則無其時，無其地，且凡人之經歷聞見未嘗有與此全同者；然其中所含人生之至理，事物之眞象，反較實境爲多。實境似眞而實幻，幻境雖幻而實眞。譬如屋外之山，實境也；畫中之山，則幻境也。吾友適間所乘之馬，實境也；稿素漠漠開風沙之馬，則幻境也。實境迷離閃爍，不易了解。幻境通明透

〔註88〕 艾布拉姆斯著，酈稚牛、張照進、童慶生譯，《鏡與燈：浪漫主義文論及批評傳統》（北京：北京大學出版社，1989），頁 49～50。

〔註89〕 梁實秋，〈亞里士多德的詩學〉，《梁實秋論文學》，頁 60。

徹，至易領悟。實境成於偶然而凌亂無理。幻境出之化工，故層次
位置極清。凡美術皆示人以幻境，而不問實境。至若究二者之關係，
則幻境乃由實境造出，取彼實境整理而修繕之，即得幻境矣。……
美術中幻之價值，不在其與實境相去之遠近，而在其本身是否完密
（Complete），無一懈可擊。使讀者置身其間，視如真境。真境者，
其間之人之事之景之物，無一不真。蓋天理人情物象，今古不變，
到處皆同，不爲空間時間等所限。故真境（Reality）與實境迴別，
而幻境之高者即爲真境。〔註90〕

所謂實境，指的是審美對象，亦即客觀存在的「物」；它可以是具體的山川人
物，也可以是抽象的國勢民情、政教風俗。文學藝術家並非刻板的反映審美
對象，而是經由審美主體整理、修繕後以示讀者，因此幻境比實境顯示更多
的「人生之至理，事物之真象」。然則，作家如何「整理、修繕」實境以得幻
境？吳宓指出：「整理修繕之法，要者有二。一曰剪裁，二曰渲染。剪裁
（Selection）者，不將實境中所有之形色事物，均取而納之幻境。但選其佳者、
合用者，而棄其不佳者、不合用者，即足。……渲染（Improvment）者，實境
中之形色事物，不必存其原來之真，而盡情改易，變不佳爲佳，化無用爲有
用。然後入幻境，以符作者之意旨。」〔註91〕吳宓所謂的「整理修繕之法」，
實際就是對生活素材素材進行取捨組合，然後透過媒質（Medium）的接引，
完成對藝術的變形。

同時，吳宓還認爲詩人能造幻境，全靠想像力的作用。「想像力者，質言
之，即設身處地，無中生有之天才也，故能造成幻境。想像力愈強者，其所
造之幻境亦愈真。……想像力有集合歸納之功用。文學家之論想像力，則謂
凡具有想像力者，能見他人之所不能見。所謂能見他人之不能見者何物耶？
曰事物間之同異而已。」〔註92〕由於詩人能在審美活動中設身處地體會特定
環境的氛圍，描繪特定的思想情緒，故能無中生有，造成幻境。而想像力愈
強，愈能創造出藝術的真實。

至於真境，則是幻境高度昇華的結晶。受白璧德影響，吳宓把人類生活
分爲三界：上者爲天界，中者爲人界，下者爲物界；與此相繫聯，他將立身

〔註90〕 吳宓，〈詩學總論〉，《學衡》，第 9 期，1922 年 9 月。
〔註91〕 同註 90。
〔註92〕 同註 90。

行事的原則亦區別爲三種：「一者以天爲本，宗教是也；二者以人爲本，道德是也；三者以物爲本，所謂物本主義 Naturalism 是也。」〔註93〕「三境說」正是這「天、人、物」三界的藝術摹仿。實境是物象的世界，眞境是天的世界，幻境則是人的世界，是藝術家創造的人的世界。幻境在天界和物界的中間，是「三境說」的核心。

近人以「境」論詩最有名者非王國維莫屬。人盡皆知王國維的「境界」說，卻少有人觸及吳宓的「三境」說。脫胎自白璧德人文思想的古典主義文學批評，吳宓的「三境說」則更多地傾向於亞里士多德的經驗主義路線。從「典籍的摹仿」到「藝術的摹仿」，吳宓的「三境說」不止是摹仿論的深化，同時還包括了他的藝術境界論及其個人的古典中庸之審美情趣。

由是可知，學衡派對文學的繼承與摹仿，是有其定見的。他們不贊成守舊派一味摹仿古人的「復古」，也反對新文學派一味摹仿西人的「歐化」；他們認爲要建設屬於中國的新文化新文學，「復古固爲無用，歐化亦屬徒勞」，若不能眞正有所創新，終難繼起。因此，學衡派最後提出的創新之道，「乃在復古歐化之外。」〔註94〕在西學與中學、「歐化」和「復古」爭論不休的時代氛圍中，他們獨具慧眼地超越這種對立的兩極來思考新文化新文學的創新之路，實屬難能。

第二節　古典主義與寫實主義、自然主義

在五四現實主義精神的總體框架中，陳獨秀宣導文學藝術上的寫實主義與自然主義。他在〈現代歐洲文藝史譚〉中說：「歐洲文藝思想之變遷，由古典主義（Classicalism）一變爲理想主義（Romanticism）」，「再變爲寫實主義（Realism），更進而爲自然主義（Naturalism）」，這是因爲 19 世紀末「科學大興，宇宙人生之眞相，日益暴露」，「文學藝術，亦順此潮流」的結果。他稱左拉所開創的自然派文學藝術之旗幟遍及世界，且「現代歐洲文藝，無論何派，悉受自然主義之感化」。〔註95〕然則，在他所列舉的自然主義作家中，明顯地包含歷來被視爲現（寫）實主義大作家的托爾斯泰（Leo Tolstoy，1828

〔註93〕吳宓，〈我之人生觀〉，《學衡》，第 16 期，1923 年 4 月。

〔註94〕吳宓，〈論新文化運動〉，《學衡》，第 4 期，1922 年 4 月。

〔註95〕陳獨秀，〈現代歐洲文藝史譚〉，《青年雜誌》，第 1 卷，第 3 號，1915 年 11 月 15 日。

～1910）與屠格涅夫（Ivan Sergeevich Turgenev，1818～1883）。〔註 96〕不同於在歐洲語境中，作爲「一種方法，一股巨大的潮流」，現（寫）實主義雖與科學話語有著緊密的聯繫，但它更強調自己的獨特個性。它不僅強調與浪漫主義、古典主義等文藝思潮的不同，也強調與其後來的自然主義文藝思潮有所區別。〔註 97〕

　　陳獨秀在對寫（現）實主義與自然主義的論述中，不僅在概念的應用上顯得隨意和混亂，而且一開始就存在接受上的「時間錯誤」。陳獨秀從進化論與科學主義的角度，把自然主義看作是現實主義的高級階段。在文學革命宣導者那裡，寫實主義、自然主義並沒有十分嚴格的界限，彼此間往往是混用的。對此，沈雁冰有一個解釋：「文學上的自然主義與寫實主義實爲一物；批評家中也有說寫實主義與自然主義之區別即在描寫法上客觀化的多少，他們以爲客觀化較少的是寫實主義，較多的是自然主義。」〔註 98〕

　　1920 年 1 月，《東方雜誌》的主編胡愈之（1896～1986）發表〈近代文學上的寫實主義〉。從內容來看，他說的寫實主義實則大半指的是自然主義。他認爲寫實（自然）主義文學有三個特色：「科學化，長於醜惡描寫，注重人生問題」。第一個「科學化」的特色又包含三個層次的「科學的態度」：其一是客觀的態度：作家的職務是把客觀的人生眞象老實寫出，「讓讀者自己去批評，自己去感慨；作者卻並不參加些許的意見。」其二是觀察手段：下筆之前「必須把所描寫的人物和環境，一一的實地考查；若不是自己經歷過的，便不算得眞切。」其三是科學方法：對於個人和社會的病象，用分析法解剖法細細的描寫。第二個「長於醜惡描寫」的特色，強調自然主義作家敢於直面人類的醜惡，「能把生活上一切穢汙惡濁可憎可怕的現象，放膽寫出來，沒有什麼忌諱。」第三個「注重人生問題」的特色，則以爲自然主義文學所描寫的總不脫人生的問題，所以可稱之爲「爲人生之藝術」。〔註 99〕

〔註 96〕陳獨秀，〈現代歐洲文藝史譚〉，《青年雜誌》，第 1 卷，第 3 號，1915 年 11 月 15 日。

〔註 97〕韋勒克，〈文學研究中的現實主義的概念〉，《批評的諸種概念》（成都：四川文藝出版社，1987），頁 214～243。

〔註 98〕沈雁冰，〈自然主義的懷疑與解答〉，原載《小說月報》，第 13 卷，第 6 號，1922 年 6 月 10；《茅盾全集》，第 18 卷，頁 211。

〔註 99〕愈之，〈近代文學上的寫實主義〉，原載《東方雜誌》，第 17 卷，第 1 號，1920 年 1 月；收入胡愈之，《胡愈之文集》（北京：三聯書店，1996），第 1 卷，頁 48～60。

　　胡愈之對自然主義理論的認識相當全面，他深刻揭示出自然主義文學的六大要質，為中國作家確立必要的規範和理論的自覺。自然主義文學思潮促進 20 世紀初中國文學觀念的深刻變革，使新文學作家自覺地借鑒西方自然主義文學成果，探索文學表現社會人生，關注民生疾苦、揭露時政弊端、張揚個性解放的功效。自然主義文學首先是作為對浪漫主義文學的反抗而出現的，它排斥浪漫主義文學的想像、誇張、抒情等主觀因素；然則，另一方面，它也輕視寫實主義文學對現實生活典型的概括，而追求絕對的客觀性，崇尚單純的描摹自然，並企圖以自然的生物學規律來解釋人和人類社會。

　　文學研究會「為人生的藝術」的主張及創作成就，正是新文學先驅寫實（自然）主義文學思想的具體實踐。沈雁冰在一開始時延續了陳獨秀的進化論的理論思路，1920 年，在〈我對於介紹西洋文學的看法〉中，他說：

> 西洋古典主義的文學到盧騷方才打破，浪漫主義到易卜生告終，自然主義從左拉起，新表象主義是梅德林開起頭來。一直到現在的新浪漫主義；先是局促於前人的範圍內，後來解放。（盧騷是文學解放時代）注重主觀的描寫，從主觀到客觀，又從客觀變回主觀，卻已不是從前的主觀，這其間進化的次序不是一步可以上天的。我們中國現在的文學，只好說尚徘徊於「古典」「浪漫」的中間。〔註100〕

沈雁冰依循文學進化論的觀點，對西洋文學諸流派作了詳細介紹。同年，他在《小說月報》的〈「小說新潮欄」宣言〉中再次重申：「西洋的小說已經由浪漫主義（Romanticism）進而寫實主義（Realism）、表象主義（Symbolism）、新浪漫主義（New Romanticism），我國卻還是停留在寫實以前，……所以中國現在要介紹新派小說，應該先從寫實派、自然派介紹起。」〔註101〕正如陳思和所論：「沈雁冰早年曾在現實主義與現代主義之間搖擺不定，從 1921 年下半年起，他才突然堅定地轉向了現實主義。」〔註102〕按照進化論的觀點，新浪漫主義（現代主義）才是中國今日當造之文學，然弔詭的是，沈雁冰一度注意到世界文學最新的潮流趨勢，最後卻在理論與踐行上主張已顯現弊端的寫實主義和自然主義。

〔註100〕沈雁冰，〈我對於介紹西洋文學的看法〉，《茅盾全集》，第 18 卷，頁 2～3。
〔註101〕沈雁冰，〈「小說新潮欄」宣言〉，《茅盾選集》（成都：四川文藝出版社，1982），第 5 卷，頁 3。
〔註102〕陳思和，〈中國新文學發展中的現實主義〉，《中國新文學整體觀》（上海：上海文藝出版社，1987），頁 78。

在 1919 年底 1920 年間，沈雁冰嚮往的是新浪漫主義文學，他清醒地看到正被新文學先驅所垂青的「寫實主義」文學的弊端：「一是在太重客觀的描寫，二是在太重批評而不加主觀的見解。……徒事批評而不出主觀的見解，使讀者感著沉悶煩憂的痛苦，終至失望。」〔註103〕他曾信心滿滿地預言，寫實主義終將被另一種更有價值的「新浪漫主義」所替代。後來沈雁冰的「轉向」，據論者指出顯然與胡適的一番「指教」有關。〔註104〕1921 年 7 月 22 日，胡適在上海商務印書館特別勸他說：

> 不可濫唱什麼「新浪漫主義」。現代西洋的新浪漫主義的文學所以能立腳，全靠經過一番寫實主義的洗禮。有寫實主義作手段，故不致墮落到空虛的壞處。如梅特林克，如辛兀（Maeterlinck, Synge）都是極能運用寫實主義的方法的人。不過他們的意境高，故能免去自然主義的病境。〔註105〕

儘管沈雁冰未曾提及這次談話的因果，但顯然他是虛心接受胡適的「勸」，自我寬慰地說道：「新浪漫主義在理論上或許是現在最圓滿的，但是給未經自然主義洗禮，也叫不到浪漫主義餘光的中國現代文壇，簡直是等於向瞽者誇彩色之美。彩色雖然甚美，瞽者卻一毫受用不得。」〔註106〕在肯定新浪漫主義理論圓滿性之餘，他接受了胡適的意見，依文學進化的順序，等自然主義在中國文壇上發展成熟後，再過渡到新浪漫主義，否則，對當時中國文壇情況來說，倡導新浪漫主義理論只可能落得向盲人誇彩色之美，徒勞無功罷了。1921 年底，他在《小說月報》上提出〈一年來的感想與明年的計畫〉，認為中國新文學的進步在於徹底根除「以文學為遊戲為消遣」和「但憑想當然，不求實地觀察」的弊病，而要校正這個毛病，他以為「自然主義文學的輸入似乎是對症藥」。〔註107〕沈雁冰把胡適的「寫實主義」置換成「自然主義」，這

〔註103〕沈雁冰，〈文學上的古典主義浪漫主義和寫實主義〉，《學生雜誌》，第 7 卷，第 9 號，1920 年 8 月。

〔註104〕劉納，〈「打架」，「殺開了一條血路」——重評創造社「異軍蒼頭突起」〉，《中國現代文學研究叢刊》，2000 年，第 2 期，頁 191～216；俞兆平，《寫實與浪漫——科學主義視野中的「五四」文學思潮》，頁 72～73。

〔註105〕胡適，《胡適的日記》（樹林：漢京文化事業有限公司，1987），頁 156～157。

〔註106〕沈雁冰，〈自然主義與中國現代小說〉，原載《小說月報》，第 13 卷，第 7 號，1922 年 7 月 10 日；《中國新文學大系·文學論爭集》，頁 389。

〔註107〕沈雁冰，〈一年來的感想與明年的計畫〉，原載《小說月報》，第 12 卷，第 12 號，1921 年 12 月 10 日；《茅盾全集》，第 18 卷，頁 150。

不僅是對人生寫實派的回應，同時他還對當時新舊兩派小說創作中普遍存在的「弱點」提出針砭。

在長篇文論〈自然主義與中國現代小說〉中，針對舊派小說的「三層錯誤觀念」：技術上的「連小說重在描寫都不知道，卻以『記帳式』的敘述法來做小說」、「不知道客觀的觀察，只知主觀的向壁虛造」，以及思想上「遊戲的消遣的金錢主義的文學觀念」；沈雁冰以為要排去這三層，「須得提倡文學上的自然主義」；「要校正他，非經過長期的實地觀察的訓練不能成功。這又是自然主義確能針對現代小說病根下藥的一證。」針對新派小說的「三個缺憾」：「勉強描寫素不熟悉的人生」、「滲雜許多作者主觀的心理」和「過於認為寫小說是宣傳某種思想的工具」；沈雁冰指出這三項缺憾都「由於作者忽視客觀的描寫所致；因為不把客觀的描寫看得重要，所以不曾實地觀察就貿然描寫了。」〔註108〕他認為「實地觀察的精神，到自然派便達到極點。」〔註109〕是以，自然主義是寫實主義更高階段的發展。

文學革命之初，寫實主義被引進中國主要是出於實用性的目的，宣導者對寫實主義的理解大多停留在文學與社會的關係、文學的功用層面。陳獨秀曾對寫實主義的思想性質進行總結：「寫實主義自然主義乃與自然科學實證哲學同時進步，此乃人類思想由虛入實之一貫精神也。」〔註110〕作為口號提出的「寫實文學」，一直到 1918 年底、1919 年初，周作人發表〈人的文學〉、〈平民文學〉，這一口號才有較具體的內容與目標。至於理論建設的層面則是到了沈雁冰手中方才較為自覺。

他充分思考寫實主義創作原則與方法的利弊，及其與其他流派的關係、對中國社會和文學發揮的作用等問題。深刻體認到寫實主義的根本原則的真實性，與其產生的時代精神的一致性，沈雁冰認為「近代西洋文學是寫實的，就因為近代的時代精神是科學的。科學的精神重在求真，故文藝亦以求真為唯一目的。科學的態度重客觀的觀察，故文學也重客觀的描寫。」〔註111〕他指出「我們要從自然主義者學的，並不是定命論等等，乃是他們的客觀描寫

〔註108〕沈雁冰，〈自然主義與中國現代小說〉，《中國新文學大系・文學論爭集》，頁383～385。
〔註109〕同註108，頁386。
〔註110〕陳獨秀，〈通信・復張永言〉，《青年雜誌》第 1 卷，第 6 號，1916 年 2 月 15日。
〔註111〕沈雁冰，〈文學與人生〉，《中國新文學大系・文學論爭集》，頁152。

與實地觀察。」〔註112〕在闡述〈什麼是文學〉時,他又特別強調:「新文學的寫實主義,於材料上最注重精密嚴肅,描寫一定要忠實,……必不能放無的之矢。」〔註113〕此時沈雁冰使用的自然主義與寫實主義同樣沒有嚴格的界限,如前所述,他認為寫實主義與自然主義的關係在於描寫方法中客觀化的多少。「自然主義者最大的目標是『真』」〔註114〕,寫實主義文學也特別強調描寫要忠實,因此在求真的立場和方法上,自然主義和寫實主義也就自然而然地交疊重合在一起。

儘管沈雁冰等人對19世紀歐洲寫(現)實主義向自然主義發展的文化思潮內涵,並沒有全面瞭解,但是在「客觀反映現實」、「研究現實人生」兩方面,卻達成驚人的共識,最終並在比附「科學」的基礎上構建出五四的自然主義文學理論。他把真實性與自然主義聯繫起來,由是西方的文學再現現實、認識現實的觀點取代中國傳統的文學載道和主情說。

五四文學革命接受寫實主義,一開始就有鮮明的功利主義傾向,亦即用寫實主義來改造現實。文學研究會主張「為人生」,實際上包含著「表現人生」和「指導人生」兩方面;而「指導人生」本身已超出文學方法的界限,涉入意識形態領域。這種寫實主義已遠離歐洲的寫實主義,而接近俄國寫實主義。一如鄭伯奇所指:「文學研究會的寫實主義始終接近著俄國的人生派而沒有發展到自然主義」〔註115〕,正是俄國的人生派具有強烈的意識形態性,它是以作家的主觀性、社會性和政治傾向為前提,這也是五四文學的寫實主義後來演變為「社會主義現實主義」的內因之一。

吳宓把文學研究會的沈雁冰一派列為學衡派的頭號敵人,〔註116〕主要原因正在於他對文學寫實(自然)主義的厭惡。1920年4月19日,人還在海外的吳宓早已覺察到國內文學思潮的起伏變化,他在日記中載道:

> 近項國中各報,大倡「寫實主義」。其實「寫實主義」即吾國之《金瓶梅》及《上海……之黑幕》,且其醜惡流毒,較《金瓶梅》等為尤

〔註112〕沈雁冰,〈自然主義與中國現代小說〉,《中國新文學大系·文學論爭集》,頁391。

〔註113〕沈雁冰,〈什麼是文學——我對於現文壇的感想〉,《中國新文學大系·文學論爭集》,頁156。

〔註114〕同註112,頁385。

〔註115〕鄭伯奇,《中國新文學大系·小說三集·導言》,頁12。

〔註116〕吳宓,《吳宓自編年譜:1894～1925》,頁235。

甚。而今之倡「寫實主義」者，竟謂其與《金瓶梅》等不同，未可
等視云云。欺人之語，不亦妄哉？《金瓶梅》中，尚有許多天理人
情在，今西洋之寫實派小說，只描摹粗惡汙穢之事，視人如獸，只
有淫欲，毫無知識義理，讀之欲嘔。……今之倡「新文學」者，豈
其有眼無珠，不能確察切視，乃取西洋之瘡痂狗糞，以進於中國之
人。且曰，此山珍海錯，汝若不甘之，是汝無舌。嗚呼，安得利劍，
斬此妖魔，以撥雲霧而見天日耶！〔註117〕

受白璧德人文主義的薰陶，吳宓對文學進化論中非古典主義的文學流派一一
加以否定。在未公開的私人日記中，他疾言厲色地數落寫實派小說的罪行：「粗
惡汙穢」，「視人如獸，只有淫欲」，如「瘡痂狗糞」，讀之令人欲嘔，身繫海
外的他甚至激烈地想手持利劍斬妖除魔——新文學的倡導者，以清除文壇這
股寫實主義歪風。

　　學衡派認爲新文學提倡寫實主義、自然主義，實際上是對科學的誤解和
誤用。胡先驌指出寫實主義文學的產生與「以科學方法作平民文學」有莫大
關係。他說：

自十九世紀科學與平民主義發達以來，對於高尚之文學，咸生疾視
之態度，於是以科學方法作「平民文學」。凡藝術上之規律拋棄罄盡，
凡高尚思想與社會上之美德，咸視爲虛僞。如蕭伯訥、士敦保格之
徒，幾不信法律、道德、情愛、忠勇、仁慈諸美德，爲人類之可能
性。對於藝術，絕不思及揀擇之重要，純以一種攝影方法，以描寫
社會，甚且常專揀擇特殊醜惡之事情，以代表社會，以示人類實無
異於禽獸。〔註118〕

胡先驌認爲，寫實主義文學運用客觀觀察的科學方法，如同攝影一般，不
分美醜地把社會各種事物全收於筆下，如此將產生一種毫無價值判斷的偏
向，甚至以專門揀擇展示社會上醜惡事象爲能事。此外，政治上的平民主
義滲入文學之中，否定文學的理想主義與貴族主義的審美品質，使文學日
趨庸俗化。

　　在〈文學之標準〉中，胡先驌進一步指出：「寫實主義之失在知人性之惡，
而不知人性之善。在視人之情欲無殊於禽獸，而不知人類有超越於禽獸之長，

〔註117〕吳宓，《吳宓日記》，第 2 冊，頁 152。
〔註118〕胡先驌，〈評《嘗試集》〉（續），《學衡》，第 2 期，1922 年 2 月。

有駕馭、控制、遏抑其情欲之衝動，使歸於中和之本能。」因此，寫實主義文學氾濫無節制的描繪無異於「借文字以宣洩獸欲之衝動，其動機與一般下流淫猥之說部相若。」〔註119〕

1922 年 10 月，吳宓發表〈論寫實小說之流弊〉，收斂起在兩年多前在日記中的激憤情緒，從學理角度批判寫實小說的弊病。他把當時文壇盛行的寫實小說分成三類：一寫勞工貧民之苦況，二是上海風行的黑幕小說，三如《禮拜六》所登惟敘男女戀愛之事。此三類小說，或以推翻社會中一切制度為快；或令人覺得一片魑魅鬼蜮世界而避世求死；三或淫蕩猥褻，讓人好色無情，縱欲忘德，凡此皆下品，均無足取。然而，就像吳宓所抱怨：「吾國之新文學家，其持論常以寫實小說為小說中之上乘、之極軌，而不分別優劣，並言利弊，惟尊寫實小說而壓倒一切，其餘悉予擯斥。」他揭示出寫實小說的兩大弊端：一是「有悖文學之原理」，二是「不以健全之人生觀示人」。

在分析文學之原理時，吳宓援用其著名的「三境」說，將小說藝術分成三種境界：一是科學觀察的「實境」，二是哲學理解的「眞境」，三是美學表達的「幻境」；認為小說之上乘佳作，乃融此三境而成，寫實小說僅據科學觀察所得之「實境」，未經美學提煉昇華的「幻境」而答「悟人生之眞理」的「眞境」，所以只能是劣等之作。同時，他也認為不存在寫實主義的冷靜客觀、不作價值判斷的寫作原則。因作家一旦進入寫作狀態，面對廣漠的人生和複雜世事，「作者勢必選其一部以入書，而遺其他。即此選擇去取之間，已自抱定一種人生觀以為標準。」〔註120〕無論有意或無意，作家創作時對人生世事的選擇實已具備某種人生觀標準，因此，吳宓認為不可能存在純粹的恪遵科學認知的寫實主義小說。

對於吳宓將寫實小說與黑幕派與禮拜六派聯結在一起的說法，沈雁冰十分不滿，他在《文學句刊》上發表〈「寫實小說之流弊」？——請教吳宓君：黑幕派與禮拜六派是什麼東西！〉，機警地將鴛鴦蝴蝶派小說與「寫實小說」區別開來。他指出西方寫實派的「第一義是把人生看得非常嚴肅，第二義是

〔註119〕胡先驌，〈文學之標準〉，《學衡》，第 31 期，1924 年 7 月。

〔註120〕以上吳宓所論引文見，〈論寫實小說之流弊〉，原載《中華新報》，1922 年 10
月 22 日；收入《中華文學評論百年精華》（北京：人民文學出版社，2002），
頁 79～84。

對於作品裡的描寫非常認真，第三義是不受宗教上倫理上哲學上任何訓條的拘束。」〔註121〕這些寫實主義的標準，是以遊戲的消遣的爲目的的黑幕派與禮拜六派所沒有。沈雁冰針對吳宓的文章，逐項批駁，其結論是吳宓以坊間的「新小說」上的作品比西洋寫實小說，而把俄國寫實小說混爲一談。

其實吳宓看到的是，五四新文學對寫實主義的接受僅停留在藝術手法上，未能深入到精神氣質層面的一個面向。新文學先驅多從符合科學精神的角度來把握寫實主義，很少從批判現代性的角度來理解寫實主義。1923 年，吳宓在〈論今日文學創造之正法〉中進一步批判當時的文學創造，他指出以體裁言，則不出以下數種：

> 二三字至十餘字一行，無韻無律，意旨晦塞之自由詩也。模擬俄國
> 寫實派，而藝術未工，描敘不精詳，語言不自然之短篇小說也。以
> 一社會或教育之問題爲主，而必參以男女二人之戀愛，而以美滿婚
> 姻終之戲劇。發表個人之感想，自述其經歷或遊蹤，不厭瑣碎，或
> 有所主張，惟以意氣感情之淩屬強烈爲說服他人之具之論文也。
> 〔註122〕

這篇文章也可視爲對沈雁冰前述文章的回應。文中模擬俄國寫實派的短篇小說與以社會或教育爲主的問題小說和戲劇，指的就是寫實主義文學。他認爲這些作品所攻擊的範圍不出萬惡的禮教、聖賢、家庭、婚姻、資本及種種學術典章制度，其中雖有一二佳作，然皆瑜不掩瑕。最爲吳宓所詬病的是，寫實主義文學拘於上述之外形與內質的範圍，「不究學問，不講藝術」，以致無法修繕成完美之篇章。

吳宓反對文學反映論，因爲直接的眞實的人生經驗，並不等於文學，任何忠實的精確的再現人生不僅不可行，事實上也做不到。他認爲好的文學作品「含有人生最大量的、最有意義的、最有興趣的部分（或種類），得到最完善的藝術的處理，因此能給人一個眞與美的強烈、動人的印象，使讀者既受到教益、啓迪，又得到樂趣。」〔註123〕因此，他特別針對今世從事創作的青

〔註121〕沈雁冰，〈「寫實小說之流弊」？——請教吳宓君：黑幕派與禮拜六派是什麼東西！〉，原載《文學旬刊》，第 54 期，1922 年 11 月 1 日；見魏紹昌編，《鴛鴦蝴蝶派研究資料》（上海：文藝出版社，1984），頁 40。

〔註122〕吳宓，〈論今日文學創造之正法〉，《學衡》，第 15 期，1923 年 3 月。

〔註123〕吳宓，〈文學與人生之關係〉，《文學與人生》，頁 21。

年提出三點勸告：「多讀中西之佳小說，而深究其藝術法程，一也。勿作問題小說，二也。勿專務作寫實小說，而宜有深厚中正之人生觀，三也。」〔註124〕

　　儘管他在《大公報・文學副刊》的〈本副刊之宗旨及體例〉中曾申明：「對於中西文學，新舊道理，文言白話之體，浪漫寫實各派，以及其他凡百分別，亦一例平視，無畛域之見，偏袒之私。」但在「惟美為歸，惟真是求，惟善是從」〔註125〕的古典主義文學觀的標準下，他仍未改變對寫實派與自然派文學的批評，在一篇公開的文章中，他說：

> 寫實派文學描繪務期得真，惟觀察不廣，選擇不精，每以一時一地偶然掇拾之材料，概括人生人性之全體，故不免拘圄而陷一偏。自然派文學，昧於人性之二元之原理，不知人實兼具神性與物性，而視人如物，謂人之生活純為物質機械，受環境之支配，為情欲所驅使，無復意志責任道德之可言。此其對於人生人性僅知其半，而未識人之所以為人之道何在。〔註126〕

關於寫實派與自然派的特徵和流弊，吳宓的概括大致上是無誤的。然當他把人生道德行事立身之正軌與文學藝術鑑賞選擇之準衡結合起來時，寫實主派與自然派揭露人生醜陋的現實意義，在吳宓眼中直是人生醜惡的病態展示。

　　1928 年前後，魯迅、茅盾與創造社、太陽社為主的一些作家發生「革命文學」論爭。〔註127〕隨著新文學階級意識日益突出，文學的社會功利作用獲得空前重視。對此風雲變化，吳宓亦十分關注，他在《大公報・文學副刊》刊載〈托爾斯泰誕生百年紀念〉，認為托爾斯泰生逢的俄國和此時中國十分相似，均屬社會動盪、民不聊生的時代。大抵「為藝術而藝術」的理論受懷疑時，皆「社會阢隉不安，而人民顛沛無告之時」，是以托爾斯泰提出藝術的「民眾化」，欲以文學作為說教之工具。為提供國內正在進行的「革命文學」論爭一個參照體系，吳宓詳細分析托爾斯泰的《藝術論》，指出托爾斯泰反對藝術的美善合一，認為藝術的唯一功能是表現平民意識及人道主義的至善情感，

〔註124〕吳宓，〈論今日文學創造之正法〉，《學衡》，第 15 期，1923 年 3 月。

〔註125〕吳宓，〈本副刊之宗旨及體例〉，《大公報・文學副刊》，第 1 期，1928 年 1 月
　　　　2 日。

〔註126〕吳宓，〈文學與人生〉，《大公報・文學副刊》，第 89 期，1929 年 9 月 23 日。

〔註127〕參見劉炎生，《中國現代文學論爭史》（廣州：廣東人民出版社，1999），頁
　　　　236～259。

美只是傳遞善的一種手段。吳宓認為這種藝術觀的偏頗在於：（一）文學的階級性的劃分，（二）藝術應以「善」來棄絕「美」。〔註128〕學衡派雖亦強調「美」應服從於「善」，但是吳宓認為托爾斯泰過度強調「善」，從而否棄文學的審美價值，而致過猶不及。托爾斯泰的偉大，當然遠超乎吳宓這篇文章的論述範圍，然則，他目光獨到地揭示托爾斯泰藝術觀的偏頗，在革命文學期間，一面倒的讚頌托爾斯泰的呼聲中，吳宓敏銳細緻的觀察力極具啓示性。

學衡派對寫實主義文學的評判，雖有過激之處，但亦不乏可取之論。尤其對寫實主義缺乏主體性價值判斷的創作缺陷，不惟學衡派，創造社的成仿吾亦對當時流行的偏重科學認知的純粹寫實主義文學提出批評。1923 年，成仿吾在〈寫實主義與庸俗主義〉中公開批判「從前的浪漫的 Romantic 主義」，轉而提倡寫實主義。不過，他反對「庸俗化」的寫實主義，他說：

> 文藝成於作者之不斷的反省，作者的目的亦在由於讀者之不斷的反省使讀者也捕捉作者意識中的全部的生命。庸俗者流，不見到此，觀察不出乎外面的色彩，表現不出乎部分的形骸。他們作的只是一些原色寫眞與一些留聲機片。所謂庸俗主義雖亦以寫實自誇，然而牠的「實」僅是皮毛上之「實」，一眼看完，便毫無可觀的了。〔註129〕

他把眞的寫實主義略稱爲「眞實主義」，強調「眞實主義與庸俗主義的不同，只是一是表現 Expression 而一是再現 Representation。再現沒有創造的地步，惟表現乃如海闊天空，一任天才馳騁。」他認為庸俗主義是「再現的」，見到的只是對象的外在色彩和部分形貌；眞實主義則是「表現的」，直接滲入生命底層，抓住內在的生命，用部分來暗示全體。因此，他主張「眞實主義的文藝是以經驗爲基礎的創造。一切的經驗，不分美醜，皆可以爲材料，只是由偉大的作家表現出來，便奇醜的，亦每不見其醜。」〔註130〕強調眞實主義須建立在創作主體的生活經驗基礎上，當藝術表現的對象進入「表現」領域，即便是外在形貌奇醜的，經由「表現」的創造，就可以化醜爲美了。

蔡元培在《中國新文學大系‧總序》中曾提及：「爲怎麼改革思想，一定

〔註128〕吳宓，〈托爾斯泰誕生百年紀念〉，《大公報‧文學副刊》，1928 年 8 月 27 日，1928 年 9 月 3 日，1928 年 9 月 10 日；《學衡》，第 65 期，1928 年 10 月。

〔註129〕成仿吾，〈寫實主義與庸俗主義〉，《中國新文學大系‧文學論爭集》，頁 182 ～183。

〔註130〕同註 129。

要牽涉到文學上？這因爲文學是傳導思想的工具。」〔註131〕文學被公認是進行思想啓蒙的最好的工具，新文化運動初期的路徑即是由思想革命而進於文學革命的。作爲一個文學流派，寫實主義文學因其表現社會人生、關注人民生活疾苦，揭發時政弊端以及張揚個性解放的優長，最適合陳獨秀、胡適、魯迅、周作人等的啓蒙思想家的需要。如魯迅曾說：「我的取材，多采自病態社會的不幸的人們中，意思是在揭出病苦，引起療救的注意。」〔註132〕這是他踐行寫實主義創作的最佳註腳。然而，寫實主義注重科學觀察，客觀地再現現實，反映在創作上的是只給「病症」，不開「藥方」的形式，其結果恰如沈雁冰在《中國新文學大系・小說一集・導言》中的描述：

> 這時期以前──「五四」初期的追求「人生觀」的熱烈的氣氛，一
> 方面從感情的到理智的，從抽象的到具體的，於是向一定的「藥方」
> 在潛行深入；另一方面則從感情的到感覺的，從抽象的到物質的，
> 於是苦悶徬徨與要求刺激成了循環。然前者在文學上並沒有積極的
> 表現，只成了冷觀的虛弱的寫實主義的傾向；後者卻熱狂地風魔了
> 大多數青年。〔註133〕

沈雁冰的這段話指出 1925 年「五卅」運動之前新文學的弊端，他道出了兩個現象：一是從以人道主義改造精神的路徑轉向以社會主義改造經濟的過程；二是以人道主義爲主要內容的文學，最後只成爲「冷觀的虛弱的寫實主義」而已，在文學上毫無積極的表現。循此脈絡，不難理解因俄國十月革命的成功促使以唯物史觀爲宗旨的文學理論最終成了中國激進作家仿效的榜樣與創作導向。

第三節　翻譯與話語權勢

五四時期，由於新文化啓蒙運動的推行與新文學開創基業的需求，翻譯文學遠承近續了中國歷史上的翻譯活動，呈現出欣欣向榮的局面，取得前所未有的成績；較之近代翻譯文學，五四時期的翻譯文學有更多的文學自覺；同時，對於各種體裁與多樣風格的譯介方面，亦呈現出自覺的意識。除小說

〔註131〕蔡元培，《中國新文學大系・總序》，《中國新文學大系・建設理論集》，頁9。
〔註132〕魯迅，〈我怎麼做起小說來〉，《魯迅全集》，第4卷，頁512。
〔註133〕沈雁冰，《茅盾全集》，第20卷，頁466。

翻譯立足於近代翻譯基礎上，在對象選擇的深廣度與翻譯質量的提高上向前推進外，這時期翻譯界討論的主題還包括詩歌和戲劇；此外，翻譯文學除直接以翻譯的身分出現，在創作中也有以摘譯或改譯的形式呈現在讀者面前，如郁達夫的小說《沉淪》即援用作者自譯華茲華斯的詩，以配合書中主角的心理變化與情境氛圍的描寫。至於有關外國作家評傳，作家、作品、思潮的評論中的譯文，更是不可勝數。

五四時期的文學翻譯家約可分爲三類：一是新文學陣營，主要成員包括留學生出身、國內外國語教育機構培養之翻譯人才和自學成材翻譯家。二是傳統派，成員包括近代翻譯文學成績斐然迄今仍活躍的林紓，以及帶有鴛鴦蝴蝶派色彩的《小說月報》改組前的一批翻譯家。第三類則同是留學生出身，但對文學革命提出種種質疑，傾向文化保守色彩的翻譯家，主要以學衡派爲代表。由於不同時代、不同的翻譯家，對原作家和作品的選擇有著十分複雜的背景和動機；因此，這些翻譯家彼此間在翻譯選材、翻譯策略及翻譯標準上，異彩紛呈，自不在話下，實則，即便是同一陣營內部對於文學翻譯的規範、審美取向等亦存在著種種話語權勢與矛盾衝突。

一、翻譯的選材——西化模式、弱國模式與名士模式

有鑑於晚清多數譯者缺乏文學意識的自覺，再加上外語能力的局限，使得早期的翻譯文學在選材方面缺乏全面性和系統性的規劃。就個別譯者來說，占小說翻譯主導地位的林紓儘管個人譯作多達 180 餘種，但從譯品的選擇來看，有不少作品是屬於二三流之列。五四時期，隨著政治社會文化的改變，及文學意識的覺醒和強化，這時的文學翻譯動機已不完全是爲宣教啓蒙，而是爲了引進外國文學中的進步思想和藝術技巧的目的。

針對晚清時期翻譯作品良莠不齊，譯介活動凌亂分散的狀態，胡適在大力提倡學習和翻譯西方文學作品之餘，亦對翻譯的選材提出看法。他認爲「中國文學的方法實在不完備，不夠作我們的模範」，西洋的文學方法，完備高明許多，「不可不取例」；〔註134〕然因現今中國所譯的西洋文學書，大都不得其法，所以收益甚少。爲此，他提出幾條翻譯西洋文學名著的辦法：（一）只譯名家著作，不譯第二流以下的著作；（二）全用白話韻文之戲曲，也都譯爲白

〔註134〕胡適，〈建設的文學革命論〉，《胡適學術文集·新文學運動》，頁 52。

話散文。他提議國內真正懂得西方文學的學者應集中起來開一次會,「公共選定若干種不可不譯的第一流文學名著」,「譯成之稿,由這幾位學者審查,並一一為做長序及著者略傳,然後付印」。〔註135〕在新文學運動掀起之初,胡適率先發出翻譯外國文學名著的號召,並指示「只譯名家著作,不譯第二流以下著作」的原則,充分顯示出其獨到的見解。然則,第一流的名著究竟何指?胡適在另一篇文章指出:「民國七年一月《新青年》復活之後,我們決心做兩件事:一是不作古文,專用白話作文;二是翻譯西洋近代和現代的文學名著。」〔註136〕可知指示其所謂的第一流名著,乃西洋的「近代和現代文學名著」。

新潮社主將羅家倫亦提出譯書的「四條意見」,首先,他指出「最要緊的就是選擇材料」,關於這一點,他的看法是宜譯近世小說;其次,擴大取材範圍。〔註137〕傅斯年響應胡、羅的主張,於 1919 年發表〈譯書感言〉,提出較實際可行的譯書八原則,他說:

> 一、先譯門經書……二、先譯通論書……三、先譯實證的書,不譯
> 空理的書……四、先譯和人生密切相關的書;關係越切越要先譯……
> 五、先譯最近的書……六、同類書中,先譯最易發生效力的一種。
> 七、同類著作者中,先譯第一流的一個人。八、專就譯文學一部分
> 而論,也是如此;「只譯名家著作,不譯第二流以下的著作」。〔註138〕

稍後的鄭振鐸也有相類似的觀點,在〈我對於編譯叢書底幾個意見〉中,他指出「叢書的出版次第,應該略有系統,先出門經的根本的書,後出名家的專著。」〔註139〕這些大體相同的主張在五四文學革命鐘聲響徹雲霄之際,提供文壇翻譯和借鑒外國文學的具體操作的指導和規約。以此標準,驗之於《新青年》1915 年創刊至 1921 年改版間所刊發各類文學譯作,可發現其選材範圍涉及了蘇俄、英、美、法、印度、日本、挪威、西班牙、丹麥、波蘭等 18 個國家,而主要集中在俄、日、法等國,大致符合羅家倫「擴大取材範圍」的要求。從被譯作家作品所處的年代集中在 17～20 世紀來看,亦貼近上述諸人所說的「西洋近代和現代的文學名著」、「近世小說」或「最近的書」等原則。

〔註135〕胡適,〈建設的文學革命論〉,《胡適學術文集・新文學運動》,頁 53～54。
〔註136〕胡適,《中國新文學大系・建設理論集・導言》,頁 29。
〔註137〕羅家倫,〈今日中國之小說界〉,《新潮》,第 1 卷,第 1 號,1919 年 1 月。
〔註138〕傅斯年,〈譯書感言〉,《新潮》,第 1 卷,第 3 號,1919 年 3 月。
〔註139〕鄭振鐸,〈我對於編譯叢書底幾個意見〉,《晨報》,1920 年 7 月 6 日。

作為五四文學革命的代表刊物，《新青年》所展示出的翻譯文學觀點的一致性，與其說是出自詩學方面的審美性追求，不如說是從譯者自身的社會文化立場與態度出發，對於當下所處的政治文化形式的理解而採取的某種翻譯的策略。因此，同屬新文學陣營的不同社團，雖然在基本的觀點上大體一致，卻由於譯者的翻譯取向明顯受到政治文化意識的趨導，在譯本的選擇與翻譯審美效應上，不免出現各種矛盾與衝突。周作人在為其出版於 1920 年的翻譯小說集《點滴》所作的序中，將此書同時也是他這一時期翻譯工作的特點歸結為「人道主義的思想」。〔註 140〕與胡適強調翻譯文學名著的情結稍有不同，沈雁冰對翻譯的要求更強調引進思潮，提升精神。他說：「我覺得翻譯文學作品和創作一般地重要，而在尚未有成熟的『人的文學』之邦像現在的我國，翻譯尤為重要；否則，將以何者療救靈魂的貧乏，修補人性的缺陷呢？」〔註 141〕這種選擇性的翻譯，以周氏兄弟起始，文學研究會接續，緊貼著五四時期「人的文學」主題，引領著新文學潮流和形態的發展。

這一時期，周氏兄弟熱衷於翻譯和介紹俄國與被壓迫民族文學。對「被壓迫民族文學」的翻譯和介紹，是近現代以來在對外國文學和文化思潮的譯介中所特有的概念；與此相近的概念還有「被損害民族文學」、「弱小民族文學」等名稱。〔註 142〕五四新文化運動至 20 年代末期，是 20 世紀「被壓迫民族文學」在中國譯介的第一次高峰期，這種譯介實踐並對同時期的新文學創作發生特殊的影響。以《新青年》為例，1918 年之後，其譯介的重心明顯地從對歐洲現實主義和唯美主義文學的翻譯，轉向俄國、日本及弱小民族文學，特別是 1918 年所刊登的「易卜生號」，對中國文壇產生莫大的影響。1921 年，由沈雁冰主持改版後的《小說月報》則成為譯介弱小民族文學規模和影響最大的新文學期刊。得力於魯迅、周作人的支援及文學研究會同人的積極實踐，該刊發表大量弱小民族文學的譯作和介紹文章，同時還推出的一系列「專號」；1921 年，《小說月報》推出「被損害民族的文學專號」，專門介紹歐洲少數民族國家的文學作品。在這一期「專號」中，沈雁冰發表〈「被損害民族的

〔註 140〕周作人，〈點滴序〉，《苦雨齋序跋文》（石家莊：河北教育出版社，2002），頁 14～17。

〔註 141〕沈雁冰，〈一年來的感想與明年的計畫〉，原載《小說月報》，第 12 卷，第 12 號，1921 年 12 月 10 日；《茅盾全集》，第 18 卷，頁 151。

〔註 142〕王向遠，《翻譯文學導論》（北京：北京師範大學出版社，2004），頁 107～108。

文學專號」引言〉和〈被損害民族的文學背景的縮圖〉，他在前文中申述為何
要研究被損害民族的文學的理由：

> 凡在地球上的民族都一樣的是大地目前的兒子；沒有一個應該特別
> 的強橫些，沒有一個配自稱為「毫驕子」！所以一切民族的精神的
> 結晶都應該視同珍寶，視為人類全體共有的珍寶！而況在藝術的天
> 地裡，是沒有貴賤，不分尊卑的！凡被損害的民族的求正義、求公
> 道的呼聲是真正的正義的公道。在榨床裡榨過留下來的人性方是真
> 正可寶貴的人性，不帶強者色彩的人性。他們中被損害而向下的靈
> 魂感動我們，因為我們自己亦悲傷我們同是不合理的傳統思想與制
> 度的犧牲者；他們中被損害而仍舊向上的靈魂更感動我們，因為由
> 此我們更確信人性的沙礫裡有精金，更確信前途的黑暗背後就是光
> 明！〔註143〕

其後，《小說月報》又陸續推出兩期「泰戈爾號」（1923 年第 14 卷第 9、10 號）、
兩期「安徒生號」（1925 年第 16 卷第 8、9 號）。這種以專號方式集中介紹弱
小民族文學的譯介策略，在鄭振鐸接替沈雁冰主編《小說月報》後，依然得
到延續，如 1929 年的「現代世界文學號」，所不同的是，鄭振鐸以視野更廣
闊的「世界」為名，但其中仍保有大量對弱小民族文學的譯介。

　　除了《小說月報》外，文學研究會還通過《文學旬刊》（後改為《文學週
報》）以及《文學研究會叢書》等出版物形式積極展開對弱小民族文學的譯介
實踐。許多被損害的民族國家如東歐的波蘭、匈牙利和保加利亞；北歐的挪
威、丹麥和瑞典；西歐的西班牙、南歐的義大利和亞洲的印度等，都得到較
為詳細的介紹和評述。這些國家的代表性作家和作品，也透過翻譯旅行到中
國來；其中有關易卜生和泰戈爾（Rabindranath Tagore，1861～1941）的譯介
在當時引發新文化陣營的共同關注，不僅是在文學主題、體裁和表現手法等
方面成為中西文學深層交流的典型事件，同時還超出文學範疇，在思想文化
層面觸動新舊轉型時期的中國社會，進而推動新文化運動的開展和深入，對
文學和文化領域產生廣泛而深遠的影響。

　　這種企圖繞過現代歐美強國文學，而以被損害民族的文學為譯介對象的
「弱國模式」，傾注了譯者深切的同情和熱情，他們透過具體生動地展示弱小

〔註143〕沈雁冰，〈「被損害民族的文學專號」引言〉，《小說月報》，第 12 卷，第 10
　　　　號，1921 年 10 月 10 日。

民族的傷痕及淪爲弱國的根源來喚醒國人的自覺意識，其最終的目的仍在「再造中華文明」。〔註144〕

　　有別於這種「弱國模式」的譯介取向，以胡適、徐志摩、梁實秋等爲代表的一批翻譯家，同樣出於啓發國民性的動機從事文學翻譯，只是他們不以揭示弱小民族的慘烈實況爲手段，而是藉由探索強國立國之本及其現代化思想意識以喚醒國人。由於翻譯文學的成果對創建新文學有著示範與引導的功用，因此，其選材至關重要。對於以往名著翻譯的缺欠，胡適深表遺憾，在給曾孟樸（1872～1935）的信中，他嘆道：

> 中國人能讀西洋文學書，已近六十年了；然名著譯出的，至今還不滿二百種。其中絕大部分，不出於能直接讀西洋書之人，乃出於不通外文的林琴南，眞是絕可怪詫的事！近三十年來，能讀英國文學的人更多了，然英國名著至今無人敢譯，……這也是我們英美留學生後輩的一件大恥辱。〔註145〕

針對民初翻譯界出現的混亂習氣，胡適強調以西方爲本，大力推薦以西洋文學名著爲主的西化或強國的翻譯模式。他以爲「我們如果眞要研究文學的方法，不可不趕緊翻譯西洋的文學名著，做我們的模範。」〔註146〕

　　創造社對翻譯文學的選材取向顯然接近胡適一派，而與文學研究會存在著較大的差異。對於文學研究會僅注重引進被壓迫的弱小民族的文學，郭沫若強調翻譯家對文學作品有選擇之權，對讀者有指導之責。針對沈雁冰答覆《小說月報》讀者所言，現在翻譯《浮士德》、《神曲》是不經濟、不切要的事；郭沫若認爲文學的好壞，不能說它古不古，只能說它「醇不醇」，「眞不眞」。〔註147〕創造社的成員早年留學外國，深受西方文學中浪漫主義及唯美主義的影響，反映在其翻譯活動中，特別強調譯者的主觀動機及主體性。他們認爲翻譯文學應體現出個性解放的五四時代精神，在翻譯的選材上，則須注重文學史上永恆不可磨滅的巨著，不該只注意少數弱小民族的文學；譯者亦不應完全囿限於「爲人生」的現實功利目的，當選擇能夠與自己的個性產生神會的作品，在生命的衝動中創造性的傳達出原作的精髓。

〔註144〕王友貴，〈意識形態與20世紀中國翻譯文學史（1899～1979）〉，《中國翻譯》，第24卷，第5期，2003年9月，頁11～15。

〔註145〕胡適，〈論翻譯——與曾孟樸先生書〉，《胡適學術文集・新文學運動》，頁501。

〔註146〕胡適，〈建設的文學革命論〉，《胡適學術文集・新文學運動》，頁53。

〔註147〕郭沫若，〈論文學的研究與介紹〉，《時事新報・學燈》，1922年7月27日。

　　儘管郭沫若在《創造季刊》第 1 卷第 2 期〈編輯餘談〉中說創造社「沒有劃一的主義」，後來在其發展中也的確存在多種聲音，但總體上，其翻譯活動與創作實踐，大致流露出浪漫主義的傾向。他們同樣以專號的形式刊發「雪萊紀念號」，集中介紹西方浪漫主義文學和作家。在這本特集中刊登了一張雪萊的圖像以及郭沫若的〈雪萊詩〉、徐祖正（1894～1978）的〈英國浪漫派詩人〉等作品。〔註148〕而浪漫主義思潮大本營的德國文學亦是他們注目的焦點，五四時期，創造社成員耗費許多心力從事德國文學的譯介工作，並取得相當的成績。在郭沫若的翻譯文學中，屬於德國的作品有：《少年維特之煩惱》、《浮士德》、《茵夢湖》、《查拉圖司屈拉鈔》等，及其與成仿吾合譯的《德國詩選》，其中收錄德國詩人歌德、海涅、席勒等人的詩 15 首。

　　至於被新文學陣營視爲帶有鴛鴦蝴蝶派色彩的一批翻譯家，在商務印書館編譯所所長王雲五（1888～1979）支持下，於 1923 年 1 月 10 日創辦《小說世界》，發表言情、科學、世態、社會等題材的小說，及各種劇本、詩歌、傳記、寓言、童話等體裁的翻譯作品，其翻譯取向講究趣味，盡力迎合市民閱讀心理與欣賞的習慣，屬於通俗文學模式的翻譯實踐。

　　被周作人稱爲「新文化旁支」的學衡派〔註149〕，同樣義無反顧地投入這股文學翻譯的風潮。在學衡派所致力「融化新知」的引介西方文化和文學的實踐中，選擇哪些對象來翻譯，完全取決於白璧德人文主義的標準。爲匡正文學中的浪漫傾向，在白璧德的指引下，他們走進西方古聖先哲的精神世界與理論殿堂，大力鼓吹學習取法希臘羅馬文學的典範。學衡派所選擇的譯介對象，是以白璧德人文主義爲基準的西洋文化與文學，他們所偏重的範疇則是有關人生哲理與道德倫理層面，而不太關注文學文本的譯介。他們之所以偏好柏拉圖、亞里士多德主要是因爲白璧德認爲亞里士多德倫理學之旨趣，是人文生活的圭臬，柏拉圖與亞里士多德之思想最能契合人文主義之理想。〔註150〕因此，學衡派不重視亞里士多德的形上學、自然哲學乃至詩學，而獨取其倫理學；胡稷咸的表述最能彰顯出影響學衡派翻譯選擇取向的潛意識因素：

　　　　其（希臘——引者註）文明之性質與中國之文明，頗相髣髴。哲學
　　　　家如蘇格拉底、柏拉圖研究之主要問題，厥爲人類道德之增進，與

〔註148〕《創造季刊》，第 1 卷，第 4 期，1923 年 9 月。
〔註149〕周作人，〈惡趣味的毒害〉，《晨報副刊》，1922 年 10 月 19 日。
〔註150〕吳宓譯，〈白璧德之人文主義〉，《學衡》，第 19 期，1923 年 7 月。

我國孔孟討論者同。……亞里士多德之倫理學中，亦以道德爲人類

之最高目的。而其所謂中道，又與孔子中庸之教相吻合，……與孔

孟同主張人本主義。〔註151〕

在啓蒙與改革思潮成爲五四思想的主導趨勢下，新文學陣營的翻譯模式或向
「被損害民族的弱國模式」、或向「強國路線西化模式」靠攏的同時，非主流
的學衡派堅持選擇只翻譯西方古典名家名著，這種被學者稱之爲「名士模
式」，〔註152〕帶有貴族色彩的且有意爲之的翻譯選擇背後，除譯者的文學趣味
和知識結構等因素外，尚且隱藏著意識形態的操控。

　　源自白璧德的文藝思想，對學衡派翻譯選材有著極重要的影響，它是指
導學衡派翻譯活動的最大內因。學衡派積極譯介他們眼中所認爲眞正的西洋
經典，以此對抗胡適所宣揚的實用主義和沈雁冰等人的自然主義。首先，白
璧德人文主義學說得到較多的關注，在討論西方文化的 69 篇論文中，與該學
說相關的達 21 篇，占全部的三分之一。其次，學衡派傾注大量精力在古希臘
羅馬典籍的譯介，較顯著的業績是，景昌極與郭斌龢合力譯出《柏拉圖五大
語錄》，向達與夏宗璞合譯亞里士多德的《倫理學》，首開翻譯史上之先河。
再者，爲摒棄新文學倡導者摭拾近現代西方一時一類一派一家之說，學衡派
還譯介了文藝復興以迄近代工業革命以來，堅守古希臘羅馬精神傳統的學者
著作，爲求展示西洋文學的全貌及指引青年讀者閱讀的門徑，吳宓還撰寫了
〈西洋文學精要書目〉和〈西洋文學入門必讀書目〉兩個書目，以供入門初
學者之用。學衡派如此的翻譯選擇除展示何爲「正宗」的西方文學經典，同
時也試圖「削弱對手對西方知識的壟斷」。〔註153〕

　　在批判進化論的樂觀進步思想的前提下，學衡派率先向國人譯介由斯賓
格勒（Oswald Spengler，1880～1936）首創的「文化形態史觀」，又稱「歷史
形態學」（Morphology of History）。它實際上是把文化或文明作爲一種具有高
度自律性的，有生、長、盛、衰等發展階段的有機體，並試圖通過比較各個
文化的興衰過程，揭示其不同的特點，藉以分析、解釋人類歷史的發展進程；
同時它也是《西方的沒落》的一書的基調。在《西方的沒落》中，斯賓格勒
給人們顯示一種等值性、共時性與多樣性的世界文化發展的圖景，在對世界

〔註151〕胡穉咸，〈敬告我國學術界〉，《學衡》，第 23 期，1923 年 11 月。

〔註152〕王友貴，〈意識型態與 20 世紀中國翻譯文學史〉，頁 13。

〔註153〕劉禾著，宋偉傑等譯，《跨語際實踐——文學，民族文化與被譯介的現代性（中
　　　　國，1900～1937）》，頁 357。

各個特具個性的文化的相互比較中，尋求文化發展的規律。這一主張有利於學衡派用以解釋傳統文化的價值所在，因此，它很快在中國找到最初的知音。最早把斯賓格勒的學說介紹給國人的是李思純，1923 年 10 月，他在《學衡》發表〈論文化〉介紹斯賓格勒的思想：

> 論文化之盛極必衰，衰極必亡，而持論最有力者，有德國現代哲學
> 家斯賓格勒氏 Spengler。斯氏有感於歐洲文化之趨於死亡，常冥思
> 默想而成一書曰《西土沉淪論》Der Undergang des Abendlandes（引
> 者註：即《西方的沒落》）。其書體大思精，證例繁富，歷引希臘羅
> 馬及東方古國先代文明其發生滋長及衰敗死亡之纍例，更輔以歷史
> 學、社會學、生物學之觀察，最後斷定歐洲文化之現已趨於死亡。
> 斯氏之著筆為此書在歐戰前，脫稿於歐戰中，而刊行於歐戰後。一
> 時風行之盛，勢力之偉，其在戰後之德國，蓋與安斯坦氏 Einstein
> 所為相對論並稱。斯氏本德國南方彌純 Munchen（慕尼克）城中一
> 中年教授，名不出鄉里，自為此書不一年而譽滿全國。其書所論之
> 文化生、住、異、滅，信為確義。就其說以考古今文化之嬗蛻興亡，
> 而知理有固然，非危言聳聽，讕言駭俗也。〔註 154〕

1928 年，張蔭麟譯美國學者葛達德與吉朋斯的〈斯賓格勒的文化論〉發表在《學衡》上，為此，吳宓還寫了近 3000 字的「編者識」，對斯賓格勒的文化形態史觀作較詳細的評述，並藉以呼籲國內學界：「望吾國宏識博學之士，採用斯氏之方法，以研究吾國之歷史及文化，明其變遷之大勢，著其特異之性質，更與其他各國文明比較，而確定其真正地位及價值。」〔註 155〕可惜的是，學衡派所致力傳播的西方文化形態史觀在當時國內學界並未產生重大的反響，一直要到後來的戰國策派學人手中，它才真正發生重大的影響。

隨著翻譯實踐的深入與理論的開展，不同文學陣營的翻譯者在選材與翻譯成果的發表諸方面，既有競爭一面，也有相互支持的部分。如為紀念拜倫百年忌日，《小說月報》早在第 14 卷 12 號（1923 年 12 月）的即預發將於翌年 4 月推出「拜倫的百年紀念號」的消息，並說其他文藝雜誌也會有文章紀念他。上海的《小說月報》如期推出「詩人拜倫的百年祭」專號；

〔註 154〕李思純，〈論文化〉，《學衡》，第 22 期，1923 年 10 月。
〔註 155〕吳宓，〈斯賓格勒的文化論〉編者識，《學衡》，第 61 期，1928 年 1 月。

〔註156〕北京的《文學旬刊》也在王統照（1897～1957）主持下，分成上、下兩期刊出紀念專號，〔註157〕形成南北遙相呼應之勢。新文學陣營中的另一文學社團創造社，卻未如人們所期待出現在這位與雪萊同屬英國浪漫主義陣營的拜倫百年紀念活動中，據郭沫若後來的解釋：「創造社當時是打算紀念拜倫的，已經收集了好些文章，預定在《創造》季刊上出一個專號。但我一離開了上海，仿吾不久也去了廣州，因此那個紀念專號也就流產了。」〔註158〕事實上，創造社拜倫紀念號的夭折，恐或與郭沫若等人對拜倫的興味不高有關。因為在同篇文章中他續道：「這位英雄詩人對於我的吸引力卻沒有他的友人雪萊來得那麼強烈，關於他的紀念文章終竟沒有做出。」〔註159〕「拜倫百年紀念」事件證說明了譯者主觀動機與主體性在翻譯選材上的積極作用。

　　1928 年以後，由吳宓獨力支撐的《學衡》從《大公報・文學副刊》轉載大量的論文及譯作，原本在《學衡》前期被稱為西洋文學「糟粕」、「毒酖」的易卜生、托爾斯泰等人，在《文學副刊》（《學衡》後期）中的形象與地位顯然有所改變；如在〈易卜生誕生百年紀念〉中，譯者說道：「十餘年前胡適君始譯『傀儡家庭』登載新青年雜誌以來，國中介紹翻譯易卜生著作者，後先相望，極多且盛。」在長篇論述易卜生戲劇的藝術特色和優劣之後，譯者以定論的筆調說：「易卜生為一代戲劇大家，世界文學史上赫然終存其名。固無待吾人之抑揚褒貶以為輕重。」〔註160〕有別於《學衡》前期對易卜生的激烈性的憤慨批評，《文學副刊》對易卜生的評價已趨平和婉轉。這是因為同人刊物的《學衡》與大眾媒介的《文學副刊》基於傳播對象的不同，譯者的詩學觀，諸如譯介方式、風格和內容也隨之轉變；再加上文學論爭相互抗衡的階段已過，不同文學主張的團體盡可能地擺脫各自的意識形態觀念，公允地評價各種文學流派的結果。

二、翻譯的策略——直譯、意譯、神韻譯、風韻譯

　　20 世紀初，中國的翻譯實踐是在一種引進「西學」的歷史迫切性中發展

〔註156〕《小說月報》，第 15 卷，第 4 號，1924 年 4 月 10 日。
〔註157〕《文學旬刊》，1924 年 4 月 21 日、4 月 28 日。
〔註158〕黃淳浩編，《郭沫若自敘》，（北京：團結出版社，1996），頁 161。
〔註159〕同註 158，頁 162。
〔註160〕〈易卜生誕生百年紀念〉，《大公報・文學副刊》，1928 年 3 月 26 日。

開來的，其中「直譯歐文句法」成爲徹底改造中文及其思考方式的模式。著名的「信、達、雅」三字理論，雖在三國時期支謙的〈法句經序〉中已出現，但明確將它們做爲譯事三原則，則始自嚴復。他在〈天演論譯例言〉中說：

> 譯文取明深義，故詞句之間，時有所顛到附益，不斤斤於字比句次，而意義則不倍本文。題曰達恉，不云筆譯。……西文句法，少者二三字，多者數十百言，假令仿此爲譯，則恐必不可通。而刪削取徑，又恐意義有漏。此在譯者將全文神理，融會於心，則下筆抒詞，自善互備。〔註161〕

在此，嚴復明確指出中文和歐文在句法結構上的差異，是以「直譯歐文句法」，將會引發出許多爭議來。他的作法是先融會貫通理解原文文本，拆解原來的歐式句法，再改寫成漢文慣用的短句。大部分新文化運動倡導者對嚴譯的批評並不在其思想內容，相反地，他們對嚴譯著作頗多推許之詞。他們的批評主要集中在翻譯的策略，亦即他們反對嚴復「題曰達恉，不云筆譯」的作法，至其桐城派古文的筆法，則更不待言。〔註162〕

　　隨著譯者在閱讀與翻譯外國文學過程中仔細品味原作的語言韻味，摸索文學的表達方式，新文學語體的白話，不僅表現在創作之中，且表現在翻譯之內，甚或首先在譯作中成熟。在新文化陣營對作爲舊文學翻譯標準的「信、達、雅」的批判，尤其是對「雅」的爭論，貫穿文學的內部和外部系統的同時，學衡派也對嚴復的翻譯策略展開文化工具性的辯護。屬於這場文化論爭中一小部分的翻譯論爭，被他們改造成捍衛文化傳統的工具，並成爲他們與新文化倡導者交鋒的場地之一。

　　由於彼此的立足點不同，論爭雙方對嚴復的翻譯作了有利維護各自文化立場的選擇和相應的批評或辯護。對於胡適在〈五十年中國之文學〉中批評桐城古文空疏衰弱和語體文成功的論斷，胡先驌則高度評價嚴復的翻譯，他說：

> 嚴氏譯文之佳處，在其憚思竭慮，一絲不苟，「一名之立，旬月踟躕」，故其譯筆，雅信達三善俱備。吾嘗取《群己權界論》、《社會通詮》

〔註161〕嚴復，〈天演論譯例言〉，收入劉靖之主編，《翻譯論集》（台北：書林出版有限公司，1993），頁1。

〔註162〕如傅斯年在〈怎樣做白話文〉中認爲就翻譯的文辭言，嚴譯僅在「最下流的」林琴南之上，但就翻譯的書籍思想來說，「最好的便是幾部從日本轉販進來的科學書，其次便是嚴譯的幾種。」（《新潮》，第1卷，第2號，1919年2月1日）

> 與原文對觀，見其義無不達，句無剩義，其用心之苦，惟昔日六朝
> 與唐譯經諸大師爲能及之。以不刊之文，譯不刊之書，不但其一人
> 獨自擅場，要爲從事翻譯事業者永久之模範也。〔註163〕

在《學衡》眾多作者中，胡先驌的文學傳統觀最爲堅定。早在《學衡》創刊之前他就公開反對新文學運動，尤其不滿將文字革命等同於文學革命的做法，他認爲白話不能完全取代文言，新文學的創造須以舊文學爲根基。同是爲中國的新文化、新文學描繪建設藍圖，學衡派更傾向於建立一種「國故新知」、「中西融會」的新文明。由此，不難看出，胡先驌說嚴譯做到「信達雅三善俱備」的終極目的是爲了論述古文的形式不足以成爲文學革命的理由和目標，因爲他們相信只要有新的思想內容或交流，古文同樣能成爲良好的工具，具有不朽的價值。

五四時期，有關「信」與「達」的翻譯矛盾引發了一場「直譯」與「意譯」的論戰。深受梁啓超啓發的魯迅、周作人兄弟，認爲翻譯能夠改良思想，補助文明，因此，他們十分看重翻譯文學在「轉移性情，改造社會」〔註164〕方面的作用。針對當時國內盛行的以林紓爲代表，刪改原作的翻譯文風，魯迅提出「寧信不順」的翻譯主張。作爲一種有意識的直譯觀，以人名地名的翻譯爲例，魯迅以爲：「人地名悉如原音，不加省節者，緣音譯本以代殊域之言，留其同響；任情刪易，即爲不誠。」〔註165〕這種「寧信不順」的直譯主張，雖然在當時起著糾正時弊的意義，但也產生不少副作用，導致五四後期一定程度的生硬翻譯風氣。

1918 年 2 月，周作人於《新青年》發表第一篇白話譯文〈古詩今譯〉，用口語翻譯古希臘諦阿克列多思（Theokritos）的〈牧歌〉，他在譯本的「題辭」（Apologia）中說道：

> 什法師說，譯書如嚼飯哺人，原是不錯。真要譯得好，只有不譯。
> 若譯它時，總有兩件缺點，但我說，這卻正是翻譯的要素。一，不
> 及原本，因爲已經譯成中國語。如果還同原文一樣好，除非請阿克
> 列多思（Theokritos）學了中國文自己來作。二，不像漢文──有聲
> 調好讀的文章──，因爲原文是外國著作。如果用漢文的一般樣式，

〔註163〕胡先驌，〈評胡適《五十年中國之文學》〉，《學衡》，第 18 期，1923 年 6 月。
〔註164〕魯迅，〈《域外小說集》序〉，《魯迅全集》，第 10 卷，頁 161。
〔註165〕魯迅，〈域外小說集・略例〉，《魯迅全集》，第 10 卷，頁 157。

那就是我隨意亂改的糊塗文，算不了眞翻譯。〔註166〕

與魯迅主張按板規逐句，甚至逐字翻譯的「硬譯」不同，周作人的翻譯路徑顯得較爲靈活，其「眞翻譯」之說亦較和緩，因此，後來不像魯迅遭到激烈的攻擊。雖則他在答覆《新青年》讀者張壽朋信中，也將直譯方法說成是最正當的方法：「我以爲此後譯本，……當竭力保存原作的『風氣習慣，語言條理』；最好是逐字譯，不得已也應該逐句譯，寧可『中不像中，西不像西』，不必改頭換面。」〔註167〕然卻不似魯迅特別強調「信」，兼顧「達」，完全不遷就「雅」的翻譯路徑；他所主張的是並行「逐句」譯的「眞翻譯」。

針對張壽朋指摘他的〈古詩今譯〉譯得中不像中，西不像西，既是譯本，應該將它融化重新鑄造一番的意見。〔註168〕周作人認爲所謂「眞翻譯」，是「竭力保存原作的『風氣習慣，語言條理』；最好是逐字譯，不得已也應該逐句譯」，倘若譯者將原作，「融化重新鑄造一番」，那就不是「眞翻譯」了。

五四時期，周氏兄弟的「直譯」觀受到多數文學翻譯者的支持和擁護。胡適在〈五十年來中國之文學〉中即肯定了周作人介紹歐洲新文學的成績：「他用的是直譯的方法，嚴格的盡量保全原文的文法與口氣。這種譯法，近年來很少有人仿效，是國語的歐化的一個起點。」〔註169〕歐化的白話文其實就是在翻譯中儘量保持原語特點的異化的翻譯，接近直譯的翻譯。不過，胡適也認爲意譯的作品讀起來更爲流暢，在與曾孟樸討論翻譯文題的時候，他指出：「我覺得《呂伯蘭》前半部的譯文最可讀。這大概是因爲十年前直譯的風氣未開，故先生譯此書尙多義譯，遂較後來所譯更爲流利。近年直譯之風稍開，我們多少總受一點影響，故不知不覺地都走上謹嚴的路上來了。」〔註170〕關於直譯與意譯的看法，胡適採取的是折衷路線。1914 年，他在美國翻譯拜倫的〈哀希臘歌〉，詩前有序闡述對翻譯原則的看法：

此詩之入漢文，始於梁任公之《新中國未來記》小說。惟任公僅譯一三兩章。其後馬君武譯其全文，刊於《新文學》中。後蘇曼珠復

〔註166〕周作人，〈古詩今譯〉，《新青年》，第 4 卷，第 2 號，1918 年 2 月 15 日。
〔註167〕周作人，〈文學改良與孔教・覆張壽朋〉，《新青年》，第 5 卷，第 6 號，1918 年 12 月 15 日。
〔註168〕張壽朋，〈通信〉，《新青年》，第 5 卷，第 6 號，1918 年 12 月 15 日。
〔註169〕胡適，〈五十年來中國之文學〉，《胡適學術文集・新文學運動》，頁 153。
〔註170〕胡適，〈論翻譯——與曾孟樸先生書〉，《胡適學術文集・新文學運動》，頁 501～502。

以五言古詩譯之。民國二年，吾友張耘來美洲留學，攜有馬、蘇兩家譯本，余因得盡讀之。頗嫌君武失之訛，而曼殊失之晦。訛則失眞，晦則不達，均非善譯者也。〔註171〕

胡適所說的「訛則失眞」與「晦則不達」，是翻譯過程中常見的基本矛盾。解決的方法在於翻譯過程中須保持「眞」與「達」的適當比例與平衡統一。直言之，胡適的「善譯」，是一種在內容上要求忠實於原文，在形式上追求譯文的明白暢曉，亦即譯文與原文在內容和形式上須相契合一致。正如他在〈《短篇小說集第二集》譯者自序〉中所說：

決沒有叫人讀不懂看不下去的文學書而能收教訓與宣傳功效的。所以文學作品的翻譯更應該努力做到明白曉暢的基本條件。這六篇小說的翻譯，已稍稍受了時代的影響，比第一集的小說謹嚴多了，有些地方竟是嚴格的直譯。但我自信，雖然我努力保存原文的眞面目，這幾篇小說還可算是明白曉暢的中國文字。〔註172〕

在此，胡適指出「明白曉暢」的翻譯基本原則。這種求眞求達並保持原作風格的「善譯」之說，正是「信」與「達」的統一，由此可見，胡適的翻譯思想仍從屬於傳統譯論的範疇之內。

較早加入「直譯」和「意譯」討論的還有鄭振鐸，他對兩者的關係提出辯證的看法：「譯書自認爲能存眞爲第一要義。然若字字比而譯之，於中文爲不可解，則亦不好。而過於意譯，隨意解釋原文，則略有誤會，大錯隨之，更爲不對。最好一面極力求不失原意，一面要譯文流暢。」〔註173〕重視翻譯的品質的鄭振鐸在〈譯文學書的三個問題〉中，首次向國內介紹並評述英國翻譯學家泰特勒（A. F. Tyler, 1747～1814）的《論翻譯的原則》（*Essay on Principles of Translation*）一書提出的三原則：一、譯文須能完全傳達原文的意思。二、譯作的風格和態度須與原作的性質一樣。三、譯文須包含原文所有的流利。他認爲第一條原則是翻譯的第一要義，但反對「死的，絕對的直譯」；至於第二條原則，應該在「忠實」（信）的前提下，將原文的風格與態度重新表現在譯文裡；對於第三條原則，鄭振鐸以爲「良好的譯者應貴得於中道，

〔註171〕胡適，〈哀希臘歌〉，《嘗試集》附錄《去國集》（合肥：安徽教育出版社，1999），頁120。
〔註172〕胡適，〈《短篇小說集第二集》譯者自序〉，《胡適學術文集·新文學運動》，頁521。
〔註173〕鄭振鐸，〈我對於編譯叢書底幾個意見〉，《晨報》，1920年7月6日。

忠實而不失於流利，流利而不流於放縱。」〔註174〕對照於嚴復的「信、雅、達」三字理論，他強調「直譯」之文只要不是「不通」的中文，仍然是「達」的；倘若是割裂原文以牽就譯文的流行，則雖「雅」卻不足道矣。所以，譯文以「信」爲第一要義，但須努力使其不至於看不懂。〔註175〕亦即在忠實與流利二者不可兼得時，寧取忠實而捨流利。

　　針對當時文壇有人指責魯迅等人的譯文過於生硬，有「死譯」之嫌，沈雁冰則努力區別「直譯」與「死譯」的不同予以有力的駁斥，他說：「近來頗有人詬病『直譯』；他們不是說『看不懂』，就是說『看起來很吃力』。我們以爲直譯的東西看起來較爲吃力，或者有之，卻決不會看不懂。看不懂的譯文是『死譯』的文字，不是直譯的。」〔註176〕他認爲凡令人看不懂的譯文才是「死譯」，至於所謂「直譯」則有深和淺兩個層次。就淺層而言是不妄改，讀得通；從深層來說則是保留原作的神韻。〔註177〕在認同魯迅等人的「直譯」理論的基礎上，沈雁冰進一步地指出保持原作「神韻」的重要性。

　　他結合中國古代文論中的「神韻」說與當時譯界爭論不休的「直譯」與「意譯」，提出具有中國特色的文學翻譯批評主張——「神韻」與「形貌」相結合的翻譯批評理論。他說：

> 直譯的時候常常因爲中西文字不同的緣故，發生最大的困難，就是原作的「形貌」與「神韻」不能同時保留。有時譯者多加注意於原作的神韻，便往往不能和原作有一模一樣的形貌；多注意了形貌的相似，便又往往減少原作的神韻。……但是從理論方面看來，「形貌」與「神韻」卻又是相反而相成的；構成「形貌」的要素是「單字」、「句調」兩大端，這兩者同時也造成了該篇的「神韻」。在「神韻」與「形貌」未能兩全的時候，……就我的私見下個判斷，覺得與其失「神韻」而留形貌，還不如「形貌」上有些差異而保留了「神韻」。〔註178〕

〔註174〕鄭振鐸，〈譯文學書的三個問題〉，《小說月報》，第 12 卷，第 3 號，1921 年 3 月 10 日。

〔註175〕鄭振鐸，《世界文庫・編例》（上海：生活書店，1935）。

〔註176〕沈雁冰，〈「直譯」與「死譯」〉，《小說月報》，第 13 卷，第 8 期，1922 年 8 月 10 日。

〔註177〕同註 176。

〔註178〕沈雁冰，〈譯文學書方法的討論〉，《小說月報》，第 12 卷，第 4 期，1921 年 4 月 10 日。

沈雁冰的翻譯「神韻」觀，不僅有別於嚴復的翻譯批評模式，也與同時代的周氏兄弟和鄭振鐸等人的文學翻譯批評不同。他以「神韻」、「形貌」、「單字」和「句調」等關鍵詞突破晚清以來文學翻譯批評的樊籬，強調文學的功用在感人，而感人的力量寄於「神韻」者多而寄於「形貌」者少；因此，「譯本如不能保留原本的『神韻』，難免要失了許多感人的力量。」〔註179〕他的「神韻」觀補充並完善當時占主流地位的「直譯」、「硬譯」的文學翻譯批評缺失，爲文學翻譯批評注入新的思維。

　　直譯是爲了保持原著的外國味，意譯則是爲了維持譯入語國的文化特點。五四時期，在文學翻譯理論一面倒向「直譯」一邊時，創造社的郭沫若則提出「風韻譯」的說法。他認爲翻譯的過程是思想與意識再創造的過程，強調「以詩譯詩」，反對移植和逐句直譯的方式。1920年，郭沫若在〈歌德詩中所表現的思想·附白〉中闡發其文學翻譯標準觀，他說：「詩的生命，全在他那種不可把捉之風韻，所以我想譯詩的手腕於直譯意譯之外，當得有種『風韻譯』。」〔註180〕然則，何謂「風韻譯」？他進一步闡發道：

　　　我們相信譯詩的手腕決不是在替別人翻字典，決不是如象電報局生在替別人翻電文。詩的生命在它內容的一種音樂的精神。至於俗歌民謠，尤以聲律爲重。翻譯散文詩、自由詩時自當別論，翻譯歌謠及格律嚴峻之作，也只是隨隨便便地直譯一番，這不是藝術家的譯品，這只是言語學家的翻譯了。我始終相信，譯詩於直譯、意譯之外，還有一種風韻譯。字面，意義，風韻，三者均能兼顧，自是上乘。即使字義有失而風韻能傳，尚不失爲佳品。若是純粹的直譯死譯，那只好屏諸藝壇之外了。〔註181〕

風韻譯不但是詩歌翻譯的原則，甚至可以作爲整個文學翻譯的翻譯準則。郭沫若強調任何文學作品的翻譯都必須不失原作「風韻」。

　　1923年，他〈討論注譯運動及其他〉中，更加明確地指出：

　　　我們相信理想的翻譯對於原文的字句，對於原文的意義，自然不許

〔註179〕沈雁冰，〈譯文學書方法的討論〉，《小說月報》，第12卷，第4期，1921年4月10日。

〔註180〕1920年春，田漢翻譯〈歌德詩中所表現的思想〉時，商請郭沫若代譯文中所引錄的歌德詩。郭沫若爲此文寫的〈附白〉刊載於3月15日的《少年中國》，第1卷，第9期。

〔註181〕郭沫若，〈批判《意門湖》譯本及其他〉，原刊《創造季刊》，第1卷，第2期，1922年8月。

走轉，而對於原文的氣韻尤其不許走轉。原文中的字句應該應有盡
有，然不必逐字逐句的呆譯，或先或後，或綜或析，在不損及意義
的範圍之內，爲氣韻起見可以自由移易。〔註182〕

有別於沈雁冰在傾向直譯立場上提出的「神韻」觀，郭沫若的「風韻譯」原
則，是針對詩歌翻譯而言，強調譯者在對原文詩歌從外在形式、韻律到內在
意境、風格有清楚認識的基礎上，所採取的一種在翻譯中尋求審美再現的手
段。

　　西洋文學專業出身的吳宓同樣不滿意當時國內的翻譯狀況，他以爲「今
日中國翻譯之業方盛，而草率猥陋者居多。」原因正出於新文學陣營認爲中
國文字繁難，無法用來表現西來的思想感情，因而主張廢棄或變革。於是，「譯
西書者，不問其爲詩爲文爲小說戲曲，又不辨其文筆（Style）之爲淺爲深爲
俗爲雅爲雄健爲柔和，而均以一種現代（並歐化）之語體譯之。其合於原文
之體裁否，不問也；其能完全表達原文之精神風韻否，不問也。」〔註183〕與
郭沫若的觀點相似，吳宓認爲「翻譯乃一種精妙之藝術」，〔註184〕就像文學創
作一樣，須字斟句酌，反復推敲、修改，以達文章內容之美與外形之美合而
爲一。

　　吳宓沒有長篇巨製、系統性的翻譯理論，有關其翻譯的思想主張散見於
論文、上課講義〔註185〕及編輯按語中。他依循嚴復的譯事標準，強調翻譯有
三要：「一者，深明原文之意。二者，以此國之文達之而不失其原意，且使讀
之者能明吾意。三者，翻譯之文章須自有精彩。」雖則，他認爲翻譯沒有定
法，「或逐字逐句譯之，或通篇譯其大意，要視爲之者如何耳。」然他接受英
國批評家杜來登（John Dryden, 1631～1700 通譯德萊頓）將翻譯分成三類的說
法：直譯（Metaphrase）、意譯（Paraphrase）和擬作（Imitation），並認爲「三
者之中，直譯窒礙難行，擬作並非翻譯，過與不及，實兩失之。惟意譯最合
中道，而可以爲法。」〔註186〕吳宓最推崇「意譯」之說，他指出：

〔註182〕郭沫若，〈討論註譯運動及其他〉，《郭沫若論創作》（上海：上海文藝出版社，
　　　　1983），頁 644。
〔註183〕吳宓，〈德國浪漫哲學家兼文學家弗列得力希·希雷格爾逝世百年紀念〉，《大
　　　　公報·文學副刊》，第 67 期，1929 年 4 月 22 日。
〔註184〕同註 183。
〔註185〕留學回國後，他在大學裡開設「翻譯術」，這是我國西洋文學教育史上第一個
　　　　系統講述翻譯理論和實踐的課程。
〔註186〕吳宓，〈論今日文學創造之正法〉，《學衡》，第 15 期，1923 年 3 月。

意譯之法，簡括言之，詞藻儘可變化，而原意必不許失，執兩用中，

求其適當而已。翻譯固非創造，然翻譯之佳者，其文章自有精采，

亦即可謂爲創造。〔註187〕

吳宓嚴格遵守其翻譯理論來進行翻譯實踐。如翻譯英國小說家沙克雷的《名
利場》時，他仔細閱讀原文，廣泛蒐羅與作者和時代背景相關的資料，務必
求其譯作曲折精到，其中光是書名就讓他斟酌再三。他在〈譯序〉說：「譯書
難，譯書名更難。此書名 Vanity Fair 直譯應爲虛榮市，但究嫌不典，且名利場
三字爲吾國日常用詞，而虛榮實即名利之義，故徑定名曰《名利場》。」〔註
188〕最能體現吳宓翻譯水準的作品，是收錄在《吳宓詩集》中的 31 首譯詩，
這些譯詩，題材廣泛，風格多樣，特別的是他運用古體、近體，甚至騷體來
翻譯西洋詩歌，收到當時一般新詩難以企及的效果。

　　學衡派不僅主張用文言著述，更堅持用文言來翻譯西來之思想與文學。
對於當時翻譯界多以「惡劣之白話及英文標點」，僅「就英籍原文，一字一字
度爲中文」，〔註189〕甚至誤解原意，未嘗下苦功以求融化貫通的翻譯方式，吳
宓頗不以爲然。他特別強調所謂翻譯，就是「勉強以此國之文字，達彼國作
者之思想，而求其吻合無失。」申明今日欲改良翻譯，培養學識之餘，還須
去除新興的壞習慣。至若語言文體，他以爲「文必譯爲文，詩必譯爲詩，小
說戲曲等類推，求吾國文中與原文相當之文體而用之。又譯文或用文言，或
用白話，或文理有淺深，詞句有精粗，凡此均視原文之雅俗淺深而定，譯文
必與相當而力摹之，並非任意自擇。」〔註190〕對於當時新文學陣營有許多人
以拙劣的白話直譯西洋的詩文小說戲曲，吳宓再次強調，「除戲劇小說等其相
當之文體爲白話外，均須改用文言。至欲求譯文之有精采，須先覓本國文章
之與原文意趣格律相似者」，〔註191〕如此才能達到既不失原意而又有精采的地
步。他反對無視於語言差異的硬譯，尤其對譯詩的要求特別嚴苛，他認爲譯
詩者「不特須精通兩國文字，多識成語，且須具詩人之才與性，則爲之方有

〔註187〕吳宓，〈論今日文學創造之正法〉，《學衡》，第 15 期，1923 年 3 月。

〔註188〕吳宓譯，《名利場·譯序》，《學衡》，第 55 期，1926 年 7 月。

〔註189〕同註187。

〔註190〕吳宓，〈夢中兒女·編者按語〉，《學衡》，第 9 期，1922 年 9 月。

〔註191〕以上引文見吳宓，〈論今日文學創造之正法〉，《學衡》，第 15 期，1923 年 3
　　　　月。

可觀耳。」〔註192〕這一主張與同時期的詩人郭沫若強調「以詩譯詩」的論點頗為一致。

五四前後，各種文學社團通過興辦期刊張揚自己一派的主張，共同匯入建設新中國的進程。無論是新文化主流派抑或文化保守陣營，無不透過這些期刊大量譯介西方的文化與文學，對社會文化思想趨向及新文學的生發產生相當大的影響。翻譯文學正是在新文化啓蒙運動背景下推向高潮的，這一背景決定了物件的選擇、時間的先後等翻譯策略，同時也左右了翻譯文學的效應。

譯者的意圖在學衡派的翻譯活動中發揮著主導性的作用。對學衡派來說，文言聯繫著中國傳統文化，只有文言不破滅，才能保障現代與傳統的連續性。吳宓從民族自尊的情感層面自述：「所賴以爲民族復興之資、國眾團結之本、文化奮進之源者，惟我中國固有之文字。所賴以爲宓個人之鼓舞、策勵、支持、慰藉著，惟有我一生愛讀愛作之舊體文言詩。」〔註193〕在白璧德人文主義的指導下，他們試圖擺脫五四時期激情的浪漫主義與寫實主義文學思潮的支配，以唐吉訶德式的精神對中國文學進行古典主義原則的守護；同時，在對西方文化和文學進行翻譯和重寫的具體實踐過程中，表明翻譯是摹仿，並爲中國古典文學注入新材料，致力保存舊體詩文的最後一畦園地。只是堅持用文言來傳達西方思想，最終使學衡派的西方新知變了形，自根本上「歸化」了他們的現代思想，從而使他們陷入思想情感與理想現實的矛盾衝突之中。

小結

「科學」在五四時期一方面是自然科學的系統知識、理論學說和定律法則，同時也涉及近現代文明中的科學技術；另一方面它還指稱帶有普遍性意義的科學方法、價值理想和文化精神。以實用科學理性的世界觀與人生觀爲堅定信念的五四新文學，造就了新文學前所未有的思想震撼性，然同時也造成中國現代文學獨立藝術品格的喪失。在科學主義思潮下，強勢的科學精神話語，決定了寫實主義、自然主義在現代中國的獨尊地位，依歷史進化的文學觀點，與之抗衡的古典主義文學思潮只能是違逆歷史潮流的。

〔註192〕吳宓，〈餘生隨筆·九〉，《雨僧詩文集》，頁315。
〔註193〕吳宓，〈空軒詩話·四十九〉，《雨僧詩文集》，頁488。

　　在現代性語境中，人們以樂觀肯定的態度對待工業革命及其所帶來的物質豐裕、社會進步的歷史現代性，卻忽略現代化進程中物欲私利的膨脹、工具理性的隘化、道德倫理的淪喪等關乎人類生存的重大問題。站在古典主義立場，學衡派批判科學主義，強調對傳統的繼承，注重文學恒定的道德和精神價值；這種堅持人文精神的立場，一定程度地削減歷史現代性的負面因素，也爲正在發展中的現代中國文學提供另一種參照視野。同時，無論新文化陣營抑或學衡派，對於走向現代性進而走向世界過程中的 20 世紀中國文學，無不把握與世界先進文化及文學進行直接交流和對話的機會；通過學衡派翻譯家的仲介和作家的創造性轉化，外國文化與文學被「歸化」爲中國文化的一部，在與中國古典文學的精華的結合過程中，產生了一種既帶有西方影響同時更帶有本土特色的新的文學語言。

　　此外，透過論爭對話的方式，學衡派古典主義的文學觀也交叉、互滲，到新文學陣營其他群體中，維繫了中國現代文學發展中的均衡。從學衡派所輻射出去的文學上的古典主義傾向，到梁實秋手中強調古典的紀律，反對浪漫的放縱，而他的這些思想又通過和徐志摩、聞一多等人的密切交往傳遞給新月詩派，並引發了他們的新格律詩理論及運動。1924 年，《詩鐫》創刊後，新月詩派詩格明顯由浪漫向古典的轉移。作爲一種文學思潮，學衡派的古典主義文學觀經由梁實秋等新月派作家的認同與輻射，使得 30 年代的現代中國文學眾聲喧嘩、多元並存，呈現出活躍繁榮的局面。

結論：對學衡派的各種闡釋與評價

　　由前面幾章的論述，可得到一個事實，即學衡派與新文化新文學陣營的論爭已不能簡單地用現代與守舊、激進與保守來概括，而應視為是以學術之名在社會文化範圍內所展開的一次話語權勢的爭奪。這種學術與政治文化的纏繞反映出現代中國在現實政治的壓迫下學術根基的脆弱。隨著科舉制度的廢除，近現代文士喪失晉身廟堂的合法門徑，不得已而淪落江湖，這群處在官方與民間夾縫之中的智識分子借助於日趨發達的現代傳媒和文化產業，以建立社團流派、創辦雜誌這種開創「公共空間」的方式，投身於社會文化的肇建中。

　　以往的研究過多地關注學衡派和新文化陣營的對抗與論爭，不僅忽視彼此間在思想文化上的對話與交流，同時，在五四歷史話語解釋系統中，學衡派被詮釋為新文化運動的反對派，被認為是守舊、復古的而予以貶抑。實則，文學論爭本是一種複雜的存在，研究者應盡可能依據史料，細緻分析還原這種複雜性，而非將原本十分複雜的文學現象簡單化。作為一個文化派別，隨著時代變遷和文化語境的轉換，學衡派的文化觀所呈顯出來的是一種增值的趨向。當以激進主義為特徵的新文化運動席捲文化思想界，成為智識界的主流話語，自由主義派也埋首實驗其所謂「好人政治」之際；秉持文化保守趨向的學衡派面對外界的喧囂，絲毫不為所動，他們以「昌明國粹，融化新知」為宗旨，主張用文言文寫作、翻譯那些中西遙遠時代的精神殘卷，藉以召喚道德力量和人文情懷。他們將希望寄託於改良而非革命之上，惟此一理想在當時的中國社會氛圍中找不到培植它的氣候和土壤。雖然如此，偏於一隅，孤芳自賞的學衡派，因其尊重傳統文化，關注道德準則的堅持，終究獲得具

有相同文化理念的中外人士的贊同與支持。從歷史現實與文化使命來說，他們的實際作用和影響雖然不大，但他們捍衛傳統文化的精神與態度，則可爲他們贏得一個公正的對待和評價。

一、時人的觀點

　　《學衡》的問世，引發新文化新文學陣營一陣喧囂擾嚷，反對批駁之聲四起。魯迅首先在《晨報副刊》上發表〈估《學衡》〉，他諷刺地說道：

> 所謂《學衡》者，據我看來，實不過聚在『聚寶之門』左近的幾個假古董所放的假毫光。……諸公掊擊新文化而張皇舊學問，倘不自相矛盾倒也不失其爲一種主張。可惜的是於舊學並無門徑，並主張也還不配。倘使字句未通的人也算是國粹的知己，則國粹更爲慚惶煞人！「衡」了一頓，僅僅「衡」出了自己的銖兩來，於新文化無傷，於國粹也差得遠。〔註1〕

認定對待《學衡》「決用不著校准」，只消約略地「估一估」即可。儘管魯迅後來嘗言：「我總以爲倘要論文，最好是顧及全篇，並且顧及作者的全人，以及他所處的社會狀態，這才較爲確鑿。要不然，是很容易近乎說夢的。」〔註2〕但很明顯地，他寫作此文時可能只見到《學衡》第 1 期，隨手拾來評了馬承堃、邵祖平等人的詩文，即使連《學衡》主編吳宓也對二人評價不高，嘗表明二人「作文只能述舊聞」，「爲評者所譏毀，宜也。」〔註3〕然而，《學衡》第 1 期的其他文章，如劉伯明〈學者之精神〉、徐則陵〈近今西洋史學之發展〉〔註4〕等專論，魯迅竟視而不見；前後共 79 期 400 餘篇的《學衡》論文，無論如何是不能單憑幾篇文章的一些辭句疵病就可以下斷語的。

　　被學衡派當作主要攻擊目標的胡適，則以「沒有看見什麼《學衡》，只看

〔註 1〕 魯迅，〈估《學衡》〉，原刊《晨報副刊》，1922 年 2 月 9 日，收入《魯迅全集》，第 1 卷，頁 377。

〔註 2〕 魯迅，〈「題未定」草〉（六至九），《且介亭雜文二集》，《魯迅全集》第 6 卷，頁 430。〈「題未定」草〉第六、七兩節最初發表於 1936 年 1 月上海《海燕》第 1 期，八、九兩節發表於同年 2 月的《海燕》第 2 期。

〔註 3〕 《吳宓自編年譜：1894～1925》，頁 228。

〔註 4〕 徐氏「此文對朗開（蘭克 Ranke, 1795～1886）推崇備至，以爲自朗開以降，『西洋史學家始有批評精神與考證方法，史學乃有發展之可言。』此後傅斯年大力闡揚蘭克學說，蔚爲史學界主流，而出發其緒者，要以徐氏爲嚆矢。」轉引自沈松僑，《學衡派與五四時期的反新文化運動》，頁 230～231。

見了一本《學罵》！」〔註5〕的打油詩帶過，完全沒有把《學衡》的出現與批評放在心上。1922年3月，他在為慶祝《申報》創刊50周年所撰寫的《五十年來中國之文學》中，更斷然指出：「《學衡》的議論，大概是反對文學革命的尾聲了。我可以大膽說，文學革命已過了討論的時期，反對黨已破產了。」〔註6〕這種「已過討論的時期」、「反對黨已破產了」的不容置疑的權威性言說方式，充分顯示新文化陣營主掌的話語權勢。

論爭當事人的言論不免帶有個人主觀情感色彩，不過，當時也有不同的聲音出現。隸屬南高史地學派的劉文翮（1899～1988）在《文哲學報》發表文章指出：

> （引者註：新派）是今而非古，譽西而毀中，著為辭說，傳播海內。而察其所慕之事，則又非西洋文學精粹之所在也。於是抱隱憂者，懼兩者之交失也，遂揚人文主義，則古稱先，自孔孟以下，及蘇格拉底、柏拉圖與近世之安諾德、白璧德之說，咸津津樂道，強聒期間，將以砥柱中流，而迴狂瀾焉。二派交議，迄今不決。此誠歷史上過渡時代互相調劑之慣例，無足怪者。〔註7〕

與學衡派關係密切卻不曾在《學衡》上發表文章的劉文翮認為學衡派與新文化陣營二者雖然表面上對立，卻是屬於歷史上過渡時代的正常現象，劉氏的身分立場及說法也許會被視為偏向學衡派；但署名夢華的新文學擁護者，在吳宓所點名的與《學衡》為敵的《學燈》上亦提出相類似的觀點。他說：

> 近來評學衡的很多，雖不無中的之語，卻不能和他們表十分同情。……人類的信仰既各不同，主張盡可各異。……此則我對於學衡的主張——反潮流的主張，未敢稍加批評，雖然我的個性，偏於浪漫，和他們的主張，不相融洽，我卻相信學衡裡面所提倡的人文主義，確有存在之價值與一部份之信仰者。這種人文主義對於現在一般受了時代潮流和浪漫主義思想的影響之青年，自然是格格不入。但不能因為一般人的不贊成，便以為這種主義不好。〔註8〕

身為東南大學英語系的學生，胡夢華非但沒有隸籍學衡派，且擁護文學革命，

〔註5〕 胡適，《胡適日記》手稿本，第2冊，1922年2月4日。
〔註6〕 胡適，《五十年來中國之文學》，頁158～159。
〔註7〕 劉文翮，〈介紹《文學批評之原理》〉，《文哲學報》，第3期，1923年3月。
〔註8〕 夢華，〈評學衡之解釋並答繆鳳林君〉，《學燈》，1922年6月3日。

是個熱心新文學的「新青年」。據吳宓的描述：「本班男生中，胡昭佐最活動。安徽省績溪縣人，自稱爲胡適之族侄，崇拜、宣揚新文學。」〔註9〕崇拜宣揚新文學的胡夢華基於「信仰既各不同，主張盡可各異」的理念，儘管立場不同，夢華雖不完全贊同學衡派所提倡的人文主義，但他也客觀地承認人文主義若能獲得適當的闡發，「則人文主義亦頗多是」〔註10〕。

1935 年，作爲對五四新文學經典性總結的《中國新文學大系（1917～1927）》出版，在鄭振鐸所編選的第二集《文學論爭集》的〈導言〉中，他進一步把學衡派與林紓、章士釗等並稱爲復古派。作爲新文學第一個十年的成果，《中國新文學大系》成爲保存新文學早期資料最有價值的選本。新文學家藉由各種言說方式，以「反對黨」的形象，把學衡派置入封建頑固、復古保守的陣營之中，掩蓋其複雜的性格；同時也遮蔽後來研究者深入探究的眼光。日後的文學史作者幾乎都延續這些觀點，僅以《中國新文學大系》所收的幾篇論文作爲原始資料，根本不看《學衡》原文，偶有觸及，也只是被制約在強調「昌明國粹」的一面，完全忽略其「融化新知」的另一面；因而，在中國現代文學史上，「學衡派」始終與林紓和「甲寅派」一齊被視爲「封建復古派」。

然則，作爲中國現代文化保守主義的一個重要派別，《學衡》的出刊，吸引了國內具有文化保守主義傾向者的重視，他們或投稿以示支持，或撰文表明贊同。據吳宓《年譜》記載，1922 年，上海《中華新報》主筆張季鸞率先在報刊中著論，謂「今全國青年所旁皇紛擾者，厥爲人生觀問題，盼《學衡》社諸君，能於此有主張，有所啓示。」〔註11〕另有研究者從近代知名實業家、教育家張謇（1853～1926）寫於 1922 年 10 月 25 日的佚札中發現，他在南通暢覽柳詒徵寄給他的《學衡》後，對當時的社會現象，尤其是新教育和白話文問題顯然與學衡派不謀而合，因此在給柳詒徵回信時表達對《學衡》的支持。〔註12〕

又有江蘇人楊成能（1878～1972），時任日本南滿鐵道會社附設之東北文化協會職員，編有《東北文化月報》。1923 年春，他來書表示贊同《學衡》，

〔註 9〕 《吳宓自編年譜：1894～1925》，頁 223。
〔註 10〕 夢華，〈評學衡之解釋並答繆鳳林君〉，《學燈》，1922 年 6 月 3 日。
〔註 11〕 同註 9，頁 236。
〔註 12〕 李健，〈由張謇佚札看其對《學衡》及新文化運動的態度〉，《史學月刊》，2005年，第 8 期，頁 124～125。

願在東北為之宣傳推銷；同時，他還有一文〈戒縱侈以救亂亡論〉刊載於《學衡》第 27 期上。據中華書局報告，各省訂閱《學衡》及零售購閱者，以《學衡》所在地江蘇省為數最多，其次就是奉天省。〔註 13〕由於楊成能的宣傳，東北大學文法科學長（實際之校長）汪兆璠（1881～1966）不僅贊同《學衡》理念，還要求吳宓為之舉荐文法科各系之教授人才。吳宓荐之以《學衡》撰文最多的繆鳳林和景昌極為文科歷史教授和哲學教授。1924 年，東南大學裁撤西洋文學系，吳宓亦得汪兆璠的熱情延聘，轉任東北大學，後柳詒徵也受聘；因此，吳宓還曾一度欲以東北大學作為學衡派的新基地。〔註 14〕

《學衡》因特殊屬性，雖其文化訴求不符時代思想潮流的趨勢，然而，總算「暧暧內含光」，於初刊的一二年期間，在國內的文化界勉強稱得上是「近悅遠來」。由於《學衡》不以營利為目的，一方面由中華書局組織發行，同時《學衡》社也需自行代售一部分。只是，《學衡》始終堅持以文言刊印，內容又多偏重國學研究、西方古典典籍的譯介，以及舊體詩詞的創作，其所訴求的讀者群局限於智識精英的文人圈，未能拓展至一般大眾圈裡，這使其影響層面大大降低了許多，未能形成一股風氣。

然則，一份雜誌的價值與其發行的範圍和數量之間有時未必有直接的聯繫。受到西方學術風氣的薰染，吳宓十分注重《學衡》的國際影響力。早在 1920 年 11 月，在哈佛求學時期，吳宓往見白璧德，白璧德即命吳宓作文介紹中國古代聖賢之學，謂其可以代為之介紹至美國報刊發表。白璧德認為中國古代聖賢之思想哲理，西人很少瞭解，須靠中國人自己向西方介紹，而在初期階段必先使用英語，以便引起注意。具有世界觀的吳宓自《學衡》創刊起始，即有計畫地與國際學術機構相互交流，他主動按期將雜誌寄贈英國博物館、牛津大學圖書館、劍橋大學漢學家 Soothill（1861～1935）教授；法國國家圖書館、巴黎大學東方學院漢學家伯希和（Paul Pelliot, 1878～1945）教授；美國國會圖書館、哈佛大學圖書館及白璧德教授等，歷久不斷。同時為提高

〔註 13〕《吳宓自編年譜：1894～1925》，頁 248～249。

〔註 14〕1925 年 8 月 13 日，吳宓專程赴天津與過路的柳詒徵會面，即席作詩：「奇才磊落數公多，半載重逢意若何？閱歷人情知險怪，堅持正義挽頹波。龍潛北海雄吟嘯，鳳去南天笑網羅。遙左今來形勝地，群賢領袖壯山河。」力勸柳詒徵留在東北經營《學衡》事業。柳詒徵回贈〈奉和雨僧〉云：「江東踉蹌靳吾狂，且盡全遼試遠翱。底事攢眉向蟻蛭，要令當道少豺狼。醫巫閭近秋雲迥，析木津邊海氣涼。珍重吳先將送意，漫持荇蒼較榆枋。」回絕吳宓的成心，表明仍想回歸東南，不願久留奉天。見吳宓，《雨僧詩文集》，頁 130。

《學衡》的學術影響力，自第 13 期起，每期皆增入英文〈簡章〉及本期英文「目錄」。「由是《學衡》雜誌逐爲旅居中國之歐美人士及英文讀者所注意。」〔註 15〕這在當時的雜誌中是較少見的創舉。

儘管國內文化界對《學衡》的評價不高，魯迅的〈估《學衡》〉，譏諷他們「文且未亨，理將安托」〔註 16〕。但是來自海外的迴響，給吳宓及《學衡》社員帶來很大的鼓舞。最初的回應是來自與中國文化關係密切的日本；據《吳宓自編年譜》記載，《學衡》第一期出版不久，即有日本國中研究漢學及保存儒教的團體速起響應，與《學衡》建立聯繫，並寄來他們出版的刊物以爲交流互換之用。在《學衡》出刊不到半年的時間，更有日本學者、政客二十餘人相偕到中國游覽考察，他們到南京經張季鸞介紹赴《學衡》雜誌社訪問，與社員梅光迪、胡先驌等會談半日。另有一日本青年橋川時雄（1894～1982）在北京編輯出版和、漢對譯的《文字同盟》月刊，亦致信《學衡》編輯部，要求交換刊物。一直至 1926 年，吳宓到北京之後才得見此人。〔註 17〕深受中國文化影響的日本，始終關注著中國傳統文化及文學的發展，因此，當《學衡》一出版，自然地很快就吸引日本學者的注意。

隨著《學衡》第 13 期增入英文〈簡章〉及本期英文「目錄」的刊印，旅居中國之歐美人士及英文讀者也紛紛注目起《學衡》。由英國生物學者 Arthur Sowerby（1885～1954）所發起編撰的英文月刊《中國學藝雜誌》（*China journal of science & Art*）於 1923 年 1 月出版第 1 期，寄贈一冊，要求與《學衡》互爲介紹，並互登廣告及各期目錄。後來吳宓還與其美籍副編輯福開森（John C. Ferguson, 1866～1945）通訊交識。另外，清廢帝溥儀（1906～1967）的老師莊士敦（Reginald Fleming Johnston, 1874～1938）也來函表示贊同《學衡》，並匯款訂閱。〔註 18〕1931 年，吳宓赴歐游歷時見到莊士敦，他還交給吳宓五十英鎊，要求續訂《學衡》。

值得一提的是，香港大學副校長沃姆（G. N. Orme, 生卒未詳），因即將退休返回英國，來函稱道《學衡》的主張及內容，並計畫返國前，過南京訪見《學衡》諸君子。同時，他還推薦三位香港大學的畢業生：郭斌龢、胡稷咸

〔註 15〕《吳宓自編年譜：1894～1925》，頁 241。
〔註 16〕魯迅，〈估《學衡》〉，《魯迅全集》，第 1 卷，頁 377。
〔註 17〕同註 15，頁 236。
〔註 18〕同註 15，頁 241。

和朱光潛（1897～1986），尤其稱讚郭斌龢的希臘文為中國學生中所僅見。1923年 8 月，沃姆依約來到南京，除與眾人會談外，並應邀在東南大學作有關中國教育問題的講演，他主張大學宜設於山林之中，應開授西洋之古典文學、歷史、哲學、藝術課程，強調中國學習西方文化，應注意古希臘、羅馬時期，不可只重視近代歐美文化。這些觀點與學衡派的主張同出一轍，理所當然地，沃姆的講演受到學衡派重視，後來經由吳宓整理修飾成篇，題曰〈沃姆中國教育談〉，刊載於《學衡》第 22 期。1930 年，吳宓去歐洲時，復登門拜訪沃姆先生。〔註 19〕

而沃姆所推薦的三名中國學生，其中郭斌龢、胡稷咸二人加入《學衡》，成為學衡派的後起之秀；郭斌龢後來赴美留學，更繼踵吳宓等人足跡，師從白璧德深研希臘文、拉丁文原版典籍。胡稷咸則在吳宓歐游時，代理吳宓成為《學衡》編輯。至於日後成為京派代表人物之一的朱光潛，直接受到阿諾德文化思想的影響，並且認同白璧德的人文主義；1941 至 1948 年抗戰期間，他加入由張其昀、郭斌龢、張蔭麟等所主持的具有文化保守傾向且被視為與學衡派同一陣營的刊物──《思想與時代》的撰述行列，雖然和學衡派涇渭分明，卻與學衡派共享著相同的思想資源。

法國漢學界，對《學衡》感興趣者則有著名漢學家伯希和。1931 年 2 月，吳宓在巴黎拜謁伯希和，初時伯希和態度冷淡，直至談及王國維和陳寅恪，又自陳是《學衡》及《大公報·文學副刊》編輯時，伯希和才對吳宓改容為禮。〔註 20〕

文化思潮的傳播，需借助於相對應之文化背景的影響及文化知識體系的構建，處身其中的文化人必然地也要擔負起某種文化使命的傳承。吳宓極其重視刊物的社會作用，對於如何辦《學衡》，他自有一套完整的想法，《學衡》創刊後，不僅增入英文目錄，還不忘將刊物寄贈國外的知名圖書館及漢學家。在歐風盛行的年代裡，《學衡》有來自西方漢學家的支持，無疑是最強的背書也是對新文化陣營最有力的回擊。吳宓一生以傳播中西文化為使命，他認為辦刊物是一種文化積累的過程，能夠促進文化的發展與交流。因此，他特別重視「按語」的寫作。前後共 79 期的《學衡》論文，有一個最顯著特點是「序言」、「按語」、「附識」特別多，這是我國期刊史上極為罕見的。

〔註 19〕 《吳宓自編年譜：1894～1925》，頁 249～250。
〔註 20〕 《吳宓日記》，第 5 冊，1931 年 2 月 24 日，頁 196。

　　《學衡》的「序言」「按語」和「附識」是編者對所收錄文章的評介、說明和補充，體現編輯者的策略與編輯態度，並引導讀者深入體會刊物中作品的含意。吳宓寫了大量的「序言」、「按語」和「附識」，其旨在或抒發情感，或指點學術研究，或提供研究方法，或介紹內容和作者，更有提供書刊購買辦法。這種編輯策略所呈現出來的文體模式，目的在宣揚學衡派的文化主張、學術立場、治學態度及研究方法，以期在最大程度上闡明其「會通中外，鎔鑄古今」的主張。

　　原創作品問世後，其價值如何，需受到讀者與時間的考驗。書刊生命週期的長短全憑其本身的內容與內在價值。幾十年前的不受歡迎的書刊，或隨語境變遷，或因視閾改變，從而綻放文本價值獲得重新出版的契機，所在多有。近年來隨著台灣、大陸重新影印出版《學衡》，使得《學衡》在現代學術史、思想史上的地位獲得重新審視與評價的機會，其影響力也有逐漸擴大之勢。

二、學衡派的自我評價

　　對於《學衡》的業績及其歷史定位，學衡派核心人物胡先驌在十餘年後總結當年情境，自我評斷道：

> 當五四運動前後，北方學派方以文學革命整理國故相標榜，立言務
> 求恢詭，抨擊不厭吹求。而南雍師生乃以繼往開來融貫中西爲職志，
> 王伯沆先生主講四書與杜詩，至教室門爲之塞，而柳翼謀先生之作
> 中國文化史，亦爲世所宗仰，流風所被，成才者極眾。在歐西文哲
> 之學，自劉伯明梅迪生吳雨僧湯錫予諸先生主講以來，歐西文化之
> 眞實精神，始爲吾國士夫所辨認，知忠信篤行，不問華夷，不分今
> 古，而宇宙間確有天不變道亦不變之至理存在，而東西聖人，具有
> 同然焉。自《學衡》雜誌出，而學術界之視聽以正，人文主義與實
> 驗主義分庭抗禮。五四以後江河日下之學風，至近年乃大有轉變，
> 未始非《學衡》雜誌潛移默化之功也。〔註21〕

在另一文章中，胡先驌再度從學風到學派，將《學衡》潛移默化之功與東南大學的人文風範繫聯起來。他說道：

> 南高東大創辦之初，即受郭校長之領導，養成一種平正質樸之精神。

〔註21〕胡先驌，〈樸學之精神〉，《國風》，第 8 卷，第 1 期，1936 年 1 月 1 日。

> 自劉伯明、梅迪生、吳雨僧、張歆海、樓光來、湯用彤諸先生聯翩
> 來校講學，學生對於歐西之文化，益有明確之認識，同時對於本國
> 之文化，亦能為公正之評價，既不守舊，亦不驚新，於北方各大學
> 之風氣，迥然自異，加以學生皆不參加政治運動，咸能屹立於政潮
> 之外，故校中學術空氣特濃。此種精神，自《學衡》刊布以後益加
> 強化，流風遺韻尚存於今日焉。〔註22〕

雖然學衡派成員群聚東南大學的時間只有短暫的三年；1923年8月胡先驌二度赴美進修，11月劉伯明去世，1924年8月梅光迪赴美講學，吳宓亦離開南京轉赴奉天東北大學。學衡派五個核心人物只剩下柳詒徵留在東南大學，然彼等因意趣相投群集東大所昭示出的共同精神，一如柳詒徵在〈送吳雨僧之奉天序〉中說的：

> 晚清以來，學校朋興，士挾笈走絕域，求一長以自効於國者無算。
> 獨深窺歐美文教之閫奧，與吾國聖哲思旨想翕麗，以祈牖民而靖俗
> 者，不數數遘。宣城梅子迪生，首張美儒白璧德氏之說，以明其眞；
> 吳子和之，益溯源於希臘之文學美術哲學，承學之士，始曉然於歐
> 美文教之自有其本原，而震駴於晚近浮薄怪謬之說者所得為甚淺
> 也。梅子吳子同剏雜誌曰《學衡》以詔世，其文初出，頗為聾俗所
> 詬病。久之，其理益章，其說益信而堅，浮薄怪謬者屏息不敢置喙。
> 則曰，此東南學風然也。〔註23〕

學衡派這種文化保守立場和自南京高師至東南大學所形成的被柳詒徵概括為「東南學風」的精神，在學衡派成員紛紛離開東南大學之後，是靠著《學衡》以及東南大學的師生共同來承續的。

　　儘管《學衡》的保母劉伯明溘然長逝，其搖籃所在的東南大學亦陷入空前的變動危機；然則，「學術在天壤，惟人能宏之」。伴隨著吳宓到清華籌組國學研究院，《學衡》也從東南大學被帶到北京的清華園，同時，吳宓還主編《大公報・文學副刊》，藉由一本雜誌，一份報紙副刊，使學衡派所宣揚的白璧德人文主義思想，「益聲大而遠」一如柳詒徵所期許，「豈惟不局於一學校，抑亦不局於一地一群一社一時之事矣。」〔註24〕

〔註22〕胡先驌，〈梅庵憶語〉，《子曰》叢刊，第4期，1934年；轉引自《胡先驌先生年譜長編》，頁84。

〔註23〕柳詒徵，〈送吳雨僧之奉天序〉，見《雨僧詩文集》，頁119。

〔註24〕同註23，頁120。

　　相對於胡先驌對《學衡》潛移默化之功的肯定聲音，及柳詒徵將東南學風與《學衡》宗旨相繫聯的陳說，梅光迪在〈人文主義和現代中國〉中，回首這一場與由白璧德和穆爾所領導的美國人文主義運動頗爲相似的中國的人文主義運動時，較客觀自省地指出：「《學衡》的作者們並非對自身民族傳統中的問題熟視無睹；而是堅信目前更爲緊迫的任務是要對已取得的成就加以重新審視，爲現代中國重塑平穩、鎮定的心態。」〔註25〕正是感嘆於「中國只經過了一代人，便從極端的保守便成了極端的激進」〔註26〕，所以《學衡》的創辦者將捍衛中國傳統當作主要的目標。不過，他也承認，《學衡》的編者並沒有像他們承諾的那樣全面、深入地討論傳統文化在現代所遭遇到的難題；《學衡》的原則和觀點只留給讀者模糊而狹隘地局限在僅供學術界閒時談論文哲問題的印象。

　　雖然，這一次的運動「沒有引起廣泛的注意，得到公平的待遇」〔註27〕，但他引用了樓光來於1926年在《北美評論》（*North American Review*）對他們所做工作的評價：

> 他們（吳宓等人）辦起了一本名爲《學衡》的雜誌，旨在推動中國文化的發展，保留中國知識界的偉大傳統並反對上文描述的新運動。它是一本有其獨到之處的好雜誌，但它與時下流行的趨勢背道而馳，而且沒有標語和戰鬥口號以激勵大眾的想像力；自然它對普通學生和大眾造成的影響不會太大。不過，它批判了地方主義運動的氾濫及沽名釣譽之人惡行的猖獗，爲道德等諸方面的健康發展起到了補充和糾錯的作用。〔註28〕

梅光迪將這場運動失敗的原因歸諸於《學衡》的發起者沒能提出界定明確的議題，再加上缺乏必要的標語和戰鬥口號，致使《學衡》僅留給人們模糊而狹隘的印象而已。

　　儘管梅光迪承認了《學衡》的實際作用和影響不大，不過，身爲中國人文主義運動倡導者之一，與美國的人文主義者一樣，他十分注重道德基礎和文學的重要性，強調《學衡》特別之處在於：「它以各種方式告示國人，建立

〔註25〕梅光迪，〈人文主義和現代中國〉，《梅光迪文錄》，頁224。
〔註26〕同註25，頁220。
〔註27〕同註25，頁225。
〔註28〕同註25，頁226。

一個新中國唯一堅實的基礎是民族傳統中的精粹部分；其立場集中表現爲哲學、政治和教育上的理想主義及文學中的古典主義。」〔註29〕在 20 世紀中西文化與文學的交流過程中，「古今」之爭不僅經歷了一種文化時空轉換，擴展到「新舊」之爭、「東西文化」之爭和「傳統與現代」之爭，且涉及到對文學審美價値的更深層的探索和體認。梅光迪從文化立場、審美理想及理論形態等方面指出學衡派古典主義文學的特徵。這一自我指稱，較之李何林在 1939 年論及學衡派的主張時，謂其「大有古典主義者的口吻」，〔註30〕更有自知之明。

　　1923 年，吳宓在〈我的人生觀〉中強調「職業與志業之別」時，說道：

> 人生所作之事，可分爲兩種，曰職業，曰志業。職業者，在社會中爲他人或機關而作事，藉得薪俸或傭資，以爲謀生糊口之計，仰事俯畜之需。其事不必爲吾之所願爲，亦非即用吾之所長。……志業者，吾閒暇從容之時，爲自己而作事，毫無報酬。（縱有報酬亦自然而來非吾之所望或措意）其事必爲吾之所極樂爲。能盡用吾之所長，他人爲之未必及我。而所以爲此者，則由一己堅決之志願，百折不撓之熱誠毅力，縱犧牲極巨，阻難至多，仍必爲之無憾。〔註31〕

從吳宓對《學衡》傾注所有的心力與物力來看，可知他是將辦《學衡》視爲終生志業的寄託。因此，當《學衡》內外交迫，面臨停刊的命運之際，他曾一度灰心賭氣，心想不如任其停辦，自己也好專心讀書修養，撰作所喜好的詩歌及小說。然而，在「志業艱苦而常有精神之樂趣」，「志業之功效無限，而顯於後世」的自我期許下，〔註32〕吳宓終究抑止消極放任之念，費時戮力至最後。他在日記中記錄下這一段天人交戰的過程：

> 中夜不寐，細思人生學問理想，雖高遠博大無限，然事業須有定而持之以恆，精神名譽要必有所寄託。《學衡》爲我之事業，人之知我以《學衡》。故當冒萬難而竭死力，繼續辦理，不使停刊。近頃頗流於怠廢，急當自警，重振前數年之精神，以維持《學衡》於不墜。其事雖小，其效雖微，然吾生亦渺小，人壽至短，吾但能爲此事，

〔註29〕梅光迪，〈人文主義和現代中國〉，《梅光迪文錄》，頁 224。
〔註30〕李何林，《近二十年中國文藝思潮論》，頁 50。
〔註31〕吳宓，〈我的人生觀〉，《學衡》，第 16 期，1923 年 4 月。
〔註32〕同註31。

亦是機緣有定，身在局中，不容脫避。只求奮戰一場，不損我之精
神榮譽。〔註33〕

具體明白地指出《學衡》是他的事業，人們之所以知曉他，不是因為他是吳
宓教授，而是因為他是《學衡》的總編輯。

　　正因如此，吳宓始終念念不忘，以《學衡》作為公共論述的空間來推展
白璧德的人文主義主張。1946 年 10 月，他在接受《中華人報》記者銳鋒採訪
時，重申他對人文主義的選擇和堅守：「予半生精力，瘁於《學衡》雜誌，知
我罪我，請視此書。大體思想及講學宗旨，遵依美國白璧德教授及穆爾先生
之新人文主義。」〔註34〕這種對道德文化的堅持，正呼應賀昌群（1903～1973）
的評說。同一年稍早，賀昌群在悼念梅光迪的文章提及，當事過境遷後，如
今對於新文化運動與《學衡》兩方面，當另有一番的認識：

　　一種影響於後世幾千百年的思想或學說，其本身必含有兩個不可分
　　的成分：一是屬於時代的，一時代有一時代的問題，一種思想或學
　　說的產生，必是針對那個時代的問題而發，問題愈大，那學說在當
　　時的影響也愈大。另一個成分是超時代的，那是總集一種文化之大
　　成而帶有承先啟後的作用，才能繼續影響於後世，息息與整個歷史
　　文化相關。「五四」運動所攻擊的，是儒家思想的時代的部分，這是
　　曾經歷代帝王政治利用、墨守、假借，成了一種虛偽的古典的形式
　　主義，演成了中國政治社會、文化思想的種種腐敗與停滯，百害而
　　無一利，我們應當絕對排斥，……「學衡社」所欲發揚的，是那超
　　時代的部分，那是一個民族文化的基石，終古常新，雖打而不能倒。
　　〔註35〕

賀昌群關於新文化運動與學衡派文化價值觀的辨析與評價，提示了 20 世紀 90
年代以來有關《學衡》研究的方向與綱要。早在 50 年前，聰明睿智的中國人
就已經覺察五四新文化運動與學衡派在文化性格上不同的側重點，只不過五
四新文化運動的攻擊得其時，學衡派的發揚非其時，因此，學衡派被冠以「頑
固」之名。

〔註33〕《吳宓日記》，第 3 冊，1927 年 10 月 12 日，頁 419。
〔註34〕引自李繼凱、劉瑞春選編，《追憶吳宓》（北京：社會科學文獻出版社，2001），
　　　頁 469。
〔註35〕賀昌群，〈哭梅迪生先生〉，《梅光迪文錄》，頁 261。

實則，學衡派所代表的是一種特殊的文化性格，他們的文化觀表現出文化轉型變異時代所特有的「兩歧性」〔註36〕：其學術旨趣是古典的道德理想主義，而思想行為卻非常現代；其價值觀是傳統、保守的，然所援引的理論思想資源卻是美國白璧德人文主義；其護衛傳統的目的在維護中國文化的自主性與民族性，但卻又強調中國文化的世界性意義。數十年前賀昌群指出了個中原由，由於學衡派的發揚非其時，只一味地強調「超時代」的部分，對於自身所處的時代問題缺乏有效的物質言說的力量，難以贏得青年的認同，終至被邊緣化。90年代，隨著歷史文化語境的改變，相對於五四啟蒙理論的先天不足，後天失調的富於理想理論色彩的學衡派被凸顯出來。這段曲折明晦不定的歷史過程，映證了學衡派所堅信的理念，屬於超時代，具有文化托命意識的《學衡》，其是非功過將來終會得到實事求是的評價。

三、對學衡派的再評價

文化和文學的論爭與歷史語境有著密不可分的關聯。在文化與文學的論爭研究中，必須客觀分析、從容審視歷史語境，任何主觀武斷、未能就事論事的分析往往會遮蔽歷史事實。作為文化保守的學術派別，20世紀20年代出現在中國文化思想界的學衡派，在很長一段時間內受到冷落和批判，它與新文化陣營的論爭也以失敗而告終。然則，他們的文化地位與學術成就並非由他們當年反對新文化運動的立場決定，新文化陣營雖始終占據主流位置，但即便是主角，也只是當時探求「新文化」舞台上的一個群體，無法遮蔽學衡派及其他邊緣文化參與共構新文化所付出的努力。由是，對學衡派與新文化陣營的研究視野開始了強調對話交流的共生理論。透過對兩個陣營的論爭和對話的話語背景、動態過程及內在理路的分析，筆者以為，學衡派選擇維護傳統文化的學術意義，及其所呈顯的現代價值，表現在三個層面上：一是開啟多元融合模式的新儒學，二是為新文學的創作與批評提供古典主義的參照系統，三是復古歐化之外的第三條道路。

（一）開啟多元融合模式的新儒學

在已蔚然成勢的新文化運動的舞台上，進場稍晚的學衡派，懷抱著復興

〔註36〕張灝在〈重訪五四：論五四思想的兩歧性〉指出要認識五四思想實質的複雜性，首先要從五四思想中的「兩歧性」入手。收入余英時等著，《五四新論——既非文藝復興，亦非啟蒙運動》，頁33～65。

傳統文化的夙願而學習西方文化；白璧德擺脫「歐洲中心主義」，肯定中國儒家傳統文化價值的思路，及其從傳統文化中尋求救治現代社會缺失的文化運思，完美契合了這批對中國傳統文化難以割捨的學子的心理。學衡派對白璧德學說的吸納，始終圍繞著一個主題，即關注儒學的當代命運。

　　五四以來，儒學面臨著來自三方面的批判和挑戰：打倒孔家店的「反孔」，軍閥及地方封建勢力的「尊孔」，以及全盤西化論的「非孔」。〔註37〕針對新文化倡導者將儒學視作「儒教」，與封建專制勾連在一起，以「打倒孔家店」的激烈口號，否定中國傳統文化，從而促成在現實社會中反孔滅儒的時尚風潮。吳宓曾描述當時新文化思潮反孔反儒的情形，他說：

> 自新潮澎湃，孔子乃為攻擊之目標。學者以專打孔家店為號召，侮之曰孔老二。用其輕薄尖刻之筆，備致詆祺。盲從之少年，習焉不察，遂共以孔子為迂腐陳舊之偶像，禮教流毒之罪人，以謗孔為當然，視尊聖如狂病。……摧毀孔廟，斬殺儒者，推倒禮教，打破羞恥，其行動之激烈暴屬，凡令人疑其為反對文明社會，匪特反對孔子而已。〔註38〕

梅光迪也在撰於 1932 年的〈孔子之風度〉中感嘆道：「自吾先聖之歿，迄今二千五百餘年，其歿後本身之遭遇，雖遞經波折，然未有今日之甚者。……今日之乳臭兒，皆挾其一知半解之舶來學說，以挪揄孔子，掊擊孔子者。此非僅孔子一人之厄運，實亦吾民族文化之厄運也。」〔註39〕對於新思潮將中國腐敗的病源歸咎於孔子，從而造成學者挾西學以詆毀孔子，盲從之少年搗毀孔廟的瘋狂舉動，對此現狀，學衡派深感憂慮，故而萌發捍衛及闡發儒學思想的責任感和使命感。

　　柳詒徵指出，受日本影響，好持新論者把中國近世腐敗之病源多歸咎於孔子，他卻以為今日「中國最大之病根，非奉行孔子之教，實在不行孔子之教。」並具體指出今人大悖孔子之教的事實，如孔子教人以仁義，而今中國大多數之人皆不仁，且惟知有利。孔子教人尚誠、尚恕，而今中國大多數之人皆務詐偽，責人而不克己。孔子教人尚學，而今中國大多數之人皆不悅學。

〔註37〕蔡德貴，〈論多元融和型的儒學〉，《北京師範大學學報》（社會科學版），第 1 期，2004 年，頁 124～130。

〔註38〕吳宓，〈孔子之價值及孔教之精義〉，《大公報》，1927 年 9 月 22 日。

〔註39〕梅光迪，〈孔子之風度〉，《梅光迪文錄》，頁 37。

〔註 40〕欲改變當時社會上既有的成見，柳詒徵強調唯有真正理解孔子之道的真義，從學理上肯定孔子之教的深明遠大及儒學的正面價值，才能還給孔子真正的歷史地位。

有鑑於當時治國學者，無論新舊，咸皆耽溺於「講求小學，搜羅金石，熟復目錄，專攻考據，耽玩詞章，標舉掌故」之中。〔註 41〕柳詒徵主張對傳統文化深入理解，進行義理上的發揮，這與新文化陣營重視考據之學的治學方針形成對比。通過對儒學及中國文化的深入研究，柳詒徵揭示了孔子之學的真義：

> 孔子以為人生最大之義務，在努力增進其人格，而不在外來之富貴利祿，即使境遇極窮，人莫我知，而我胸中浩然，自有坦坦蕩蕩之樂。無所歆羨，自亦無所怨尤，而堅強不屈之精神，乃足歷萬古而不可磨滅。儒教真義，惟此而已。〔註 42〕

他以為不同於耶穌、穆罕默德等宗教家，孔子之所以偉大，主要在其好學；而其為學的目的，則在成己而後成物。所謂「儒教」，是以孔子之學行教化之職，教人修己安人，以達無論身處富貴貧賤壽夭窮通，皆不怨天尤人的人生境界。把孔子視為中國文化代表和象徵的柳詒徵，給孔子無上崇高的歷史地位：「孔子者，中國文化之中心也。無孔子則無中國文化。自孔子以前數千年之文化，賴孔子而傳；自孔子以後數千年之文化，賴孔子而開。」〔註 43〕

身為一個治學嚴謹的史學家，柳詒徵認為古人治六藝，都是治史，因此，「儒學即史學」。〔註 44〕為尋求解救中國衰敗貧弱之病的藥方，在詳盡考察孔子以後儒學的發展之後，他從學術的觀點指出現今社會的病象正是傳統文化精神遺失的結果，欲解決今世人生之大問題，只有倚靠儒家之根本精神。他援用梁啟超在《先秦政治思想史》中的話：「人之所以異於禽獸者，在有其精神生活」；「又確信人類精神生活，不能離卻物質生活而獨自存在。」強調身處科學昌明的現代物質社會，只有應用儒家的思想，才能「使吾中國人免蹈近百年來歐美生計組織之覆轍，不至以物質生活問題之糾紛，妨害精神生活

〔註 40〕柳詒徵，〈論中國近世之病源〉，《學衡》，第 3 期，1922 年 3 月。
〔註 41〕柳詒徵，〈中國文化西被商榷〉，《學衡》，第 27 期，1924 年 3 月。
〔註 42〕柳詒徵，《中國文化史》，上卷，頁 234～235。
〔註 43〕同註 42，頁 231。
〔註 44〕柳詒徵，《中國文化史‧弁言》。

之向上。此吾儕對於全人類之一大責任也。」〔註45〕此外，在談到近代文化時，他也引用《東方雜誌》記者陳嘉異的話說：「東方文化一語，其內涵之意義，決非僅如國故之陳腐乾枯。精密言之，實含有中國民族之精神，或中國民族再興之新生命之義蘊。」〔註46〕說明他不僅認同中國傳統文化的精神價值，並肯定其中蘊含著民族再興的精神動力。

　　留美期間，在與胡適論學的書信中，梅光迪曾提出自己的讀書心得說：

> 孔子之學無所不有，程朱僅得修己一面，於政治倫理各方面似多誤會。故自宋以後，民生國計日益凋敝，社會無生氣，書生無用，實程朱之學陷之也。……近日稍讀哲學之書，以孔子與他人較，益信孔子之偉大，以為此老實古今中外第一人。……孔教誤會與流弊至今已極矣，復興孔教須得善讀善解之人。耶穌教有馬丁路得等始有今日，……吾人處孔教衰頹之日，須以復興之責加諸身，善讀善解尤須善行；不然，以國勢之不振歸咎於孔教，從而棄之，而卑辭厚顏以迎方興之外教，有血氣之男子不為也。〔註47〕

他認為由於程朱的誤讀，使後人僅把儒學看成是一種倫理政治之學。這種誤會的流弊，演變到近代，終使儒學傳統面臨前所未有的危機。他以基督教因有馬丁路德而得以撥雲見日，如今孔教的誤會與流弊，益發需要「善讀善解」孔子及後儒學說，尤其需要「善行」之人。

　　為了昌明真孔教，昌明孔、耶相同之說，「一面使本國人消除仇視耶教之見，一面使外國人消除仇視孔教之見，兩教合一」，梅光迪還擬發起「孔教研究會」，他以為「孔、耶一家」，雖然兩教各有缺點，然通過「互相比較，截長補短而後能美滿無憾。」〔註48〕然則，如何才能識得真孔教？梅光迪以為欲得孔孟真學說，惟「以推倒漢宋學說為入手；不推倒漢宋學說，則孔孟真學說不出，而國必亡。」為此，他向胡適擘畫心中的宏圖：「迪與足下回國後當開一經學研究會，取漢以來至本朝說經之書薈萃一堂，擇其可采者錄之，其謬妄者盡付之一炬。而諸經尤以己意參之，使群經皆可用；次第以及諸子百家，務使學而即用，不僅以注解講說了事。」〔註49〕從「孔教研究會」到

〔註45〕柳詒徵，《中國文化史》，頁870。

〔註46〕同註45。

〔註47〕梅光迪，〈致胡適信四十六通・第八函〉，《梅光迪文錄》，頁123。

〔註48〕梅光迪，〈致胡適信四十六通・第十二函〉，《梅光迪文錄》，頁134。

〔註49〕梅光迪，〈致胡適信四十六通・第十六函〉，《梅光迪文錄》，頁139。

「經學研究會」，滿腹經綸的理論家梅光迪懷抱著對孔子儒學的執著，準備從學術角度大展身手，對儒學和中國傳統文化進行深入研究。

30 年代初期，執教哈佛時，他更因馬西爾教授〈美國的人文主義〉的啟發，著手撰寫〈人文主義和現代中國〉一文，回顧反思 20 年代《學衡》所倡導的中國的人文主義運動，他鄭重地引用白璧德當年在美國東部中國學生年會上的演講，指出白璧德在這次演講中明確表達對於中國新儒學運動的重視和期待，他認為「人文主義的國際化」，在中國至少應包括新儒學運作：「我希望，假如在西方發起了這樣一次人文主義運動，它也可以在中國的新儒家運動中得到呼應。」〔註 50〕梅光迪的文本原系英文轉述，現引文乃據後人翻譯；這段翻譯文字似乎有這樣的暗示，「白璧德在 20 年代初已經掌握到中國存在所謂新儒學運動這一事實」〔註 51〕。

在五四新文化運動中有關中西文化的論爭，吳宓主要則是從比較文化的角度，通過對東西方文化之間差異性的研究和比較，論證代表東方文明之一的孔學是支撐世界文明大廈的不可或缺的支柱之一。在對世界文化進行分類後，他提出古希臘蘇格拉底和猶太耶穌，代表西方文明，中國孔子和印度釋迦牟尼，代表東方文明。真正的新文化，應是由古今中外一切真善美的文化因素融匯而成，因此，他不只一次強調，中國文化建設的具體方針應「博采東西，並覽古今，然後折衷而歸一之。」〔註 52〕又「中國之文化以孔子為中樞，以佛教為輔翼；西洋之文化以希臘羅馬之文章哲理與耶教融合孕育而成。今欲造成新文化，則宜於以上所言四者為首當著重研究，方為正道。」〔註 53〕

在普遍主張「西體西用」的五四時代，吳宓反對抹殺傳統文化的民族虛無主義和全盤西化的主張，強調對東西文化進行平等研究，互為參照，尋求融通契機，以作為吸收西學，重建中國文化的基本前提。對於支撐世界文明的四種文化，吳宓以為都要「觀其全，知其通，取其宜」，此即其「一與多」並存的主張。〔註 54〕「一與多」，是吳宓的根本信條。他認為：

> 幼稚愚昧之個人，未開化而野蠻之民族，只知有多，不知有一；只

〔註 50〕梅光迪，〈人文主義和現代中國〉，《梅光迪文錄》，頁 228。
〔註 51〕朱壽桐，〈論中國新人文主義思潮的文學品性〉，《南京大學學報》（哲學・人文科學・社會科學），2008 年，第 3 期，頁 79～90。
〔註 52〕吳宓，〈白璧德中西人文教育談・附識〉，《學衡》，第 3 期，1922 年 3 月。
〔註 53〕吳宓，〈論新文化運動〉，《學衡》，第 4 期，1922 年 4 月。
〔註 54〕吳宓，〈道德重建之序言〉，《文學與人生》，頁 173。

可與言實物，不能與言虛理。殆其逐漸進步、成長、開化之後，始
知有一，而悟一多並在之旨。由是，苟武斷拘執，強謂（1）東方主
精神，西方重物質，或（2）中國以道德，而西方只鶩功利者，皆錯
誤；蓋認識一多，即是進步，即必盛強，東西今古一也。〔註55〕

「觀其全」，是指透過對中西文化文學之全體的全面考察，尤其注重古典文化
及文學的研究，以求得「一多並在之旨」；「知其通」，強調在「同」的基礎上，
溝通東西文化，注重人類普遍性的研究；「取其宜」，則是吳宓文化救國的價
值取向，在情理兼顧的原則下，主張執兩用中，追求個人修養與完善，以期
重建道德，改良社會。

「全、通、宜」，是吳宓用以融通其他三大文化的策略。不同於新文化陣
營主張對西方文化的吸納當吸取本國所沒有的東西，吳宓把中西文化的融合
建立在東西文化中共同的倫理道德觀念上，特別強調彼此相「契合」的部分。
在跨文化的比較中，無論是求同抑或取異，都是對話交流的方法之一。在白
璧德人文主義的啟發下，吳宓超越體用之說與中西之別，強調世界不同文化
形態的融通，為儒學的發展開創新的生機。如他自述其思想的形成說：「宓曾
間接承繼西洋之道統，而吸收其中心精神。宓持此所得之區區以歸，故更能
了解中國文化之優點與孔子之崇高中正。」〔註56〕通過對孔子學說的梳理，
吳宓高度推崇孔子，認為：「孔子者，理想中最高之人物也。其道德智慧，卓
絕千古，無人能及之，故稱為聖人。聖人者模範人，乃古今人中之第一人也。」
〔註57〕因此，新文化的建設必須以中國文化，尤其是以孔子為中心和主體。

在競以破壞傳統為時尚的五四時代，湯用彤也對當時中國新舊之爭中所
涵納的意氣與偏頗，作了鞭辟入裡的分析，他說：「新學家以國學事事可攻，
須掃除一切，抹殺一切；舊學家則以為歐美文運將終，科學破產，實為『可
憐』，皆本諸成見，非能精考事實，平情言之也。」〔註58〕學衡派要做的正是
既能掃除成見，又可通過西學理論精考事實的工作。新文化運動中思想革命
的中心任務之一是反孔、批孔，相對於新文化陣營的文化激進，學衡派在對
待孔子的態度上顯得持重。在《學衡》的第一期插圖即一前一後刊登了孔子
和蘇格拉底圖像，公開表示尊孔。

〔註55〕吳宓，〈My Fundamental Beliefs 我之根本信條〉，《文學與人生》，頁151。
〔註56〕吳宓，〈空軒詩話·24〉，《雨僧詩文集》，頁454。
〔註57〕吳宓，〈孔子之價值及孔教之精義〉，《大公報》，1927年9月22日。
〔註58〕湯用彤，〈評近人之文化研究〉，《學衡》，第12期，1922年12月。

1931 年 11 月 2 日，《大公報‧文學副刊》第 199 期以「新孔學運動」為題，刊出郭斌龢在北平華文學校的英文演講詞〈孔學〉。郭斌龢以為「孔學非宗教，而為一種人文主義。以人為本，不含神學與超自然之理論。」強調今日中國所需者，為一新孔學運動，文章最後還提及郭斌龢用中西文化比較研究之法，在美國以英文發表了〈孔子與亞里士多德之人文主義〉一文。〔註 59〕

1932 年 9 月 26 日，吳宓未署名在《文學副刊》發表〈孔誕小言〉，強調中國文化的精神，是寄託於孔子一身，欲研究孔子，須先持了解與同情的態度。同年在南京的學衡派成員亦於 9 月 28 日，在《國風》第 3 號以「聖誕特刊」形式來紀念孔子誕辰。在這期的特刊中，除前述梅光迪讚揚孔子的文章〈孔子之風度〉外，還有柳詒徵針對新文化陣營打孔家店的言論而發的〈孔學管見〉和〈明倫〉，前者闡揚孔子之道，並對康有為的尊孔與五四的反孔均表示不滿；後者強調五倫在日常生活的作用，並重新以明五倫作為移風易俗，穩定社會的精神力量。郭斌龢則以中文形式發表〈孔子與亞里士多德之人文主義〉，突出強調孔子與亞里士多德倫理學說的相似之處。此外，范存忠（1903～1987）的〈孔子與西洋文化〉強調孔子學說對西方思想的影響；後來成為「新儒家」代表的唐君毅在〈孔子與與歌德〉一文中多方面比較兩人言行後，得出如下的結論：（1）生活之極端肯定，（2）生活之各方面化，（3）樂觀，（4）生活的和諧，（5）現實主義的人間世的，（6）泛神的宗教。〔註 60〕

在民族危機時刻，學衡派成員在南北兩報刊同時對傳統文化精神所寄的孔子重新進行反思與認同，他們跳出中國傳統文化圈，以世界多元文化的視野，主張文化無新舊、中西之分，在審慎的思辨評析中發掘孔子及儒學的現代價值，從而以一種更理性的態度去認識中國傳統文化，這也是他們「昌明國粹」的真義所在。

因此，正如論者所言，學衡派提倡的儒家「是一種新型態的儒家」，他們所提倡的儒家人文主義，「是民國初期的一次新儒家運動」。〔註 61〕

作為一種思想流派，現代新儒家主要是指「20 世紀 20 年代產生的以接續儒家『道統』為己任，服膺宋明儒學為主要特徵，力圖用儒家學說融合、會

〔註 59〕 〈新孔學運動〉，《大公報‧文學副刊》，第 199 期，1931 年 11 月 2 日。

〔註 60〕 見《國風》，第 1 卷，第 3 號，1932 年 9 月 28 日。

〔註 61〕 林麗月，〈「學衡」與新文化運動〉，《中國現代史論集》（台北：聯經出版事業公司，1990），第六輯，頁 527。

通西學以謀求現代化的一個學術思想流派。」〔註 62〕現代新儒家的提倡者，對於新文化陣營反傳統的舉措始終抱持反對的態度，創造性地重建傳統是新儒家的共性。他們認爲，融合中西哲學，以建立新儒學的觀點，早在 1922 年《學衡》創刊時，即已被反復的言說過。倘若進一步聯繫新儒家的主要人物牟宗三、方東美、唐君毅都長期在中央大學任教；中央大學是在 1928 年由東南大學改組而成立的，而東南大學又曾是《學衡》的搖籃，因此，不難想像他們之間的思想關聯。

（二）為新文學創作與批評提供古典主義的參照系統

　　針對胡適所提的五四是文藝復興的觀點，20 世紀 40 年代中期，李長之（1910～1978）在界定五四運動時，則把它概括爲是一場啓蒙運動而不是文藝復興。他認爲：

> 啓蒙運動的主要特徵是理智的，實用的，破壞的，清淺的。我們試看五四時代的精神，像陳獨秀對於傳統的文化之開火，像胡適主張要問一個「爲什麼」的新生活，像顧頡剛對於古典的懷疑，像魯迅在經書中所看到的吃人禮教，這些都是啓蒙的色彩，……明白與清楚，也正是五四時代的文化姿態。〔註63〕

在此，他將「現代性」劃分爲「啓蒙運動」和「文藝復興」兩個不同方面。認爲文藝復興應是一個古代文化的再生活動，而五四運動則僅是啓蒙精神的展現。這種啓蒙精神的主要特徵是「明白和清楚」。

　　正是立足於「理智的、實用的、破壞的、清淺的」的立場，「明白與清楚」是最好的選擇。陳獨秀在其著名的三個「推倒」三個「建設」的主張中，很明顯的，推倒的是幾千年來中國古典文學發展最終所形成的顯示其「美」的所在——貴族文學、古典文學、山林文學；要建設則是具有平易的、抒情的、國民的，新鮮的、立誠的、寫實的，明瞭的、通俗的、社會的等九個特點的新文學。胡適也認爲好的文學應具備三個條件：「第一要明白清楚，第二要有力能動人，第三要美。」依他的解釋，這三個要件其實只是一條，即要明白清楚；因爲他把「有力能動人」的要求又稱爲「逼人性」，認爲「明白之至，有逼人而來的『力』」。至於所謂的「美」，胡適以爲「美在何處呢？也只是兩

〔註62〕方克立，《現代新儒家與中國現代化》（天津：天津人民出版社，1988），頁 4。
〔註63〕李長之，〈五四運動之文化意義及其批評〉，《迎中國的文藝復興》（上海：上海書店，1992），頁 16～18。

個分子：第一是明白清楚；第二是明白清楚之至，故有逼人而來的影像。」並強調除此之外，沒有孤立的美了。〔註64〕作為文學革命的發起人，陳、胡二人有志一同的選擇了通俗明瞭、明白清楚作為即將誕生的新文學的理想標準。

五四新文學家自覺地依循新文化運動的總綱領，以「科學」和「民主」的雙重標準來選擇和建構新文學發展的道路；他們用「科學」而非「藝術」作為衡量文學思潮是否先進的標準。由於對科學的膜拜，使得他們特別強調「真」，如沈雁冰就說：「不真的就不會美，不算善。」〔註65〕相對於一般意義上的文學講求形式、鋪陳、雕琢等美學的規範，新文學陣營當時的普遍共識是「美」既是明白清楚，又是「真」。在啟蒙重壓與科學理想下，五四新文學似乎有意無意地忽視藝術層面，從而造成五四文學觀「美的缺失」。

中國 20 世紀的新文學運動，本身就包含著一場深刻的古今之爭和新舊之爭。這種爭論從新文學運動的醞釀階段就已經開始，胡適和梅光迪表面是為詩歌的用詞而爭，實際上是事關文學的創新和守舊，如何看待文學發展中的傳統與現代之間的關係問題。中國現代文藝美學的產生，除了新文學陣營所引進的文藝復興以來的浪漫主義、現實主義、自然主義以及不斷湧現的現代主義思潮外，還承接了古典主義傳統的學衡派的影響。早在 1916 年，梅光迪譴責胡適文學革命的主張時，就有意把胡適列入當時美國的實用主義、意象主義等新潮一流，力勸胡適須「立定腳跟，勿為所搖」，才能有助於文學的發展。在給胡適的信中，他說：「凡世界上事，惟中庸則無弊。學術思想一尊之流弊，在狹隘而無發揚餘地；學術思想自由極端之流弊，在如狂瀾決堤而不可收拾，其禍與學術一尊一也。」〔註66〕他指出因學術思想極端自由而造成流弊的，歷史上有「吾國之晚周與今日之歐美」；〔註67〕近百年來，歐美因為盧梭及其浪漫主義思潮之故，致使「個人主義已趨極端，其流弊乃眾流爭長，毫無真偽美惡之別，而一般凡民由任情使性，無省克與內修之功以為之防範，其勢如失舵之舟，無登彼岸之望。」〔註68〕在對西方物質文明和過度個人主

〔註64〕胡適，〈什麼是文學——答錢玄同〉，《胡適學術文集·新文學運動》，頁87～89。

〔註65〕沈雁冰，〈自然主義與中國現代小說〉，《小說月報》，第13卷，第7號，1922年7月10日。

〔註66〕梅光迪，〈致胡適信四十六通·第三十五函〉，《梅光迪文錄》，頁166。

〔註67〕同註66。

〔註68〕同註66，頁167。

義等現代性弊端的否定下，他重申先秦孔孟的「中庸」的文學道統及其中所隱含的人文理想。

梅光迪極力維護文言與白話的界線和秩序，在他看來，胡適「白話入詩」的主張和其他文學革命思想正是爭新尚異，不問其真只問其新的一種新潮流，不是中庸與理性的態度。他認為：「詩者，為人類最高最美之思想感情之所發宣，故其文字亦須最高最美，擇而又擇，選而又選，加以種種格律音調以限制之，而後始見奇才焉，故非白話所能為力者。」〔註69〕梅光迪這種強調中庸、選擇和限制的原則，充分體現古典主義者講究「適度的觀念」、「控制情感和想像」、「趨向於穩定、和諧和理性」的審美趣味。〔註70〕

為了貫徹《學衡》創辦的主要目的，亦即對新文化新文學運動的批評和反思，以匡正其「謬誤」的任務，儘管文學革命已過了討論期，其他的文學社團也在建設新文學的前提下紛紛專注於創作，學衡派卻仍投下大半的精力持續追問新文學運動的合法性。在對文學革命的批判和修正的論爭中，他們提出了自己對於建設新文學的古典主義的主張。在白璧德思想的影響下，學衡派強調思想和美學上的恆定價值和普遍永久性質。這種普遍恆定的價值超越具體歷史時空的限制，必須久經美學的鍛鍊方能獲致，因此，這種藝術法則的恆久可靠只能來自傳統所積累的經驗，同時有必要地去摹仿古代的經典。學衡派肯定中國既有的文化文學中存在著某種不為時地所限而具有永恆價值的東西，新文化新文學的建設應該在繼承這些優秀遺產的基礎上前進，而非拋棄傳統、割斷歷史的破舊立新式的革命。

五四時期，他們從文化立場、審美理想和理論形態上最先體現出古典主義的傾向。在文學觀上，他們批判「立言新奇，務求偏激」的文學態度，反對極端的浪漫主義、現實主義和唯美主義，強調道德理性的指導作用，主張用傳統的古典的價值標準來衡量文學，並注重文體的有機完整性。在創作觀上，他們反對一味推崇天才創造，自我表現的傾向，主張文學摹仿說和保持文學傳統的連續性等。他們特別重視文學在道德方面的作用和影響，從而開創中國新文學中的道德批評模式。

在學衡派看來，文學的本質和功用離不開道德。如吳芳吉反駁胡適所謂「文學自有獨立之價值，不必以道德為本」之說，乃屬「似是而非之言」；他以花之於土來比喻文學與道德的關係：

〔註69〕梅光迪，〈致胡適信四十六通‧第三十七函〉，《梅光迪文錄》，頁170。
〔註70〕多米尼克‧塞克里坦著，艾曉明譯，《古典主義》，頁159。

> 文學作品譬如園中之花，道德譬如花下之土。彼游園者固意在賞花
> 而非以賞土，然使無膏土，則不足以滋養名花。土雖不足供賞，而
> 花所托根，在於土也。道德雖於文學不必昭示於外，而作品所寄，
> 仍道德也。故自此狹義言之，文學以載道之說，仍較言之有物爲甚
> 圓滿有理。〔註71〕

把道德提升到「作品所寄」的重要地位，強調文學在增進人類人格和道德修
養方面的作用。文學的性質和功用既如此，則反映在文學批評的要求又如何？
吳宓有一段頗能代表學衡派觀點的表述：

> 蓋今之文學批評，實即古人所謂義理之學也。其職務，在分析各種
> 思想觀念，而確定其意義。更以古今東西各國各時代之文章著作爲
> 材料，而研究彼等思想觀念如何支配人生，影響事實。終乃造成一
> 種普遍的、理想的、絕對的、客觀的眞善美之標準，不特爲文學藝
> 術賞鑒選擇之準衡，抑且爲人生道德行事立身之正軌。……是故文
> 學批評乃以哲學之態度及方法研究人生。〔註72〕

在此，吳宓首先表明受白璧德人文主義影響，學衡派接受「文學是人生的批
評」的觀點，並進一步確認文學批評實際上也是一種人生的批評，只不過文
學創作是用作品批評人生，而文學批評是「以哲學之態度及方法研究人生」。
其次，學衡派用以批評文學和人生的哲學是「義理之學」；此中所謂的「義理」，
不僅指中國儒家的性理之學，還包含白璧德的人文主義。因此，學衡派用來
批評文學和人生的哲學，實即中西相通的人文主義理論。再者，學衡派承襲
白璧德關於「批評中之主要問題，在搜求標準以抗個人之狂想」的觀點，〔註
73〕將確立批評標準作爲文學批評的首要問題。他們認爲文學藝術賞鑒選擇的
標準與立身行事的原則是完全一致的，亦即文學批評的首要標準是道德。換
言之，衡量作品的好壞，主要觀乎其所表現的道德觀念是否純正？是否「以
救世濟物爲志」？是否有益「轉移風俗，端正人心」？〔註74〕

　　學衡派認爲過去文學之弊在視道德過重過狹，現今之弊則是視道德過輕
過泛；基於這種認識，他們強調道德的意義，甚至把道德上的「善」置於文

〔註71〕吳芳吉，〈再論吾人眼中之新舊文學觀〉，《學衡》，第21期，1923年9月。
〔註72〕吳宓，〈浪漫的與古典的〉（書評），《大公報》，1927年9月17～19日。
〔註73〕梅光迪，〈現今西洋人文主義〉，《學衡》，第8期，1922年8月。
〔註74〕吳宓，〈文學研究法〉，《學衡》，第2期，1922年2月。

學標準的首位，認為文學之美應該服從「善」的標準，所謂「美之大者為善。美而不善，則雖美勿取。」〔註75〕這種倫理選擇的批評標準，與稍後的梁實秋對文學批評性質的看法頗為一致。除道德的基本標準外，學衡派還將傳統作為文學批評的重要準則之一。與白璧德一樣，胡先驌攻擊浪漫派以破壞標準為能事，主張「本人類固有之天性與數千百年之經驗」，作為討論文學之標準。〔註76〕然則，並非所有的傳統文學都能成為批評的標準，胡先驌以西方文學為例，進一步指出：「西洋稱可以垂範於後世之著作，謂之 classic，即含階級、類別、宗派之意，亦即模範之謂。」「文學作品，或詩歌，或散文，或戲曲，小說，或傳記，苟能登峰造極莫能相尚，則謂之為模範作品，謂之為classic，謂之為正宗。」〔註77〕說明學衡派認為歷史上出類拔萃的作品就是文學的典範和標準。

　　儘管與新文學陣營的價值取向不同，不過，彼此在文學觀上的功利性傾向卻有志一同。對學衡派來說，文學並非自足的，它是以人生道德為歸宿和目的，相對於新文學陣營因強調寫實主義「實地觀察」、「如實描寫」的原則，因而虧空了藝術美的層面，學衡派認為「文以載道」的「道」，固然是指孔孟之道，但同時也可解釋為道德的簡稱。當其強調文學的道德性時，顯然也將文學的複雜性納入思考範疇，因此，他們特別為藝術留出一定的空間：「吾國自來之習尚，即以道德為人生唯一之要素，……此種習尚，固足以鞏固人類道德之精神，然有時藝術界乃受其害。」在此，胡先驌主張對歷史上道德有虧而藝術價值高的作品，予以寬容對待，他指出如明代的阮大鋮雖德行不佳，詩作藝術價值卻有可觀之處，然其詩集不獲刊行，實為可悲之事。他以「孔雀有毒，文采斐然」，〔註78〕來說明應該將道德和藝術分開來看待，以免陷入簡單化的批評模式。同樣的思考模式也出現在景昌極的論說中，他以為像《金瓶梅》這樣藝術性高而道德影響卻不善的作品，「當分別言之，識其藝術上之特點，而認其道德上之缺憾可也。」〔註79〕

　　這種既強調文學的道德作用，又不惟道德的文學觀，正是學衡派力主中

〔註75〕郭斌龢，〈新文學家之痼疾〉，《學衡》，第 55 期，1926 年 7 月。

〔註76〕胡先驌，〈文學之標準〉，《學衡》，第 31 期，1924 年 7 月。

〔註77〕同註 76。

〔註78〕胡先驌，〈讀阮大鋮《詠懷堂詩集》〉，《學衡》，第 6 期，1922 年 6 月。

〔註79〕溫徹斯特（Caleb Thomas Winchester1847～1920）著，景昌極、錢士新譯，《文學評論之原理》（台北：商務印書，1969），頁 61。

正、中庸、中道、合度、不走極端的人生態度與文學的標準。儘管學衡派的文學主張並不系統化，並且未能形成有個性的古典主義理論模式和規範，但由於保持傳統與現代之間的張力關係，恰恰是「現代」得以存在的必要條件；正是在這個意義上，古典主義既不是現代性的克服，也不是一個新的開端，而是在批判現代性中延續或推進現代性原則。20 世紀 20 年代，白璧德人文主義觀念的知識譜系通過學衡派系統地被譯介進入中國，「架起了中國現代學者與西方古典文化的橋樑」，〔註80〕學衡派所堅守的白璧德人文主義思想的古典文化理念與審美理想，後來在新月派的主要批評家梁實秋的手中得到更詳盡系統的發揮，同時對新月派的創作產生重要的影響。

在新文學的建設時期中，作為古典主義理論的自覺代表，學衡派和梁實秋彷彿是現代文學中的孤立的特例。不過，隨著新文學統一戰線的分化，部分新文學家在反思新文學運動的得失中重新體認「古典」與「現代」的複雜糾葛，及在現代文化中不容忽視的「傳統」的影響力，古典主義那種尊重傳統的文化理念和節制、均衡、和諧的美學追求，提供不少新文學家精神上的慰藉和心靈上的避風港。白璧德人文思想中的古典主義不僅影響到學衡派和新月派作家的文學觀念與創作，同時通過學衡派與新月派的傳承和輻射，影響到後來京派作家群如朱光潛、李長之等人，從而形成一道獨特的古典主義風景，參與作用中國現代文學史。

（三）復古歐化之外的第三條道路

在對學衡派的研究過程中，可以發現中國近現代的「文化保守」與「文化激進」兩大思潮間，因其面對相同的社會條件和共同的時代主題，因此，雙方除互相對立的立場外，往往還表現為互相滲透、啟發的關係。一向被視為復古保守的學衡派與新文化倡導者的對立，並不是一種向西方學習的「趨新」與回歸中國傳統「守舊」的對立；事實上，在向西方學習這一點上，學衡派與新文化倡導者都是「趨新」者，只是雙方所「趨」之「新」不同罷了。從時代關係和理論形態來看，被視為守舊的學衡派反更為趨新。〔註81〕經過

〔註80〕武新軍，《現代性與古典傳統——論中國現代文學中的「古典傾向」》（開封：河南大學出版社，2005），頁 26。

〔註81〕歐陽軍喜以為新文化派與學衡派之論爭是一種文化觀念的論爭。一方固守 19世紀流行的帶有啟蒙時代特徵的「文明」概念，一方固守 20 世紀初流行帶有反啟蒙時代特徵的「文化」概念。見氏著，〈論學衡派對五四新文化運動的批評〉，《清華大學學報》，第 14 卷，第 3 期，1999 年 9 月，頁 54～59。

前面的考察，可以發現，學衡派與新文化倡導者的分歧，主要在於他們使用了完全不同的價值概念，具體言之，即 20 世紀的「文化觀」與 19 世紀的「文明觀」之間的衝突，亦即「人文主義」與「科學主義」之間的衝突。

由於文化價值取向不同，新文化倡導者站在啟蒙的立場，對於理論的探討，注重學理性，更注重實際的可行性與效果；以胡適為例，他運用科學實用主義的方法，將傳統文化作為科學研究的對象，因此對他而言，文化無所謂高下之分。相對地，學衡派是理論家、學者，但也深受理論束縛並始終局限於理論之中，當其選用白璧德人文主義的方法，將傳統文化視作學習的對象，既要對之「同情」又要加以「選擇」。「同情」代表對文化傳統的尊重，而「選擇」則表明要取其精華，使其流傳萬世。〔註 82〕雙方的論爭並非激進與保守或進步與反動的鬥爭，而是對西方文化思想資源不同的選擇，對中國文化現代化出路的不同想像；強調傳統文化的普遍性、永恆性的學衡派，實是新文化運動的有益的制衡者。

因此，學衡派與新文化倡導者間的根本歧異並不在於新文化運動是否應該發生，而是在對「新文化」的生成方式上有著不同的理念與設計方案。在當時中國社會的時空背景下，多年西化無成，已讓部分智識分子對一味學習西方的道路有所反思，又適值被白璧德稱為「標誌著對人道主義衝動最苦澀的背叛」〔註 83〕的第一次世界大戰爆發，暴露出西方資本主義文明的缺陷，使人對西方文明價值產生極大的懷疑和困惑。自覺承擔文化的命運和自身的使命的學衡派，其面目不同於民初的「孔教派」和「國粹派」，他們大多留學西方，具有世界性的開放眼光，因而在對待傳統文化時擁有一種反觀自省的態度；他們沒有追新逐奇，也沒有抱殘守闕，主張學術獨立，以學術安身立命，確立了現代智識分子的立身崗位和存在意義。

近代以來的中國，亡國滅種的巨大陰影所帶來的心理焦慮將二元對立的戰爭文化規範推向極致：新／舊、進步／落後、激進／守舊、革命／反革命等，「世界形成了兩個戰壘，……誰也不許站在中間。你到這邊來，或者到那邊去！」〔註 84〕這種簡單的二元對峙，非此即彼的思路，成為一種絕對化的

〔註82〕王晴佳，〈白璧德與「學衡派」——個學術文化史的比較研究〉，頁 86。
〔註83〕理查德·甘博，〈國際主義的「致命缺陷」：白璧德論人道主義〉，《人文主義：全盤反思》，頁 61。
〔註84〕成仿吾，〈從文學革命到革命文學〉，《創造月刊》，第 1 卷，第 9 期，1928 年 2 月 1 日。

存在，第三條道路在尖銳的對峙面前是不被考慮與認可的。學衡派跳脫了這種偏執的、絕對化的思路，他們想像的中國新文化建設圖景，既不是激進的反傳統所造成的文化斷裂，也非守舊復古的洋翰林，他們所構築的創新之道是在「復古歐化之外」〔註85〕的第三條道路。所謂在「復古歐化之外」的第三條道路，是一種超越復古守舊與歐化激進的一種文化理念，而不是一種夾在兩派之間的中間道路。他們認為學術無所謂新舊、中西、有用與無用之分，在「兼取中西文化文明之精華，而熔鑄之，貫通之」〔註86〕的原則下，學衡派立足於各種文化體系平等的視閾上，要求對傳統應有同情性的瞭解，並在此基礎上，對西方新學兼收並覽，審慎擇取，力圖走出一條立足本土、中西結合、漸進反省的學術之路，以圖重建文化新典範。

學衡派的文化理念容或有自我矛盾之處，然皆體現著20世紀20年代智識分子一種單純而堅摯的學術理想，這群書齋中的學人向我們昭示了一代文化保守主義者在時代變革中的艱難步履。他們已經結束了舊的時代，而我們正要開始新的發展階段。80多年前的學衡派藉助西方現代學說對傳統文化進行的重新闡發，已成為實現傳統現代性轉換的重要思想。

四、學衡派研究的再思考

1960年代吳宓動手編寫編年體的自傳，內容包含童年時代的回憶、清華學堂時期的學習活動、留美時所接受的西方文化和思想的影響，以及回國後講學東南大學和參與創辦《學衡》的種種經歷。他回憶留美期間在因緣際會下師友白璧德與梅光迪，從而改變了他「一生之事業、聲名，成敗、苦樂」。〔註87〕從吳宓的回憶中，不難看出選擇文化保守主義之路的學衡派，對於他們傾注心血與真誠的「人文主義」在20世紀20～30年代非但未能引起大眾的共鳴與同情，反而招致尖刻批判的命運，有諸多的不平與不解。在經歷半個多世紀後，吳宓雖將一切歸諸為「非人為，皆天命也」，〔註88〕然此中的遺憾更折射出整個學衡派歷史的悲劇性命運。

但作為一個現代思想文化流派，儘管學衡派存在著自身的局限，其文化

〔註85〕吳芳吉，〈再論吾人眼中之新舊文學觀〉，《學衡》，第21期，1923年9月。
〔註86〕吳宓，〈論新文化運動〉，《學衡》，第4期，1922年4月。
〔註87〕吳宓，《吳宓自編年譜：1894～1925》，頁176。
〔註88〕同註87。

與文學思想的本質追求，基本上與新文化陣營並無二致，彼此都致力於中國文化與文學的創新和發展，所不同者在雙方取徑上的歧異。五四新文化新文學的兩大旗幟——民主和科學，其背後的哲學話語是人道主義與科學主義；具體到現代文學，與人道話語相關者如人的覺醒、個性的解放、人的文學、平民文學與浪漫主義等；與科學話語相關者為寫實主義、自然主義等。在科學和民主的指引下，新文化人帶著一種「弒父」情結，對傳統文化與文學進行徹底的批判和否定。至於學衡派從一開始就以一種「抗衡」激進力量的文化保守姿態出現，在建構新文化和新文學的藍圖中，他們操持另一套話語系統，以人文主義和古典主義的姿態加入歷史敘述的理論預設中，使史實與學理的邏輯關係從單一的、既定的意識形態的框限中解脫出來。

學衡派與新文化陣營之間的論爭，不僅是中國文化保守主義與文化激進主義在 20 世紀初的對峙，同時也是白璧德人文主義與杜威實用主義信徒之間在中國新文化與新文學建設上的較量。〔註 89〕兩派人馬各擁西方權威理論，通過理論旅行，使外來文論與中國文論的學術規則相結合，逐步內化於中國獨特的言說方式之中，兩者各自提供了一種闡釋文化身分建構的維度。雙方的文化理念與立場本可以在開放的、對等的「對話」中互相交流，在社會活動中互相制約，最終形成較為合理的文化價值取向。惟 20 世紀 20 年代的中國社會與歷史環境並未提供雙方如此輕鬆的氛圍與從容的時間；倉促且嚴屬的時空現實，使得學衡派在與新文化倡導者的對峙抗衡中，殘存的話語與主導的、新興的話語同時共存，彼此間形成參差錯落的多層次、多向度的對話局面。

因此，當我們跳脫二元對立的情境，從多元共生語境的夥伴關係中考察、開掘學衡派與新文化新文學運動的對話時，即可發現作為一個群體的學衡派的活動，同是構成五四新文化運動中的重要人文景觀之一，他們是五四前後文化史中不容忽視的力量。雖然，學衡派在 20 世紀 20 年代的中國思想文化界所推行的人文主義運動，正如梅光迪所言「缺乏創造性等因素」，再加上「沒有自己的名稱和標語」，〔註 90〕最終難以形成一場聲勢浩大、具有

〔註89〕侯健曾指出，學衡派都曾從白璧德受業，他們的對手又恰與白璧德在美國遭遇的對手有直接關係：文學革命的倡始者是胡適，其思想來自達爾文和杜威，而杜威正是曾與白璧德激辯過的。見氏著，《從文學革命到革命文學》，頁 7。
〔註90〕梅光迪，〈人文主義和現代中國〉，《梅光迪文錄》，頁 215。

影響力的運動。不過，學衡派最獨特的存在方式與價值，也正是梅光迪所揭示的：「它以各種方式告示國人，建立一個新中國唯一堅實的基礎是民族傳統中的精粹部分；其立場集中表現爲哲學、教育上的理想主義及文學中的古典主義。」〔註91〕

就歷史事實來說，以學衡派爲代表的人文主義和古典主義思潮，及其批判和反思的立場，始終貫穿整個《學衡》的辦刊過程。由於他們的加入，使我們一方面可以看到古典主義傳統在 20 世紀 20 年代新文化運動中不致斷絕；另一方面也意味著五四的精神正是由於這種文化、教育、心理上的多方需求，在不同趨向的各派力量共同運作下，相互影響而締造完成的。

正如論者所指稱，學衡派等保守主義的「昭雪平反」與中國後現代主義的聲名鵲起一同被視爲 20 世紀 90 年代中國思想文化發展中的引人注目的事件。〔註92〕隨著各式文獻史料的出版，有關學衡派的研究也向前跨了好幾步。然對於學衡派的研究始終是由對岸的學者專家主導，台灣學界對學衡派的聚焦多半停留在《學衡》主編吳宓的文學與個人情事以及史學家柳詒徵的史學思想研究方面；青年學者的學位論文，除 80 年代王瓊玲的《學衡派對文學革命思潮的反響》與沈松僑的《學衡派與五四時期的反新文化運動》分別從新文學與新文化的角度較全面地討論學衡派，其他針對學衡派作整體性研究論述的作品幾乎不蹤跡。值得一提的是，沈松僑之後（1982）直到 2002 年陳碩文的《吳宓及其文學思想研究》以前，整整 20 年未見以學衡派爲研究主題的學位論文。在 21 世紀的學位論文中，台灣的青年學者迄今共交出四張成績單，〔註93〕惟以學衡派爲核心的博士論文撰著，在台灣地區尚未獲見。

近年來，隨著大陸學界的「學衡熱」日趨退潮，在激情過後的沉澱下，學衡派在五四新文化運動研究中再次出場，並被筆者試圖全面化地重新解讀，細節化地同情理解，更在選擇與博愛、人文精神與科學理性相對峙的世界性歷史語境中，思考在「文化──社會」這一結構組合中，學衡派具體存

〔註91〕梅光迪，〈人文主義和現代中國〉，《梅光迪文錄》，頁 224。

〔註92〕李怡，〈反現代性：從學衡派到「後現代」？〉，《中州學刊》，第 5 期（總第 131 期），2002 年 9 月，頁 79。

〔註93〕陳碩文，《吳宓及其文學思想研究》（台北：政治大學，2002）；王正良，《新舊文學視野的重整──以《學衡》與《新青年》爲焦點的探索與延伸》（彰化：彰化師範大學，2002）；王信凱，《柳詒徵研究──一個學術文化史個案分析》（宜蘭：佛光人文社會學院，2005）；蕭旭均，《學衡派的歷史觀》（台北：文化大學，2008）。

在的地位。綜合言之，在更完整而全面的五四新文化運動史的描述出現以前，本文所對學衡派所思考的一些論題，應可為現今已有的新文化研究格局作一種補充。

　　本論文以「學衡派文化與文學思想研究」為題，著重強調的是學衡派與新文化倡導者彼此間在相互參差的對話中，所共構出的文化與文學的碩果。隨著本論文的研究告一段落，有關《學衡》及學衡派的研究，仍有許多值得開展的主題，如《學衡》的部分，共 79 期的《學衡》，以其擁有一批守舊派的作者，使其內容既博且雜，除有關西方文化文學的理論作品外，《學衡》的「文苑」欄保存了許多民國以來的舊體詩詞作品，其中有不少作品屬於現代學人自我情感的書寫，均可作為未來《學衡》研究的繼承；另外，《學衡》可與《史地學報》、《國風》、《思想與時代》等刊物聯成一系，屬於史地學研究領域。至於「學衡派」部分，重要人物的個別研究，如湯用彤、景昌極的佛學，繆鳳林、張蔭麟的史學，都是值得拓展的研究領域。作為新文化新文學陣營的糾偏者，學衡派在現代學術史上的地位持續地發酵著，而其未來的後續研究，也同樣充滿著挑戰與展望。

徵引書目

（一）**報刊**（依筆畫次序排序，下同）

1. 《大公報·文學副刊》（天津：大公報社，1902～1949）。
2. 《小說月報（1920～1931）》（東京：東豐書店，1979）。
3. 《少年中國》（上海：上海亞東圖書館 1919～1924）。
4. 《文哲學報》（北京：線裝書局，2006）。
5. 《文學旬刊（1916～1929）》〔註1〕（上海：上海書店，1984）。
6. 《中國青年彙刊（1923～1926）》（上海：中國青年社，1925）。
7. 《申報（1872～1949）》（上海：申報社 1872～1949）。
8. 《宇宙風》（上海：宇宙風社，1935～1947）。
9. 《東方雜誌（1904～1973）》（台北：台灣商務印書館，1976）。
10. 《晨報副刊（1916～1928）》〔註2〕（北京：人民出版社，1981）。
11. 《國風（1932～1935）》（台北：文海出版社，1973）。
12. 《國粹學報（1905～1909）》（揚州：廣陵書社，2006）。
13. 《國學季刊》（台北：學生書局，1967）。
14. 《國學叢刊》（南京：東南大學國學研究會，1923～1926）。
15. 《創造季刊（1922～1924）》（上海：上海書店，1983）。

〔註 1〕 《文學旬刊》自 1923 年 8 月，第 81 期起改刊名爲《文學》，1925 年 5 月第 172 期改刊名爲《文學週報》。

〔註 2〕 《晨報》1916 年 8 月 15 日創刊時，在第 7 版刊載小說、詩歌小品文和學術講演等，因隨《晨報》附送，故稱《晨報附刊》；1921 年 10 月 12 日，第 7 版改出 4 版單張，並定名爲《晨報副刊》，著重宣傳新文學，同時按月出版合定本，1928 年 6 月停刊。

16. 《清華周刊》（北京：清華學校，1915～1922）。

17. 《新潮（1919～1920）》（上海：上海書店，1986）。

18. 《新青年／青年雜誌》（1915～1926），（上海：上海書店，1988）。

19. 《學衡（1922～1933）》（南京：江蘇古籍出版社，1999）。

（二）史料

1. 丁文江、張君勱等，《科學與人生觀》（瀋陽：遼寧教育出版社，1998）。

2. 丁文江、趙豐田編，《梁啟超年譜長編（修訂本）》（上海：上海人民出版社，1983）。

3. 人民文學出版社部主編，《中華文學評論百年精華》（北京：人民文學出版社，2002）。

4. 王瑤，《中國新文學史稿》（上海：上海文藝出版社，1982）。

5. 王芝琛、劉自立編，《1949年以前的大公報》（濟南：山東畫報出版社，2002）。

6. 王國維，《王國維遺書》，（上海：上海書店出版社，1996）。

7. 中國文化大學張其昀先生紀念文集編纂委員會編，《張其昀先生紀念文集》（台北：文化大學出版社，1986）。

8. 白璧德著，張沛、張源譯，《文學與美國的大學》（北京：北京大學出版社，2004）。

9. 白璧德著，孫宜學譯，《盧梭與浪漫主義》（石家莊：河北教育出版社，2003）。

10. 白璧德，《民主與領導》（台北：協志工業叢書出版股份有限公司，1970）。

11. 司馬長風，《中國新文學史》（台北：傳記文學出版社，1991）。

12. 朱自清，《朱自清全集》（南京：江蘇教育出版社，1997）。

13. 成仿吾，《成仿吾文集》（濟南：山東大學出版社，1985）。

14. 李石曾，《李石曾先生文集》（台北：中國國民黨中央黨史委員會，1980）。

15. 李何林，《近二十年中國文藝思潮論》（桂林：生活書店，1939）。

16. 李何林，《李何林文論選》，（北京：人民文學出版社，1986）。

17. 李長之，《迎中國的文藝復興》（上海：上海書店，1992）。

18. 李輝英，《中國現代文學史》（香港：東亞書局，1970）。

19. 杜威著，胡適譯，《杜威五大講演·教育哲學》（合肥：安徽教育出版社，1999）。杜亞泉著，許紀霖、田建業編，《杜亞泉文存》（上海：上海教育出版社，2003）。

20. 吳宓，《雨僧詩文集》（台北：地平線出版社，1971）。

21. 吳宓,《文學與人生》(北京:清華大學出版社,2000)。

22. 吳宓著,吳學昭整理注釋,《吳宓日記》10 冊(北京:三聯書店,1998)。

23. 吳宓著,吳學昭整理,《吳宓自編年譜:1894～1925》(北京:三聯書店,1995)。

24. 吳宓著,吳學昭整理,《吳宓詩話》(北京:商務印書館,2005)。

25. 吳宓著,呂效祖編,《吳宓詩及其詩話》(西安:陝西人民出版社,1992)。

26. 吳宓著,徐葆耕編,《會通派如是說——吳宓集》(上海:文藝出版社,1998)。

27. 吳文祺,《近百年來的中國文藝思潮》(香港:龍門書店,1969)。

28. 吳稚暉,《吳稚暉先生文存》(台北:河洛圖書出版社,1978)。

29. 吳學昭,《吳宓與陳寅恪》(北京:清華大學出版社,1992)。

30. 沈雁冰,《茅盾全集》(北京:人民出版社,1984)。

31. 沈雁冰,《茅盾選集》(成都:四川文藝出版社,1982)。

32. 沈雁冰,《茅盾文藝雜論集》(上海:上海文藝出版社,1981)。

33. 沈雁冰,《我走過的道路》(北京:人民文學出版社,1984)。

34. 周作人,《周作人自編文集:苦竹雜記》(石家莊:河北教育出版社,2002)。

35. 周作人,《周作人自編文集:歐洲文學史》(石家莊:河北教育出版社,2002)。

36. 周作人,《周作人自編文集:自己的園地》(石家莊:河北教育出版社,2001)。

37. 周作人,《周作人自編文集:談龍集》(石家莊:河北教育出版社,2001)。

38. 周作人,《周作人自編文集·苦雨齋序跋文》(石家莊:河北教育出版社,2002)。

39. 周作人,《周作人全集:談虎集》(台北:藍燈事業文化股份有限公司,1982)。

40. 周作人,《知堂回想錄》(香港:三育圖書有限公司,1980)。

41. 周作人著,鍾叔河編,《周作人文類編:本色——文學、文章、文化》(長沙:湖南文藝出版社,1998)。

42. 阿英,《中國新文學大系·史料》(上海:上海文藝出版社,2003)。

43. 阿諾德著,韓敏中譯,《文化與無政府狀態》(北京:三聯書店,2002)。

44. 林語堂,《林語堂名著全集》(長春:東北師範大學出版社,1994)。

45. 林語堂,《我的話》(台北:志文出版社,1966)。

46. 林語堂,《中國人的生活智慧》(西安:陝西師範大學出版社,2007)。

47. 林語堂編著,《人物小品》(台北:金蘭文化出版社,1986)。

48. 胡適，《胡適文存》（上海：上海書店，1989）。

49. 胡適，《胡適文存二集》（上海：上海書店，1989）。

50. 胡適，《胡適文存三集》（上海：上海書店，1989）。

51. 胡適，《嘗試集》（合肥：安徽教育出版社，1999）。

52. 胡適，《胡適論學近著》（濟南：山東人民出版社，1998）。

53. 胡適，《四十自述》（台北：遠流出版公司，1986）。

54. 胡適，《胡適日記》手稿本（台北：遠流出版事業股份有限公司，1989）。

55. 胡適，《胡適全集》（合肥：安徽教育出版社，2003）。

56. 胡適，《胡適的日記》（樹林：漢京文化事業有限公司，1987）。

57. 胡適，《胡適留學日記》（台北：台灣商務印書館，1980）。

58. 胡適著，姜義華編，《胡適學術文集·新文學運動》（北京：中華書局，1998）。

59. 胡適著，姜義華主編，《胡適學術文集：中國文學史》（北京：中華書局，1998）。

60. 胡適著，姜義華主編，《胡適論學文集·中國哲學史》（北京：中華書局，1991）。胡適編選，《中國新文學大系·建設理論集》（上海：上海文藝出版社，2003）。

61. 胡適、余英時等著，《胡適與中西文化》（台北：水牛圖書事業出版有限公司，1984）。

62. 胡先驌著，張大爲、胡德熙、胡德焜編，《胡先驌文存》（南昌：江西高校出版社，1995）。

63. 胡宗剛撰，《胡先驌先生年譜長編》（南昌：江西教育出版社 2007）。

64. 胡夢華、吳淑貞，《表現的鑑賞》（上海：現代書局，1928）。

65. 胡愈之，《胡愈之文集》（北京：三聯書店，1996）。

66. 亞里士多德著，羅念生譯，《詩學》（北京：人民文學出版社，1982）。

67. 柳詒徵著，柳曾符、柳佳選編，《劬堂學記》（上海：上海書店出版社，2002）。

68. 柳詒徵著，柳定生、柳曾符編，《柳詒徵劬堂題跋》（台北：華正書局，1996）。

69. 柳詒徵，《中國文化史》（上海：東方出版中心，1988）。

70. 美國《人文》雜誌社、三聯書店編輯部編，《人文主義：全盤反思》（北京：三聯書店，2003）。

71. 范伯群、金名主編，《中國近代文學大系·俗文學集》（上海：上海書店，1992）。

72. 韋勒克著，楊豈深、楊自伍譯，《近代文學批評史》（上海：上海譯文出版社，1997）。

73. 郁達夫，《郁達夫文集》（廣州：花城出版社，1982）。

74. 唐弢，《中國現代文學史》（北京：人民出版社，1979）。

75. 浦江清著，浦漢明編，《浦江清文史雜文集》（北京：清華大學出版，1993）。

76. 浦江清，《清華園日記·西行日記》（北京：三聯書店，1999）。

77. 夏志清，《中國現代小説史》（台北：傳記文學出版社，1991）。

78. 孫尚揚、郭蘭芳編，《國故新知論——學衡派文化論著輯要》（北京：中國廣播電視出版社，1995）。

79. 張其昀，《東西文化》（台北：正中書局，1976）。

80. 梁啓超，《飲冰室合集》（台北：中華書局，1989）。

81. 梁漱溟，《東西文化及其哲學》（台北：里仁書局，1983）。

82. 梁實秋，《文學因緣》（台北：時報文化出版公司，1986）。

83. 梁實秋，《秋室雜憶》（台北：傳記文學出版社，1969）。

84. 梁實秋，《梁實秋論文學》（台北：時報文化出版公司，1982）。

85. 梁實秋，《雅舍散文》（台北：九歌出版社，1985）。

86. 梁實秋、侯健著，《關於白璧德大師》（台北：巨浪出版社，1977）。

87. 梅光迪著，羅崗、陳春艷編，《梅光迪文錄》（瀋陽：遼寧教育出版社，2001）。

88. 梅光迪，《梅光迪先生家書集》（台北：中國文化學院，1980）。

89. 郭沫若，《文藝論集·論詩三箚》（北京：人民文學出版社，1979）。

90. 郭沫若，《郭沫若全集》（北京：人民文學出版社，1989）。

91. 郭沫若，《郭沫若論創作》（上海：上海文譯出版社，1983）。

92. 郭沫若著，黃淳浩編，《郭沫若自敘》，（北京：團結出版社，1996）。

93. 郭湛波，《近五十年中國思想史》（濟南：山東人民出版社，1997）。

94. 陳崧編，《五四前後東西文化問題論戰文選》（北京：中國社會科學出版社，1989）。

95. 陳寅恪，《金明館叢稿二編》（上海：上海古籍出版社，1980）。

96. 陳獨秀，《陳獨秀著作選》（上海：上海人民出版社，1993）。

97. 章太炎著，湯志均編，《章太炎政論選集》（北京：中華書局，1977）。

98. 章太炎，《國學概論》（上海：古籍出版社，1997）。

99. 章太炎等講，《國學研究會演講錄》（台北：廣文書局，1980）。

100. 黃侃，《黃侃日記》（南京：江蘇教育出版社，2001）。

101. 彭明,《五四運動史》(北京:人民出版社,1984)。

102. 湯用彤,《湯用彤全集》(石家莊:河北人民出版社,2000)。

103. 馮至,《馮至選集》(成都:四川文藝出版社,1985)。

104. 費正清主編,《劍橋中華民國史》(上海:人民出版社,1992)。

105. 溫徹斯特著,景昌極、錢士新譯,《文學評論之原理》(台北:商務印書,1969)

106. 楊天石,《南社史長編》(北京:中國人民大學出版社,1994)。

107. 聞一多著,孫黨伯、袁謇正編,《聞一多全集》(武漢:湖北人民出版社,1994)。

108. 聞黎明、侯菊坤編,《聞一多年譜長編》(武漢:湖北人民出版社,1994)。

109. 蔡尚思主編,《中國現代思想史資料簡編》(杭州:浙江人民出版社,1982)。

110. 劉伯明講,繆鳳林述,《西洋古代中世紀哲學史大綱》,《民國叢書》第二編(上海:上海書店,1990)。

111. 劉炎生,《中國現代文學論爭史》(廣州:廣東人民出版社,1999)。

112. 劉靖之主編,《翻譯論集》(台北:書林出版有限公司,1993)。

113. 魯迅,《魯迅全集》(北京:人民文學出版社,1996)。

114. 潘光哲,《任以都先生訪問紀錄》(台北:中央研究院近代史研究所,1993)。

115. 鄭伯奇,《鄭伯奇文集》(西安:陝西人民出版社,1986)。

116. 鄭伯奇編選,《中國新文學大系·小說三集》(上海:上海文藝出版社,2003)。

117. 鄭振鐸編選,《中國新文學大系·文學論爭集》,(上海:上海文藝出版社,2003)。

118. 盧梭著,何兆武譯,《論科學與藝術》(北京:商務印書館,1997)。

119. 錢穆,《國學概論》(台北:臺灣商務印書館,1956)。

120. 錢仲聯主編,《清詩紀事》(南京:江蘇古籍出版社,1989)。

121. 錢理群、溫儒敏、吳福輝,《中國現代文學三十年》(北京:北京大學出版社,1997)。

122. 錢基博,《錢基博學術論著選》(武昌:華中師範大學出版社,1997)。

123. 錢基博,《現代中國文學史》(台北:明倫出版社,1971)。

124. 錢鍾書,《錢鍾書英文文集》(北京:外語教學與研究出版社,2005)。

125. 魏紹昌編,《鴛鴦蝴蝶派研究資料》(上海:文藝出版社,1984)。

126. 瞿秋白,《瞿秋白選集》(北京:人民出版社,1985)。

127. 羅素著,何兆武、李約瑟等譯,《西方哲學史》(北京:商務印書館,1991)。

128. 饒鴻競等編,《創造社資料》(福州市:福建人民出版社,1985)。

129. 顧頡剛,《古史辨自序》(上海:東方出版社,1999)。

(三) 論著

1. 止庵,《苦雨齋識小》(北京:東方出版社,2002)。

2. 王向遠,《翻譯文學導論》(北京:北京師範大學出版社,2004)。

3. 方克立,《現代新儒家與中國現代化》(天津:天津人民出版社,1988)。

4. 王岳川,《中國鏡像:90年代文化研究》,(北京:中央編譯出版社,2001)。

5. 王泉根主編,《多維視野中的吳宓》(重慶:重慶出版社,2001)。

6. 王淄塵,《國學講話》(台北:啓明書局,1958)。

7. 巴赫金著,白春仁、顧亞鈴譯,《陀思妥耶夫斯基詩學問題:複調小說理論》(北京:三聯書店,1992)。

8. 北塔,《情癡詩僧吳宓傳》(北京:團結出版社,2000)

9. 田正平,《留學生與中國教育近代化》(廣州:廣東教育出版社,1996)。

10. 布洛克著,董樂山譯,《西方人文主義傳統》(台北:究竟出版社,2000)。

11. 艾愷,《世界範圍内的反現代化思潮——論文化守成主義》(貴陽:貴州人民出版社,1999)。

12. 艾布拉姆斯著,酈稚牛、張照進、童慶生譯,《鏡與燈:浪漫主義文論及批評傳統》(北京:北京大學出版社,1989)。

13. 朱學勤,《道德理想國的覆滅》(上海:三聯書店,1996)。

14. 李世濤,《知識分子立場:激進與保守之間的動盪》(長春:時代文藝出版社,2000)。

15. 李歐梵,王宏志等譯,《中國現代作家的浪漫一代》(北京:新星出版社,2005)。

16. 李澤厚,《中國現代思想史論》(台北:三民書局,2002)。

17. 李繼凱、劉瑞春編選,《解析吳宓》(北京:社會科學文獻出版社,2001)。

18. 李繼凱、劉瑞春選編,《追憶吳宓》(北京:社會科學文獻出版社,2001)。

19. 余英時,《陳寅恪晚年詩文釋證》(台北:時報文化出版公司,1984)。

20. 余英時,《歷史人物與文化危機》(台北:東大圖書公司,1995)。

21. 余英時等著,《五四新論——既非文藝復興,亦非啓蒙運動》(台北:聯經出版事業公司,1999)。

22. 呂芳上、盧建榮,《欲掩彌彰:中國歷史文化中的「私」與「情」——公義篇》(台北:漢學研究中心,2003)。

23. 沈松橋,《學衡派與五四時期的反新文化運動》(台北:台灣大學出版社,1984)。

24. 沈衛威,《回眸「學衡派」——文化保守主義的現代命運》(北京:北京人民文學出版社,1999)。

25. 沈衛威,《吳宓與《學衡》》(開封:河南大學出版社,2000)。

26. 沈衛威,《苦行情僧——吳宓傳》(北京:東方出版社,2000)。

27. 沈衛威,《「學衡派」譜系——歷史與敘事》(南昌:江西教育出版社,2007)。

28. 沈衛威,《吳宓傳:泣淚青史與絕望情慾的癲狂》(新店:立緒文化事業有限公司,2000)。

29. 汪暉、陳燕谷主編《文化與公共性》(北京:三聯書店,2005)。

30. 汪榮祖,《史家陳寅恪傳》(北京:北京大學出版社,2005)。

31. 汪澍白,《二十世紀中國文化史論》(北京:中國青年出版社,1999)。

32. 周雲,《學衡派思想研究》(蘭州:甘肅人民出版社,2005)。

33. 周昌龍《新思潮與傳統:五四思想論集》(台北:時報文化出版企業有限公司,1995)。

34. 林毓生《中國傳統的創造性轉化》(北京:三聯書店,1996)。

35. 林毓生等,《思想與人物》(台北:聯經出版事業有限公司,1985)。

36. 林毓生著,穆善培譯,《中國意識的危機:五四時期激烈的反傳統主義》(貴州:貴州人民社,1988)。

37. 武新軍,《現代性與古典傳統——論中國現代文學中的「古典傾向」》(開封:河南大學出版社,2005)。

38. 侯建,《從文學革命到革命文學》(台北:中外文學月刊社,1974)。

39. 俞兆平,《寫實與浪漫——科學主義視野中的「五四」文學思潮》(上海:上海三聯書店,2001)。

40. 段懷清,《白璧德與中國文化》(北京:首都師範大學出版社,2006)。

41. 洪長泰著,董曉萍譯,《到民間去——1918～1937 年的中國知識份子與民間文學運動》(上海:上海譯文出版社,1993)。

42. 韋勒克,《批評的諸種概念》(成都:四川文藝出版社,1987)。

43. 威廉斯(Raymond Williams),《關鍵詞:文化與社會的詞彙》(北京:三聯書店,2005)。

44. 桑兵,《晚清民國的國學研究》(上海:上海古籍出版社,2001)。

45. 格里德著,王友琴譯,《胡適與中國的文藝復興——中國革命中的自由主義(1917～1937)》(南京:江蘇人民出版社,1996)。

46. 高利克,《中國現代文學批評發生史 1917~1930》(北京:社會科學文獻出版社,1997)。

47. 高恒文,《東南大學與「學衡派」》(桂林:廣西師範大學出版,2002)。

48. 高增德、丁東編,《世紀學人自述》(北京:北京十月文藝出版社,2000)。

49. 張源,《從人文主義到保守主義——《學衡》中的白璧德》(北京:三聯書店,2009)。

50. 張紫葛,《心香淚酒祭吳宓》(廣州:廣州出版社,1997)。

51. 許紀霖編,《二十世紀中國思想史論》(上海:東方出版中心,2000)。

52. 許紀霖、陳達凱主編,《中國現代化史》(上海:學林出版社,2006)。

53. 郭穎頤著,雷頤譯,《中國現代思想中的唯科學主義(1900~1950)》(南京:江蘇人民出版社,1995)。

54. 陳以愛,《中國現代學術研究機構的興起——以北大研究所國學門為中心的探討》(南昌:江西教育出版社,2002)。

55. 陳思和,《中國新文學整體觀》(上海:上海文藝出版社,1987)。

56. 陳敬之,《新文學運動的阻力》(台北:成文出版社,1980)。

57. 陳國恩,《浪漫主義與 20 世紀中國文學》(合肥:安徽教育出版社 2001)。

58. 傅樂詩等著,周陽山、楊肅獻編,《近代中國思想人物論——保守主義》(台北:時報文化出版事業有限公司,1980)。

59. 傅樂詩等著,周陽山編,《知識分子與中國現代化:五四與中國》(台北:時報文化事業公司,1979)。

60. 彭明輝,《歷史地理學與現代中國史學》(台北:東大圖書股份有限公司,1995)。

61. 黃世坦編,《回憶吳宓先生》(西安:陝西人民出版社,1990)。

62. 黃興濤,《文化怪傑辜鴻銘》(北京:中華書局,1997)。

63. 費正清、賴肖爾(Edwin Reischauer)著,陳仲丹譯,《中國:傳統與變革》(南京:江蘇人民出版,1992)。

64. 塞克里坦著,艾曉明譯,《古典主義》(北京:崑崙出版社,1989)。

65. 葉維廉,《中國詩學》(北京:三聯書店,1996)。

66. 鄧星盈等著,《吳虞思想研究》(成都:四川教育出版社,1996)。

67. 劉禾,《跨語際實踐——文學,民族文化與被譯介的現代性》(北京:三聯書店,2002)。

68. 劉康,《對話的喧聲:巴赫汀文化理論述評》(台北:麥田出版股份有限公司,1998)。

69. 劉士林,《20 世紀中國學人之詩研究》(合肥:安徽教育出版社,2005)。

70. 劉克敵，《陳寅恪與中國文化》（上海：上海人民出版社，1999）。

71. 劉克敵，《陳寅恪和他的同時代人》（台北：時英出版社，2007）。

72. 劉淑鈴，《《大公報》與中國現代文學》〈石家莊：河北教育出版社，2004〉。

73. 滕守堯，《對話理論》（台北：揚智文化事業股份有限公司，1995）。

74. 鄭師渠，《晚清國粹派──文化思想研究》（北京：北京師範大學出版社，1997）。

75. 鄭師渠，《在歐化與國粹之間──學衡派文化思想研究》（北京：北京師範大學出版社，2001）。

76. 錢仲聯，《當代學者自選文庫：錢仲聯自選集》（合肥：安徽教育出版社，1999）。

77. 賽義德著，謝少波譯、韓剛譯，《賽義德自選集》（北京：中國社會科學出版社，1999）。

78. 羅志田，《民族主義與近代中國》（台北：東大圖書股份有限公司，1998）。

79. 羅志田，《裂變中的傳承：20 世紀前期的中國文化與學術》（北京：中華書局，2003）。

（四）學位與期刊論文

1. 王友貴，〈意識形態與 20 世紀中國翻譯文學史（1899～1979）〉，《中國翻譯》，第 24 卷，第 5 期，2003 年 9 月，頁 11～15。

2. 王信凱，〈《學衡》中的柳詒徵〉，《中國歷史學會史學集刊》，第 35 期，2004 年 1 月，頁 251～294。

3. 王晴佳，〈白璧德與「學衡派」──一個學術文化史的比較研究〉，《中央究院近代研究所集刊》，第 37 期，2002 年 6 月，頁 42～73。

4. 王瓊玲，《學衡派對文學革命思潮的反響》（台北：文化大學，1981）。

5. 向天淵，〈馬修‧阿諾德與 20 世紀中國文化〉，《重慶工商大學學報》（社會科學版），第 23 卷，第 3 期，2006 年 6 月，頁 120～124。

6. 朱壽桐，〈論中國新人文主義思潮的文學品性〉，《南京大學學報》（哲學‧人文科學‧社會科學），2008 年，第 3 期，頁 79～90。

7. 朱壽桐，〈歐文‧白璧德在中國現代文化建構中的宿命角色〉，《外國文學評論》，第 2 期，2003，頁 117～125。

8. 李怡，〈論「學衡派」與五四新文學運動〉，《中國社會科學》，1998 年，第 6 期，頁 150～164。

9. 李怡，〈反現代性：從學衡派到「後現代」？〉，《中州學刊》，2002 年 9 月，第 5 期（總第 131 期），頁 79～83。

10. 李健，〈由張謇佚札看其對《學衡》及新文化運動的態度〉，《史學月刊》，2005 年，第 8 期，頁 124～125。

11. 李宇平，〈柳詒徵的史學〉，《國立台灣師範大學歷史學報》，第 16 期，1988 年 6 月，頁 285～308。

12. 李有成，〈白璧德與中國〉，《中外文學》，第 20 卷第 3 期，1991 年 8 月，頁 48～71。

13. 李廣瓊，〈精英定位與「新舊」文化融合理念──論《學衡》語體的文化意義〉，《中山大學學報》（社會科學版），第 47 卷，2007 年，第 4 期，頁 34～38。

14. 沈衛威，〈「學衡派」的人文景觀〉，《新文學史料》，1998 年，第 2 期，頁 159～175。

15. 沈衛威，〈我所界定的「學衡派」〉，《文藝爭鳴》，2007 年，第 5 期，頁 84～87。

16. 周淑媚，〈論《學衡》時期吳宓的詩學與翻譯〉，《興大人文學報》，第 37 期，2006 年 9 月，頁 125～164。

17. 周淑媚，〈白璧德人文主義的中國闡說及其影響──以薩依德的理論旅行說為徑〉，《興大人文學報》，第 39 期，2007 年 9 月，頁 495～530。

18. 林麗月，〈《學衡》與新文化運動〉，《中國現代史論集》第 6 輯「五四運動」（台北：聯經出版事業公司，1981），頁 505～528。

19. 林耀椿，〈吳宓日記中的錢鍾書〉，《文訊》，第 159 期，1999 年 1 月。

20. 侯健，〈白璧德和當代美國文學批評〉，《「美國文化與中美關係」演講》六（台北：中央研究院美國文化研究所，1977），頁 1～9。

21. 俞兆平，〈科學主義思潮中的學衡派〉，《吉首大學學報》（社會科學版），第 23 卷，第 2 期，2002 年 6 月，頁 51～56。

22. 段懷清，〈梅光迪的人文思想與人文批評〉，《浙江大學學報》（人文社會科學版），2000 年，第 1 期，頁 13～20。

23. 孫尚揚，〈在啟蒙與學術之間：重估《學衡》〉，《二十一世紀》，1994 年 4 月號，總第 22 期，頁 35～45。

24. 桑兵，〈近代中外比較研究史管窺──陳寅恪〈與劉文典教授論國文試題書〉解析〉，《中國社會科學》，2003 年，第 1 期，頁 190～203。

25. 桑兵，〈近代中國學術的地緣與流派〉，《歷史研究》，1999 年，第 3 期，頁 24～41。

26. 高恒文，〈「學衡派」與 20 年代的國學研究〉，《中國現代文學研究叢刊》，2001 年，第 3 期，頁 154～155。

27. 高恒文，〈「學衡派」對唯科學主義的批評〉（續），《天津師範大學學報》（社會科學版），2004 年，第 1 期（總第 172 期），頁 58～60。

28. 張源，〈「人文主義」與宗教：依賴，還是取代？——試論白璧德的宗教觀〉，《國外文學》，2006 年，第 2 期，頁 41～50。

29. 張灝，〈中國近代思想史的轉型時代〉，《二十一世紀》，1999 年 4 月號，總 5 期，頁 29～39。

30. 張灝，〈重訪五四：論五四思想的兩歧性〉，《五四新論：既非文藝復興，亦非啓蒙運動》（台北：聯經出版事業有限公司，1999），頁 33～65。

31. 張其昀，〈南高的學風〉，《中外雜誌》，第 3 卷，第 2 期，1968 年 2 月，頁 4～6。

32. 張賀敏，〈學衡派研究述評〉，《中國現代文學研究叢刊》，第 4 期，2001 年，頁 271～290。

33. 陳以愛，《學術與時代：整理國故運動的興起、發展與流衍》（台北：政治大學歷史學系博士論文，2001）。

34. 章清，〈「學術社會」的建構與知識份子的「權勢網路」——《獨立評論》群體及其角色與身份〉，《歷史研究》，2002 年，第 4 期，頁 33～54。

35. 湯一介，〈湯用彤與胡適〉，《中國哲學史》，2002 年，第 4 期，頁 95～105。

36. 楊絳，〈吳宓先生與錢鍾書〉，《當代》，第 136 期，87 年 12 月 1 日，頁 68～82。

37. 楊揚，〈哈佛所見白璧德文檔中與中國學人相關的幾個檔〉、〈哈佛所見吳宓致白璧德的英文書信〉。http//: www.douban.com/group/topic/1214522/

38. 楊樹勳，〈憶吳雨僧教授〉，《傳記文學》，第 1 卷，第 5 期，1962 年 10 月，頁 25～26。

39. 溫儒敏，〈王瑤的《中國新文學史稿》與現代文學學科的建立〉，《文學評論》，2003 年，第 1 期，頁 23～33。

40. 葛桂錄，〈華茲華斯及其作品在中國的譯介與接受（1900～1949）〉，《四川外語學院學報》，第 17 卷，第 2 期，2001 年 3 月，頁 12～15。

41. 蔡德貴，〈論多元融和型的儒學〉，《北京師範大學學報》（社會科學版），第 1 期，2004 年，頁 124～130。

42. 劉納，〈「打架」，「殺開了一條血路」——重評創造社「異軍蒼頭突起」〉，《中國現代文學研究叢刊》，2000 年，第 2 期，頁 191～216。

43. 歐陽軍喜，〈論學衡派對五四新文化運動的批評〉，《清華大學學報》，第 14 卷，第 3 期，1999 年 9 月，頁 54～59。

44. 樂黛雲，〈重估《學衡》：兼論現代保守主義〉，《論傳統與反傳統：五四七十周年紀念文選》（台北：聯經出版社，1989），頁 415～428。

45. 樂黛雲，〈昌明國粹，融化新知——湯用彤與《學衡》雜誌〉，《社會科學》，1993 年，第 5 期，頁 58～62。

46. 樂黛雲，〈世界文化語境中的《學衡》派〉，《解放軍藝術學院學報》，2004
年，第 4 期，頁 11～16。

47. 盧毅，〈「國學」、「國故」、〈國故學〉——試析三詞在清季民初的語義變
遷和相互關聯〉，《南京社會科學》，2005 年，第 2 期，頁 72～78。

48. 錢穆，〈紀念張曉峰吾友〉，《張其昀先生紀念文集》（台北：文化大學出
版社，1986），頁 7。

49. 鍾敬文，〈中文本序〉，洪長泰著，董曉萍譯，《到民間去——1918～1937
年的中國知識份子與民間文學運動》（上海：上海譯文出版社，1993），
頁 2～3。

50. 蕭公權，〈清華五年〉，《傳記文學》，第 17 卷，第 4 期，1970 年 10 月，
頁 68～72。

51. 蕭公權，〈誼兼師友的的吳雨僧〉，《傳記文學》，第 18 卷，第 2 期，1971
年 2 月，頁 21～25。

52. 羅崗，〈解釋歷史的力量——現代「文學」的確立與《中國新文學大系(1917
～1927)》的出版〉，《開放時代》，2001 年，第 5 期，頁 66～76。

53. 羅志田，〈走向「政治解決」的「中國文藝復興」——五四前後思想文化
運動與政治運動的關係〉，《近代史研究》，1996 年，第 4 期，頁 120～152。

54. 羅志田，〈民國趨新學者區分國學與國故學的努力〉，《社會科學研究》，
2001 年，第 4 期，頁 117～122。

55. 羅志田，〈新舊能否兩立：二十年代《小說月報》對於整理國故的態度轉
變〉，《歷史研究》，2001 年，第 3 期，頁 11～28。

56. 譚桂林，〈評近年來對學衡派的重估傾向〉，《魯迅研究月刊》，1997 年，
第 2 期，頁 3～7。

57. 嚴既澄，〈語體文之提高和普及〉，《文學週刊》，第 82 期，1923 年 8 月 6
日。

58. 龔鵬程，〈向古人借智慧——談中國文化經典〉，江蘇講壇（3），2007 年
9 月 18 日，南京大學。

（五）英文書目

1. Arnold, Matthew. Essays in criticism: First series, The Function of Criticism
at the Present Time edited by Sister Thomas Marion Hoctor.（Chicago:
University of Chicago Press, 1968.）

2. Babbitt, Irving. On Being Creative and Other Essays（Boston: Houghton
Mifflin, 1932.）

3. Babbitt, Irving. Democracy and Leadership（Boston; New York: Houghton
Mifflin, 1952.）

4. Goldman, Marcus S.; Manchester, Frederick & Shepard, Odell eds., Irving Babbitt: Man and Teacher（New York: G. P. Putnam's Sons, 1941.）

5. Goicoechea, David; Luik, John & Madigan, Tim. The Question of Humanism: Challenges and Possibilities,（Prometheus Books, 1991.）, pp.94～95.

6. Lefevere, Andre. Translation, Rewriting and the Manipulation of Literary Fame.（London: Rout-ledge, 1992.）

7. Wellek, René. A History of Modern Criticism, 1750～1950, Vol.6, American Criticism, 1900～1950（New Haven and London: Yale Univ. Press, 1986.）

8. Wu Xuezhao, The Birth of a Chinese Cultural Movement: Letters Between Babbitt and Wu Mi.（National Humanities Institute）http://www.nhinet.org/babbitt2.htm

附錄：學衡派研究概況探察

　　回首百年中國學術思想史，可以發現貫穿整個 20 世紀學術發展的脈絡，實質上是從傳統到現代的轉型。19 和 20 世紀之交，知識系統的內在矛盾促使中國傳統學術向現代學術轉型。20 世紀中國學術思想史的問題意識首先面對的即是轉型時代嚴重又深刻的危機。〔註1〕概括而言，傳統的危機表現爲兩個基本的層面：即道德和信仰層面的意義危機和社會政治層面的秩序危機。針對此，五四啓蒙運動者提出「科學」和「民主」兩大主張，希望以科學的方法克服意義危機，以民主的藍圖重建社會政治秩序。然而隨著啓蒙運動內部的分化，對科學和民主的理解愈加複雜和分歧，現代性不再是一個統一的、自明的範式，在西方各種思潮影響下，分化成多個尖銳對立和緊張的思想模型。簡言之，20 世紀初，智識分子群體分化成三個現代的思想陣營：馬克思主義、自由主義和文化新保守主義。它們對意義危機和秩序危機各有各的解決之道，但又因此帶來新的問題。〔註2〕

　　20 世紀初中國智識分子在面對社會、文化的現代化選擇時，雖表現出不同的現代化理路，但無可否認的，對現代化的激進性姿態幾乎成了當時主流智識分子的主導性價值趨向和文化選擇。「反傳統」也因此成爲那個時代的最

〔註1〕　張灝把 1895～1925 年即從甲午到五四這 30 年稱爲中國近代史的「轉型時代」，意指從傳統的儒家意識型態範式向現代性範式轉變的時代。詳張灝，〈中國近代思想史的轉型時代〉，《二十一世紀》，1999 年 4 月號，總 52 期，頁 29～39。

〔註2〕　許紀霖，《二十世紀中國思想史論・序》（上海：東方出版中心，2000），頁 1～12。

根本的特徵。這種激烈的「整體性反傳統」〔註3〕的現代性思路，幾乎占壓倒性優勢的強勢話語，引發了被史華慈（Benjamin I. Schwartz，1916～1999）稱之爲「浪漫的」文化民族主義——「新傳統主義」，從傳統中尋找眞理，對五四運動「全盤否定傳統」的反動。〔註4〕這些關注古典雅文化的智識分子試圖借助西方思想來論證自己的文化立場，他們通過尋找中國與西方相同的思想以挽救民族自尊心。學衡派是其中的代表。

第一節　20 世紀 20 年代對學衡派的指稱及批評

20 年代的中國文學是由一個接一個文學運動揭開歷史序幕。新文學最初之戰，是胡適、陳獨秀在 1917 年《新青年》所發動的文學革命。其緣起用胡適的話來說，即大家所熟知的「逼上梁山——文學革命的開始」。1933 年底，他在以此爲題的文章中自述，早在 1915 年夏留美期間，嘗與任鴻雋、梅光迪、楊杏佛等人，討論中國文字和文學問題。這一班人中，最守舊的梅光迪「絕對不承認中國古文是半死或全死的文字」，爭論中「他越駁越守舊，我倒漸漸變的更激烈了。」〔註5〕然而，1916 年 3 月 19 日，胡適口中最保守的梅光迪在寫給胡適的信中言及：

> 將來能稍輸入西洋文學知識，而以新眼光評判固有文學，示後來者以津梁，於願足矣。……文學革命自當從「民間文學」（folklore, popular poetry, spoken language, etc）入手，此無待言；惟非經一番大戰爭不可，驟言俚俗文學，必爲舊派文家所訕笑攻擊。但我輩正歡迎其訕笑攻擊耳。〔註6〕

從這句「但我輩正歡迎其訕笑攻擊耳」，我們約略可察知在胡適醞釀文學變革的初期，梅光迪的態度其實是熱情激昂的。只不過，後來對於西方的新潮流

〔註 3〕　林毓生，〈五四式反傳統思想與中國意識的危機——兼論五四精神、五四目標與五四思想〉，《中國傳統的創造性轉化》（北京：三聯書店，1996），頁 147～159。

〔註 4〕　史華慈，〈五四及五四之後的思想史主題〉，《劍橋中華民國史》（上海：人民出版社，1992），頁 465～468。

〔註 5〕　胡適，〈逼上梁山——文學革命的開始〉，姜義華主編，《胡適學術文集·新文學運動》（北京：中華書局，1998），頁 196～197。

〔註 6〕　梅光迪著，羅崗、陳春艷編，《梅光迪文錄·致胡適信四十六通》（瀋陽：遼寧教育出版社，2001），頁 162。

抱持懷疑的態度，同年 7 月 24 日，在給胡適的另一封信中已顯露出他的質疑：

> 蓋今之西洋詩界，若足下之張革命旗者亦數見不鮮，……大約皆足下「俗話詩」之流亞，皆喜以前無古人後無來者自豪，皆喜詭立名字，號召徒眾，以眩駭世人之耳目，而己則從中得到名士頭銜以去焉，其流弊則魚目混珠，真偽無辨，……今之歐美狂瀾橫流，所謂「新潮流」、「新潮流」者，耳已聞之熟矣。……誠望足下勿剿竊此種不值錢之新潮流以哄國人也。〔註7〕

兩封信前後相距不過四個月，梅光迪的態度卻有很大的轉變，很顯然關於新文學的發生及其歷史的描述，胡適所提供的權威性的評述，恐是各執一辭的說法。

有關胡、梅的論爭，吳宓在 1918 年的《吳宓自編年譜》亦約略記載了這件事的始末：

> 有清華公費生梅光迪君字覲莊，改字迪生，安徽省宣城縣人。者，1911 年來美國，先在西北大學畢業，又在哈佛進修，早得碩士學位。治文學批評，造詣極深。彼原為胡適之同學好友，迨胡適始創立其「新文學」、「白話文」之說，又作「新詩」，梅君即公開步步反對，駁斥胡適無遺。今胡適在國內，與陳獨秀聯合，提倡並推進所謂「新文化運動」，按：胡適於 1917 年 8 月回國。其時，宓正來美。聲勢煊赫，不可一世。故梅君正在「招兵買馬」，到處搜求人才，聯合同志，擬回國對胡適作一全盤之大戰。〔註8〕

梅光迪在美國招兵買馬返國後，於 1922 年 1 月，與吳宓、胡先驌、劉伯明、柳詒徵、湯用彤等人，在南京東南大學發起創辦《學衡》雜誌。「學衡派」正是因為《學衡》雜誌而得名。關於「學衡派」這個稱號的由來，有研究者指出，魯迅的〈估《學衡》〉只以「《學衡》諸公」名之，周作人、胡適等也沒有用「派」來稱呼他們，一直要等到 1935 年，鄭振鐸主編《中國新文學大系‧文學論爭集》，以「學衡派的反攻」作為第三編的標題，才最早使用這個名稱。〔註9〕事實上，「學衡派」的稱號，應始見於錢穆。錢穆在編寫於 1926 年夏天，

〔註 7〕 《梅光迪文錄》，頁 167～168。

〔註 8〕 吳宓著、吳學昭整理，《吳宓自編年譜：1894～1925》（北京：三聯書店，1995），頁 177。

〔註 9〕 張賀敏，〈學衡派研究述評〉，《中國現代文學研究叢刊》，第 4 期，2001 年，頁 271。

1928 年春脫稿的《國學概論》中引述了《學衡》所介紹的白璧德的「人文主義」之後，接著評論道：「蓋與前引二梁之書（引者註：梁啓超之《歐游心影錄》和梁漱溟之《東西文化及其哲學》）相枅鼓，皆對於近世思想加以箴砭者也。惟《學衡》派欲直接以西洋思想矯正西洋思想，與二梁之以中西分說者又微不同耳。」〔註10〕他認爲「《學衡》派」這些人「隱然與北大胡、陳諸氏所提倡之新文化運動爲對抗。」只不過他們的「議論蕪雜」，不能與新文化運動者旗鼓相稱，對於時代思潮進程之影響，又不脫東西文化論爭之意義，因此，「舍爲新文化運動補偏救弊之外，亦不能有若何積極的強有力之意味。」〔註11〕儘管如此，1985 年，再次記敘當年學術思潮之流變，錢穆則如是說道：「民國二十年，余亦得進入北京大學史學系任教。但余之大體意見與《學衡》派較近。」〔註12〕很明顯地，錢穆是比較同情《學衡》的立場。惟其指稱在當時並未引起太大的反響。

　　原因在於，1922 年初，《學衡》甫問世立即受到來自新文化新文學陣營強力的抨擊。據吳宓後來的回憶：

> 與《學衡》雜誌敵對者，爲：（一）上海「文學研究會」之茅盾（沈雁冰）一派。茅盾時在商務印書館，任《小說月報》總編輯。（二）上海《民國日報》副刊《學燈》之編輯邵力子一派。至於（三）「創造社」的郭沫若一派，則在 1923 年始興起，故與《學衡》雜誌無直接對辯及論爭。〔註13〕

吳宓此處所說的「《民國日報》副刊《學燈》」，應是筆誤。《民國日報》的副刊是《覺悟》，而非《學燈》，自 1919 年 6 月創刊至 1925 年夏，均由邵力子（1882～1967）擔任主編。《覺悟》在當時頗具影響，與北京《晨報副刊》、上海《時事新報》副刊《學燈》，號稱全國「三大副刊」。受五四運動影響，從 1920 年起，《覺悟》積極宣傳新思想、新文化，並闢「隨感錄」、「詩」、「小說」、「劇本」專欄，發表大量文藝著譯，與《新青年》的「隨感錄」互相配合，抨擊封建主義，進行思想啓蒙，是「五四」時期新文藝的主要陣地之一。《時事新報》1918 年 3 月 4 日創刊，副刊《學燈》創刊初期是以評論學校教

〔註10〕錢穆，《國學概論》下篇（台北：臺灣商務印書館，1956），頁 171。

〔註11〕同註 10，頁 168～169。

〔註12〕錢穆，〈紀念張曉峰吾友〉，《張其昀先生紀念文集》（台北：文化大學出版社，1986），頁 7。

〔註13〕《吳宓自編年譜：1894～1925》，頁 235。

育和青年修養爲主的刊物，同爲「五四」時期新文藝創作的重要陣地之一。《學燈》刊登轉載過周作人〈美文〉及郭沫若〈論國內的評壇及我對於創作上的態度〉等文章，並多次組織探討新詩理論的專輯。

《學衡》第 1 期刊載了胡先驌早在兩年前撰成的〈評《嘗試集》〉，此文引發署名式芬的周作人在 2 月 4 日的《晨報副刊》第三版「雜感」欄發表〈《評《嘗試集》》匡謬〉，認爲胡文「隨意而言，很有幾個背謬的處所，不合於『學者之精神』」，並列舉其四個論點加以辯駁。〔註 14〕周作人這種注重學理商榷的做法，深爲魯迅所不齒，他在 2 月 9 日的《晨報副刊》上發表〈估《學衡》〉一文，首先嘲笑式芬：「天下竟有這樣拘迂的老先生，竟不知世故到這地步，還來同《學衡》諸公談學理。」接著諷刺道：「夫所謂《學衡》者，據我看來，實不過聚在『聚寶之門』左近的幾個假古董所放的假毫光。」認定對待《學衡》「決用不著校準」，只消約略地「估一估」即可。他補充批評周作人文章中所沒有涉及的一些問題，最後得出結論說：

> 諸公掊擊新文化而張皇舊學問，倘不自相矛盾倒也不失爲一種主
> 張。可惜的是於舊學並無門徑，並主張也還不配。倘使字句未通的
> 人也算是國粹的知己，則國粹更爲慚惶煞人！「衡」了一頓，僅僅
> 「衡」出了自己的銖兩來，於新文化無傷，於國粹也差得遠。〔註 15〕

儘管魯迅後來嘗言：「我總以爲倘要論文，最好是顧及全篇，並且顧及作者的全人，以及他所處的社會狀態，這才較爲確鑿。要不然，是很容易近乎說夢的。」〔註 16〕但很明顯地，他寫作此文時可能只見到《學衡》第 1 期，隨手拾來評了馬承堃（1897～1976）〈國學摭譚〉、邵祖平（1898～1962）〈記白鹿洞談虎〉和〈漁丈人行〉等詩文，即使連《學衡》主編吳宓也對二人評價不高，嘗表明二人「作文只能述舊聞」，「爲評者所譏毀，宜也。」〔註 17〕然而，魯迅對於《學衡》第 1 期中的其他文章，如劉伯明〈學者之精神〉、徐則陵（1896～1972）〈近今西洋史學之發展〉〔註 18〕等這樣的專論視而不見；前後共 79

〔註 14〕 式芬（周作人），〈《評《嘗試集》》匡謬〉，《晨報副刊》，1922 年 2 月 4 日。
〔註 15〕 魯迅，〈估《學衡》〉，《魯迅全集》，第 1 卷，頁 377。
〔註 16〕 魯迅，〈「題未定」草〉（六至九），《魯迅全集・且介亭雜文二集》，第 6 卷，頁 430。〈「題未定」草〉第六、七兩節最初發表於 1936 年 1 月上海《海燕》第 1 期，八、九兩節發表於同年 2 月的《海燕》第 2 期。
〔註 17〕 《吳宓自編年譜：1894～1925》，頁 228。
〔註 18〕 徐氏「此文對朗開（蘭克 Ranke, 1795～1886）推崇備至，以爲自朗開以降，『西洋史學家始有批評精神與考證方法，史學乃有發展之可言。』」此後傅斯

期 400 餘篇的《學衡》論文,如何能夠單憑幾篇文章的一些辭句疵病就下了斷語?

被學衡派當作主要攻擊目標的胡適,對於學衡派的攻訐,始終樂觀以對,但他也十分留意各界的反映,在周作人發表〈〈評《嘗試集》〉匡謬〉的同一天,他在日記中寫道:「東南大學梅迪生等出的《學衡》,幾乎專是攻擊我的。出版之後,《中華新報》(上海)有贊成的論調,《時事新報》有謾罵的批評,多無價值。今天《晨報》有『式芬』的批評,頗有中肯的話,末段尤不錯。」隨後還附上〈〈評《嘗試集》〉匡謬〉的剪報。這天日記的最後,胡適抄錄在南京時戲作的〈題《學衡》〉的打油詩作為總結:

> 老梅說:
>
> 「《學衡》出來了,老胡怕不怕?」(迪生問叔永如此。)
>
> 老胡沒有看見什麼《學衡》,
>
> 只看見了一本《學罵》!〔註19〕

從這首打油詩可以看出,胡適並未將《學衡》的出現與批評看得太重。

有關「學衡派」的批評,胡適曾兩次公開地回應〔註20〕:一是 1922 年 3 月 10 日,在〈《嘗試集》四版自序〉他先開宗明義道:「現在新詩的討論時期,漸漸的過去了。——現在還有人引了阿狄生、強生、格雷、辜勒律己的話來攻擊新詩的運動,但這種『詩云子曰』的邏輯,便是反對論破產的鐵證。」接著再引述胡先驌〈評《嘗試集》〉中批評他的話說:「初讀了覺得很像是罵我的話;但這幾句是登在一種自矢『平心而言,不事謾罵,以培俗』的雜誌上的,大概不會是罵罷?無論如何,我自己正在愁我的解放不徹底,胡先驌教授卻說我『鹵莽滅裂趨於極端』,這句話實在未免太過譽了。」〔註21〕二是 1922 年 3 月,在為慶祝《申報》創刊 50 周年所撰寫的《五十年來中國之文學》

〔註19〕年大力闡揚蘭克學說,蔚為史學界主流,而出發其緒者,要以徐氏為嚆矢。」轉引自沈松僑,《學衡派與五四時期的反新文化運動》(台北:台灣大學出版委員會,1984),頁 230~231。

〔註19〕胡適,《胡適日記》手稿本(台北:遠流出版事業股份有限公司,1989),第 2 冊,1922 年 2 月 4 日。

〔註20〕他的〈逼上梁山——文學革命運動〉一文脫稿於 1933 年 12 月 3 日,原載 1934 年 1 月 1 日《東方雜誌》第 31 卷第 1 期;收入 1935 年 10 月 15 日良友圖書印刷公司出版《中國新文學大系‧建設理論集》。胡適這篇自敘性質文章發表時,《學衡》早已終刊。

〔註21〕胡適,〈《嘗試集》四版自序〉,《胡適學術文集‧新文學運動》,頁 421。

中提到：「民國九年十年（1920～1921），白話公然叫做國語了。反對的聲浪雖然不曾完全消滅，但始終沒有一種『持之有故，言之成理』的反對論。今年（1922）南京出了一種《學衡》雜誌學衡，登出幾個留學生的反對論，也只能謾罵一場，說不出什麼理由來。」〔註22〕

　　胡適的《嘗試集》於 1920 年 3 月由上海亞東圖書館出版。詩集甫問世，當年 4 月 30 日的上海《神州日報》即刊出胡懷琛（1886～1938）的〈讀胡適之《嘗試集》〉，對胡適的詩作大加指摘，並自告奮勇為之改詩。胡適出面辯駁，劉大白（1880～1932）、朱執信（1885～1920）等人亦紛紛撰文參與討論，由此引發一場筆墨官司；後來胡懷琛又在《時事新報‧學燈》上發表〈《嘗試集》正謬〉，繼續攻擊胡適詩中的種種「謬誤」，招來更多的批評，將討論引入新的階段。這場討論自 1920 年 4 月起，持續至 1921 年 1 月，歷時半年多，參與討論者有十數人之多，發表文章的報刊計有《神州日報》、《時事新報》、《星期評論》等，在 20 世紀 20 年代初的上海文壇上，可謂熱鬧一時。論爭結束後，胡懷琛收集相關文章書信，編成《《嘗試集》批評與討論》一書，交由泰東圖書局印行，部分後續討論，則編成一冊《詩學討論集》出版。做為中國現代第一部白話新詩集，在詩體解放上具有開創性意義的《嘗試集》，出版後受到廣大讀者歡迎，僅半年時間，《嘗試集》便再版；1922 年 10 月，又出「增訂四版」，這是經過討論「眾手增刪」的本子，基本上成了《嘗試集》的定本。因此，當胡先驌窮兩旬之日完成洋洋兩萬言的〈評《嘗試集》〉一文，對新詩的歷史合法性作高屋建瓴的全盤否定，卻因無處刊載，延宕至《學衡》創刊才得見天日，有關新文學發生期新詩的種種爭議問題，幾乎已討論過半，胡先驌重提舊案，因此，胡適不無譏諷地說：「現在新詩的討論時期，漸漸的過去了」。

　　至於胡適的《五十年來中國之文學》雖非一部獨立的新文學史，卻第一次用「史」的方式確立了新文學對古文學的勝利。他致力於以「新文學」的價值標準來建構文學的秩序，原本「五十年」並無特殊的含義，不過是應「《申報》五十周年紀念」之邀而作，然而胡適仍賦予它一個意義：五十年前，即《申報》創刊的那一年，也正是曾國藩（1811～1872）死的一年。曾國藩是桐城派古文的中興第一大將，他的中興事業雖然光榮燦爛，可惜卻都沒有穩固的基礎。胡適訴說著這段「古文末運史」的最後榮光，借此來隱喻古文學之

〔註22〕胡適，《五十年來中國之文學》，《胡適學術文集‧新文學運動》，頁 158。

必然衰亡的命運。〔註 23〕「但開風氣」的胡適從發生學的角度為新文學進行一次歷史定位，在「文言／白話」、「古／今」的對比中，確立了文學革命的價值。與此同時，持不同意見者如林紓、學衡派，他們的反對只能是不合時宜。因此他斷然地指出：「《學衡》的議論，大概是反對文學革命的尾聲了。我可以大膽說，文學革命已過了討論的時期，反對黨已破產了。」〔註 24〕儘管在公開的言說中，胡適似乎不將《學衡》的批評放在心上，然而，在他的日記中卻不經意透露出其實他頗為在意學衡派對他的批評。1933 年 12 月 30日，當他聽說由《學衡》主編吳宓所主持的《大公報・文學副刊》即將停刊的消息，他在日記中記下：「今天聽說，《大公報》已把《文學副刊》停辦了。此是吳宓所主持，辦了三百一十二期。此是『學衡』一派人的餘孽，其實不成個東西。」〔註 25〕胡適說話的當下，《學衡》早已停刊近半年，他卻仍念念不忘，直指吳宓主編的《大公報・文學副刊》是學衡一派的餘孽。

被吳宓指稱為與《學衡》雜誌敵對者的「文學研究會」的沈雁冰，針對《學衡》的批評在「文學研究會」的刊物《文學旬刊》一連發表〈評梅光迪之所評〉、〈近代文明與近代文學〉和〈駁反對白話詩者〉等文章，〔註 26〕反駁梅光迪以 19 世紀初英國文學批評家韓立士（William Hazlitt, 1778～1830）斥文學進化論為流俗之錯誤與白話文學是「墮落派文學」的說法，以及胡先驌攻擊白話詩的謬論等。其他新文化新文學陣營中人亦不甘寂寞，紛紛在《文學旬刊》、《晨報副刊》、《民國日報・覺悟》和《時事新報・學燈》等報刊上發表大量文章，回擊《學衡》派的言論。〔註 27〕

然而，儘管受到魯迅如此嚴厲的抨擊、胡適宣言式的回應，以及新文化新文學陣營的反詰，學衡派仍然堅持其既定立場。梅光迪持續在《學衡》第 2 期發表〈評今人提倡學術之方法〉，對新文化新文學運動倡導者作諸多攻擊。他說：

> 彼等固言學術思想之自由者也，……然觀其排斥異己，入主出奴，
> 門戶黨派之見，牢不可破，實有不容他人講學，而欲養成新式學術

〔註 23〕 胡適，《五十年來中國之文學》，頁 94。
〔註 24〕 同註 23，頁 158～159。
〔註 25〕 胡適，《胡適日記》手稿本，1933 年 12 月 30 日。
〔註 26〕 沈雁冰三篇文章依序發表在《時事新報・文學旬刊》，第 29 期，1922 年 2 月21 日；第 30 期，1922 年 3 月 1 日；第 31 期，1922 年 3 月 11 日。
〔註 27〕 韋今在《民國日報・覺悟》1922 年 2 月 16 日發表〈甫一啓齒弊端叢生惡果立現〉，小森也在《文學旬刊》1922 年 2 月 21 日第 29 期發表〈逆流〉，斥責《學衡》派是新文學的「反動」，《學衡》是出版界「跳出的一種怪物」。

> 專制之勢。其於文學也，則斥作文言者爲「桐城謬種」，「選學妖孽」；
> 又有「貴族文學」與「平民文學」、「死文學」與「活文學」之分，
> 妄造名詞，橫加罪戾，而與吾國文學史上事實抵觸，則不問也。

他還指責《新青年》「以罵人特著於時」，「或出齷齪不堪入耳之言」，「移學術之攻擊，爲個人之攻擊。」〔註28〕胡先驌也先後在《學衡》第3期及第18期發表〈論批評家之責任〉與〈評胡適《五十年來中國之文學》〉；前文批評錢玄同、胡適、陳獨秀等人「遽操批評之工具，以迷惑青年之視聽」、「彼答王敬軒書，亦豈士君子所宜作耶？甚有人謂世無王敬軒其人，彼新文學家特僞擬此書，以爲謾罵舊學之工具。」〔註29〕後文則和〈評《嘗試集》〉一樣直接針對胡適發難。至若，吳宓則在《學衡》第4期發表〈論新文化運動〉說：

> 吾之所以不慊於新文化運動者，非以其新也，實以其所主張之道理，
> 所輸入之材料，多屬一偏，而有害於中國之人。如言政治經濟，則
> 必馬克思；言文學則必莫泊三、易卜生；……總之，吾之不慊於新
> 文化運動者，以其實，非以其名也。……或斥吾爲但知舊而不知有
> 新者，實誣矣。

認爲新文化運動的正道應是孔教、希臘、羅馬之文章哲學及耶教之眞義，「今欲造成新文化，則當先通知舊有之文化。」〔註30〕很顯然地，吳宓是想以中西傳統古典思想文化來取代啓蒙思想和新文化。

面對學衡派來勢洶洶的攻擊，周作人寫了好幾篇討論文章，雖然他不像魯迅那般嚴苛，但也不似胡適那樣樂觀。1922年4月23日，他在《晨報副刊》以仲密的署名，發表〈思想界的傾向〉一文，批判學衡派以及其他人的復古與排外的傾向，指出「現在所有的國粹主義的運動大抵是對於新文學的一種反抗，但我推想以後要改變一點色彩，將成爲國家的傳統主義，即是包含一種對於異文化的反抗的意義。」把梅、胡諸君的《學衡》以及章太炎的講學等事情，說成是新起的「國粹主義勃興的局面」、「復古運動的大本營」。〔註31〕對於這樣的看法胡適深不以爲然，翌日即在《晨報副刊》

〔註28〕 梅光迪，〈評今人提倡學術之方法〉，《學衡》，第2期，1922年2月。
〔註29〕 胡先驌，〈論批評家之責任〉，《學衡》，第3期，1922年3月。
〔註30〕 以上見吳宓，〈論新文化運動〉，《學衡》，第4期，1922年4月。
〔註31〕 周作人，〈思想界的傾向〉，收入《周作人全集·談虎集》（台北：藍燈事業文化股份有限公司，1982），第1冊，頁235～236。此文最初發表於1922年4月23日《晨報副刊》。

以 Q.V.署名，發表〈讀仲密君〈思想界的傾向〉〉，認為仲密君未免太悲觀了：

> 現在的情形，並無「國粹主義勃興」的事實。仲密君所舉的許多例，都只是退潮的一點迴波，樂終的一點尾聲。即使這一點迴波果然能變成大浪，即使尾聲之後果然還有震天的大響，那也不必使我們憂慮。〔註32〕

胡適之所以始終樂觀以對「學衡派」的攻擊，原因在於，「學衡派」的主要活動期是在1922年《學衡》雜誌創刊之後，此時已是中西文化論爭的後半階段，而新文化統一陣線業已分化重組，「學衡派」所批判的新文化倡導者對中國傳統文化的激烈批判與全盤否定之聲已漸次消隱，被視作批判標靶的胡適甚至開始提倡「整理國故」，並將它視作新文化運動後期的主要任務之一，原本雄心勃勃地企望與新文化宣導者們大戰一場的學衡派，很明顯地已錯過「進場」的最佳時機。

　　不過，《學衡》也非如胡適所宣稱地「已破產」或「只是退潮的一點迴波，樂終的一點尾聲」。它出刊、休刊，斷斷續續，一直延續到1933年才最終停刊，此時新文化新文學陣營的《新青年》、《新潮》等雜誌則早已完成歷史使命，終刊了。學衡派批判的中心對象是胡適、陳獨秀等人，在這場論爭中，胡、陳基本上沒有直接回應《學衡》的文章。倒是魯迅、周作人、沈雁冰等人積極參與論戰。1921年以後，由茅盾（沈雁冰）主編的「文學研究會」同人刊物《小說月報》，增設「研究」欄，專以「介紹西洋文學變遷之過程」和「整理中國文學變遷之過程」為要歸。他在《小說月報》中發表〈文學研究會章程〉，宣佈「以介紹世界文學、整理中國舊文學、創造新文學為宗旨」。這種支持胡適「整理國故」的主張和《學衡》所體現的「昌明國粹，融化新知」的觀點儘管學術旨趣不同，然彼此注目的焦點並不相互矛盾。不過，實際上《小說月報》仍以介紹外國文學為主，以致讀者來信質問「整理中國固有文學一項，迄未見何表現」，主編茅盾答覆說道：

> 文學研究會章程上之「整理中國文學」，自然是同志日夜在念的；一年來尚無意見發表的緣故，別人我不知道，就我自己來說，確是未曾下過怎樣的研究工夫，不敢亂說，免得把非「粹」的反認為「粹」，今年提倡國粹的聲浪從南京發出，頗震動了死寂的空氣：我拜讀了

〔註32〕 胡適，《胡適全集》（合肥：安徽教育出版社，2003），第21卷，頁266。

> 好幾篇，覺得他們的整理國故有些和孫詒讓等前輩同一鼻孔出氣——
> ——是表彰國故，說西洋現今的政法和思想都是我國固有的。……我
> 對於這樣的「整理國故」，真不勝其懷疑了！〔註33〕

從五四新文化新文學運動的「新思潮」這一角度來看新文化新文學陣營整理
國故問題，可知整理國故乃新文化運動在「破舊」即「文學革命」後，繼續
深入發展以科學的方法對傳統文化再清理的一種「立新」的態度。兩者在內
容、目的、影響以及客觀效果各方面存在明顯的差異性，尤其是「整理國故」
運動，一度引發新文化新文學陣營和各方文化勢力的複雜的褒貶毀譽。〔註34〕
茅盾所說的「今年提倡國粹的聲浪從南京發出」，指的正是「學衡派」。《學衡》
標榜「昌明國粹」，在很大程度上影響了整理國故活動的走向；對新文化陣營
而言，他們所倡導的如日中天的整理國故事業，甚難放棄，然而一旦繼續推
動整理國故，則有與《學衡》「同流合污」的嫌疑。〔註35〕為正本清源，部分
原本支持胡適整理國故的新文化運動者，由於「國故」明顯地含有不合時宜
的「舊」的意味，同時又因《學衡》提倡類似的主張，為了與「學衡派」劃
清界線，茅盾於是一改初衷地反對起整理國故或國學。

除新文化新文學陣營外，由於《學衡》亦發表不少批評馬克思主義及俄
國文學的文章，如蕭純錦〈中國提倡社會主義之商榷〉（第 1 期）、〈馬克思學
說及其批評〉（第 2 期），鄒卓立〈社會主義平議〉（第 12 期）等，而梅光迪
在〈評提倡新文化者〉亦曾說：「馬克斯之社會主義，久已為經濟學家所批駁，
而彼等猶尊若聖經。」〔註36〕針對《學衡》的批評，當時的馬克思主義者分
別在《嚮導》周報和《中國青年》等刊物發表文章回擊；如鄧中夏（1894～
1933）即認為《學衡》這股復古逆流在政治上與封建勢力有著千絲萬縷的聯

〔註33〕茅盾，〈茅盾復陳德徵〉，《小說月報》「通信欄」，第 13 卷，第 6 號，1922 年
6 月。

〔註34〕1921 年由文學研究會的沈雁冰、鄭振鐸主編的《小說月報》提出「介紹世界
文學、整理中國文學、創造新文學」為宗旨，反映整理國故風潮鼓蕩下的風
尚。以攻擊文學研究會著稱，並強調與新文化毫無淵源的創造社，同時間也
對整理國故產生興趣，惟其論述或否定或保留容忍。詳細分梳見羅志田，〈新
舊能否兩立：二十年代《小說月報》對於整理國故的態度轉變〉，《歷史研究》，
2001 年，第 3 期，頁 11～28；陳以愛，《學術與時代：整理國故運動的興起、
發展與流行》（台北：政治大學歷史系博士論文，2001）。

〔註35〕羅志田，〈新舊能否兩立：二十年代《小說月報》對於整理國故的態度轉變〉，
頁 11。

〔註36〕梅光迪，〈評提倡新文化者〉，《學衡》，第 1 期，1922 年 1 月。

繫，他號召進步的思想界聯合起來，一起向「文學中之『梅光之迪』等」反動思想勢力，「分頭迎擊，一致進攻」。〔註37〕此處的「梅光之迪」正是用魯迅〈估《學衡》〉中諷刺梅光迪的「烏托之邦」而來的。

　　學衡派與新文化新文學陣營雙方的論爭由文學問題而起，其過程卻逸出文學的範疇。當學衡派攻擊白話文時，白話文經五四運動的促進已取得相當優勢，再加上當時北洋政府教育部亦已頒令要求國民學校一、二年級的國文課一律改用國語，在這種情勢下，誰攻擊白話文必然會被視爲歷史逆流的守舊派。陳獨秀甚至早在胡適初倡白話文運動時即態度強硬地說：

> 容納異議，自由討論，固爲學術發達之原則，獨於改良中國文學當以白話爲正宗之說，其是非甚明，必不容反對者有討論之餘地；必以吾輩所主張者爲絕對之是，而不容他人之匡正也。〔註38〕

這種「不容他人匡正」的獨斷姿態，正是新文化新文學倡導者爭取自我合法性基礎與權威話語的一貫言說理路。由於諸多非文學因素的參與，使得文學作爲載體首先呈現的即是社會思想觀念的直接體現，其次才有可能是它自身的本體特徵、歷史遺跡以及對文學多樣性能的關注。文學論爭的實質內容本該在一個有序的社會中方可自然地調節，並反映出其與政治、文化間的歷史和現實。然而在 20 世紀 20 年代，正當中國處於歷史轉型和大變動的時代，這些相互交織的複雜關係，使得論爭的雙方學理討論的少，譏諷熱嘲的多。之所以形成這種局面，一方面是因爲新文化新文學陣營無不認爲白話文已是大勢所趨，學衡派迄今還替文言文辯護，故不值得一駁；另一方面則是因爲標榜「以中正之眼光，行批評之職事」的學衡派並未真正貫徹「無偏無黨，不激不隨」的學術精神，以致雙方論爭多意氣之言，形成幾乎沒有交流的對話。

第二節　20 世紀 30～40 年代新文學史中的學衡派研究

　　作爲對五四新文學經典性的總結，1935 年《中國新文學大系（1917～

〔註37〕鄧中夏，〈思想界的聯合戰線問題〉，《中國青年》，第 15 期，1924 年 1 月 26 日。

〔註38〕陳獨秀，〈通信〉，《新青年》，第 3 卷，第 3 號，1917 年 5 月 1 日。

1927）》的出版，對現代文學學科史產生巨大的影響。往後幾十年，有關新文學發生史及草創階段歷史的描述，均離不開這一套十卷本的《中國新文學大系》所劃定的大致框架。後來的研究者更將這套帶有部分主觀性和策略性傾向的選本視作客觀、公正且極具權威的「史料」來使用，這對日後學衡派的研究影響更爲深遠。

在鄭振鐸所編選的《中國新文學大系》第二集《文學論爭集》時，回顧五四文學革命第一個十年間的文學運動有「初期的響應與爭辯」、「從王敬軒到林琴南」、「學衡派的反攻」、「文學研究會與創造社的活動」、「甲寅派的反動」、「白話詩運動及其反響」、「舊小說的喪鐘」、「中國劇的總結帳」等八個方面的內容。在第三編「學衡派的反攻」欄目下，鄭振鐸挑選了六篇文章，其中發表在《學衡》上的只有梅光迪〈評提倡新文化者〉一篇，而胡先驌〈中國文學改良論〉（上）則是 1919 年先刊載在《南京高等師範日刊》，後又刊於《東方雜誌》的文章；另外四篇是反駁文章：羅家倫（1897～1969）的〈駁胡先驌君的中國文學改良論〉、西諦（鄭振鐸）的〈新與舊〉、玄珠（沈雁冰）的〈四面八方的反對白話聲〉、郢生（葉聖陶 1894～1988）的〈讀書〉。除了第一篇是眞正有針對性的論述外，其他均屬泛談的雜文筆法。欄目名稱訂題爲「學衡派的反攻」，實際選錄的文章卻僅止兩篇，這樣的編選操作方式，充分顯示出新舊話語權勢的對比力量，一如羅崗所言，如此「可謂『別有用心』」，恰好印證了鄭振鐸在〈導言〉中的論斷：『新文學運動已成了燎原之勢，決非他們的書生的微力所能撼動其萬一的了』。」〔註39〕

鄭振鐸在〈導言〉中把學衡派和林紓（1852～1924）、章士釗（1881～1973）等並稱爲復古派，而以胡先驌、梅光迪爲代表。至於阿英（1900～1977）爲《中國新文學大系》所編選的《史料・索引》彙集，其選擇機制和闡釋體系同樣是爲新文學的歷史論述而服務的。首先，他在〈序例〉中強調中國新文學運動已有二十多年歷史，遺憾的是，迄今尚未有一部較好的《中國新文學史》。〔註40〕其次，在《史料・索引》中，卷一以「總史」爲綱，下收三本「新文學史」論著的部分內容，依序是 1932 年周作人的學術講演稿《中國新文學

〔註39〕羅崗，〈解釋歷史的力量——現代「文學」的確立與《中國新文學大系（1917～1927）》的出版〉，《開放時代》，2001 年，第 5 期，頁 66～76。

〔註40〕據阿英的說法，當時能找到的只有王哲甫的《中國新文學運動史》（1933），和他所編的《中國新文學運動史資料》（1934），兩者均不是能令人滿意的史書。

的源流》中的第五講、胡適《五十年來中國之文學》的第十節,以及陳子展於 1930 年所編寫的《最近三十年中國文學史》的最後兩章,並率以「文學革命運動」爲目,〔註 41〕而後再分門別類編排史料。再者,當論及新文學的反動學衡派時,阿英說由於篇幅所能容納的因素,再加上「適當的史料難以尋覓」,故此冊只收「胡先驌、梅光迪領導的〈《學衡》雜誌弁言〉」,同時辯白儘管知道這些簡單的史料可能不夠說明這個文學團體和刊物,但「事實上也只能如此了」。〔註 42〕

　　阿英這種對待史實和史料的態度,其實有著更深層面的考慮。只消對照《史料‧索引》中「作家小傳」所收錄三位《學衡》成員的傳記,即可窺知其消解《學衡》的用心。事實上,《學衡》是五四時期罕見的長壽刊物,前後達 12 年之久,一共出了 79 期,依梅光迪「凡有文章登載於《學衡》雜誌中者,其人即是社員」的說法〔註 43〕,則《學衡》作者凡百餘人;其中除《學衡》發起人外,還包括他們的朋友、東南大學的師生,以及清華學校(大學)的師生。而阿英在「作家小傳」中一共只收錄了三位《學衡》成員:胡先驌、梅光迪和吳芳吉(1896～1932)。簡歷中除點明三人與《學衡》雜誌的密切關係外,他特別強調三人反對新文學運動的強烈態度。如其言梅光迪「反新文學運動甚烈」,胡先驌「反新文學運動最烈」,吳芳吉「著反新文學論文甚多」等;更甚者,他還做了如下的結論:「如林琴南爲反新文學之第一代代表人,那麼,胡先驌是代表了第二代,而章士釗又當爲第三代了。」〔註 44〕羅崗以爲「阿英之所以揪住梅、胡不放,關鍵不在兩位是否代表或領導了《學衡》,而是因爲他們反對新文學『甚烈』乃至『最烈』。」〔註 45〕如此表述正好與〈序例〉中所鋪陳的,新文學的反動,初期是林紓一班人,第二期是胡先驌、梅光迪領導的《學衡》,第三期是章士釗主辦的《甲寅週刊》的說法,首尾呼應,聯成一氣,並且印證他在「總史」中所引胡適關於《學衡》的論述:「《學衡》的議論,大概是反對文學革命的尾聲了。我可以大膽地說,文學革命已過了

〔註 41〕周作人《中國新文學的源流》第五講與陳子展《最近三十年中國文學史》最後兩章子題均作「文學革命運動」,唯胡適作品只標次序段落,未有子題名稱。
〔註 42〕阿英,《中國新文學大系‧史料‧索引》「序例」(台北:業強出版社,1990),頁 4。
〔註 43〕《吳宓自編年譜:1894～1925》,頁 229。
〔註 44〕阿英,《中國新文學大系‧史料‧索引》,頁 216。
〔註 45〕羅崗,〈解釋歷史的力量——現代「文學」的確立與《中國新文學大系(1917～1927)》的出版〉《開放時代》,2001 年,第 5 期,頁 66～76。

討論的時期，反對黨已破產了。」〔註46〕爲展示五四新文學的實績，作爲現代中國文學歷史敘述重要範本的《中國新文學大系（1917～1927）》第十集《史料·索引》，在阿英的「選擇」行爲支配下，透過否定的方式，凡是與新文學觀念不同的，就是守舊落後。

　　此外，阿英的陳述也與史實明顯不符。他指稱由於「適當的史料難以尋覓」，故而只收錄「胡先驌、梅光迪領導的《《學衡》雜誌弁言》」一文。阿英的言說至少有兩層罅漏疏略之處。首先，《學衡》的領導不僅止胡先驌、梅光迪兩人。事實上，胡、梅二人雖爲《學衡》的發起人之一，然自1923年，《學衡》創刊一年後，梅光迪即不再投登一字之稿，且對人漫說：「《學衡》內容愈來愈壞，我與此雜誌早無關係矣！」〔註47〕1924年，梅光迪赴美講學，直至1936年回浙江大學擔任文學院院長，這期間除於1927年短期回國任中央大學（原東南大學）代理文學院院長外，梅光迪人生最精華的學術年華就這樣消磨在一來一往的奔波忙碌中，並自此與《學衡》了無關係，實際上脫離了學衡派。至於胡先驌亦於1923年秋天暫離《學衡》，再度赴美攻讀博士學位。實則，《學衡》的核心人物，除二外，尚有被稱爲《學衡》保姆的劉伯明，〔註48〕以及柳詒徵和吳宓等人。在《學衡》創刊初期，東南大學的副校長劉伯明以自己的行政地位和學術影響予《學衡》絕對的支持，使之得以順利問世；《學衡》創刊號上的第一篇文章〈學者之精神〉，正是劉伯明所作，相當於《學衡》的發刊詞，這顯示出他在東南大學的影響地位。至於被吳宓譽爲「博雅宏通，爲第一人」〔註49〕的柳詒徵，是《學衡》創始者中發表文章數量僅次於主編吳宓者，他和以他爲首的「史地研究會」成員是《學衡》稿源的最重要支持者，吳宓在離開東南大學時即商請柳詒徵擔任《學衡》南京編務處幹事，並將有關《學衡》稿件點交予他。在風雨飄搖的年代裡，《學衡》能苦撐達11年之久，起草《學衡》雜誌簡章並自署爲雜誌總編輯兼幹事的吳宓應居最大功勞，在五四後期，內外環境對他均極爲不利的情況下，吳宓仍傾注全部心力盡最大可能維持《學衡》的正常出刊，就某種程度來說，《學衡》幾乎成爲他個人的事業。

〔註46〕阿英，《中國新文學大系·史料·索引》，頁216。。

〔註47〕《吳宓自編年譜：1894～1925》，頁235。

〔註48〕劉克敵，〈《學衡》的保姆——劉伯明〉，《陳寅恪和他的同時代人》（台北：時英出版社，2007），頁247～253。

〔註49〕《吳宓自編年譜：1894～1925》，頁228。

其次，在難以尋覓「適當的史料」方面，阿英在編選這本《史料·索引》彙集時，其選材取向標準明顯受到政治文化意識的趨導。表面上是文學標準問題的論爭，實則背後的核心問題是政治意識形態差異問題，這是極其複雜的文學與政治的課題。有關《學衡》的流通，除由中華書局販售外，《學衡》社也自行代售一部分，據林麗月的研究指出，學衡的發行量有多少已無從查考，唯知其第一、二期於出刊一個月後均曾再版，1926 年 3 月，再版發行前 50 期，1931 年，又再版 50～70 期。〔註 50〕儘管《學衡》的發行量不大，留學美國的吳宓深知宣傳的重要性，自第 1 期起，即有計畫地將《學衡》交寄贈予各國際性學術機構、圖書館及國內各方名流，由於吳宓深遠的眼光，《學衡》得到完整且較好的留存。號稱大藏書家的阿英對於刊載在《學衡》每期刊首且較能夠代表其宗旨的〈《學衡》雜誌簡章〉棄之不選，反而策略性地代之以曾被魯迅譏為文理汗漫不通的〈《學衡》雜誌弁言〉，其用心昭然若揭。

作為新文學第一個十年的成果，《中國新文學大系》成為保存新文學早期資料最有價值的選本。而阿英這種對待史實和史料的態度，以及種種言說理路，不僅將學衡派以「反對黨」的形象置入封建頑固、復古保守的陣營之中，掩蓋學衡派複雜的性格；同時也遮蔽後來研究者深入探究的視野。以後的文學史作者幾乎都延續這些觀點，多以《中國新文學大系》所收的幾篇論文作為原始資料，根本不看《學衡》的原文，偶有觸及，也只是被制約在強調「昌明國粹」的一面，根本忽略其「融化新知」的另一面；因而，在中國現代文學史上，「學衡派」始終與林紓和「甲寅派」齊被視為「封建復古派」。

30 年代其他新文學史著述基本上承襲胡適《五十年來中國之文學》所提供的共同的歷史觀念、分析方法和敘述框架，多致力於以新文學的價值標準來建構文學的秩序。〔註 51〕由於這種「新文學」的本位觀，使得現代舊體文學在中國現代文學史的書寫過程中，被排斥在現代文學的範圍之外，甚至視而不見。這種本位觀將現代文學進行等級性的排序，建構了一個從中心到邊

〔註 50〕林麗月，〈「學衡」與新文化運動〉，張玉法主編，《中國現代史論文集》，第六輯「五四運動」（台北：聯經出版事業公司，1990），頁 510。

〔註 51〕如陳子展於 1930 年出版《最近三十年中國文學史》，雖然在近現代文學的發端年代，與胡適有不同的看法，其著眼點與之相同，均定位在此時期的文學發展變革。1933 年出版的王哲甫《中國新文學運動史》是第一部新文學史專著，同樣受到胡適的影響，作者在論述新文學運動之原因基本上承襲胡適關於歷史的文學進化論的觀點，強調新文學運動發生的必然性和合理性。

緣的等級秩序，在這個序列中，舊體文學特別是舊體詩詞相對地被邊緣化了。
〔註52〕

　　不同於前幾部爲新文學張目的專史，錢基博（1887～1957）首次以「現
代文學」這一語詞指稱1911年到1933年這一段時期的文學。他在1933年出
版的《現代中國文學史》中採取著與胡適等人完全不同的選擇機制和闡釋體
系，〔註53〕將中國現代文學分爲兩編，上編古文學，起於王闓運（1833～
1916）；下編新文學，止於林語堂（1895～1976）。在〈序〉中，他說：「是編
以網羅現代文學家，嘗顯聞民國紀元以後者，略做《儒林》分經敘次之意，
分爲二派：曰古文學。曰新文學。每派之中，又昭其流別；如古文學之分文、
詩、詞、曲，新文學之分新民體、邏輯文、白話文。」〔註54〕在他的《現代
中國文學史》中，所謂的「現代」是一個時間概念，指的是「民國肇造、國
體更新」以來，而非指稱具有現代品格的性質概念。這種歷史的斷代法，或
取消或淡化了「五四」新文化運動劃時代的「文化」意義；因此，在論述1911
年到1933年之間的中國文學時，他既敘新文學，又述舊體文學，且大抵重文
言而輕白話，更甚者其著作本身即採文言語式來敘述。在其著述中，錢基博
對章士釗、胡先驌等人的主張頗多贊和，立論亦對舊文學多有迴護。他指出，
自民國肇造、國體更新以來，文學亦與之俱新，而深湛古學的老成之人與服
膺於澎湃東漸的歐洲思潮的新人，入主出奴，聚訟盈庭，莫衷其是。他以爲
兩派的作法取徑咸有缺失，「權而爲論，其蔽有二：一曰執古，一曰騖外。」
〔註55〕錢氏雖未指稱新文化運動的領袖之一胡適屬「騖外」一派，但他卻直
指「光迪、先驌主存古」，與胡適相抗衡。他說胡適騖誇「時代精神」與「文
學創造」，胡先驌則說「文學之最不可恃者，厥爲時代精神；以其事過境遷，

〔註52〕 從「五四」迄今，舊體文學創作實際上從未中斷過。五四新文學運動的發起
　　　　 者如胡適、魯迅、周作人、郭沫若等，他們的創作除引人注目的「新文學」
　　　　 外，同時還有舊體文學。更重要的是，舊體文學是「五四」以來中國文學的
　　　　 重要組成部分，它始終以與新文學潛在性地相對抗的形態而存在。參見高玉，
　　　　 〈中國現代文學史「新文學」本位觀批判〉，《文藝研究》2003年，第5期，
　　　　 頁36～43。
〔註53〕 錢基博的《現代中國文學史》初以《現代中國文學史長編》之名付梓於1932
　　　　 年，出版後影響頗著，暢銷當代，在短短的四年內，連版四次；1933年再版
　　　　 時改名爲《現代中國文學史》。
〔註54〕 錢基博，《現代中國文學史》（台北：明倫出版社，1971），頁1。
〔註55〕 同註54，頁6。

不含『不朽』之要素也。」又「茹古者深，含英咀華；『創造』即在摹仿之中也。」〔註 56〕二人對於治文學的方法各執一端，然皆有其可取及可議之處，此亦正錢氏所批評的「鶩外」與「執古」之別。

五四前後，對南北文壇有著深入了解的錢基博在〈《國學文選類纂》總敘〉中對《學衡》的另一員大將柳詒徵及學衡派的「南方」立場有相當深刻的描述：

> 丹徒柳詒徵，不趨眾好，以爲古人古書，不可輕疑；又得美國留學
> 生胡先驌、梅光迪、吳宓輩以自輔，刊《學衡雜誌》，盛言人文教育，
> 以排難胡適過重知識論之弊。一時反北大派者歸望焉。〔註 57〕

依著錢基博的視閾，《學衡》是「北大派」的對立者，其中柳詒徵是當時南方對抗新文化、疑古運動的領袖人物，與留美學人胡、梅、吳等人形成一股反「北大派」的勢力，只是這股文化保守的勢力終究抵不過激烈的時潮，在激進的浪潮中漸次地消歇。

30 年代初期，《學衡》創始人之一梅光迪執教美國時，因受法國馬西爾（Louis J. Mercier, 1880～1953）教授的〈美國的人文主義〉的啓發，撰寫〈人文主義和現代中國〉一文，回顧反思 20 年代《學衡》所倡導而最終失敗的中國的人文主義運動。有鑒於新文化新文學運動以來所形成的文化激進主義浪潮，變革與革命的信仰已經成爲一種新的傳統，他十分感慨地指出：

> 《學衡》的作者們並非對自身民族傳統中的問題熟視無睹；而是堅
> 信目前更爲緊迫的任務是對已取得的成就加以重新審視，爲現代中
> 國重塑平穩、鎮定的心態。在他們看來，這不僅對眞正的文化復興
> 是必要的，而且也是批判性接受西方文化中有益且可吸收的東西必
> 不可少的條件。

對於自己處在這個「只經過了一代人，便從極端的保守變成了極端的激進」的年代裡，無法施展學術影響的無力感，溢於言表。〔註 58〕

1934 年，溫寧源用素描方式、春秋筆法，以英文書寫對胡適、辜鴻銘等中國現代文化名人的印象，發表在《中國評論週報》（*The China Critic Weekly*）

〔註 56〕錢基博，《現代中國文學史》，頁 426、430。
〔註 57〕錢基博，〈《國學文選類纂》總敘〉，《錢基博學術論著選》（武昌：華中師範大學出版社，1997），頁 18。
〔註 58〕《梅光迪文錄‧人文主義和現代中國》，頁 223～224，220。

的專欄。後來溫寧源選錄其中 17 篇，以 *Imperfect Understanding* 爲名，於 1935 年初結集出版，其高足錢鍾書以中文寫了一篇書評，刊登在林語堂主編的《人間世》第 29 期（1935 年 6 月 5 日），書名譯作《不夠知己》，林語堂認爲「雅切」。當中有一篇吳宓小傳（*Mr. Wu mi, A Scholar And A Gentleman*）原刊在《中國評論週報》第 7 卷第 4 號（1934 年 1 月 25 日），後由林語堂譯成中文，登於《人間世》第 2 期的「今人志」專欄（1934 年 4 月 20 日）。溫寧源寫吳宓說他：「一切的意見都染上這主義（引者註：白璧德人文主義）的色彩。倫理與藝術怎樣也攪不清。你聽他講，常常莫名他是在演講文學或是演講道德。」〔註 59〕這是一篇被認爲公正評價吳宓的人物隨筆，流傳甚廣，許多論及吳宓的文章都會提及此篇。〔註 60〕

　　40 年代，由於戰爭的流離，缺乏安定的研究環境，有關現代文學的著述並不多見。李何林（1904～1988）的《近二十年中國文藝思潮論》是學界引用最多的論著之一。〔註 61〕他採用了不同於 30 年代文學史著述的選擇機制和闡釋體系，以「資料長編」的方式，盡可能將各種不同立場觀點的文論保留下來。他將 1919 年至 1937 年近 20 年文藝思潮的變遷分成三大段落，在第一段落即書的第一編「五四前後的文學革命運動」中第三章「與反對者的論爭」，特別立了一節專門討論「學衡派」。〔註 62〕這一節資料主要仍來自《中國新文學大系》以及張若英所編《中國新文學運動史資料》二書所蒐集的所謂學衡派在當時的反對文章，共有胡先驌〈中國文學改良論〉、〈評嘗試集〉，梅光迪〈評提倡新文化者〉、〈評今人提倡學術之方法〉，吳宓〈論新文化運動〉等五篇。李何林認爲除胡作是就文學範圍說話外，梅吳二人文章不過以「反進化論」思想咒罵新文化運動及其倡導者，實「不值一駁」。〔註 63〕這不值一駁的

〔註 59〕溫寧源，〈吳宓〉，收入林語堂編著，《人物小品》，頁 2～3。

〔註 60〕如楊絳的〈吳宓先生與錢鍾書〉，王泉根主編，《多維視野中的吳宓》（重慶，重慶出版社，2001），頁 13～17；沈衛威的《吳宓傳：泣淚青史與絕望情慾的癲狂》（新店：立緒文化事業有限公司，2000）均引述溫氏之說。

〔註 61〕李何林的《近二十年中國文藝思潮論》一書標明 1939 年 3 月，各地生活書店發行，而實際出版時間爲 1940 年春，因此可以歸入 40 年代。據李何林後來回憶，該書除上海版，還在香港、桂林、重慶、東北等地印售出版。見《李何林文論選》，（北京：人民文學出版社，1986），頁 243。

〔註 62〕第 3 章「與反對者的論爭」共有 3 節，一是林紓，二是「學衡派」，三是「甲寅派」。

〔註 63〕李何林，《近二十年中國文藝思潮論》（桂林：生活書店，1939），頁 50～51。

闡釋心態貫穿一整章節，甚至在最後一段李何林下了如此結語：「總觀『學衡派』無論對於中國文學或西洋文學的主張，大有『古典主義』者的口吻，其站在守舊的立場，反對此次資產者的新文化運動和新文學運動，也很有點『古典主義』的氣息；可惜因為只是代表舊勢力的最後掙扎，未能像西洋似的形成一種『古典主義』的文藝思潮，而且也沒有什麼作品。」〔註64〕

　　雖然他看到了學衡派的古典主義文學傾向，然由於《中國新文學大系》等主流論述所深植的價值判斷，最後「學衡派」仍落得「代表舊勢力的最後掙扎」的評價。與此評價相呼應，李何林在〈序〉中還指明這些「反對者」不過是封建古典文學的送喪者罷了。他說：

> 倘以「五四」新文化運動為中國的「文藝復興」；則林琴南、梅光迪、胡先驌、章士釗等為「古典文學」的維護者。……無奈中國「五四」的「文藝復興」和歐洲的文藝復興，不但有程度上的差別，而且有性質上的不同。……中國的「文藝復興」以後，並無歐洲似的「古典主義」的時代，林、梅、胡、章諸人算不得「古典主義」文學的人物，他們不過是二千年來封建的古典文學的送喪者而已。〔註65〕

同是講述文藝思潮的論著，吳文祺（1901～1991）的《近百年來的中國文藝思潮》綜述自清道光季業至民國「五卅」運動（1841～1925）八十餘年來中國文藝的嬗遞經過。〔註66〕其對新舊兩派文學的評價，雖不再落入「死」「活」文學之爭的窠臼，然在「五四運動與文學革命」一章中仍以「林紓與學衡雜誌的反對新文學」為目，將學衡派與林紓放在同一節來論述，貶低色彩依舊鮮明。

第三節　20 世紀 50～70 年代學衡派研究概況

　　1950 年代，大陸地區隨著現代文學學科的建立，不僅研究者職業化，學術生產亦步上體制化，文學史思維受教學需求與政治的制約相對地增加，王瑤（1914～1989）《中國新文學史稿》的出版，〔註67〕被視為是這一時期最具

〔註64〕李何林，《近二十年中國文藝思潮論》，頁 60。
〔註65〕李何林，《近二十年中國文藝思潮論·序》，頁 6～7。
〔註66〕吳文祺，《近百年來的中國文藝思潮》（香港：龍門書店，1969）。原編刊載於 1940 年 11 月至 1941 年 1 月出版之《學林》月刊第 1～3 輯。
〔註67〕《中國新文學史稿》上冊於 1951 年 9 月由北京開明書店出版，下冊於 1952 年 5 月完稿，遲至 1953 年 8 月才由上海新文藝出版社出版。

代表性的現代文學史著作，同時也是現代文學學科的奠基之作。〔註68〕他在書中沿用仍具貶義的「學衡派」的稱號，同時認爲這些人「是標準的封建文化與買辦文化相結合的代表」。〔註69〕由於這部新文學史文獻資料豐富，又長時期被當作文科教材使用，後來許多研究者都把它視爲必備的參考書目，因此其觀點影響十分深遠。「學衡派」的稱號隨之益發深植人心，日後其他文學史家及研究論者亦沿用下來，唯最初的貶抑色彩已隨歲月的流逝而褪去許多。

70 年代，李輝英（1911～1991）和司馬長風（1922～1980）二人分別在香港編寫出版《中國現代文學史》與《中國新文學史》。〔註70〕李輝英大抵承襲前幾部文學史的說法，認爲《學衡》中人詆毀新文學革命的說法已成定論。司馬長風的《中國新文學史》其史料選擇機制主要來自《中國新文學大系》，在「保守派的反對言論」一章中，以「學衡派的諍辯」爲目，認爲是對文學革命第一次有組織的反對；不過，「唯情論」的司馬長風以同情的了解的態度對胡先驌的〈評《嘗試集》〉展開帶有敬意的批判，他說：「你雖不同意他的主張，但讀後不禁也『慷慨有餘哀』，實爲保守派言論之傑作。」〔註71〕

1979 年，唐弢（1913～1992）的《中國現代文學史》在「對復古派的鬥爭與新文化統一戰線的分化」一節中給吳宓安了一個位置，但還是置放在梅光迪、胡先驌之後。〔註72〕顯然在這一時期提起《學衡》，除了梅光迪、胡先驌和吳宓三人之外，學衡派就再也沒有其他的人。

台灣地區關於學衡派的研究，最初集中在相關著作的重刊及人物的研究上。在著作的重刊方面，首先被關注的是學衡派在史學方面的成就。1952 年正中書局出版柳詒徵的《中國文化史》，1954 年商務印書館刊印繆鳳林的《中國通史要略》，1957 年中華書局發行柳詒徵的《國史要義》，1971 年文海書局刊印柳詒徵的《史學與地學》，1972 年台灣學生書局刊行繆鳳林的《中國通史綱要》。其次是文論及文學方面的著作，1956 年中華叢書委員會據 1948 年浙江大學印行本影印出版《梅光迪文錄》；60 年代，又陸續出版了學衡派重要詩

〔註68〕溫儒敏，〈王瑤的《中國新文學史稿》與現代文學學科的建立〉，《文學評論》，2003 年，第 1 期，頁 23～33。

〔註69〕王瑤，《中國新文學史稿》上冊（上海：上海文藝出版社，1982），頁 39。

〔註70〕李輝英，《中國現代文學史》（香港：東亞書局，1970）；司馬長風的三卷本《中國新文學史》分別於 1975、1976、1978 年由香港昭明出版社出版。

〔註71〕司馬長風，《中國新文學史》上冊（台北：傳記文學出版社，1991），頁 58。

〔註72〕唐弢，《中國現代文學史》（一）（北京：人民出版社，1979）。

人吳芳吉的《白屋詩稿》（中華叢書委員會，1962 年）、《吳白屋先生遺書》（成文出版社，1969 年）。70 年代，重新刊印多本相關的著述，如 1970 年廣文書局刊行《柳翼謀文錄》；1971 年台灣學生書局重印《學衡》，喬衍琯作有〈重印學衡雜誌弁言〉說明重印的緣由；同年地平線出版社出版吳宓的《雨僧詩文集》；1974 年地平線出版社重刊吳芳吉的《白屋詩裁》；1977 年台灣學生書局發行《白屋吳生詩稿》等，這些著作的重刊，提供現代文化史、文學史研究者相當珍貴的第一手資料。

　　對人物的研究方面，1962 年 8 月，《傳記文學》創刊初始，即發表由邵鏡人所作〈憶史學家柳詒徵先生〉（第 1 卷第 3 期），為介紹柳詒徵治史的專題論文；10 月刊出楊樹勳（1918～1992）的〈憶吳雨僧教授〉（第 1 卷第 5 期），內容以回憶吳宓的思想行誼為主，並對其「從不公開譏評他人，作人身攻擊」，亦不盲從附會的勇氣和毅力表示推崇，唯其歷史記憶稍有瑕疵，將《學衡》誤作《國衡》，稱之為「國衡派」。〔註73〕1968 年 6 月，張其昀（1900～1985）作〈吾師柳翼謀先生〉（第 12 卷第 2 期），追述師生情誼。1970 年 6 月，羅時實於《中外雜誌》發表〈柳翼謀先生及其學衡諸友〉（第 7 卷第 6 期），說明柳氏與學衡派的關係。抗戰年間在成都燕京大學與陳寅恪、吳宓、李方桂（1902～1987）等合稱「四大名旦」的蕭公權（1897～1981），在結識吳宓後經其啟發和感召，方才激起寫詩的熱情，1969 年起，他在《傳記文學》發表副題為「問學諫往錄」的系列文章，其中與吳宓有關者有兩篇，分別為 1970 年 10 月的〈清華五年〉與 1971 年 2 月的〈誼兼師友的的吳雨僧〉。前文述及雖始識吳宓於清華，卻是清華同人中晤談最密者；文中對吳宓的離婚「立場」頗不贊同，以和作〈落花〉中的第 3、4 首對其立場加以諷勸。〔註74〕後文則側重討論吳宓在詩歌創作、理論及翻譯上的成就，贊同陳寅恪以「直抒胸臆，自成一家」八字評價吳宓的 38 首〈懺情詩〉，並認為這也是全部《吳宓詩集》的確評。〔註75〕1972 年康虹麗於《幼獅學誌》發表〈論梁任公的新史學和柳翼謀的國史論〉（第 10 卷第 2 期），為探析柳氏史論之研究。由以上的撰述可

〔註73〕楊樹勳，〈憶吳雨僧教授〉，《傳記文學》，第 1 卷，第 5 期，1962 年 10 月，頁 25～26。

〔註74〕蕭公權，〈清華五年〉，《傳記文學》，第 17 卷，第 4 期，1970 年 10 月，頁 68～72。

〔註75〕蕭公權，〈誼兼師友的的吳雨僧〉，《傳記文學》，第 18 卷，第 2 期，1971 年 2 月，頁 21～25。

發現，70 年代初期以前有關學衡派的人物研究，多偏屬於憶往懷舊類型，焦點仍集中在史學研究方面有卓越貢獻的柳詒徵，以及個性耿直鮮明，行為特立的《學衡》總編輯吳宓的身上。

70 年代中後期，侯健出版專著《從文學革命到革命文學》（1974），收錄有關學衡派與新文學陣營的論爭，並介紹梅光迪、吳宓以及學衡派的思想主張，同時透過白璧德的人文主義將學衡派與梁實秋以至錢鍾書繫聯起來，對於學衡派的「古典」特色，有其獨到的見解。〔註76〕有關學衡派的整體評價，如侯健所指稱，他們在文學思想上的建樹是失敗的，不過，對於他們維護中國文化傳統的決心與堅持，侯健倒是不吝惜地給予正面的肯定，且認為「其影響到現代仍然是存在的」。〔註77〕1977 年，他再度以梅光迪為研究專題，發表論文〈梅光迪與儒家思想〉，提出梅光迪思想「半自因襲、半自白璧德，或者未必深入」的說法，〔註78〕這是梅光迪研究的重要文獻之一。欲深入了解學衡派的理論淵源，勢必進一步譯介探究白璧德的人文主義。同年 7 月，侯健應中央研究院美國文化研究所之邀，在「美國文化與中美關係」系列演講中，作題為〈白璧德和當代美國文學批評〉的演講，針對白璧德人文主義的思想主張及其對美國文學的批評和影響作深刻的剖析，他認為：

> 雖白氏業已去世，他的若干基本見解，卻早成為二十世紀文學批評的特色，若干原來的敵人，如 Mumford, Yvor Winters, Granville Hicks, Vivas 等，無不轉而對他推崇。他的見解，如何能算過去了呢？〔註79〕

最後他總結道，白氏與其所私淑的安諾德（Matthew Arnold，1822～1888）一樣，重視文學與人生，尤其是生活所需要的紀律與態度。對於當前台灣的文學思想與表現，他深感憂慮，認為白璧德所留下的教訓，是我們該引以為鑑的重要課題。

〔註76〕侯健在 70 年代初即開始介紹評論白璧德的人文主義，1973 年 2 月發表〈白璧德與其新人文主義〉，原載《中央月刊》，第 6 卷第 10 期；1974 年 10 月發表〈梅光迪、吳宓與《學衡》派的思想與主張〉，《幼獅文藝》，第 40 卷第 4 期，後收入《從文學革命到革命文學》（台北：中外文學月刊出版社，1974）。

〔註77〕侯健，〈梅光迪、吳宓與學衡派的思想主張〉，《從文學革命到革命文學》，頁 87。

〔註78〕侯健，〈梅光迪與儒家思想〉，《中國現代史專題研究報告》，第 7 輯，（台北：中華民國史料研究中心，1977）。收入傅樂詩等著《近代中國思想人物論——保守主義》（台北：時報文化出版事業有限公司，1980），頁 259～274。

〔註79〕侯健，〈白璧德和當代美國文學批評〉，《美國文化與中美關係》演講》六（台北：中央研究院美國文化研究所，1977），頁 1～9。

70 年代末期，較具參考價值的研究還有林麗月的〈《學衡》與新文化運動〉一文，針對《學衡》各期所刊詩文及作者發表篇數作了初步的統計，〔註80〕認為「學衡派」所提倡的儒家人文主義是一種新型態的儒家，其精神不同於此前的「國粹派」，其學術活動堪稱是「民國初期的一次新儒家運動」。〔註81〕

第四節　20世紀80年代以後學衡派研究概況

80 年代，大陸地區興起一股「文化熱」，一如五四時期，學者們將目光投向西方，傳統文化被當作襯托西方文化優點的對立面而出現。90 年代後，因國際形勢的巨大變化，如蘇聯解體，東歐巨變，使得馬克思主義遭到前所未有的挫折和危機，因而在思想文化領域和意識形態領域出現真空地帶，文化激進主義漸次退潮，取而代之的是「國學熱」，試圖從傳統文化資源中尋找另一個精神的支柱，建構一套屬於自己的道德信仰體系。「文化熱」與「國學熱」，意味著「反傳統文化」的傳統與傳統文化在經歷十年「文革」破壞之後的承續，這兩種並行不悖的傳統，為未來學術思想提供更加豐富的可能性。學衡派獲得新的關注，正是學術界重新審視、反思五四新文化新文學運動中激進主義的負面影響的一個必然現象。

隨著學衡派受到關注，第一手的文獻亦陸續刊印問世。1991 年上海古籍出版社刊印《柳詒徵史學論文集》、《續集》。1992 年呂效祖主編《吳宓詩及其詩話》；同時吳宓的女兒吳學昭在大陸一陣「陳寅恪熱」中，自其父日記中摘錄有關吳宓與陳寅恪的交往對談紀錄，題為《吳宓與陳寅恪》。〔註82〕翌年清華大學將吳宓的授課講義《文學與人生》整理出版。1994 年成都巴蜀書社出版《吳芳吉集》。1995 年，是出版界成果豐碩的一年，先有江西高校印行《胡先驌文存》；復有孫尚揚、郭蘭芳從 79 期《學衡》中精選出 42 篇代表性文章，

〔註80〕 林麗月的統計為後來研究《學衡》的各家所沿用，如沈松僑《學衡派與五四時期的反新文化運動》（台北：臺灣大學，1984）、王泉根〈吳宓主編《學衡》雜誌的初步考察〉（《西南師範大學學報》，1990 年，第 4 期），唯其統計數字略有出入。

〔註81〕 林麗月，〈《學衡》與新文化運動〉，《中國現代史論集》第 6 輯「五四運動」（台北：聯經出版事業公司，1981），頁 527。

〔註82〕 吳宓著，呂效祖編，《吳宓詩及其詩話》（西安：陝西人民出版社，1992）；吳學昭，《吳宓與陳寅恪》（北京：清華大學出版社，1992）。

予以現代標點，題作《國故新知──學衡派文化論著輯要》，方便研究者參閱；最後是吳宓編年體的自傳《吳宓自編年譜：1894～1925》的出版，詳述其童年回憶、清華學堂時的學習、留學美國時期所接受西方文化和思想的影響，以及回國後在南京東南大學講授西方文學和創辦《學衡》雜誌時期的種種經歷。1998 年，徐葆耕在《會通派如是說──吳宓集》認為，吳宓著眼於中西傳統文明的共同性，從人文主義的觀點出發，提出中西會通的思維路線和學說。〔註83〕同年，吳學昭整理出版 10 冊《吳宓日記》（1910～1948），記載了吳宓數十年個人際遇以及學術生涯的活動與交往情況，從中可瞭解吳宓的思想歷程和學術觀點，是吳宓研究者的重要參考資料，同時也是 20 世紀中國學術史、教育史的珍貴記錄。〔註 84〕隨著這些相關第一手資料的刊印，學衡派研究亦進入高峰期，有關學衡派研究的成果也「層疊地堆積」起來。

最早對學衡派作出正面評價的是美國學者傅樂詩（Charlotte Furth）。1979年，她在評價「五四」的一篇論文中，將學衡派視為五四時代的保守主義者。〔註85〕在 1983 年出版的《劍橋中國民國史》中，李歐梵延續傅樂詩的看法，認為學衡派的見解流露出一種古典情趣，指出他們其實不反對變化，只是反對某些矯枉過正的做法，明確指出學衡派「文化保守主義」的態度。〔註 86〕不過，這種看法在 80 年代初期並未對大陸學界造成重大影響。

在 20 世紀初期發生的東西方文化論爭中，《學衡》諸子是被當作反對革新的保守派看待的。長期以來，學衡派缺乏深入的研究，學界多予以簡單化的否定。80 年代後期以降，有關學衡派研究的重要單篇論文、專門著作陸續問世，逐漸形成一股所謂「吳宓熱」，或者說是因「吳宓熱」而帶動學衡派的研究。據筆者不完全的統計，近 20 年來有關學衡派研究的成果超過 200 篇以上，茲擇其有重要發明者闡述如下：

1988 年，高華率先從區域社會學的角度觀察東南文化，以梅光迪為例，

〔註83〕徐葆耕，《會通派如是說──吳宓集》（上海：上海文藝出版社，1998）。

〔註84〕吳宓著，吳學昭整理，《吳宓日記》10 冊（北京：三聯書店 1998～1999）；2006年 3 月，三聯書店又出版《吳宓日記續編》10 冊（1949～1974），是他生命最後二十餘年的記錄。

〔註85〕傅樂詩，〈五四的歷史意義〉，收入周陽山編，《知識分子與中國現代化：五四與中國》（台北：時報文化事業公司，1979）。

〔註86〕李歐梵，〈文學潮流（一）：追求現代性（1895～1927）〉，費正清編，章建剛等譯，《劍橋中國民國史》（上海：人民出版社，1992），頁 504～505。

指出其過渡的折中主義文化現象的兩重性。〔註87〕1989 年，茅家琦注意到台灣地區侯健與沈松僑師生有關學衡派研究的成果。〔註88〕同年，知名比較文學研究學者樂黛雲發表〈世界文化對話中的中國現代保守主義〉，把學衡派看作文化保守主義的代表，認爲學衡派的存在對五四時期文化激進派發揮制衡的作用，是 20 世紀文化對話的一個重要組成部分。〔註89〕1993 年，她再發表〈昌明國粹，融化新知——湯用彤與《學衡》雜誌〉，強調《學衡》代表著五四新文化運動的另一潮流，〔註90〕「《學衡》雜誌的宗旨與胡適等人提倡的自由主義和陳獨秀等人提倡的激進主義構成張力，共同推動了中國新文化運動的發展。」〔註91〕樂黛雲是大陸學者中較早提出有關學衡派文化保守思想的研究者，其重估學衡的觀點對後來的研究者影響頗大，許多學者在「保守主義」的思潮下，亦提出相類似見解。如黃興濤在現代文化保守派的視野下，對梅光迪在五四前後的思想活動進行切實的考察，較公允地評價梅光迪。〔註92〕

　　90 年代以後，有關學衡派的研究逐漸形成風潮，大量的研究成果及博碩士論文紛紛出爐，其犖犖大者，分述如下：

　　陳建中探討吳宓的翻譯觀及其詩學核心——「三境說」，建構了吳宓的翻譯及詩學理論。〔註93〕曠新年則在 1994 年一連發表 3 篇與學衡派研究相關的論文。或從學衡派與中國現代性的反思問題，強調學衡派與新儒家在思想上一脈相通的文化使命感與信仰價值；或通過分析考察學衡派與白璧德人文主

〔註87〕 高華，〈折中主義文化現象的兩重性——以梅光迪爲例〉，《東南文化》，1988 年，第 2 期。
〔註88〕 茅家琦，〈梅光迪與《學衡》雜誌〉，《民國檔案》，1989 年，第 1 期。
〔註89〕 樂黛雲，〈世界文化對話中的中國現代保守主義〉，《中國文化》，創刊號，1989 年。此文後來分別收入《第一屆吳宓學術討論會論文選集》（西安：陝西人民教育出版社，1992）及樂黛雲學術專著《跨文化之橋》（北京：北京大學出版社，2002）。
〔註90〕 樂黛雲，〈昌明國粹，融化新知——湯用彤與《學衡》雜誌〉，《社會科學》，1993 年，第 5 期。
〔註91〕 樂黛雲，〈吳宓與東南大學〉，《東南大學人文學院，東南大學文科百年紀行》（南京：東南大學出版社，2003），頁 264。
〔註92〕 黃興濤，〈論現代中國的文化保守主義者梅光迪〉，《北京師範大學學報》，1991 年，第 4 期。
〔註93〕 陳建中，〈翻譯是模仿：兼論吳宓的翻譯觀〉，《四川外語學院學報》，1991 年，第 1 期；〈關於吳宓的「三境說」〉，《文學評論》，1995 年，第 5 期。

義、安諾德文化論間的淵源，進一步將學衡派和梁實秋的古典文學觀繫連起來，從而揭示出學衡派與新文化運動在進化論、浪漫主義、模仿、歷史與傳統等基本思路和觀點上的分歧，最後肯定其發揚傳統文化的堅持。〔註94〕孫尚揚的〈在啓蒙與學術之間：重估《學衡》〉乃其《國故新知論——學衡派文化論著輯要》之序文，他指出啓蒙與學術的張力，不僅止存在思潮、流派的對壘中，亦存於不同陣營的成員之內在精神中，肯定學衡派基於文化漸進觀的「推陳出新」。〔註95〕李怡的3篇論文，提示了「學衡派」與「五四新文化派」之間，眞正的差異是對文學創作實踐中文學傳統修養作用和地位的不同理解；須注意雙方對傳統文化的複雜態度，不應簡單地以文化保守主義觀點來認同學衡派。作爲學衡派主要組織者的吳宓，因其古典主義理想與現代中國的文化發展明顯脫節，致使他成爲了新與舊之間孤獨的文化旅人，這不只是個體的悲劇也是中國現代歷史的悲劇。關於現代性的反思，李怡認爲世紀之末的中國「後現代」思潮與世紀之初的學衡派有著跨越時空的重要溝通與聯繫。在關於現代性的質疑中，它們都呈現出「啓蒙」與「反啓蒙」、「現代性」與「反現代性」的複雜糾葛。〔註96〕

鄭師渠的學衡派研究乃承其晚清國粹派研究的理路而下，分別探索學衡派的文化觀、道德觀、教育思想、史學思想及諸子學，後於2001年結集成《在歐化與國粹之間——學衡派文化思想研究》，是重新研究評價學衡派文化思想的「翻案」之作。〔註97〕而最早繳出有關學衡派研究專著成績單的學者是沈衛威，他在《回眸學衡派——文化保守主義的現代命運》中，以歷史敘事的方式，著重選取學衡派的代表人物梅光迪、胡先驌、吳宓三人，進行個案分析。〔註98〕其學衡派研究起始於1998年的〈「學衡派」的人文景觀〉以迄2007

〔註94〕 曠新年，〈學衡派與現代性的反思〉，《二十一世紀》雙月刊，1994年4月號，總第22期；〈學衡派與現代中國文化〉，《中國文化研究》，1994年，第4期；〈學衡派與新人文主義〉，《北京大學學報》，1994年，第6期。

〔註95〕 孫尚揚，〈在啓蒙與學術之間：重估《學衡》〉，《國故新知論——學衡派文化論著輯要》（北京：中國廣播電視出版社，1995）。

〔註96〕 李怡，〈論「學衡派」與五四新文學運動〉，《中國社會科學》，1998年，第6期；〈無法圓滿的悲劇——我看吳宓及其文化理想〉，《西南師範大學學報》，2000年，第5期；〈反現代性：從學衡派到「後現代」？〉，《中州學刊》，2002年，第5期。

〔註97〕 鄭師渠，《在歐化與國粹之間——學衡派文化思想研究》（北京：北京師範大學出版社，2001）。

〔註98〕 沈衛威，《回眸學衡派》（北京：人民文學出版社，1999）。

年5月出刊的〈我所界定的「學衡派」〉，近10年的時間，他通過學術研究和傳記寫作對學衡派進行反復的思考，成果斐然，包括單篇論文17篇，4本學術及傳記專著，其中最新一本專著《「學衡派」譜系——歷史與敘事》即近10年研究成果的總結。〔註99〕另一本不可忽略的專著是高恒文的《東南大學與「學衡派」》，這是他的博士論文，他將學衡派研究與東南大學校史研究相結合，成功地將學衡派的文化思想置入當時的社會環境。惟作者並未詳析學衡派的文化思想，而是以吳宓和胡先驌的詩學理論與創作論述他們的文學觀。〔註100〕至於周云的《學衡派思想研究》也是博士論文，偏重探討20世紀初學衡派智識群體在政治、學術及道德上所面臨的困境，揭示學衡派的現實選擇及其歷史悲劇。〔註101〕

除上述將學衡派作為一個整體進行研究外，對學衡派成員作個別研究的論著更不勝枚舉，其中吳宓研究熱潮悄然興起，專著有黃世坦編《回憶吳宓先生》，是大陸解放後所出版的關於吳宓的第一本書。〔註102〕1997年，張紫葛出版《心香淚酒祭吳宓》，以回憶錄形式敘述吳宓最後28年的生命歷程，被吳宓後人及學生指為欺世盜名之作，引起一場軒然大波。〔註103〕2000年，吳宓的第一本傳記《情癡詩僧吳宓傳》出版，學術性與通俗性兼具；同年，沈衛威也從心理學角度，深入剖析吳宓的信仰、學思、感情、婚姻、志業，出版《苦行情僧——吳宓傳》，台灣版作《吳宓傳：泣淚青史與絕望情慾的癲狂》。〔註104〕另外，在他的故鄉陝西先後召開3屆吳宓學術研討會，出版兩本論文集。〔註105〕1998年，在重慶召開第四次吳宓學術討論會，出版由王泉根主編的《多維視野中的吳宓》論文集。〔註106〕2001年，李繼凱、劉瑞

〔註99〕沈衛威，「學衡派」譜系——歷史與敘事》（南昌：江西教育出版社，2007）。

〔註100〕高恒文，《東南大學與「學衡派」》（桂林：廣西師範大學出版，2002）。

〔註101〕周云，《學衡派思想研究》（蘭州：甘肅人民出版社，2005）。

〔註102〕黃世坦，《回憶吳宓先生》（西安：陝西人民出版社，1990）。

〔註103〕張紫葛，《心香淚酒祭吳宓》（廣州：廣州出版社，1997）。

〔註104〕北塔，《情癡詩僧吳宓傳》（北京：團結出版社，2000）；沈衛威，《苦行情僧——吳宓傳》（北京：東方出版社，2000）；《吳宓傳：泣淚青史與絕望情慾的癲狂》（新店：立緒文化事業有限公司，2000）。

〔註105〕《第一屆吳宓學術討論會論文選集》、《第二屆吳宓學術討論會論文選集》由李賦甯、孫天義、蔡恒編，分別由陝西人民出版社於1992、1994年出版，第三集因故未能出版。

〔註106〕王泉根主編，《多維視野中的吳宓》（重慶：重慶出版社，2001）。

春選編出版《解析吳宓》、《追憶吳宓》兩書，是吳宓研究的精選文集。〔註 107〕
其他人物研究專著尚有麻天祥《湯用彤評傳》、孫永如《柳詒徵評傳》。〔註 108〕
在吳宓得到重新評價的契機之餘，「兩吳生」之一的吳芳吉研究也日益熱絡；
1984 年，重慶市江津縣文化局出版《吳芳吉逝世五十周年紀念集》；1996 年，
成都吳芳吉研究會出版《吳芳吉研究論文集》；同年，江津市政協文史資料委
員會出版《吳芳吉先生誕辰一百周年紀念專輯》。專著則有施幼貽《吳芳吉評
傳》，黎漢基《社會失範與道德實踐：吳宓與吳芳吉》；前者成書之時，《吳芳
吉集》尚未出版，所能應用的史料僅《吳白屋先生遺書》，故頗多訛誤缺漏處；
後者以「合傳」方式，依時間順序，試圖重建吳宓和吳芳吉不平凡的交往歷
史。〔註 109〕

　　段懷清的《白璧德與中國文化》，在白璧德與中國古代思想文化傳統和現
代中國智識分子間所存在的客觀聯繫的基礎上，闡述白璧德與中國的關係在
西方漢學歷史語境中的地位與意義。作者結合對白璧德主要著作的解讀，較
全面地揭示白璧德人文思想的核心要義。〔註 110〕

　　80 年代，台灣學界出現一本較全面性地研究學衡派的著作，兩本以學衡
派為研究主題的碩士論文，以及一本有關吳芳吉的專著。前者是陳敬之的《新
文學運動的阻力》，兩本碩士論文分別為王瓊玲的《學衡派對文學革命思潮的
反響》與沈松僑的《學衡派與五四時期的反新文化運動》。陳敬之考察了吳宓
的生平、文學主張及創作，肯定其「至性至情」的一面，並指出吳宓在比較
文學方面的貢獻。〔註 111〕中文系出身的王瓊玲從文學的視角來觀照學衡派對
文學革命思潮的反響，凸顯其文化理念，尤其是堅持文言書寫的立場和以「新
材料入舊格律」的文學理念。〔註 112〕歷史系的沈松僑是侯健的學生，他的論
述著重在學衡派反對新文化運動的部分，認為學衡派的努力在五四時期並未

〔註 107〕李繼凱、劉瑞春選編，（北京：社會科學文獻出版社，2001）；《追憶吳宓》（北
　　　　　京：社會科學文獻出版社，2001）。
〔註 108〕麻天祥，《湯用彤評傳》（南昌：百花洲文藝出版社，1993）；孫永如，《柳詒
　　　　　徵評傳》（南昌：百花洲文藝出版社，1993）。
〔註 109〕施幼貽，《吳芳吉評傳》（重慶：重慶出版社，1988）；黎漢基，《社會失範與
　　　　　道德實踐：吳宓與吳芳吉》（成都：巴蜀書社，2006）。
〔註 110〕段懷清，《白璧德與中國文化》（北京：首都師範大學出版社，2006）。
〔註 111〕陳敬之，《新文學運動的阻力》（台北：成文出版社，1980）。
〔註 112〕王瓊玲，《學衡派對文學革命思潮的反響》（台北：文化大學，1981）。

發揮重大作用，不過，對於他們闡揚舊學、引介新知的文化理想及文化意義，給予高度的評價。〔註113〕最後是朱靜如的《白屋詩稿評述》，爲一文學評論性質的專著。〔註114〕另外，李宇平的〈柳詒徵的史學〉從反新文化運動的角度，探究柳詒徵的史學理論，藉以窺探此時期所謂保守人士的思想內涵及其特質，是80年代後期針對柳氏史學的專門研究。〔註115〕

90年代以降，隨著《吳宓日記》的出版，吳宓個人生命史與文化史的交疊成爲注目焦點，相關論文有：楊絳〈吳宓先生與錢鍾書〉、林耀椿〈吳宓日記中的錢鍾書〉，爲錢鍾書批評吳宓的公案作辯解；〔註116〕吳振漢〈吳宓與毛彥文——鉅變時代下的兩性關係〉、汪榮祖〈胡適、吳宓和愛情——兼論私情與公論〉、張昌華〈是眞名士自風流——吳宓教授軼事碎片〉，分別論述吳宓的軼事及愛戀，其中汪文以胡適和吳宓爲個案，探討兩位同時代而思想趨向迴異者的婚姻與戀愛，指出兩人皆近代思想文化名人，故而其私情不僅僅是私情而已，也出反映時代的思潮與心態；〔註117〕另外，劉怡伶、陳俊啓則從吳宓的思想發展，及其對新文化運動的反省的分析，試圖掌握民初的思想發展；〔註118〕周淑媚〈論《學衡》時期吳宓的詩學與翻譯〉，著重討論吳宓的譯詩成就和翻譯詩學觀，分析其翻譯策略的使用並探討其譯詩如何影響他的詩歌創作。〔註119〕吳宓之外，學衡派其他核心人物的個別研究，尚有鄭菊生〈胡先驌先生傳略〉，王新田〈柳詒徵先生年譜簡編〉，黎漢基〈吳芳吉早年事跡考述〉，劉光熹〈劉伯明（一八八五至一九二三）〉，王信凱〈「學衡」中的「柳

〔註113〕沈松橋，《學衡派與五四時期的反新文化運動》（台北：臺灣大學出版社，1984）。

〔註114〕朱靜如，《白屋詩稿評述》（台北：文津出版社，1981）。

〔註115〕李宇平，〈柳詒徵的史學〉，《師大歷史學報》，第16期，1988年。

〔註116〕楊絳，〈吳宓先生與錢鍾書〉，《當代》，第136期，87年12月；林耀椿，〈吳宓日記中的錢鍾書〉，《文訊》，第159期，1999年1月。

〔註117〕吳振漢〈吳宓與毛彥文——鉅變時代下的兩性關係〉，《國立中央大學人文學報》，第23期，2001年6月；汪榮祖〈胡適、吳宓和愛情——兼論私情與公論〉，收入呂芳上、盧建榮合編，《欲掩彌彰：中國歷史文化中的「私」與「情」——公義篇》（台北：漢學研究中心，2003），頁169～194；張昌華，〈是眞名士自風流——吳宓教授軼事碎片〉，《傳記文學》，第87卷，第3期，2005年9月。

〔註118〕劉怡伶，〈吳宓對新文學運動的反省〉，《中極學刊》，第2期，2002年12月；陳俊啓，〈吳宓與新文化運動〉，《中央研究院近代史研究所集刊》，第56期，2007年6月。

〔註119〕周淑媚，〈論《學衡》時期吳宓的詩學與翻譯〉，《興大人文學報》，第37期，2006年9月。

詒徵」）；前四篇屬於傳記年譜之類，後一篇除探討柳詒徵的史學成就外，特別突出其在《學衡》中無可取代的地位。〔註 120〕

李有成的〈白璧德與中國〉和王晴佳的〈白璧德與「學衡派」──一個學術文化史的比較研究〉，探討論了作為學衡派思想資源的白璧德人文思想理論及其對學衡派的影響。〔註 121〕前文在薩依德「理論旅行」的觀點下，論述白璧德人文主義思想被移植到中國乃至台灣的過程中被據用、省略或變形的現象；後文則將杜威的經驗主義與胡適作聯繫，而其對抗者白璧德的人文主義與吳宓、梅光迪、胡先驌作聯繫，成為五四前後對抗新文化思潮的重要武器。

新世紀海峽兩岸共有數本以學衡派或個別成員為研究對象的學位論文問世，博士論文為蔣書麗的《論吳宓中西融合的文化理想與實踐》，碩士論文依時間順序分別為：陳碩文《吳宓及其文學思想研究》、王正良《新舊文學視野的重整──以《學衡》與《新青年》為焦點的探索與延伸》、陳寶雲《學衡派的文化思想探析》、文基梅《學衡派對儒家傳統的堅守》、劉婕《重估《學衡》》、張宇《歐文·白璧德與《學衡》知識份子群研究》、劉熹《「學衡」與新人文主義》、王信凱《柳詒徵研究──一個學術文化史個案分析》、蕭旭均《學衡派的歷史觀》。〔註 122〕這些青年學者或在原有的研究成果上，或借用新的理論

〔註 120〕鄭菊生，〈胡先驌先生傳略〉，《江西文獻》，第 174 期，1998 年 10 月；王新田，〈柳詒徵先生年譜簡編〉，《中國文哲研究通訊》，第 9 卷，第 4 期，1999 年 12 月；黎漢基，〈吳芳吉早年事跡考述〉（1～2），《大陸雜誌》第 103 卷，第 5～6 期，2001 年 11～12 月；劉光熹，〈劉伯明（一八八五至一九二三）〉，《中外雜誌》，第 71 卷，第 5 期，2002 年 5 月；王信凱，〈「學衡」中的「柳詒徵」〉，《中國歷史學會史學集刊》，第 35 期，2004 年 1 月。

〔註 121〕李有成，〈白璧德與中國〉，《中外文學》，第 20 卷第 3 期，1991 年 8 月，頁 48～71；王晴佳的〈白璧德與「學衡派」──一個學術文化史的比較研究〉，《中央研究院近代史研究所集刊》，第 37 期，2002 年 6 月，頁 42～44。

〔註 122〕蔣書麗，《論吳宓中西融合的文化理想與實踐》（華東師範大學，2005）；陳碩文，《吳宓及其文學思想研究》（台北：政治大學，2002）；王正良，《新舊文學視野的重整──以《學衡》與《新青年》為焦點的探索與延伸》（彰化：彰化師範大學，2002）；陳寶雲，《學衡派的文化思想探析》（安徽大學，2003）；文基梅，《學衡派對儒家傳統的堅持》（西北大學，2003）；劉婕，《重估《學衡》》（湖南師範大學，2004）；張宇《歐文·白璧德與《學衡》知識份子群研究》（吉林大學，2004）；劉熹，《「學衡」與新人文主義》（華東師範大學，2005）；王信凱，《柳詒徵研究──一個學術文化史個案分析》（宜蘭：佛光人文社會學院，2005）；蕭旭均，《學衡派的歷史觀》（台北：文化大學，2008）。

基礎，各自提出不同發現與見解，共同爲學衡派研究構築更接近史實殿堂。

最新一本有關學衡派的研究論著是北京大學學者張源的《從人文主義到保守主義——《學衡》中的白璧德》（2009.1）〔註123〕。書中對白璧德思想原典及其在西方文化中的定位，與新文化運動時期《學衡》對白璧德思想之闡釋形態的論述，頗多創新之處。是近年來討論《學衡》與白璧德關係論著中，相當成熟的作品，進一步推進了有關學衡研究的深度。

從以上的羅列中，可發現學衡派作爲一種與五四新文化新文學運動中客觀存在的力量，多數研究者均注意到其「文化保守」的傾向，而新文化運動史及新文學史對它忽略也是有其自持的理由。只是當我們試圖接近歷史的本眞時，不免感到遺憾。學衡派是個品格獨特的文化群體，他們既是傳統文化的使徒，又是美國白璧德人文主義的最早傳播者，儘管他們與五四新文化派存在著不同的思想體系與根本主張，然相對於中國封建文化，這些思想主張均屬於「新思潮」；惟多數相關著作絕少言及其間的共同性，而這些思潮的鼓吹者咸皆表現出對社會現狀的不滿和改造社會文化的願望，也都在爲建設新中國提出自己的「新文化運動」的藍圖。

目前學界對於學衡派與五四新文化之間的關係仍有不同的看法，但正如當年周作人早說過的，學衡派「只是新文化的旁支，決不是敵人」〔註124〕。由於20世紀初中國社會文化中糾纏著權力關係的「話語權勢」之爭，致使本來應有的有深度的思想交流與文化對話，成爲某種弔詭的參差對話關係，這在一定程度上遮蔽了學衡派的文化重構理想。今日重估學衡派，無疑地，爲證明學衡諸公的先見及對中國文化重構的多維之思。

〔註123〕張源，《從人文主義到保守主義——《學衡》中的白璧德》（北京：三聯書店，2009）。
〔註124〕周作人，〈惡趣味的毒害〉，《晨報·副刊》，1922年10月2日。